La psicología del *trading*

Brett N. Steenbarger

La psicología del *trading*

Herramientas y técnicas para abordar los mercados

PROFIT editorial

La edición original de esta obra ha sido publicada por primera vez en lengua inglesa en el año 2003, por John Wiley & Sons, Inc., Londres, bajo el título *The Psychology of Trading: tools and techniques for minding the markets*, de Brett N. Steenbarger, 2003.

© Traducción: David Meléndez Tormen
Maquetación: gama, sl
ISBN: 978-84-17942-46-5
Depósito legal: B 1306-2020
Primera edición: Febrero, 2020
Segunda edición: Marzo, 2023
Tercera edición: Junio, 2025

Impresión: Gráficas Rey
Impreso en España / *Printed in Spain*

FSC www.fsc.org MIXTO Papel | Apoyando la silvicultura responsable FSC® C131084

Para Margie,
que ha hecho posible todo esto

Índice

Prólogo

> En nuestra deuda con otros encontramos la verdadera medida de nuestra riqueza.

Si hay un tema central en este libro, este es: *El trading es un microcosmos de la vida.** En el *trading*, como en la vida, tratamos de poner en práctica nuestros valores. En ambos, gestionamos riesgos inherentes: oportunidades perdidas y pérdidas sufridas. La manera en que nos orientemos hacia los valores y gestionemos los riesgos relacionados con ellos determinará nuestro éxito personal y profesional.

Muchas veces, nuestras respuestas a la incertidumbre de los resultados interfiere con el logro de nuestros objetivos. En nuestra vida profesional, en nuestras relaciones románticas y en el *trading*, ponemos en práctica patrones contraproducentes: no aprovechamos situaciones que pueden ser prometedoras y nos involucramos en otras que no nos resultan beneficiosas. No importa que seamos virtuosos, trabajadores y con éxito en los demás ámbitos, ni que hayamos asistido a los últimos seminarios, leído los libros más populares ni comprado las mejores he-

* El término *trading* se utiliza en este libro para referirse a todas las formas de gestionar las inversiones financieras propias. Todo aquel que intenta administrar sus inversiones en un marco temporal —ya sea horas, días, semanas o meses— es un *trader*.

rramientas de *trading*. Si el modo como enfrentamos el riesgo distorsiona nuestros esfuerzos por hacer realidad los valores, no seremos capaces de alcanzar las alturas a las que podemos llegar como *traders* y como seres humanos.

En los últimos 20 años he prestado servicios de asesoramiento psicológico y terapia a cerca de 130 personas al año, casi todos individuos altamente eficaces y dedicados a profesiones exigentes. Durante estos años de práctica aprendí que los patrones problemáticos de médicos, ejecutivos, estudiantes y *traders* son sorprendentemente similares. Estos patrones se originan cuando las estrategias de manejo del riesgo personal –los esfuerzos por minimizar el dolor y maximizar el placer– ya no permiten desplazarse satisfactoriamente por la matriz de riesgos y recompensas de la vida. Cada uno de nuestros patrones problemáticos es una forma de afrontar las dificultades que alguna vez tuvo éxito y ha persistido más allá del valor que tuvo en su momento. A la inversa, los patrones nuevos que creamos y sirven para enfrentar los retos actuales de la vida son los que nos llevan al éxito. Estamos mejor preparados para lograr nuestras metas cuando podemos abandonar la repetición irreflexiva del pasado y encontramos soluciones frescas para nuestra vida.

El propósito de este libro es ayudarle a identificar sus patrones de éxito y fracaso y ejercer un mayor control sobre ellos. Tengo la profunda esperanza de que los estudios de cada caso, la investigación y las ideas presentes en estas páginas le ofrezcan los recursos intelectuales y emocionales para enfrentarse a sí mismo y transformar su visión sobre los riesgos y recompensas de la vida.

Las páginas siguientes le pueden ayudar a cultivar nuevas maneras de pensar, sentir y actuar, pero no pueden hacer magia. Para el *trader*, no hay ayuda psicológica que pueda sustituir planes de *trading* concretos que hayan sido probados en una variedad de mercados. Tal y como Robert Krausz lo señalara claramente en su entrevista en *New Market Wizards* con Jack Schwager, los métodos de autoayuda por sí mismos no pueden hacer de usted un gran *trader*, del mismo modo que no le pueden convertir en un gran jugador de ajedrez o una estrella del béisbol. La única manera de aprender a manejarse con maestría en los mercados es sumergirse en ellos.

De hecho, en un sentido, el proceso de desarrollar y probar sus estrategias de mercado es el mejor de todos los métodos para cultivar una psicología de *trading* positiva. Muchos *traders* fracasan con los sistemas mecánicos simplemente porque no pueden tolerar los inevitables periodos de *drawdown* o rendimiento negativo. Cuando usted crea y prueba sus propios enfoques para abordar el mercado, desarrolla un conocimiento interno de cómo funcionan. Cuando el mercado se muestra difícil de entender, la sensación de confusión pasa pronto a ser la de «haber estado ya allí». *Nada* puede sustituir la confianza que surge de la experiencia.

Aun así, no se puede subestimar hasta qué punto los *traders* pueden utilizar métodos de *trading* idénticos y, sin embargo, lograr resultados tremendamente diferentes. Para tener éxito, es necesario poseer las herramientas adecuadas, pero no es suficiente. Como Krausz observara, los *traders* tienen el extraño sesgo de reproducir en su *trading* sus patrones emocionales repetitivos y destructivos. Estas conductas harán que incluso los sistemas más cuidadosamente diseñados y probados terminen funcionando de manera diferente a lo previsto.

Una importante meta de este libro es ayudarle a abordar el *trading* del mismo modo que un psicólogo aborda a sus clientes. Llamo a esto «hacer *trading* desde el diván», lo que significa aprender a utilizar sus pensamientos, sentimientos, impulsos y patrones de conducta como *datos de mercado*. Hacer *trading* desde el diván implica un cambio importante con respecto al pensamiento tradicional. En lugar de tratar de superar o eliminar sus emociones, este *trading* consciente de sí mismo se orienta a que *aprenda* de sus reacciones. Su objetivo es que usted se convierta en un instrumento finamente calibrado para detectar los patrones del *trader* y el *trading* y actúe en consecuencia.

¡Tenga en cuenta que cultivar una sensibilidad así *no es sinónimo* de simplemente colocar órdenes según el vaivén de sus sentimientos! Como verá en las próximas páginas, a menudo significa lo opuesto: aprender a usar el exceso de confianza y la aversión al riesgo como valiosos indicadores contrarios. Con sorprendente frecuencia (para el *trader*, y para el terapeuta también) actuar de manera opuesta a los impulsos iniciales es lo que nos permite ganar.

Al hacer *trading* desde el diván, usted se convierte en su propio psicólogo, lo cual no es una tarea sencilla, ni en los mercados ni en la vida cotidiana. Sin embargo, la recompensa es importante. El *trading*, al igual que los deportes de competencia, es un potente crisol para cultivar las habilidades emocionales que son cruciales para lograr éxito en la vida. En pocos ámbitos son tan tangibles e inmediatos la búsqueda de valores y el manejo de los riesgos. Pocas situaciones nos ayudan tanto a aprender sobre nosotros mismos como aquellas que terminan afectando nuestro equilibrio material.

El *trading* consciente de sí mismo también supone una simetría vital: al desarrollar pericia en los mercados, usted puede ampliar sus horizontes como ser humano, y al desarrollarse como persona, puede optimizar su éxito en el *trading*. *Una vez que usted sea capaz de extraer la información contenida en sus patrones emocionales, cognitivos y conductuales, estará mejor preparado para identificar y aprovechar los patrones que aparecen en los mercados financieros, y viceversa.*

Brett N. Steenbarger
Fayetteville, Nueva York

Agradecimientos

Mi capacidad de apreciar las complejidades emocionales del *trading* aumentó exponencialmente cuando comencé a escribir columnas sobre psicología para un sitio web conocido como Worldly Investor y para el sitio MSN Money (www.moneycentral.com). En respuesta a esas columnas, recibí reacciones de *traders* de todo el mundo que experimentaban dificultades notablemente similares a las que yo había encontrado en mis años de *trading*. Algunos de mis remitentes eran neófitos que hacían *trading* a golpe de corazonadas, pero la mayoría eran personas disciplinadas y dedicadas que habían leído cantidad de libros, y habían aprendido métodos de *trading* y realizado sus propias tareas de investigación. Con notable frecuencia escuché la quejumbrosa letanía: su falta de constancia les estaba alejando de las utilidades y exponiéndoles a ocasionales pérdidas que les dejaban debilitados. Es difícil expresar lo frustrante que puede llegar a ser el *trading* cuando el éxito parece tan tentadoramente cercano y, no obstante, siempre se las arregla para escaparse de las manos.

¿Cómo es posible que podamos *saber* lo que hay que hacer —como llevar a cabo ejercicios periódicamente, comer sano y ser buenos padres— y, sin embargo, tan a menudo no actuemos en consecuencia? ¿Qué es lo que distorsiona nuestro *trading* y nos impide actuar según la información que claramente está frente a nuestros ojos? Estas preguntas me han fascinado durante unas dos décadas, como psicólogo profesional y participante de los mercados. Mis intentos por encontrar respuestas me han llevado a leer libros sobre *trading*, así como sobre psicología, filosofía y estudios de vanguardia sobre neurociencia cognitiva. Si algo he logrado en este libro es sintetizar las contribuciones de estos campos, contribuciones que son mucho más valiosas que las mías propias.

Los escritores se enfrentan a una paradoja bastante curiosa: se enriquecen con cada deuda intelectual que acumulan. En ese sentido, siento que he acumulado un gran tesoro con la visión y la ayuda de muchas influencias inspiradoras.

Mis primeras incursiones en la escritura sobre los mercados ocurrieron a través de la Speculator's List, un grupo en línea de *traders*, gestores de dinero, académicos y destacadas personas de las ciencias y las artes. Siento que tengo una enorme deuda con Laurel Kenner, Victor Niederhoffer y James Goldcamp por su papel en la creación de la Lista y su amable estímulo en las muchas veces que participé en el intercambio de ideas del grupo.

Cuando necesitaba comprender la dinámica que diferencia a los *traders* con éxito de los que fracasaban, Linda Raschke fue un apoyo fenomenal, al permitirme estudiar a las personas que asistieron a sus seminarios. Rápidamente vi que Linda era un modelo notable de *trading* ejemplar y una mentora consumada. Me siento profundamente agradecido por su amistad y sus reflexiones sobre los aspectos humanos y financieros del *trading*.

Algunas de mis influencias más importantes han sido quienes me impulsaron a escribir siempre con más precisión y claridad. Jon Markman, editor de MSN Money, ha sido un preciado amigo y colega, así como un modelo a seguir por su investigación pionera. El libro mejoró mucho con las observaciones de mi editora en Wiley, Pamela van Giessen, cuyo humor, sentido práctico y compromiso con la calidad me han ayudado a proseguir en el largo proceso de escritura.

No hay duda de que nada de esto habría sido posible sin la benigna influencia de mis colegas académicos del Departamento de Psiquiatría y Ciencias de la Conducta de la SUNY Upstate Medical University, especialmente Roger Greenberg, Mantosh Dewan y John Manring. Mis buenos amigos con los que me carteo sobre *trading* Henry Carstens, Saurabh Singal y Steve Wisdom han enriquecido este libro con sus sugerencias e ideas. También estoy en deuda con Mark Mahorney por su excelente trabajo en el sitio Great Speculations (www.greatspeculations.com) y con Frank y Kris Linet, Susan Niederhoffer y Arnold y Rose Rustin por su calidez, humor y perspicacia. Me quito el sombrero ante Yale Hirsch, Andrew Lo, Sam Eisenstadt y Jeff Carmen por su ejemplar investigación y su apoyo en lo personal.

Finalmente, quiero expresar mis agradecidos reconocimientos a mi familia por su constante amor y estímulo. Mis padres, Jack y Connie, han sido modelos de conducta e inspiración en un grado mucho mayor de lo que pueden llegar a darse cuenta. El apoyo de Marc, Lisa, Debi, Peter, Steve, Laura, Ed, Devon y Macrae ha significado para mi más de lo que puedo expresar. Pero no hay ninguna persona que merezca más crédito por este libro que mi esposa Margie, que me ha enseñado la mayor parte de lo que sé sobre la vida, el amor y los riesgos y recompensas. Mi mayor alegría es dedicarle este libro.

Una visión desde lo alto

El 4 de julio de 2001 fue un día especial, porque marcó el término del primer borrador de este texto. Hasta entonces, no había identificado explícitamente por qué había escrito el libro. Sí, había querido compartir visiones e ideas, pero ese no era el propósito principal. Después de todo, lo había escrito sin tener un contrato de publicación en la mano. Y, aunque quería verlo publicado, sabía con certeza que escribirlo tenía una significación personal que iba más allá de su lugar en el mercado.

El 4 de julio, sentado en el vestíbulo de un hotel de Seattle con mi PC portátil, reconocí repentinamente la fuente de esa importancia personal. Sintiendo la necesidad de expresar en palabras este descubrimiento, tomé el portátil y escribí la siguiente carta a mi amigo y maestro Victor Niederhoffer:

Estimado Victor:

Nada nos ayuda tanto a reflexionar como el viajar. La combinación de un paisaje distinto y la pausa de nuestras actividades cotidianas y normales nos ayuda a pensar de maneras diferentes y ver las cosas bajo una luz nueva. Lo que dejamos de lado cuando estamos de vacaciones son nuestros modos rutinarios, y en estas pausas es más probable que los impulsos creativos encuentren su expresión.

Esto me resultó especialmente evidente en estas vacaciones, cuando traje conmigo el manuscrito del libro en mi viaje por la Costa Oeste. Esperaba encontrar inspiración para escribir, y preveía que disfrutaría más la escritura sin las distracciones cotidianas. No me sentí defraudado en estos aspectos, pero lo más sorprendente fue mi reacción emocional al acto de escribir. A medida que iba creando página tras página, comencé a sentir una profunda humildad. Reconocí, con una profunda certidumbre emocional, cuán pocas de mis ideas eran realmente originales. En cada línea podía reconocer una inspiración procedente de otra fuente: un maestro o mentor, un libro que había leído, un trabajo de investigación que había estudiado, un héroe personal. Poco de lo que había en estas páginas era verdaderamente mío y, en lugar de eso, la escritura era una síntesis de lo que había absorbido de quienes tenían más estatura que yo. En un nivel profundo, pude apreciar la afirmación de Newton de que si habíamos visto más lejos que otros, era porque nos habíamos parado en los hombros de gigantes.

Tal vez esta sea la razón por la que los inmortales no escriben con el fin de engrandecerse y por qué los charlatanes son tan rápidos en darse crédito a sí mismos y negárselo a los demás. Los grandes reconocen el manantial que les inspira. Su emoción dominante es la humildad originada en la gratitud por haber sido destinatarios de presentes que nunca podrán retribuir completamente.

En este estado de humildad, también alcancé una perspectiva inigualable sobre tu propio libro. Mi primera lectura de *The Education of a Speculator* (John Wiley, 1997) se centró en la historia personal que narrabas allí: las experiencias formativas que contribuyeron al éxito en los mercados. Al releerlo, vi el libro bajo una luz distinta: como un tributo a aquellas influencias morales y de carácter —particularmente la de tu padre— que contribuyeron a tu éxito como ser humano. Sin embargo, después de estas vacaciones pude tener una óptica completamente nueva del libro: pude apreciarlo como un tributo más amplio a todos quienes han sido ejemplos para tu vida. Es un testimonio y un agradecimiento a Arthur Niederhoffer, Jack Barnaby, Tom Wiswell, Francis Galton y muchos otros que entregaron más de lo que jamás se les podrá retribuir.

Y, no obstante, al escribir un libro como tributo, quizás retribuimos al menos algo de nuestra deuda. Hasta los grandes mueren. Sus voces quedan en silencio, y las generaciones siguientes no tienen el privilegio de sentarse a su lado y escuchar sus palabras. Mis hijos nunca se encontrarán directamente con Artie o Galton para absorber sus ejemplos personales. Sin embargo, a través de un libro tributo, las personas ejemplares logran cierto grado de inmortalidad personal. Mientras el libro esté en los estantes de librerías y bibliotecas, existe la esperanza de que las lecciones enseñadas por los grandes no se perderán y que sus ejemplos perdurarán mucho más allá de sus vidas.

Esa es la belleza de escribir un libro: al narrar las historias de los héroes, contribuimos a su inmortalidad y enriquecemos de manera inconmensurable a las generaciones venideras. Antes de iniciar estas vacaciones, me propuse escribir un libro que informara, entretuviera y enriqueciera. Sin embargo, ahora he fijado las expectativas en un punto mucho más alto. Solo estaré satisfecho con un trabajo que haga justicia a quienes han inspirado lo mejor dentro de mí.

Mientras me encuentro sentado aquí, escribiendo temprano por la mañana, comprendo con sinceridad y gratitud que la única manera de pararse en los hombros de gigantes es alzarse uno mismo hasta ellos.

Sinceramente,

Brett

En efecto, el *trading* es un microcosmos de la vida. Si usted dedica tiempo y esfuerzo a desarrollarse como persona y como *trader*, busque siempre y en todo lugar a los inmortales. Busque a los héroes y heroínas que han vivido sus vidas con pasión, nutriendo a todos quienes han entrado en contacto con ellos. Descubra a quienes han vivido, respirado y estudiado los mercados, enriqueciendo el mundo con sus ideas. Acompáñese de ellos, y siempre sea consciente de su deuda: le sorprenderá cuán alto llegará y cuán lejos podrá ver.

1. La mujer que no podía amar

La soluciones son patrones que aplicamos entre problemas.

Supongo que no hay nada más natural que usted espere que un libro cuyo tema es la psicología del *trading* comience con una descripción de las distintas aflicciones emocionales que afectan a los *traders*. Sin embargo, en este capítulo vamos a ver el tema desde un ángulo diferente. Vamos a adoptar lo que se conoce como un «enfoque orientado a las soluciones» con respecto al *trading* y explorar cuántas de las respuestas a nuestros problemas ya están ocurriendo en la práctica. Si tiene un patrón para identificar y comprender lo que ya está haciendo de manera correcta, en la vida y en los mercados, estará bien encaminado para crear un modelo de su éxito futuro.

La fabricación de automóviles y el éxito

Hace muchos años leí algo en un texto sobre gestión que me dejó una impresión duradera. En ese momento, los fabricantes de automóviles japoneses estaban logrando una clara ventaja en la competencia con sus competidores estadounidenses. Tanto en precio como en calidad, los japoneses parecían estar ganando la carrera.

El artículo describía las diferencias entre los métodos de gestión de los fabricantes japoneses y estadounidenses. Parecía que los fabricantes de EE. UU. estaban muy preocupados por la posibilidad de que ocurriesen fallos en la línea de ensamblaje. Para evitar los efectos de una interrupción, mantenían el ritmo de avance de la línea lo suficientemente lento como para evitar cualquier posibilidad de que se interrumpieran las operaciones.

Los fabricantes japoneses adoptaron un enfoque radicalmente diferente. Cuando el proceso de fabricación funcionaba bien, aceleraban la línea de producción *hasta que ocurriera un fallo.* A continuación, estudiaban intensamente su causa y aplicaban medidas preventivas. Con el tiempo, identificaron muchos puntos débiles en el proceso de producción, y mejoraron su eficiencia y su calidad.

Los fabricantes estadounidenses veían los fallos como fracasos, y los fracasos como algo que había que evitar. Los japoneses veían los problemas de producción como oportunidades para aprender y mejorar. Se trataba de dos filosofías de gestión y dos modos de enfocar la vida que tenían resultados muy diferentes.

La lección se aplica al *trading* del mismo modo que a la industria: *Los participantes que tienen éxito en el mercado intentan detectar sus puntos débiles y aprender cuando fracasan. Los que fracasan evitan sus imperfecciones y, en consecuencia, no aprenden de ellas.*

Sue, la superviviente

Cuando Sue* vino a mi oficina, supe de inmediato que no era la típica estudiante de medicina de la zona norte del Estado de Nueva York. Pare-

* Los nombres y detalles personales de todos los clientes y personajes de este libro han sido modificados para proteger su anonimato y confidencialidad. Para proteger aún más la privacidad de mis clientes, todos los casos e incidentes descritos son en realidad combinaciones de

cía una persona de la ciudad misma. A medida que nos fuimos conociendo, supe que, efectivamente, era exactamente lo que parecía. Desde las ropas que usaba a su inglés de la calle, Sue era una estudiante que venía de un barrio. Poco sospechaba que se iba a convertir en una de las personas más inspiradoras que he tenido el honor de ayudar. También me enseñó mucho acerca del poder del enfoque orientado a las soluciones.

Cuando nos reunimos por primera vez, Sue se sentía perturbada. Su rendimiento en la universidad era muy bueno, como correspondía a una joven que se había graduado con honores en una institución de *pregrado* altamente competitiva. No obstante, fue enfática al decirme que estaba pensando en retirarse de la universidad. Su abuela había muerto hacía unos pocos meses, dijo entre lágrimas, y no lo podía soportar.

Más tarde supe que Sue había crecido prácticamente sin la presencia de sus progenitores. Su padre abandonó la familia cuando ella tenía solo algunos meses de vida y nunca lo conoció. Su madre sufría de adicción crónica a la cocaína y era incapaz de cumplir su papel de manera constante. Cuando a las autoridades de protección infantil les resultó evidente que la madre de Sue vendía su cuerpo y traficaba con drogas para financiar su hábito, le retiraron formalmente su tutela y pusieron a la niña bajo la custodia de su abuela. Aunque en esa época tenía solo cinco años, Sue había presenciado un desfile de hombres que entraban y salían de la vida de madre, varios episodios de disparos de pistola y agresiones con arma blanca, y múltiples redadas de la policía.

La abuela de Sue, Nana, era una mujer religiosa con fuertes vínculos con su iglesia, cuya congregación formaba una sólida red social en la que las personas se apoyaban mutuamente para enfrentar la pobreza, la enfermedad y la sofocante falta de oportunidades. Quizás lo más importante es que se trataba de una comunidad que ponía énfasis en la educación y Nana trabajó sin descanso para asegurarse de que Sue continuara sus estudios.

Sue era de naturaleza tímida y de poca estatura, y no podía destacarse en los deportes, de modo que muy tempranamente encontró una

casos reales de asesoramiento psicológico. Me propuse conservar la esencia de estos casos, a pesar de que el recurso de utilizar partes de distintas terapias hizo necesario introducir elementos ficticios.

fuente de éxito y aprobación en los estudios. Se mantuvo en contacto con la vida de su madre y, en cierto sentido, se convirtió en madre de su propia progenitora. Lo que más la inquietaba eran las relaciones abusivas que salían a la luz cuando su madre tenía problemas con la ley. Un hombre en particular, Davis, la envió varias veces al hospital con fracturas y múltiples hematomas. Sue nunca pudo entender por qué su madre no lo acusaba ante la justicia ni dejaba atrás esa relación nociva.

Quizás debido a hombres como Davis, Sue no mostraba interés en el sexo opuesto. Su abuela le había advertido muchas veces de los peligros de quedar embarazada sin estar casada y sobre cómo los hombres jóvenes tratarían de aprovecharse de ella. Nana ponía especial énfasis en que la mejor manera de mejorarse a uno mismo era a través de Dios y los estudios.

«En la escuela tenía buenos amigos», explicaba Sue. «Solíamos ayudarnos entre nosotros cuando las cosas se ponían difíciles. El papá de Tasha se bebía el dinero de la familia, así es que Nana la traía a cenar solo para asegurarse de que comiera. Nana era así. Si veía que necesitabas algo y le caías en gracia, te daba todo lo que tenía.»

«¿Todavía estás en contacto con tus amigos, como Tasha?», pregunté.

Sue negó con la cabeza. «Tasha quedó embarazada y tuvo que abandonar la escuela. Empezó a salir con un chico que era igual a su padre. A Daryl lo pillaron vendiendo drogas y ahora está en la cárcel. Y mejor ni hablar de Rhonda... es peor que mamá. La única persona con la que podía contar era Nana».

Los otros estudiantes de medicina sentían que Sue era demasiado distante, que tenía «actitud». Un profesor le sugirió que se pusiera en contacto conmigo, porque este «estigma» le haría difícil tener éxito en la universidad. En realidad, una vez que llegabas a conocerla, Sue era cálida y amable. Pero muy pocos lograban acceso a su mundo: había aprendido a no confiar en nadie, especialmente si se trataba de hombres. Cuando se le acercaban, su reacción instintiva era rechazarlos. «No puedo amar a nadie porque no puedo confiar en nadie», afirmaba sin tapujos. Mantenerse distante era un mecanismo de protección, y funcionó por muchos años.

«Entonces, ¿por qué me cuentas todo esto?», le pregunté en nuestro segundo encuentro. «Soy hombre, soy blanco y nunca he vivido en un barrio como el tuyo. ¿Por qué confías en mi?»

«Pues, porque no me preguntó mis notas de la universidad en cuanto nos conocimos», respondió entre risas.

Esta era una broma que solo se puede entender si se conocía la situación que vivían los estudiantes de raza negra en la universidad. Algunos profesores cuestionaban la idoneidad académica de algunos de los estudiantes pertenecientes a minorías, si bien eran demasiado discretos como para plantear el tema directamente. De modo que, cada vez que un estudiante venía con un problema, los miembros de la facultad trataban de encontrar una manera de preguntar sobre la escuela de *pregrado* de donde venían y sus notas en la Prueba de Admisión a la Facultad de Medicina (MCAT, por sus siglas en inglés)..., pero muy rara vez hacían estas preguntas a los estudiantes blancos. El alcance era claro: estás teniendo problemas porque, de partida, no te deberían haber permitido ingresar a esta facultad.

«Necesito poder hablar con alguien», dijo Sue, «y no puedo hablar con la gente de mi clase. Teníamos que formar parejas para trabajar en el laboratorio de anatomía y tendrías que haber visto cómo todos se escabullían para no tener que trabajar conmigo. Un chico me dijo que yo le haría funcionar más lento en los experimentos de disección. Le dije que, si se quedaba quieto, le iba a mostrar lo bien que puedo cortar y abrir un cuerpo».

Fui comprendiendo que Sue no era alguien con quien quisieras meterte en problemas. Era una superviviente, pero ahora, sentada en mi oficina y pensando en dejar la universidad, estaba justo a punto de abandonarlo todo. Podía tolerar los disparos en su barrio, los ataques solapados de estudiantes racistas y el constante espectáculo de la tortura de su madre a manos de un hombre.

Pero no podía soportar perder a su Nana.

Cómo se enfrentan las personas a una pérdida

«Estaba haciendo esto por Nana», decía entre sollozos. «Quería que viera cómo me graduaba. Ella estaba tan orgullosa de mí por haber logrado entrar en la escuela de medicina... en la iglesia siempre hablaba de cómo su pequeña niña iba a convertirse en doctora. Y ya no está. ¡Es que no es justo! Desde que murió ni siquiera he ido a las clases. ¿Para qué?»

En su mayoría, la gente puede tolerar bien una pérdida, ya sea en los mercados o en la vida. Perder transacciones, perder oportunidades de negocio, perder amigos... son experiencias dolorosas pero por lo general no abrumadoras. Algo que nos afecta mucho más es la pérdida de la esperanza. Cuando un *trader* pierde buena parte de su capital en una transacción frustrada, lo que lo deprime no es tanto el golpe en términos de dólares y centavos, sino más bien la pérdida de esperanza de que alguna vez pueda recuperarse. Recuerdo a un *trader* que me decía que su cartera de valores había caído en un 50% en solo tres meses. «Podría duplicar mi dinero ahora y aun así no estaría obteniendo ganancias», explicaba con voz monótona. Había perdido su horizonte de éxito. Como Sue, no podía encontrar razones para continuar.

Aunque Sue valoraba su carrera en la facultad de medicina, había invertido en su educación mucho más que tiempo y esfuerzo. Tener éxito en los estudios se había convertido en símbolo de su recompensa a su abuela, de hacer que todo el sacrificio de Nana hubiera valido la pena. Sue me habló de sus fantasías de lograr seguridad financiera algún día. «Después de pagar mis préstamos», decía, «iba a comprarle una nueva casa a mi abuela. No quería que siguiera viviendo el resto de su vida en un pequeño apartamento». Estos sueños mantenían vivas la esperanza y la motivación de Sue, a pesar de que tenía que enfrentar problemas en casa y humillaciones entre sus compañeros de clase.

¿Cual es el significado de lo que uno emprende en la vida: nuestra educación, carrera profesional, cuenta operativa o cuenta de plan de jubilación? No se puede reducir solo a cifras en dinero. En las iniciativas de las personas están invertidas sus esperanzas de lograr una carrera exitosa como *traders*, sus sueños de lograr una jubilación segura y la imagen de sí mismos como personas capaces de hacer planes para el futuro. ¿Qué ocurre cuando estos ideales se ven amenazados, cuando se destruyen estas esperanzas y visiones? Uno de mis profesores en la escuela de posgrado, Jack Brehm, describía la depresión como una *supresión de la motivación*. Una vez que se piensa que los resultados esperados y ambicionados no se pueden lograr, ya no tiene sentido juntar energía y entusiasmo. La depresión es la manera que tiene la naturaleza de conservar energía, desanimando el desvío de recursos hacia fines que se creen inalcanzables.

La mayoría de los *traders* que se deprimen identifican las pérdidas como fuente de su estado anímico. Olvidan que muchos *traders* del sistema pierden cantidades de dinero equivalentes a la mitad o más de sus transacciones y, a veces, pasan por series de varias pérdidas consecutivas. La diferencia es que el *trader* deprimido ha perdido no solo dinero, sino también la esperanza. El *trader* mecánico sigue adelante precisamente porque las pérdidas forman parte del sistema. Si no se cuenta con mecanismos para prever o manejar las pérdidas, el *trader* que está deprimido pierde fe en el futuro y toda motivación para seguir adelante.

«Supresión de la motivación» sería una descripción bien precisa del estado de ánimo de Sue. Ya no veía los estudios, que habían sido hasta entonces su pasión, como la prioridad que habían llegado a ser. La desesperanza que sin duda había atrapado a sus amigos de niñez ahora estaba cayendo sobre ella. ¿Para qué esforzarse, si no hay futuro?

«Pero, ¿por qué abandonar la universidad?», le pregunté. «¿Realmente piensas que no es tu campo? ¿Qué va a ser de tu futuro profesional?»

Miró al suelo y me dijo con voz apenas audible, hablándome como se habla a un padre: «Doctor Steenbarger, *tengo* que hacerlo. Estoy embarazada».

El constante dolor de traicionarse a sí mismo

Hice un gran esfuerzo por ocultar la conmoción que sentía.

«No puedo creer que dejé que ocurriera», dijo. «Fui débil. Nana ya no estaba y este chico, Kenny, fue muy bueno conmigo. Sentí que podía confiar en él. No me malinterprete, es una excelente persona. Dice que me ama y que me acompañará en todo lo que yo quiera hacer. Pero una noche no usamos protección, y pasó lo que tenía que pasar. No me voy a deshacer del bebé, y no puedo ser madre y seguir yendo a la universidad. Ni loca. No voy a hacer lo que hizo mi madre... voy a estar a tiempo completo para mi bebé».

Vi que la religión de Sue era la base de su manera de reaccionar. Sentía que al quedar embarazada antes del matrimonio había cometido un pecado y que no iba a cometer otro poniendo fin al embarazo antes de tiempo. Sin embargo, tenía la sensación de que esta no era su mayor causa de angustia.

«Sabe, cuando lo supe me sentí tan culpable. Me dije que era bueno que Nana hubiese muerto primero. No sé cómo habría podido contarle, no habría podido mirarla a la cara. Se habría sentido tan desilusionada de mí... No puedo creer cómo lo arruiné todo...», sollozaba.

Una pérdida puede ser dolorosa, pero la culpa es devastadora. Peor que perder un sueño es saber que la pérdida se la ha infligido uno mismo. Como muchos *traders* que han buscado mi ayuda, Sue podía sobreponerse a los sueños que habían muerto, pero no a los que ella había matado.

Encontrar soluciones en medio de los problemas

Cuando se está experimentando una serie de problemas puede ser difícil concentrarse en la búsqueda de soluciones. La culpa y la vergüenza eran las emociones que dominaban a Sue y, sin embargo, era el momento clave para que utilizara sus habilidades como superviviente. Gran parte del proceso de cambio que ocurre en terapia consiste en dar con las soluciones que existen entre los problemas. Y Sue, creía yo, tenía la solución precisa en el amor a *su* futuro bebé. ¿Estaba pensando en abandonar su educación porque ya no quería ser doctora? ¿Estaba tomando esta decisión como una forma de autocastigo?

Por supuesto que no.

Sue iba a abandonar la universidad porque pensaba que era la decisión correcta para poder cuidar a su bebé. Estaba alejando a Kenny porque los muchos años de malas experiencias, soledad y desconfianza le habían enseñado que no se podía confiar en los hombres. Quería ser una madre como Nana, no como su madre biológica, y haría lo que fuera —*cualquier cosa*— por no repetir el pasado. Esto creaba su problema y, al mismo tiempo, abría la puerta a un cambio.

La clave para entender el dilema de Sue era reconocer que su problema —su repentino deseo de dar término a su educación y el rechazo al novio que se preocupaba por ella— era en realidad una solución. Sue había sobrevivido a una traumática niñez imitando a su abuela; su manera de escapar de sus penurias era adoptar los valores de Nana y hacerla sentir orgullosa. Ahora, con un bebé en sus entrañas y su mundo puesto del revés por la pérdida de la única figura en la que había aprendido a apoyarse, Sue estaba haciendo lo único que sabía hacer: tratar de ser como Nana. Nana no abortaría, ya que los niños eran lo más importante en su vida. Nana no permitiría que un hombre arruinara su vida. Todo esto podía significar para Sue una sola cosa: su hijo o hija se debía convertir en lo más importante en su vida. Por su bebé, debía abandonar la universidad y al hombre que la amaba.

Veremos este tema una y otra vez en este libro: *Los problemas son soluciones que se han perpetuado más allá de su utilidad.* Son patrones que fueron aprendidos en circunstancias emocionales durante un periodo de la vida y que ahora han cobrado existencia por sí mismos.

Veamos un ejemplo concreto: el *trader* que desarrolló sus métodos en un mercado con larga tendencia al alza y estaba acostumbrado a obtener ganancias cuando había bajadas temporales se encuentra ahora en una situación en la que trata de hacer lo mismo en un mercado muy diferente. Las brechas y oscilaciones que parecían tan fiables en el mercado fuerte ahora se convierten en trampas para los incautos. A pesar de las señales de que sus métodos de *trading* ya no funcionan, el *trader* sigue haciendo lo único que sabe hacer. Sigue abriendo posiciones en las bajadas, solo para quedar atrapado en una caída en cascada.

En muchas ocasiones, las soluciones añejas se repiten en una variedad de situaciones de la vida, haciendo que la gente reproduzca mecánicamente sus errores en el trabajo, el amor y el *trading*. El filósofo George Ivanovitch Gurdjieff enseñó que las personas son increíblemente mecánicas: sus patrones repetitivos les privan de la libertad de voluntad, de otro modo, sería suya. En un sentido muy importante, el objetivo de hacer terapia es ampliar la libertad personal, la capacidad de autodeterminación. No puede haber una voluntad libre y autónoma si la persona está encerrada en patrones desarrollados para retos del pasado.

A Sue, en el momento que se reunía conmigo, le faltaba una dosis de autodeterminación. Todo lo que sabía es que tenía que ser como Nana, sin importar los costes. Nana ponía primero a los niños; por lo tanto, Sue tenía que poner a su bebé primero. Hacer algo distinto sería como traicionar el espíritu de su abuela. En cierto modo, se daba cuenta de que renunciar a su educación le haría muy difícil salir de las circunstancias económicas de su niñez. Hasta podía ver que proseguir el camino de su educación médica le permitiría dar más y de mejor manera a su bebé. Y, muy en su interior, sabía que Kenny la amaba.

Sin embargo, todo eso seguía estando en un plano puramente intelectual. Emocionalmente, no podía ver con buenos ojos la idea de intentar lograr sus objetivos. No era lo que Nana había hecho, y ella tenía que ser como Nana para sobrevivir. Su cabeza le decía que perseverara en sus estudios e hiciera que las cosas funcionaran con Kenny, mientras su corazón le pedía que abandonara todo. Desgarrada entre prioridades contradictorias, destrozada por una impotencia aprendida —como un *trader* congelado frente a la pantalla—, Sue no podía dar un paso en ninguna dirección.

Acelerar el cambio haciendo lo que no nos resulta natural

Mi especialidad es la terapia breve: en lugar de hablar sobre los problemas y dificultades, lo que puede tomar meses e incluso años de sesiones semanales, los terapeutas breves intentan acelerar el cambio mediante la creación de experiencias emocionales intensas. La idea es que estas experiencias se procesan de manera más profunda que una conversación común. Como resultado, se anclan en el interior rápidamente y se pueden convertir en las bases de nuevos patrones para la vida cotidiana.

Hace años conocí a un hombre joven que buscaba terapia debido a su sensación de soledad y aislamiento social. Comenzó la sesión diciendo con voz tonante que no tenía fe en mi profesión, que todos los terapeutas eran unos farsantes y que el asesoramiento psicológico era una pérdida de tiempo. De inmediato me puse de pie y expresé mi alegría de que se sintiera igual que yo en relación con mi campo de trabajo. Había demasiados terapeutas poco cualificados y sin capacitación adecuada, declaré, y él tenía toda la razón del mundo por sentir recelo ante ellos.

Luego le invité a hacerme las preguntas que creyera necesarias para decidir si yo estaba bien cualificado para ayudarle. Le dije que si no las respondía adecuadamente, con gusto le daría el nombre de un colega que pudiera ofrecerle un mejor servicio.

No me sorprendió mucho el que hiciera solo dos preguntas sobre mi formación y luego dejara de lado sus protestas. Después de todo, había pasado su prueba al no responder a la defensiva. Más tarde salió a la luz en nuestras sesiones que en sus relaciones pasadas había quedado muy herido. Había aprendido a evitar más dolores alejando a la gente antes de que pudieran rechazarle. Sin embargo, esta solución había perdido ya su valor, y lo había dejado solo y aislado.

Al abrazar el mismo comportamiento que se supone me tenía que alejar, le convencí —con maneras que las palabras nunca podrían lograr— de que nunca le rechazaría. Sin embargo, para crear esa experiencia tuve que conducirme de un modo contraintuitivo. ¿Si me molestó ese ataque arrogante? ¡Por supuesto! No obstante, esta sensación de rechazo hacia él fue la clave que usé para tratar de entrar en su mundo. Para ser un buen terapeuta, tenía que estar consciente de mi reacción natural y poder actuar precisamente de la manera *opuesta.* Si le hubiera mostrado que estaba ofendido, habría caído en la misma trampa en que habían caído todos los demás, aislándolo y destruyendo toda esperanza de avanzar en nuestra terapia.

Conoce lo que sientes y usa esa información para ir en dirección opuesta: Los *traders* y terapeutas exitosos aprenden a hacer *lo que no les resulta natural.*

Yendo contra la corriente con Sue

Por supuesto, la respuesta natural con Sue habría sido tratar de convencerla de continuar con sus estudios y traer a Kenny a nuestras sesiones. Sin embargo, ella lo habría interpretado como la exigencia de traicionar a su abuela y no solo se negaría, sino que posiblemente habría terminado abandonando la terapia. No, la respuesta natural no funcionaría. Es como esas situaciones que todos hemos vivido en las que se ha ido generando una interesante tendencia y nosotros no estamos a bordo. El mercado está moviéndose, el ritmo del *trading* se está acelerando y cada fibra de nosotros quiere participar. Sin embargo, generalmente ese es el momento en que es probable que ocurra un cambio de dirección. Una vez que una tendencia es evidente, la mayoría de los actores ya han hecho su jugada. Es necesario tener mucha disciplina, observar las propias ganas de saltar al tren y, entonces, usar esa información para esperar, esperar, esperar a que se produzca el cambio.

Eso es lo que hacen los terapeutas: están atentos a estos movimientos que van contra la tendencia, es decir, lo que la gente hace cuando *no* está inmersa en sus problemas. Pocas personas son disfuncionales todo el tiempo: si están navegando por el río de la vida, deben tener ciertas fortalezas y capacidades emocionales. En terapia breve, el enfoque orientado a las soluciones se basa en una lección muy simple: *la solución a los problemas se puede encontrar en lo que la gente hace cuando esos problemas no están sucediendo.* Si los problemas son la «tendencia» en el campo del asesoramiento psicológico, el terapeuta espera a que ocurra la *contratendencia* antes de dar un paso al frente.

¿Qué es natural hacer cuando alguien está llorando frente a uno, sumergido en el sentimiento de culpa? Reconfortarlo, por supuesto. Eso tampoco funcionaría. Sue rechazaría las palabras de consuelo porque no se sentía digna de ellas. Había hecho algo malo y debía cargar con las consecuencias. Pero, recordad, haría *cualquier cosa* por su bebé. Esa era la manera de actuar de Nana.

«Qué triste que no puedas llegar a ser una madre como Nana», le dije mientras lloraba. «Nana disfrutaba al estar con gente y le encantaba estar contigo. No estás disfrutando mucho este embarazo, ¿cierto? Te apuesto algo a que si tu bebé supiera cómo te estás sintiendo, no tendría muchas ganas de venir al mundo».

Sue levantó la cabeza y me miró fijamente. «¡Eso no es cierto!» bramó. «Usted no tiene la menor idea de lo que estoy haciendo por mi bebé».

«¿Qué has estado haciendo además de sentir que fue un gran error?, le pregunté.

Sue no estaba preparada para mi tono de voz. Me di cuenta de que si la hubiera reconfortado, habría seguido en esa actitud desvalida, como un objeto digno de lástima. Sin embargo, con el estímulo de mi crítica ahora sonaba desafiante, no deprimida.

«Hemos estado haciendo un *collage*», musitó.

«¿Un *collage*? ¿Qué tipo de *collage*?», pregunté con sorpresa.

«Quiero que mi bebé sepa todo sobre Nana», dijo emocionada. «Hemos estado juntando fotografías, cartas, todo lo que podamos encontrar de ella, poniéndolas en un gran tablero que colgamos en la pared. Cuando el bebé sea lo suficientemente mayor, será algo que podremos mirar juntos».

Bajé un poco el tono. «Eso es hermoso», dije. «Están manteniendo vivo el espíritu de Nana y si tu hijo o hija aprende ese espíritu y se lo comunica a sus hijos, algo de Nana vivirá para siempre».

Esperé un momento antes de hacer una pregunta casi en un susurro. «¿Tu diploma de la escuela de medicina será parte de ese *collage*? ¿Así es cómo vas a comunicarle a tu hijo la influencia de Nana en tu educación?»

Sue no respondió, pero tampoco discutió.

Escogí mis palabras con cuidado. «Me encanta la idea de tu *collage*. Significará mucho para tu bebé, pero quisiera preguntarte algo. Va a ser muy difícil, pero tienes que hacerlo por el bebé».

«¿Qué?», preguntó calmadamente.

«*Tienes* que dejar que Kenny ayude a hacer el *collage*. Sé que puede que no sigas con él en el futuro. Eso lo decides tú. Pero es el padre de tu futuro bebé, sea o no parte de tu vida, y tu bebé merece saber su historia, de dónde vino. Y tal vez sea también una manera de ayudar a que Kenny entienda a Nana y las razones de las decisiones que tomes».

Sue se quedó en silencio por un largo rato. Se notaba que estaba dándole muchas vueltas al asunto. «Quizás», dijo al fin. «Quizás».

Encontrando soluciones

Con la ayuda de Kenny, Sue terminó el *collage*. Lo sé porque trajeron el trabajo terminado a una sesión. Era una verdadera obra de arte.

El proceso llevó a que Sue y Kenny hablasen. Sue no bajaría la guardia por un hombre, pero sí lo haría por su hijo. Y una vez que Kenny mostró interés en Nana, ambos comenzaron realmente a comunicarse. De pronto la relación ya no era una traición a la formación de Sue: podría convertirse incluso en una extensión de ella. Y, sí, Sue dejó un espacio en el *collage* para su diploma de la Escuela de Medicina. Nana valoraba la educación; no había ninguna duda acerca de eso. Así, Sue y Kenny tendrían que crear de alguna manera un buen hogar para su hijo, aun con las exigencias del trabajo y la escuela. Juntos, estaban decididos a lograrlo. Ya no había más «desesperanza aprendida».

Un simple *collage* formó las bases para la solución. En medio de sus problemas, Sue había pensado en la idea de dejarle a su hijo un recuerdo de Nana. La clave estaba en extender este recuerdo a toda su vida. Sue, después de todo, haría *lo que fuese* por su hijo, incluso terminar su educación, romper las barreras y permitirse amar.

Acudió a mí absorbida por su problema. Cuando se fue, no lo hizo con una solución que yo le hubiese dado, sino más bien con la comprensión que ella misma había iniciado una solución antes que nos conociéramos.

En el caso de muchos *traders*, el punto central no es que tengan problemas, sino que están *absorbidos* por ellos, y eso les impide apreciar lo que están haciendo correctamente y les impide abrir los ojos a soluciones que ya están en vías de desarrollo.

El inventario del *trading* sin temor

En la introducción, mencioné mis deudas de gratitud por las ideas que contiene este libro. La verdad es que algunas de las mayores deudas son mis fracasos en el *trading*. Cuando comencé como *trader*, creía que lo que necesitaba sobre todas las cosas eran datos limpios, una conexión fiable a Internet, un buen ordenador y algunos indicadores bien estudiados y calculados. Obtuve todo eso, y más. Compilé una base de datos multianual de información generada a lo largo de los días para probar retrospectivamente estrategias de *trading* de corto plazo. Conseguí décadas de datos de mercado para examinar patrones del mercado de más largo plazo. No satisfecho con el análisis estadístico normal, adquirí el mejor software de modelado disponible para investigar patrones no lineales del mercado en diferentes periodos de tiempo. Leí a los gurús y fui reuniendo una envidiable biblioteca de libros sobre *trading*.

Y perdí dinero.

Una y otra vez.

Fue una experiencia aleccionadora. Soy una persona razonablemente despierta, con dos títulos académicos de posgrado. Fue un poco humillante, pero tuve que reconocer la verdad: tener las últimas herramientas y un alto CI no me iba a abrir las puertas del éxito en el *trading*. Tenía las materias primas para el éxito y destellos promisorios de tanto en tanto, pero algo se estaba interponiendo en el camino para aprovechar todo esto al máximo.

Siento el mayor de los respetos por los miembros de Alcohólicos Anónimos que llevan a cabo un «inventario moral sin temor». Hay que tener mucho valor para ponerse de pie ante un grupo de personas y decir: «Mi nombre es Eugenio y soy un alcohólico.» Se necesita incluso más coraje cuando llega el momento de hacer una revisión de la propia vida y los muchos dolores y errores causados por una adicción que hemos sufrido. Ese inventario moral es como mirarse al espejo con los ojos bien abiertos. No es tanta gente la que puede tolerar acelerar su proceso de producción personal y, como los fabricantes japoneses de automóviles, hacer frente a sus defectos y yerros.

Sin embargo, sabía que, a menos que hiciera mi propio inventario del *trading* sin temor, nunca pasaría al siguiente nivel de mi juego en el mercado. De manera que revisé mis transacciones, una a una, las ganadoras y las perdedoras. Busqué patrones: ¿qué tenían en común mis transacciones ganadoras?, ¿cuáles eran los elementos que se repetían en las transacciones que me hicieron perder dinero?

No fue algo muy agradable de ver, pero aprendí unas cuantas lecciones.

Descubrí que mis métodos de *trading* reales *no* diferían demasiado entre las transacciones ganadoras y las perdedoras. Tendía a utilizar los mismos indicadores de mercado y a agruparlos de maneras similares. Mantenía un conjunto básico de datos y me basaba casi completamente en ellos para mis decisiones de *trading*. Eran métodos que habían funcionado bien en las pruebas retrospectivas que había realizado y en el *trading* con papeles. Esto sugería una conclusión importante: podía tener éxito o fracasar con los métodos que estaba usando, así es que desarrollar métodos nuevos y más intrincados no era necesariamente la respuesta.

Los patrones que detecté entre las transacciones ganadoras y perdedoras confirmaban esta impresión. De mis anotaciones diarias pude sacar varias conclusiones, a medida que inspeccionaba los procedimientos de mi *trading*.

- *No era consistente en el tamaño de mis posiciones.* Con demasiada frecuencia, aumentaba el tamaño tras una serie de transacciones ganadoras, solo para perder a lo grande cuando ocurría la inevitable transacción perdedora. Como el conocido *trader* Mark Cook hiciera notar en las primeras épocas de su actividad, es posible tener un respetable promedio general de decisiones acertadas y, aun así, perder dinero si el tamaño de las transacciones perdedoras con respecto a las ganadoras es muy desproporcionado. Mi promedio de decisiones acertadas era penosamente más bajo cuando se trataba de transacciones de mayor tamaño.
- *No era consistente en mi preparación.* La característica más destacable que diferenciaba las transacciones ganadoras de las perdedoras era mi estado mental durante las mismas. Las transacciones ganadoras tendían a ocurrir después de horas de sumergirme en datos del mercado, acompañadas por varios ensayos de escenarios hipotéticos. Las transacciones perdedoras eran hechas de manera mucho más impulsiva, sin la concentración ni la preparación de las ganadoras. Tal vez suene un poco místico, pero cuando estaba sumergido en el mercado y en mi investigación, las transacciones ganadoras *venían a mí.* No las estaba buscando, simplemente aparecían en mi mente consciente con una profunda sensación de certidumbre interna. Las transacciones perdedoras eran aquellas que intentaba imponer al mercado. Una vez que había decidido que iba a hacer transacciones ese día, me era fácil convencerme de todo tipo de patrones y razones para abrir y cerrar posiciones.

- *No era consistente en mi ejecución.* Soy un *trader* de corto plazo, y siempre me ha ido mejor en esa modalidad. Sin embargo, cuando revisé mi historial, descubrí una preocupante tendencia a dejar que las transacciones perdedoras se convirtieran en transacciones de más largo plazo. Invariablemente esto empeoraba mis pérdidas, en lugar de rectificarlas. Es irónico el hecho de que tendía a dejar que mis transacciones de corto plazo se prolongaran cuando mis pérdidas eran mayores, casi asegurando la pérdida de muchos días de ganancias en una sola transacción echada a perder.
- *No era consistente en mi perspectiva.* Muy a menudo, durante transacciones que terminaban como modestas pérdidas, me sumergía tanto en la acción *tick* a *tick* que perdía de vista la tendencia mayor. De *este* modo, di por finalizadas antes de tiempo varias transacciones que podrían haberse convertido en grandes éxitos. En las transacciones ganadoras, tendía a trabajar de arriba hacia abajo, alineando mis posiciones de más corto plazo con la tendencia mayor. ¡Increíblemente, en otros momentos quedaba tan embebido en la acción *tick* a *tick* que ni siquiera miraba el panorama general!
- *No era consistente en mis salidas.* De media, dedicaba mucho más tiempo a analizar cuándo debía entrar al mercado que a cuándo salir. La ausencia de una estrategia de salida explícita para cada escenario probable me dejaba sin timón en esos tiempos de *drawdowns* cuando más necesitaba orientación. Una proporción importante de mis transacciones perdedoras habría pasado al lado ganador si hubiera seguido una estrategia de salida planeada y probada. Con la excepción de aquellas ocasiones en que dejaba que las transacciones perdedoras de corto plazo se convirtieran en transacciones de largo plazo, tendía a tener una excesiva aversión al riesgo. Recogía los beneficios antes de tiempo y toleraba tan poco los *drawdowns* que las posiciones no tenían un buen espacio de oportunidad para situarse a mi favor.

Los resultados de mi inventario sin temor me miraban a la cara. Se podían condensar a una sola palabra: *consistencia.* A pesar de todo lo que había leído sobre reducir las pérdidas, dejar correr los beneficios y prepararme para el *trading* de cada día era incoherente en casi todos los aspectos de mi juego. Peor aún no me había dado cuenta de hasta qué punto actuaba mal. De alguna manera me había convencido a mí mismo de que, porque había leído tanto sobre el mercado, había reunido megabytes de datos y me había sumergido en montañas de estadísticas y gráficos, eso significaba que había trabajado duro y que estaba bien preparado. Nada más lejos de la verdad.

Pero, ¿por qué? No soy una persona poco disciplinada. ¡Si me puedo despertar a las 5.00 horas cada mañana, enseñar en la universidad, llevar a cabo mis sesiones de asesoramiento psicológico y mantener una familia, sin duda que puedo reunir la energía y la concentración mental para crear un plan de *trading* y seguirlo! No, había algo interponiéndose en el camino. Algo me estaba quitando la concentración que necesitaba. Como Sue, tenía el molesto y culposo sentimiento de que, cuando se trataba del *trading*, yo era mi propio y peor enemigo.

Un inventario de soluciones

Tras ello vino un intenso periodo de implacable autoobservación y evaluación en tiempo real. Mi meta era aislar los factores que tenían mayor influencia en el mantenimiento o la pérdida de mi coherencia en el *trading*. En un momento de lucidez mental, vi que mis problemas no eran diferentes de los que tenían los clientes que iban a mis sesiones de asesoramiento psicológico, la gente que tiene dificultades para seguir rigurosamente un plan de dejar de fumar o hacer una dieta. Ayudarles a solucionar sus problemas me dio nuevas perspectivas para abordar los míos. El problema no era el *trading* en sí. Era algo más básico: *la dificultad para sostener una actividad intencional de cualquier tipo que exigiera un esfuerzo sistemático.*

Una pista importante para enfrentar el dilema era el hecho de que mis resultados en el *trading* eran mucho mejores cuando hacía transacciones pequeñas que cuando eran de gran tamaño. Cuando eran pequeñas, era mucho más probable que tolerara pérdidas normales y dejara que los beneficios se prolongaran. Puesto que las cantidades en juego —y el dinero a perder o ganar— eran modestas, no sentía la necesidad de gestionar en detalle las transacciones. Tras pensarlo un poco, también me di cuenta de que tendía a colocar las transacciones más pequeñas cuando probaba por primera vez nuevas ideas de *trading*. Esos eran los momentos en que estaba más inmerso en mis notas, en mis pruebas y en los mercados, y también era cuando habría sido mejor seguir el consejo de Victor Niederhoffer de mantener mis métodos de *trading* en un nivel simple y directo, basado en datos.

Algo de lo que no hay duda es que el inventario del *trading* sin temor fomentó una saludable modestia en mí, pero también me ayudó a ver que cuando mantenía mis posiciones en un nivel pequeño, y mis métodos eran directos y tenía la mente puesta en el mercado, era capaz de hacer algunas transacciones muy provechosas,

Reconocer esto hizo que me *enfocara en las soluciones* a mis infortunios en el mercado. Como vimos con Sue, a veces ayuda el que los terapeutas *no* se centren exclusivamente en los problemas que les presentan sus clientes y que, en lugar de ello, busquen *excepciones* a los mismos. Si una pareja busca asesoramiento psicológico para sus problemas matrimoniales, vale la pena examinar las ocasiones en que no discuten ni pelean. ¿Problemas de alimentación? ¿Depresión? Los terapeutas que orientan su enfoque a las soluciones toman el camino menos usual: preguntan sobre las veces en que la persona sí come de manera saludable o cuando *sí* está contenta. El *collage* de Sue era *su* excepción: un intento saludable de enfrentar sus problemas en lugar de apartarlos a un lado.

El enfoque orientado a las soluciones funciona porque utiliza las fortalezas actuales de una persona como una palanca, haciendo que los pesados patrones problemáticos sean más fáciles de levantar. A menudo, las parejas que van a asesoramiento psicológico se sorprenden al darse cuenta de que pasan largos periodos sin pelear. Las personas deprimidas han incorporado tanto el estar deprimidas a la idea que tienen de lo que es su identidad, que no aprecian los frecuentes intervalos del día o de la semana en que no lo están. Una vez que las personas pueden hacer que su pensamiento pase de estar enfocado en los problemas a estarlo en las soluciones, pueden identificar lo que ya están haciendo para adaptarse, y hacerlo más conscientemente.

Este es un concepto muy importante: *usted no se va a convertir en un mejor* trader *mediante la imitación de un gurú de los mercados; lo hará si identifica las ocasiones en que ya está haciendo un buen* trading *y luego modela su accionar futuro según ellas.* Si tiene dificultades con su *trading* y está pensando en abandonarlo (como Sue), necesita identificar su propio *collage*: aquellas cosas que ya está haciendo y que rompen sus patrones problemáticos.

Cuando aprende a hacer «*trading* desde el diván» como un participante del mercado que tiene un grado de sofisticación psicológica a su disposición, no se convierte en un *trader* distinto. *Se convierte en más del* trader *que usted ya es en sus mejores momentos.* En un sentido muy real, todo *trader* que ha hecho sus tareas tiene al menos dos identidades: la que es capaz de ejecutar bien su estrategia, y la que está llena de impulsos, temores y conflictos internos que terminan perjudicándole. Es interesante que, cuando los *traders* frustrados buscan ayuda en la psicología, están más en contacto con sus patrones destructivos que con sus habilidades. La parte de un inventario del *trading* sin temor que termina resultando más útil es el reconocimiento de primera mano de que, incluso en medio del fracaso, uno ya contiene las semillas del éxito.

Aplicando las soluciones

En el baloncesto hay lanzadores por rachas y, lamentablemente, yo tiendo a ser un *trader* del mismo tipo. Puedo pasar por periodos de gran abundancia y por otros de terrible escasez. En los momentos en que escribo este texto, paso por una racha de *trading* particularmente buena, con cerca de tres cuartos de mis transacciones dándome ganancias y un promedio neto de varios puntos de Standard & Poor's (S&P) por transacción. En esos periodos puede parecer que mantener un cuaderno de notas diarias tradicional no sea muy importante. Sin embargo, la mentalidad centrada en soluciones sugiere exactamente lo contrario. Precisamente cuando se están poniendo en práctica excepciones a los patrones problemáticos es el momento en que es más importante estar atentos y conscientes. Si se está teniendo una serie de éxitos, hay buenas probabilidades de estar haciendo algo bien. Los *traders* psicológicamente bien preparados crean modelos de sí mismos en su mejor momento y luego se esfuerzan conscientemente por llevarlos a la práctica de manera constante. Nietzsche dijo una vez que un gran hombre es solo el actor de sus ideales. Esa es una excelente fórmula para la vida y el éxito en los mercados: convertirnos en actores de nuestros mejores esfuerzos.

Al principio se siente de hecho como si uno estuviera representando un guión de teatro, como un actor. El examen del *trading* sin temor aumentó mi conciencia sobre varios y sutiles factores que tienen relación con los éxitos y fracasos. Por ejemplo, la comodidad física de mi espalda y mi mano derecha tenía una estrecha relación con el éxito final de las posiciones que tomaba en esos momentos. Cuando colocaba transacciones que tenían altas probabilidades y lo hacía con la preparación adecuada, por lo general me sentía cómodo con mi decisión y me reclinaba plácidamente en el sillón, pulsando de vez en cuando diferentes gráficos y tablas para supervisar el desarrollo de la transacción. Sin embargo, cuando colocaba transacciones por motivos errados o sin la preparación adecuada, sentía una preocupación prematura sobre si iban a funcionar o no. Me inclinaba hacia adelante en mi asiento y comenzaba a pulsar frenéticamente con el ratón sobre los gráficos, en un rabioso intento por reforzar mi confianza en la transacción. Finalmente, la mano y la espalda me terminaban doliendo... ¡A menudo, nuestros cuerpos saben más rápido que nosotros mismos cuál será el desenlace de las transacciones que hacemos!

La «representación escénica» que mencioné anteriormente entraba en juego cuando adoptaba conscientemente una postura relajada al preparar y colocar las transacciones. En el desarrollo diario del *trading*, uno puede crear una potente relación entre el estado corporal y el estado mental. Adoptar un estado físico adecuado es una de las maneras más rápidas de lograr una disposición mental ganadora. Los jugadores de baloncesto o los lanzadores de las ligas mayores de béisbol entienden bien este principio, y realizan pequeñas rutinas antes de llevar a cabo un tiro libre o un lanzamiento. De manera similar, las ceremonias de la religión están llenas de estos rituales y símbolos, por ejemplo, en eventos formales como los matrimonios. Una vez que un estado mental se ha asociado estrechamente con un ritual, solo necesitamos invocar el ritual para acercarnos al estado deseado.

Puede lograr resultados particularmente potentes si desarrolla rituales a partir de los patrones que observa en sus transacciones más exitosas y evita los patrones relacionados con los fracasos en el *trading*. Una vez más, piense en Sue y la manera en la que pudo ampliar su *collage* para incluir su educación y su relación con Kenny. Incluso la solución que nos parece tal vez más pequeña puede servir de ancla para un cambio en nuestras vidas. Los siguientes son algunos rituales de «solución» que surgieron de mi autoobservación:

- *Tomarse descansos del* trading. Los *traders* activos tienden a negarse a tomar vacaciones, ya que para ellos eso significa alejarse de los mercados y perder oportunidades. Nada es más frustrante que una gran oportunidad que ocurre cuando se está lejos de la acción e ignorante de lo que pasa en los mercados. Sin embargo, he descubierto que en el *trading* se puede tener una racha particularmente exitosa después de un descanso o receso prolongado. El cambio de rutina nos permite volver al *trading* con una perspectiva fresca y renovada, y percibir patrones que de lo contrario no habrían sobresalido. Muchos *traders* activos se toman un descanso alrededor del mediodía (cuando los mercados están menos volátiles) y realizan actividades altamente no-cognitivas, como ejercicios físicos, por ejemplo. Esta energía renovada se vuelve fundamental en aquellas situaciones que más tarde en el día exigen una concentración sostenida durante largos periodos.

- *Ponerse en escenarios hipotéticos.* Al hacer mi autoexamen descubrí que la cantidad de tiempo dedicado a prepararme antes de las transacciones estaba estrechamente relacionado con el éxito en el *trading*, y parece que tanto la cantidad como la calidad del tiempo eran importantes para ello. Como resultado, inicié un ritual diario de revisar en los años pasados todos los días que eran similares al mercado actual. Los estadísticos se refieren a esas ocasiones como a los «vecinos más cercanos». Si el mercado actual declina con alta volatilidad tras tres días de acción plana y de bajo volumen, buscaré en mi base de datos todas las ocasiones en que esto ocurrió en el pasado. Luego imprimiré gráficos de uno y cinco minutos de cada una de ellas y revisaré los patrones que surgieron en la actividad posterior del mercado. Este ejercicio cualitativo prepara mi mente para los elementos que deberé buscar en la sesión de *trading*. Como Yale y Jeff Hirsch hacen notar en su *Stock trader's Almanac,* inspirándose en Pasteur, «la mente informada tiene mejores probabilidades».

- *Tomarse las cosas con ánimo relajado y calmado.* He descubierto que cuando estoy relajado durante el día, es más probable que mi pensamiento tenga flexibilidad y rapidez de respuesta. Cuando estoy tenso y me tomo las cosas con demasiada gravedad, estoy más expuesto a paralizarme y complicar una situación que ya se ha echado a perder. Uno de mis colegas de *trading*, Henry Carstens, con frecuencia se maravilla del gran «juego» que es el *trading*. No me sorprende que sea un *trader* exitoso: juega con las ideas del *trading* con el mismo espíritu que muestra al jugar con su pequeño hijo, Everett. Otro conocido describe constantemente el *trading* como un campo de batalla. No es de sorprender que parezca sufrir de estrés postraumático en cada pérdida, lo que tiene efectos negativos en su disposición mental –y en su curva de capital– por largo tiempo. Muchos *traders* exitosos aprenden a estar relajados a la hora de hacer *trading*, del mismo modo en que los boxeadores u otros deportistas lo hacen antes y durante sus competencias: con música que eleva el ánimo, bromas con amigos y precalentamientos antes del juego. Con este fin, hace poco comencé a utilizar métodos de biorretroalimentación.

- *Lograr una actitud de desapego.* Hay un principio budista que señala que el sufrimiento proviene del apego que uno tiene a las cosas de este mundo. Tan pronto como *necesitas* algo, o necesitas que algo ocurra, gana poder sobre ti. Para los *traders*, un escenario muy peligroso es cuando necesitan que los resultados del *trading* apuntalen su autoestima. Mi autoexamen me convenció de que tenía más éxito cuando no necesitaba que las transacciones funcionaran bien. De hecho, mis mejores transacciones fueron algunas tan pequeñas que no importaba demasiado (en el sentido financiero) si eran exitosas o no. Larry Hite, uno de los magos del mercado entrevistados por Jack D. Schwager, comentaba que no tenía «historias de guerra» que contar a sus compañeros y amigos. Cada transacción representaba no más del uno por ciento de su cartera total y era como cualquier otra. Se trata de un valioso modelo de psicología del *trading*: haz pocas cosas, y hazlas a menudo *y* de la misma manera. La confianza no es resultado del pensamiento positivo: es el resultado de la capacidad de enfrentar la derrota con ecuanimidad y evitar el apego a los resultados del mercado. Como el sexo, el *trading* se disfruta más plenamente cuando los participantes están inmersos en el proceso, en lugar de estar preocupados de los resultados.

- *Crear símbolos.* Un símbolo es un objeto que adquiere significado a través de su asociación con algo importante. La bandera es un símbolo de la patria y materializa todo lo que representa. Dependiendo de a qué corrientes psicológicas seamos más proclives, el signo del dólar es un símbolo de la raíz de todos los males o la fuente de los logros que surgen de la iniciativa personal. Los *traders* exitosos crean sus propios símbolos, empapándose de la mentalidad que lleva al éxito. Un hábito que he encontrado particularmente útil en este sentido es retirar periódicamente una parte de las ganancias de la cuenta y usar ese dinero para comprar algo especial para mí o mis seres queridos. Puede ser un objeto de lujo o que dé prestigio y que normalmente no adquiriría, pero que está asociado con la idea de logro. Algunos pueden burlarse de esta —para ellos— acumulación de materialismo atolondrado, pero su crítica no alcanza a apreciar la psicología del símbolo. Lo que nos rodea es al mismo tiempo un espejo de nuestro estado mental y un factor del mismo; al rodearnos de lo que nos hemos ganado con nuestro esfuerzo, transformamos nuestro entorno en una celebración de la eficacia personal.

Cuando usted lleve a cabo su propio inventario del *trading* sin temor, puede que descubra diferentes soluciones en relación con sus éxitos en el *trading*. La psicología del *trading* le desafía a cambiar el foco del problema y examinar lo que hace cuando *no* está realizando transacciones que terminan teniendo malos resultados. Como Sue, ¡tal vez descubra que está creando una obra de arte sin saberlo!

Conclusión

Quizás usted escogió este libro porque no está contento con sus resultados en el mercado. Si es así, muy bien. La investigación en psicoterapia sugiere que las personas con niveles moderados de angustia son los que con mayor probabilidad se beneficiarán de la ayuda que se les preste. Demasiada angustia produce un «apagón», mientras que un nivel muy bajo aleja el incentivo para el cambio. Sus fracasos están ahí por una razón; como esos fabricantes de automóviles, tiene algo que aprender cuando sus esfuerzos no logran lo que esperaba. Esta visión de la derrota le prepara mejor para identificar sus aspectos fuertes, es decir, las soluciones que puede haber estado aplicando sin ser consciente de ello.

David Bowie tiene una canción sobre ser héroes solo por un día. Tal vez Norman Mailer estaba más cerca de la verdad cuando describió los «15 minutos de fama» de cada persona. No importa: un solo acto de grandeza puede crear el patrón de toda una vida. El primer paso para transformarse como *trader* es llevar a cabo el inventario más valiente y honesto que le sea posible, evaluando cada derrota y victoria, sin excepciones. Examine sus patrones: ¿qué estaba haciendo mal en las transacciones que no tuvieron éxito?, ¿qué funcionó en aquellas que resultaron bien? Cada uno de estos patrones tiene un propósito: enseñarle algo sobre su *trading*, algo sobre usted mismo.

Para hacer este inventario sin temor, será necesario llevar un completo cuaderno de anotaciones diarias que pueda revisar al final de cada semana. Debe incluir las transacciones realizadas, las razones —basadas en su propia investigación— para ejecutarlas, sus objetivos de beneficios, sus parámetros de *stop-loss*, su disposición mental durante las transacciones y los resultados de las mismas. Cada semana se calificará usted mismo sobre lo bien o no tan bien que aplicó sus planes de *trading*, y cada semana hará una revisión de lo que funcionó y de lo que no. El objetivo es crear un ciclo de retroalimentación de mejoras continuas para la calidad de su *trading*.

Tenga en cuenta que, al llevar este registro, el aspecto central no es si cada transacción ganó o perdió dinero. En lugar de ello, el énfasis es si hizo usted las tareas que se había propuesto y si siguió sus planes de *trading*. Un buen porcentaje de transacciones pueden perder dinero y, de vez en cuando, una transacción hecha de manera impulsiva puede tener éxito. *Usted no puede controlar si en la próxima transacción ganará o perderá.* Todo lo que puede hacer es inclinar las probabilidades a su favor a través de una sólida investigación, formular planes que hagan uso de ella, y colocar suficientes transacciones como para que las probabilidades se inclinen a su favor con el tiempo. En un sentido muy real, su objetivo no es hacer dinero, sino seguir con coherencia y constancia sus planes de *trading*. Si los cimientos son sólidos, el dinero llegará por sí mismo, y si no lo son, eso también se podrá ver en el cuaderno de anotaciones, lo cual le servirá de motivación para volver a investigar y hacer planes con el fin de lograr esa ventaja que necesita.

Encuentre las excepciones a sus patrones problemáticos, es decir, las veces en que hace cosas que le acercan a sus metas. Luego convierta esas excepciones en soluciones, haciéndolas más a menudo. *Ese* es el enfoque orientado a las soluciones. Sue pudo llegar a amar apoyándose en un solo acto de amor: el *collage*. Los *traders* podrán mejorar en su actividad apoyándose en sus éxitos, convirtiéndose en más de lo que ya son en sus mejores momentos.

2. El estudiante que no podía estudiar

> Las conductas que se refuerzan después de aprendidas se vuelven automáticas: son la fuente de nuestra libertad... y de nuestra esclavitud.

Cuando encontramos una solución, nuestro desafío es llevarla a cabo de manera constante. Muchos de nosotros sabemos lo que es correcto hacer en la vida —ser buenos con nuestros cónyuges, ser pacientes con los niños, hacer ejercicio regularmente, comer de manera saludable— pero no logramos mantener en el tiempo nuestras buenas intenciones. El *trading* es el epítome de una actividad orientada a un propósito: el *trading* exitoso es el *trading* planificado. En este capítulo exploraremos el tema del *propósito y* algunos de los factores que le ayudarán a convertirse en un ser humano mejor encaminado en cuanto a sus intenciones. Al aprender cómo mantener el propósito —ampliando y fortaleciendo su capacidad de decidir libremente— también cultiva usted la capacidad de formular y seguir planes de *trading* exitosos. Sin embargo, el mejor sistema de *trading*, así como el mejor programa de ejercicios, no le ayudará si no puede seguirlo regularmente.

Ken, el fracasado

Entré temprano a la oficina un lunes por la mañana, con un café grande ya en la mano. Supe que iba a ser un día lleno de sesiones terapéuticas. Probablemente usted ya haya percibido que la mía no es una consulta ordinaria. Ante todo, presto servicios de asesoramiento psicológico a estudiantes de medicina, médicos residentes, enfermeras, estudiantes de posgrado, y una variedad de otros profesionales de la salud. La mayoría son individuos brillantes, capaces de grandes logros, cuyas posiciones en el mercado de la vida podrían ser descritas como llenas de estrés y carentes de tiempo. Trabajar en el hospital doce horas diarias y luego estudiar por las noches no deja tiempo para psicoanálisis largos. Esa es la razón por la que los estudiantes vienen a mí como «terapeuta breve». Las personas que trabajan en profesiones ajetreadas valoran las técnicas que aceleran el cambio psicológico.

No hay duda de que la terapia breve no es para todo el mundo. Algunas personas tienen problemas emocionales crónicos que requieren tratamiento médico y psicológico continuo. Sin embargo, la mayoría de las personas productivas en el mundo laboral no se encuentran debilitadas de forma crónica, incluso si se encuentran reviviendo patrones destructivos. Tienen considerables recursos intelectuales y emocionales y, de hecho, generalmente funcionan en un nivel muy alto. No es una broma el que yo describa mi trabajo como «terapia para los que están mentalmente bien». Si imaginamos a las personas como coches, yo soy más bien un especialista en rendimiento que un taller de reparación, ayudando a la gente a alcanzar esas últimas reservas de caballos de fuerza y par motor. Y en ambientes de alto riesgo / alta recompensa que exigen una gran cantidad de tiempo y energía —como la medicina o el *trading*— hay un importante resarcimiento por cada pequeño incremento en la capacidad emocional.

Al echar una mirada a mi horario del lunes, me di cuenta de que mi primera cita del día era con Ken. Respiré largo y profundo. Sabía muy bien que no sería una sesión fácil.

Ken recurrió por primera vez a mí después de suspender los dos primeros exámenes de patología. Estaba petrificado ante la idea de suspender el curso, ya que eso le impediría pasar a la parte clínica de su formación médica, y también estropearía sus posibilidades de conseguir una residencia en una especialidad médica competitiva. Ken sabía que los dos exámenes restantes lo iban a llevar a la cima o hacer añicos. Necesitaba cada pizca de motivación y concentración que pudiese reunir.

Pero no podía reunir nada.

Después de estudiar muchísimo —hasta el punto de pasar muchas noches en vela— Ken obtuvo solamente malas notas a cambio de todo el esfuerzo. Para su mayor frustración y confusión, había estudiado el mismo material que otros alumnos y, aun así, logró notas significativamente inferiores. Aún más enervante era el hecho de que lograba buenas notas cuando hacía exámenes de ensayo, solo para ver cómo los conocimientos le volaban de la cabeza durante el examen verdadero. Estaba tan molesto con esta falta de éxito en el primer examen que resolvió hacer lo que fuese para aprobar el curso. Pasó sus tardes, noches y fines de semana estudiando sin parar, perdiendo horas de sueño y peso en el proceso.

Todo terminó abruptamente con el segundo examen. Después de las largas horas y días interminables de estudio, la nota no fue diferente a la del examen previo.

Fracasó.

Con esta situación, por primera vez Ken se dio cuenta de que realmente podía suspender el curso más importante de su segundo año curricular. Sus notas bajaron en los otros cursos debido al énfasis exclusivo que había puesto en el de patología, y con horror se dio cuenta de que podía incluso terminar eliminado de la escuela de medicina.

Un fracaso así sería trágico, si se piensa en lo lejos que había llegado Ken en su corta vida. De hecho, era en muchos aspectos como Sue, pero provenía de un contexto y origen completamente diferentes. Tras una infancia en una familia devastada por el alcoholismo, comenzó a sentirse atrapado en su pequeño pueblo de la región de Adirondack, en el norte del estado de Nueva York. No se autocompadeció durante la secundaria y consiguió una beca para estudiar en una reputada universidad. Allí se sintió terriblemente fuera de lugar, en medio de compañeros de familias más acomodadas y menos disfuncionales. Sin embargo, se propuso integrarse, confiando firmemente en sus logros académicos para abrirse un hueco.

No le gustaba ir de visita a la casa de su familia. Su padre constantemente le recordaba que la universidad era una pérdida de tiempo, instándole a conseguir un trabajo y mantenerse por sí solo. Durante sus arranques de embriaguez, discutía con cualquier miembro de la familia que tuviera a la vista, y sobre todo le gustaba burlarse peyorativamente de la hombría de Ken, quien toleraba estoicamente la situación, con el mentón crispado y tenso, reafirmando en su fuero interno su voluntad de avanzar y ganar su independencia. Un día crucial, después de una pelea particularmente desagradable, Ken perdió la paciencia. Se plantó cara a cara frente a su padre en medio de una de las borracheras de este y le anunció tranquila pero firmemente: «*Voy* a hacer algo con mi vida».

De allí en adelante, rara vez regresó al hogar de su infancia. «Mi hogar», anunció fríamente en nuestra primera sesión, «está en la escuela».

Me fue difícil creer que el Ken que ahora estaba sentado en mi sala de espera fuera el mismo luchador que batalló con su padre amargado y alcohólico. Estaba desplomado sobre la silla, y su aspecto culposo y avergonzado me dijo que los días recién pasados no habían sido buenos.

«La cosa va mal... muy mal», sentenció, mientras se echaba en una de las dos grandes sillas reclinables en mi oficina.

«¿Qué va mal? ¿Tus estudios?», pregunté.

Ken esbozó brevemente una sonrisa, como burlándose de sí mismo.

«*No* he estado estudiando», dijo mirando al suelo. «No logro abrir los libros. El examen es la próxima semana y voy muy retrasado. Ni siquiera he *empezado* a mirar la nueva materia».

Eso no estaba nada bien. Estudiar arduamente no le había dado resultados, pero estudiar poco no iba a ser la respuesta. Podía ver que el contorno de sus ojos estaba enrojecido por las noches en vela y el llanto. Si alguna vez un ser humano derrotado había pisado mi oficina, era Ken. Desde su cuerpo desplomado hasta su voz de autómata, era la imagen misma del agotamiento máximo.

«No sé qué hacer», se lamentó. «Mientras más estudio, parece que menos sé. Pero *sí* sé. No me va a creer, pero cuando estaba estudiando con mi compañero de habitación, yo le decía *a él* las respuestas de las preguntas de práctica. ¿Sabe cuántos puntos obtuvo? Un 85. A solo cinco de obtener Honores. ¿Qué podía decirle cuando me preguntó sobre los míos? No podía creer que fuera un 68. Un 68... ¡lo mismo que saqué la vez pasada!»

Hizo una pausa, esperando a que yo respondiera. Como no lo hice, volvió la cabeza hacia abajo nuevamente.

«Yo ya no puedo seguir...», dijo con voz casi inaudible.

Toda mi concentración estaba enfocada en Ken en ese momento. Yo *sabía* que lo que fuera que consiguiéramos en las próximas sesiones jugaría un papel decisivo en dar forma a su futuro personal y profesional.

Estos son los momentos para los que los terapeutas viven. Los terapeutas no son tan distintos a los lanzadores de las grandes ligas o a los jugadores de baloncesto. Los realmente buenos quieren tener el balón en sus manos cuando el juego está en los descuentos y cada movimiento es crucial. La mayoría de las sesiones de asesoramiento psicológico, al igual que la mayor parte de las sesiones de mercado, son rutinarias. Ofrecen oportunidades de obtener ganancias, pero la mayor parte de esos beneficios estarán limitados, pero las ocasiones de alta volatilidad, cuando las personas y los mercados reaccionan más emocionalmente, son las que ofrecen las mayores posibilidades de «hacerla en grande» .

También suelen ser los períodos de más alto riesgo.

Miré la expresión abatida de Ken y respiré una vez más, profundamente. El balón estaba en mis manos. Ya habíamos tenido dos sesiones, pero la verdadera terapia empezaba ahora.

La diversificación en la vida y los mercados

¿Qué está pasando con Ken? Aunque los detalles específicos pueden diferir, él no es tan diferente a muchos de los *traders* que me han escrito lamentando su falta de éxito en los mercados.

Ken quiere tener éxito en la escuela de medicina. De eso no hay duda. Tiene tantos deseos de triunfar que perderá horas de sueño y se saltará comidas para cubrir la mayor cantidad de material posible. De hecho, estaba dispuesto a dejar su familia para lograr sus objetivos. Aunque un psicólogo tradicional podría especular que Ken alberga un deseo íntimo de fracasar, ese diagnóstico estaría equivocado. Cada fibra del cuerpo de Ken desea ese título médico.

¿Por qué? ¿Cuál es la motivación de Ken para triunfar en la escuela?

La respuesta obvia es que quiere ser un médico. Sin embargo, tampoco es del todo correcta. Por supuesto, quiere ser un doctor, pero ¿qué *significa* eso para él? ¿Cuál es la importancia psicológica del fin que uno trata de lograr? *¿Por qué* alguien desea los beneficios del *trading*? ¿Por qué es tan importante para Ken obtener ese título universitario?

La respuesta en el caso de Ken se remonta a la confrontación con su padre e, incluso antes de eso, a su arduo trabajo en la secundaria y en la universidad. El éxito académico ha sido siempre su nicho, el escenario en el que ha destacado. Su padre podía reprimirlo y cuestionarlo en cuanto a su aptitud para el trabajo de hombres, pero no podía borrar la íntima conciencia de Ken sobre su éxito académico. Cuando el filósofo Samuel Johnson leyó las ideas del Obispo Berkeley, se impresionó con la noción de que los objetos que las personas perciben existen únicamente en sus mentes. Johnson lanzó una piedra y dijo: «De esta manera, ¡yo rebato a Berkeley!» Bien, el trabajo escolar era la manera de Ken de rebatir a su padre. Era su manera de dejar bien claro que Yo *soy* un éxito.

El éxito en la escuela poseía un significado adicional para Ken: era su billete de salida del mundo de su infancia y juventud. Ken se había sentido atrapado e incomprendido en su pequeño pueblo. Era una anomalía dentro de su familia, y no se adaptaba mucho a sus compañeros de la universidad. La escuela de medicina prometía un nicho profesional y personal: por fin podría estar rodeado de gente como él, gente que estaba *haciendo algo* con sus vidas.

En pocas palabras, la identidad de Ken se entrelazó con sus logros en la escuela de medicina. No está ansioso por un examen solamente: está petrificado, congelado ante la posibilidad de perderse a *sí mismo*.

Su autoestima depende de su desempeño: una fórmula segura para ir derecho a la ansiedad y al fracaso en cualquier ámbito, ya sea rendir un examen, hablar en público, los deportes, las relaciones sexuales, o el *trading*.

Piense en una analogía financiera. Si la medicina es la posición de *trading* que coloca Ken en su vida, entonces está completamente apalancado. Ken ha invertido todo su capital emocional en su carrera en la escuela de medicina. Su mal desempeño en el primer examen de patología fue un traspié normal, que experimentan muchos otros buenos estudiantes. No obstante, ellos podían enfrentarlo porque tenían repartidos en varias cestas sus «huevos emocionales». Sin embargo, Ken no se había diversificado: no tenía nada en su cuenta corriente. Considerando su apalancamiento emocional de 50 a 1, los traspiés comunes le arrancaron una parte importante de su resultado psicológico final.

Como todos los demás, usted es un especulador, incluso si no participa del mercado. Para vivir como un ser humano completamente funcional, debe invertir emocionalmente en los elementos de su vida. Solo a través de sus inversiones emocionales obtendrá alguna ganancia en la forma de felicidad, satisfacción y autoestima. No hay duda de que existen depresivos crónicos e individuos retraídos que no consiguen insertarse en el mundo. Estas personas logran una escuálida ganancia en sus vidas. En la vida, así como en los mercados, las recompensas más grandes llegan a quienes invierten sus recursos y buscan ganancias superiores.

La mayoría de la gente tiene una cartera emocional diversificada, con posiciones considerables en sus relaciones amorosas, hijos, carreras y otras actividades personales y sociales. Con una diversificación así se logra un beneficio emocional que no es diferente a su contrapartida financiera: cuando las cosas están mal en un área de la vida, las otras amortiguan el golpe. En su vida, la persona media tiene suficientes posiciones no correlacionadas, a fin de afrontar la mayoría de las dificultades de la existencia.

Esta diversificación resulta ser una herramienta poderosa para gestionar el riesgo. El riesgo, en parte, representa la probabilidad de una pérdida. Para lograr ganancias superiores, es necesario invertir capital emocional, pero una inversión de *este* tipo también conlleva la posibilidad de una pérdida significativa. Si emocionalmente se invierte mucho en el matrimonio, uno recibe un daño muy intenso por la pérdida del cónyuge. Si dedica una gran cantidad de esfuerzo a su carrera, un despido sería un golpe fuerte. Cuando permite que algo asuma una gran importancia para usted, se abre a la posibilidad de grandes recompensas y grandes pérdidas. Los grandes en cualquier tipo de misión o empresa son aquellos que han dedicado sus vidas a su realización. Son inversores emocionales, los que están dispuestos a enfrentar la mayor incertidumbre que acompaña al riesgo.

Sin embargo, incluso los artistas y científicos más dedicados mantienen intereses que van más allá de sus trabajos, así como los esposos más devotos no limitan sus intereses a sus parejas únicamente. Poca gente tiene una cartera de vida absolutamente no diversificada.

No obstante, ese era el caso de Ken: no tenía pareja, no dormía, no comía, y había llegado a su límite personal absoluto con el último resto de capital emocional del que disponía.

Y, como muchos que viven para su *trading* en vez de hacer *trading* para vivir, terminó agotado.

La psicología de la parálisis

Describir el problema de Ken como un problema de inversión emocional ayuda a explicar por qué dejó de estudiar en un momento así. Es como un *trader* en pánico, enfrentando un mercado que cae en picado. Está sufriendo enormes pérdidas y, en algún punto, el dolor es tan grande que simplemente no puede tolerar la máquina de cotizaciones. Como una tortuga replegándose en su caparazón, se encuentra en un estado de «apagado» a la defensiva.

La diferencia es que los caparazones *sí* protegen a las tortugas. Los estudiantes y los *traders* se enfrentan a riesgos aún más grandes cuando sus estados de «apagado» los dejan paralizados frente a los faros de la crisis. Aprendimos esta lección durante la dramática caída de las acciones tecnológicas de 2000-2001. En el transcurso de un año, el Promedio Compuesto Nasdaq perdió un 60 por ciento de su valor; y muchos ex gigantes de Internet, las telecomunicaciones y las redes informáticas recibieron golpes de 80 a 90 por ciento. Fondos que habían tenido un desempeño admirable desde la caída cíclica de 1998 repentinamente vieron sus valores netos considerablemente reducidos.

En medio de la crisis, escribí varios artículos para el sitio web de MSN Money, detallando cómo los *traders* se enfrentan a la pérdida. Para mi sorpresa, los artículos resonaron bien entre los lectores, muchos de los cuales me escribieron acerca de sus malogrados planes financieros. Varios de ellos contaban tristes historias sobre sus ahorros de jubilación derrumbándose ante sus propios ojos. Habiendo previsto con ilusión sus años dorados, ahora se veían ante la perspectiva de tener que volver a trabajar o reducir sus planes de jubilación, o ambas cosas. Ellos, como Ken, habían puesto sus huevos emocionales y financieros en una sola cesta. Ahora que la cesta se mostraba inestable, se enfrentaban a un siniestro futuro.

Entonces, ¿cómo respondieron estos lectores a la difícil combinación de mercados arriesgados y mentes inciertas? *No hicieron nada.* Varios dijeron expresamente que ya no soportaban mirar las cotizaciones de la Bolsa en los periódicos. «No puedo comprar», me dijo un lector, «y es muy tarde para vender». Todo lo que puedo hacer es aguantar y esperar a que suban». En la época en que el lector escribió eso, su cartera más importante había caído de 75 a 35. Los ahorros de toda una vida quedaron reducidos en un 50 por ciento en cuestión de meses.

Varios meses después, el valor —uno de los favoritos de Wall Street y parte central de la cartera de la mayoría de los fondos mutuos de gran tamaño y orientados al crecimiento— cotizaba a 16. Mi lector necesitaría más que cuadriplicarlo para simplemente alcanzar el antiguo techo.

Más adelante, el mercado remontó un poco más. El valor del lector logró pasar de 20. Sin embargo, en la siguiente ocasión en que lo revisé volvía a estar apenas por encima de sus niveles más bajos. Al no actuar, este inversor había tomado el curso de acción más arriesgado de todos. *En los mercados no existe el «no decidir».* Toda decisión de mantener una posición corta o larga *es* una decisión de comprar o vender en el mercado *ahora.*

Si *está* sosteniendo una posición en la que nunca entraría como una nueva orden, hay buenas probabilidades de que lo esté haciendo por razones más psicológicas que lógicas. La decisión de mantener a menudo se ve como una «no decisión», cuando en realidad es una opción activa por mantener la propia exposición. De manera similar, Ken no estaba meramente optando por «no decidir» en su vida académica; estaba decidiendo activamente no estudiar.

Abrir los libros, como las cotizaciones en los periódicos para mi lector, se había vuelto una acción demasiado dolorosa para Ken.

La investigación pionera de Amos Tversky y Daniel Kahneman ayuda a comprender este fenómeno del «ciervo paralizado ante los faros del coche». Descubrieron que la mayoría de las personas evitan el riesgo cuando se trata de cosechar ganancias, pero asumen riesgos cuando se enfrentan a pérdidas. En el ejemplo de estudio incluido en el texto de Scott Plous *The Psychology of Judgment and Decisión Making* («La psicología del juicio y la toma de decisiones»), a una persona se le dan 1.000 dólares y luego se le ofrece escoger entre dos alternativas: puede ir por una probabilidad de un 50 por ciento de ganar L000 dólares o puede recoger una ganancia segura de 500 dólares. En esas condiciones, el 84 por ciento de las personas escoge la ganancia segura. Sin embargo, si a los sujetos se les presenta un escenario en que se les dan 2.000 dólares y luego se les ofrece escoger entre un 50 por ciento de probabilidad de perder 1.000 dólares y un 100 por ciento de probabilidad de perder 500 dólares, cerca de un 70 por cierto elige la opción más arriesgada (la del 50 %). En pocas palabras, la gente se inclina mucho más a arriesgarse para reducir pérdidas que para hacer crecer las ganancias.

Precisamente por estas características psicológicas, muchas posiciones ganadoras han sido cerradas antes de tiempo y muchas perdedoras se han mantenido más de lo prudente. Ken, como los lectores que me escribían a propósito de mis artículos en MSN Money, toma implícitamente la opción de mayor riesgo debido a una incapacidad de aceptar la pérdida en el papel. Paralizado, adopta lo opuesto a un enfoque orientado a las soluciones: sigue haciendo lo que *no* está funcionando.

El problema es que a menudo las estrategias que las personas adoptan para enfrentarse a la incertidumbre entran en conflicto con las estrategias necesarias para manejar los riesgos objetivos en una situación dada. Para un observador externo, el inversor que deja de leer las cotizaciones cuando el mercado se vuelve en su contra y el estudiante que abandona sus estudios cuando no le está yendo bien se comportan de un modo derrotista e incluso masoquista. Sin embargo, desde un punto de vista emocional su inactividad tiene todo el sentido del mundo. Están protegiendo sus psiques, no sus carteras de valores o sus informes de notas. Como niños que esperan escapar del hombre del saco tapándose la cabeza con las colchas, esperan que las realidades desagradables se desvanezcan al exiliarlas de sus consciencias.

Una cantidad sorprendentemente alta de patrones derrotistas se pueden ver como intentos fallidos de enfrentar el riesgo y la incertidumbre de situaciones amenazantes. Hace dos años, conocí a un joven llamado Bob que estaba desesperado por comenzar una relación sentimental. Había tenido unas cuantas citas ocasionales, pero no había tenido una relación significativa en más de un año. Finalmente conoció a alguien que le interesó. Ella habló con él después de las clases y parecía tener un interés parecido. Bob estaba deslumbrado y no podía dejar de pensar en ella.

El fin de semana siguiente la vio de nuevo en una fiesta. ¿Qué hizo Bob? ¡Nada!

¿Por qué?

«Ella estaba conversando con otras personas», explicó. «Así es que pensé que no le interesaba hablar conmigo».

«¿Y entonces qué hiciste?», pregunté.

«Me fui de la fiesta. Es que no podía soportar la idea de pasar otra vez por un rechazo».

Dos años más tarde, Bob volvió a tomar sesiones de asesoramiento psicológico. Había encontrado una relación, pero no le satisfacía. Durante todo el último año había sabido que su novia lo engañaba, pero él no podía dar término a la relación. Como los sujetos de estudio de Kahneman y Tversky, y como Ken, intentaba proteger su autoestima actuando de cualquier manera que le permitiera evitar sufrir nuevamente una pérdida. El joven que estaba demasiado temeroso de hablar con una mujer prometedora en una fiesta se enfrentó a una forma de rechazo mucho mayor cuando el temor le impidió dejar atrás una relación poco prometedora.

Decisiones e incertidumbre

Resulta que la aversión de Bob a la pérdida es parte de un conjunto mucho mayor de predisposiciones cognitivas y emocionales que afectan a las decisiones en el *trading*. Un creciente conjunto de investigaciones en el ámbito de las finanzas conductuales ha ayudado a los *traders* a comprender mejor estas influencias perturbadoras y su efecto potencial en las maneras en que los *traders* procesan los acontecimientos del mercado.

En su libro *Beyond Fear and Greed* ('Más allá de la codicia y el miedo'), Hersh Shefrin resume dos predisposiciones principales que influyen en los *traders*.

1. *Predisposiciones impulsadas por heurística.* Los *traders* crean principios básicos para ayudarse a comprender y predecir acontecimientos y quedan atrapados en estos razonamientos heurísticos imperfectos. Muchas de las nociones de sentido común aceptadas entre los *traders*, como la desconfianza ante las bajadas del mercado con poco volumen y la noción de que «la tendencia es tu amiga» son nociones heurísticas convenientes que, desgraciadamente, no pasan un examen detallado. En periodos de incertidumbre en los mercados, los *traders* tienen una especial inclinación a basarse en ellas. Los primeros años del nuevo milenio fueron testigos de los riesgos de una estrategia como esa cuando los *traders* siguieron la idea heurística que asocia los altos niveles del índice de *trading* de corto plazo (TRIN), o índice Arms, con ganancias superiores en época de alza. Debido a la intensidad de la venta entre valores de gran capitalización durante 2001 y 2002, las lecturas de TRIN muy altas dieron paso a lecturas todavía más extremas y posteriormente a importantes declives, en particular entre acciones del Nasdaq.
2. *Dependencia de los encuadres.* Los encuadres, o las maneras en las que se presentan las situaciones, afectan a cómo las personas responden a ellas. La aversión al riesgo de los sujetos de Tversky y Kahneman es un ejemplo excelente. Como han mostrado los estudios de Terence Odean, los *traders* que recientemente han hecho algunas transacciones exitosas tienen mayor tendencia a realizar transacciones arriesgadas a continuación, ya que sienten que ahora «la

casa paga». No es nada inusual ver *traders* que adoptan estrategias de gestión de dinero delineadas en función de sus transacciones más recientes. Esto les lleva a volverse demasiado confiados e impulsivos después de ganar y demasiado cautelosos y reacios al riesgo tras las pérdidas.

En las transacciones en momentos de ruptura se puede encontrar un buen ejemplo de cómo estas predisposiciones actúan juntas en el *trading*. La noción heurística común entre los *traders* es que las rupturas (*breakouts*) desde un rango darán paso a movimientos de tendencia en dirección de la ruptura. Sin embargo, la dependencia de los encuadres ayuda a determinar lo que los *traders* realmente ven como una ruptura. He encuestado a *traders* con gráficos de datos de mercado idénticos trazados a escalas diferentes. Los puntos en que los *traders* identifican visualmente una ruptura varían en función de la escala de precios empleada en el eje Y y el marco temporal cubierto en el eje X. Incluso amplié este experimento y tracé datos del gráfico en una matriz de sonidos, que asignaba un tono específico a cada nivel de precios. Pedí a los sujetos que cerraran los ojos e identificaran rupturas en el gráfico a partir de los sonidos que escuchaban. Invariablemente, los puntos de ruptura eran diferentes de los que se basaban en la inspección visual.

La parte interesante de estos experimentos es que ambos grupos de sujetos identificaron niveles de ruptura bastante antes de los algoritmos matemáticos que determinaban que una ruptura era significativa. Los *traders* que usaron gráficos o sonidos generalmente las identificaron en puntos donde los precios habían alcanzado nuevos máximos o mínimos, pero todavía seguían dentro del rango de variación aleatoria. La evidencia percibida por los sentidos —especialmente en condiciones de incertidumbre— no es necesariamente una guía precisa para la toma de decisiones. Los *traders* perciben mucha más importancia en los datos del mercado de la que realmente poseen.

Más aún, los estudios de Tversky y Kahneman sugieren que las personas siguen aferrándose a sus nociones y conclusiones heurísticas equivocadas mucho después de haber obtenido evidencia en contrario. Si la gente puede utilizar sus nociones heurísticas para explicar la mayor parte de su experiencia, será reacia a cambiarlas. En la práctica del *trading*, esto crea un escenario peligroso. Solo cuando las pérdidas son extremas los *traders* sentirán la necesidad de revisar radicalmente sus escenarios. Esta impermeabilidad a las nuevas evidencias, especialmente cuando refutan sus ideas acostumbradas, es una predisposición importante que interfiere con el buen *trading*.

Los estudios realizados por Reid Hastie y Bernadette Park ayudan a explicar esta rigidez perceptual. Su trabajo sugiere que los juicios que hacen las personas y que se basan únicamente en la experiencia pasada son muy diferentes de los que se hacen *online*, es decir, con datos que recientemente se vienen recibiendo. En la situación anterior, la calidad de la memoria de largo plazo se correlaciona bastante bien con los juicios que expresan las personas. Sin embargo, en las situaciones *online* –como es el *trading*– la memoria de una persona es un mal pronosticador de las decisiones que se han de tomar. Los sujetos, explican Hastie y Park, tienden a hacer nuevos juicios basados en juicios e inferencias previas, en lugar de hacerlo utilizando la información de la memoria de largo plazo. Sus conclusiones sugieren que la mayoría de las decisiones de mercado generadas espontáneamente poseen una alta probabilidad de tener una gran distancia con la experiencia real de la persona; esta conclusión refuerza el valor de basarse siempre en reglas y estudios probados durante el flujo en línea de acontecimientos del mercado.

En suma, parece que las personas son mucho más aptas para generar ideas que para revisarlas, especialmente cuando se sienten cómodas con el equilibrio relativo de riesgo y recompensa. Más aún, cuando la incertidumbre es alta y la volatilidad de los mercados exige tomar decisiones en el momento, las personas tienden a caer presas de sus predisposiciones cognitivas y emocionales. De modo que parece casi cruel, la naturaleza ha diseñado a los seres humanos como malos *traders*, mal preparados para manejar el procesamiento en tiempo real de los riesgos y recompensas,

Cambiando la ecuación de riesgo y recompensa

Sabía que la única manera en que podía ayudar a Ken era modificando su percepción del equilibrio entre riesgo y recompensa. Evitaba sus estudios porque psicológicamente era más arriesgado intentar y fracasar que no intentarlo del todo. La clave para ayudar a Ken era el reconocimiento por parte del terapeuta de que fracasar en la escuela de medicina *no* era su mayor temor. Su peor pesadilla era que su padre hubiera estado en lo correcto. Por años, Ken se había sentido distinto de otros estudiantes de la universidad y la escuela de medicina. Se había sentido un poco como un impostor, viniendo de un pequeño pueblo rural y una familia pobre y poco educada. Su deseo era integrarse. Intentarlo / fracasar significaba la devastadora realidad de que tal vez no pertenecía a ese mundo. Quizás nunca se liberaría, porque su hogar familiar *era* en realidad el lugar que le correspondía.

Los etólogos han observado que los animales luchan acaloradamente hasta que queda claro que uno es el dominante. En ese punto, el perdedor repentinamente dejará de luchar y ofrecerá su garganta, como invitando a un golpe de gracia. Es interesante el hecho de que esto inhibe los instintos de lucha del agresor y permite que el animal más débil pueda seguir su camino. ¡Ojalá la depresión funcionara así de bien en el caso de los seres humanos! Ken estaba perdiendo su batalla por la independencia y ahora estaba sentado en mi oficina, con la garganta al descubierto.

A medida que me acercaba a Ken, mi voz se suavizaba.

«Necesito que me hagas un favor. ¿Puedes intentar algo?», le dije.

Miró hacia arriba, confuso. Lo último que esperaba es que yo le pidiera ayuda. «Claro», dijo.

«Sea lo que sea lo que hagas en las próximas dos semanas, quiero que lo hagas honestamente. Siempre has sido honesto contigo mismo y con tu familia. ¡Puedes seguir siéndolo ahora?»

«Claro que sí» respondió con rapidez.

«Muy bien», contesté, mirándolo fijamente a los ojos. «Comprendes que si no estudias, vas a suspender este examen y también el examen final, y eso significa suspender el curso. Y si no estudias para los otros exámenes finales, vas a suspender esos cursos también, con lo que quedas en la mira para que te expulsen de la escuela de medicina, ¿verdad?»

Los ojos de Ken se agrandaron. «Así es».

«Entonces, si decides no estudiar, en realidad estás decidiendo abandonar la escuela de medicina. Si vamos a ser honestos con nosotros mismos y el uno con el otro, esa es la consecuencia final».

«Pero yo *quiero* estudiar», protestó. En su voz comenzaba a apreciarse un grado de emoción, lo cual era un buen signo.

Rápidamente repliqué:

«No, Ken, tú quieres eludir el asunto. Lo último que quieres es estudiar... especialmente si vas a obtener otro 68».

No respondió.

«¿Cómo te sentirías?», pregunté alzando la voz. «¿Matarte estudiando para terminar obteniendo otra mala nota?»

«No puedo hacerlo», gimió, bajando nuevamente la voz.

«No tienes la menor intención de volver a pasar por eso, ¿no es así?»

«No», dijo, sonriendo un poco.

«Entonces no estudies. Toma el camino de suspender de todos modos, en lugar de volver a ponerte en la pesadilla de intentarlo y no lograrlo. Y, Ken, eso está bien», recalqué. «Si eso es lo que escoges hacer, apoyaré tu decisión. Pero habrá sido importante para ti tomarla con honestidad».

«¿Qué quiere decir?», preguntó, confundido.

«Ken», dije con suavidad, «si te vas de la escuela, vas a necesitar un lugar donde vivir. Vas a tener que pagar una deuda de miles de dólares por tus estudios... Necesitarás reconciliarte con tu familia».

Su rostro estaba pálido, pero su mirada se dirigía a mí y no al suelo.

«Ken», entoné con lentitud, «me vas a tener que dejar llamar a tu papá y explicarle lo que ha ocurrido. Vas a tener que ofrecer tus disculpas y tragarte tu orgullo, y decirle que todo el tiempo estuvo en lo correcto. Al menos por un tiempo, lo vas a necesitar. Vas a necesitar un lugar que puedas llamar tu casa».

«No puedo hacer eso», dijo con firmeza. «De ningún modo. No lo haré. ¿Decirle que lo siento? ¿Que él tenía razón? ¿Que no soy lo bastante bueno como para lograrlo?»

El volumen de su voz aumentaba, con tono indignado y ya no derrotado.

«Pero, Ken», continué suavemente. «¿No es eso lo que te has estado diciendo? ¿Que no eres lo bastante bueno como para lograrlo? Todo lo que te pido es que seas honesto, que lo que te digas a ti mismo y lo que le digas a tu padre sea la misma cosa».

Se quedó mudo. Parecía darse cuenta de que había cambiado la apuesta emocional. Aceptar una cierta pérdida —tener que regresar a casa con el rabo entre las piernas— o decidirse por una pequeña probabilidad de aprobar los exámenes. Ken todavía estaba funcionando del modo Tversky-Kahneman pero, sutilmente, había reordenado las opciones. La que hasta entonces había sentido como la opción más segura era ahora la más amenazante.

«Tengo que ponerme a estudiar ahora mismo», anunció, recuperando la determinación.

«¡Eso quién lo duda!», dije riendo. «¡Tienes que estudiar cada minuto que tengas antes del examen, dejando de comer y dormir. Tienes que torturarte con el miedo a fracasar y que te pone en un estado en que no puedes aprender!»

«O también», y mi voz se puso seria repentinamente, «puedes volver a ser Ken y hacer lo que siempre te ha funcionado. Y si suspendes, suspendes. No serás el primero que no aprueba un curso. Lo puedes estudiar durante el verano, sacártelo de encima, y seguir tu camino. No será divertido, pero tampoco te va a matar. Seguro que un verano Burlington, Nueva Orleans o Chicago es mucho mejor que uno en casa, ¿no es verdad?»

Rió. Fue una de esas transformaciones que hacen tan gratificante el ser terapeuta. En ese momento, no tuve ninguna duda de que encontraría el modo de aprobar el curso. Al redefinir el riesgo y la recompensa, había pasado de ofrecer la garganta a sacar el hacha de guerra en cuestión de minutos.

Modificación de riesgos y recompensas en el *trading*

La terapia de Ken ilustra una idea importante: no es necesario cambiar la propia personalidad para emprender cambios vitales significativos. El desafío es hacer que su personalidad funcione a su favor, en lugar de en contra.

Ken vino a mis sesiones desesperadamente queriendo no fracasar. Dejó el asesoramiento psicológico desesperadamente queriendo no fracasar. Nuestros encuentros le ayudaron a redefinir lo que era el fracaso, al traducir su problema de un conjunto de términos a otro. Y eso, como verá, es un proceso crucial en todo cambio psicológico. Todo cambio importante conlleva un cambio de perspectiva, una redefinición de lo que es riesgo y recompensa.

Muchos *traders* expresan interés en cambiar ellos mismos, en lugar de centrarse en los patrones específicos que desean modificar. Quieren hablar sobre su autoestima, los problemas de su pasado, o lo malas que son sus relaciones. Enfocarse así en los problemas simplemente refuerza sus identidades como personas con problemas. Lo que los *traders* están haciendo mal —su exceso de transacciones impulsivas, su temor a abrir posiciones, su falta de coherencia y constancia en la gestión del riesgo— es recurrir a soluciones que ya no funcionan. Los *traders* atrapados en esos patrones son como Ken: se centran en su cansancio emocional en lugar de en los retos de su vida actual.

Ken cambió al ver su antigua solución —evitar el trabajo— como el mayor fracaso de todos. Desde un comienzo, estaba orientado a los logros y utilizamos este hecho para hacer un efecto de palanca en su cambio emocional. Una vez que vio su antiguo patrón como *un fracaso,* pudo hacer un giro conductual de 180 grados sin tener que pasar por meses y años de terapia.

De manera similar, los *traders* tienden a ser personas orientadas a los logros. Odian perder. La clave para el cambio radica en el reconocimiento de que sus patrones de *trading* impulsivos o excesivamente cautelosos conllevan las mayores pérdidas imaginables, ya que les impiden el éxito actual y futuro. *Los* traders *cambian cuando logran ver su orientación al logro como una solución, dejan de maltratarse y analizar interminablemente sus defectos, y hacen de sus patrones problemáticos su mayor enemigo.*

Los *traders* con problemas emocionales se han definido a sí mismos como el problema, y lo que les impulsa a volverse contra sí mismos es la motivación hacia los logros. Están haciendo algo bueno, ¡tratar de erradicar el problema! Al identificar las viejas soluciones que ya no funcionan y convertirlas en el problema, los *traders* pueden salir del ciclo de perder y recriminarse por ello y, como Ken, usar su motivación para combatir al *verdadero* enemigo,

¿Pero cómo pueden dar continuidad a este combate? ¿Cómo alcanzar un punto en que dirijan *constantemente* su energía contra los patrones que sabotean el *trading*, en lugar de contra sí mismos?

Con todo lo extraño que pueda parecer, la respuesta se puede encontrar en la música.

Música, estados de ánimo y acordes pivote

La música nunca está muy lejos de nosotros. Casi todas las películas tienen banda sonora: las campanas que hechizan *El exorcista*, la fanfarria al son de la que *Rocky* trota por las calles de Filadelfia, el fondo sonoro electrónico de Vangelis que acompaña la carrera de los atletas en *Carros de fuego*, los sonidos amenazantes e inminentes del avance del predador en *Tiburón*. Es difícil pensar en estas películas sin su música. La combinación de visión y sonido genera un potente conjunto de recuerdos.

Los publicistas lo saben. Crean vívidas imágenes visuales y musicales para acompañar la presentación de sus productos. No basta solo con explicar las virtudes de un refresco, un jabón o un automóvil. Los publicistas necesitan mostrar personas sonrientes y felices en una vertiginosa sucesión de imágenes, junto con una música en aumento y un presentador lleno de energía y dinamismo. De hecho, en muchos anuncios comerciales se dice muy poco sobre el producto. En lugar de eso, lo muestran y lo vinculan a imágenes y sonidos fáciles de recordar. Los estados de ánimo sirven de ancla para el mensaje, ayudando a que se quede en la mente de los consumidores.

En los viejos tiempos, los soldados marchaban al son de la música. Hoy los equipos deportivos llevan música a los vestuarios; sus fanáticos en el estadio absorben los ritmos de las bandas de animación y los sistemas de sonido. Los boxeadores y luchadores ingresan al cuadrilátero oyendo sus canciones favoritas y más energizantes. Hay acompañamientos musicales en los funerales, los servicios religiosos y las graduaciones. Con frecuencia, una canción de cuna calma al bebé que llora. Más adelante en la vida, con los sonidos ya asimilados en nuestro interior, las personas tararean y cantan a solas en el coche o la ducha. Las vidas se desarrollan según una partitura, con un tiempo y un ritmo que opera bajo la conciencia humana normal. La música pone los estados de ánimo, la textura emocional de muchos de los mensajes de la vida.

El terapeuta Moshe Talmon ha hablado de los *acordes pivotes* en terapia: puntos en que los significados de una persona pueden servir como transición a una nueva manera de comprender y experimentar los acontecimientos. En música, un acorde pivote es el que contiene elementos de varias tonalidades, brindando una transición natural a una nueva tonalidad. El punto en que se toca el acorde pivote es uno de máxima ambigüedad, ya que la partitura podría continuar en varias direcciones distintas.

A menudo, los compositores crean una sensación de inminencia y dramatismo al prolongar los acordes pivote, generando una acumulación de tensión que se libera en el cambio de tonalidad subsiguiente. El tren musical de Philip Glass en la banda sonora de *Powaqaatsi* es un acorde pivote persistente e intermitente (el silbido), acompañado de secuencias cortas y repetitivas que capturan la sensación de movimiento. Cuando el silbido finalmente llega a su fin, el oyente inmerso en la música experimenta este paso de modo visceral, como un *cambio.* Talmon sugiere que los puntos de transición en terapia —puntos de cambio rápido— tienen precisamente esta estructura musical.

El acorde pivote de Tom

Tom era un *trader* que acudió a una sesión de asesoramiento psicológico quejándose de su ansiedad. Por lo general, esta ansiedad alcanzaba su punto máximo temprano en el día de *trading* y le impedía abrir posiciones, a pesar de las concluyentes señales que arrojaba su investigación. Más tarde, se recriminaba furiosamente por haber perdido una oportunidad dorada por la mañana, lo que no hacía más que aumentar una agitación que intentaba apaciguar con una transacción al final del día. A menudo, esta transacción se concebía de manera impulsiva y lo dejaba en el agujero en un día que debería haber sido nada más que de beneficios para su patrimonio.

El asunto se fue convirtiendo en un círculo vicioso, ya que las oportunidades perdidas y las pérdidas acrecentaban su nerviosismo, lo que a su vez hacía que perdiera oportunidades y realizara transacciones impulsivas. Para cuando recurrió a mis servicios, ya había gastado una parte importante de su capital de *trading*.

Era evidente su tensión en nuestra conversación, y sus palabras se amontonaban en un frenético monólogo:

«No sé por qué me siento tan ansioso. Cuando me despierto, siento un nudo en el estómago. Estoy completamente tenso y agarrotado. De inmediato comienzo a pensar que va a ser un mal día, que mis transacciones van a ser un desastre. Ando nervioso todo el día. No quiero salir a pasear el perro, no quiero nada que me pueda alterar. No soporto sentirme así. Ayer estaba tan alterado que pensé que seguro que iba a tener un ataque al corazón. Mi corazón latía como loco y pensé que me iba a pasar algo, pero no podía hacer nada.»

Estos tipos de comunicación son difíciles de manejar. La persona está experimentando el problema con cada vez mayor intensidad, incluso cuando intenta describirlo. La tensión creciente puede ser contagiosa; es un reto para el terapeuta el mantener una perspectiva tranquila y reconfortante ante una agitación emocional así. Sin embargo, mientras persista ese tono no habrá palabras tranquilizadoras ni estrategias de ayuda que valgan. El estado de ánimo de la persona anulará cualquier mensaje que se le ofrezca. En consecuencia, el primer paso es lograr un cambio de estado de ánimo: ese es el propósito del acorde pivote.

Respondí a Tom con una voz muy tranquila, lenta y monocorde. Levanté una ceja y dije:

«¿Tienes un perro en casa? Háblame más de eso».

El abrupto cambio de tema por lo general sorprende a las personas, pero raramente se quejan o hacen un comentario al respecto. A menudo, uno puede salir de un callejón sin salida en una situación de la vida si cambia el ritmo o enfoca el problema con un tono diferente. Frente a mi cambio de tono, Tom simplemente sonrió y dijo: «Es una perra, una cocker spaniel, de apenas unas pocas semanas. La conseguí por un anuncio en el periódico... se llama Nipper».

«¿Cómo te sientes cuando tienes a Nipper en los brazos?», pregunté.

Tom sonrió nuevamente, hablando ahora con un tono de voz un poco más lento y cálido. Ese fue el cambio.

«Nipper es casi lo único que me tranquiliza. La tengo en mi regazo y ella me deja acariciar su barriga. Cuando me lame la mano, me siento mucho mejor».

«¿Puedes cerrar los ojos un momento y verte a ti mismo con Nipper? ¿Puedes sentir lo suave de su pelaje, su lengua tibia? ¿Puedes sentir su cuerpo acomodándose bajo tus manos cuando la acaricias?»

Tom asintió y abrió los ojos. Se veía mucho más relajado.

Era el momento del acorde pivote.

«Cuando despiertas todo ansioso, ¿te gustaría sentir una caricia?» pregunté.*

Su rostro lucía súbitamente escandalizado y confundido.

«¡¿*Qué*!?»

«Una caricia de Nipper», aclaré rápidamente. «Cuando acaricias a Nipper, haces que esa cachorra se sienta querida y amada, y te sientes bien por eso. Supón que pudieras acariciarte de la manera como acaricias a Nipper».

«Curioso que lo mencione. Cuando estaba con mi última novia, ella solía acariciarme la cara y el pelo cuando andaba tenso o alterado. Eso me tranquilizaba de inmediato».

* En inglés, *stroke* puede significar 'ataque cardiaco' y 'caricia', por lo que la pregunta puede entenderse también como «¿Te gustaría sentir un ataque cardiaco?» El doble sentido de la palabra *stroke* (ataque y caricia) permite al autor lograr el «acorde pivote» con Tom.(N. del T.)

«Quizás te sentías como Nipper», aventuré. «¿Qué tal si la próxima vez que te sientas nervioso te das una caricia en lugar de un ataque? Supón que cierras los ojos y ves que estás con Nipper y te imaginas lo que ella debe de estar sintiendo. Intenta sentir cómo es ser acariciado y abrazado. Imagina que estás acariciando a tu perrita y te metes en su cabeza, lo tibia y acogida que se debe sentir. Si estás en casa, quizás quieras sentir el suave pelaje de Nipper e imaginarte que eres tú el que está recibiendo las caricias».

A Tom le gustó la idea de «darse una caricia». Se convirtió en el tema de varias de las sesiones siguientes, en las que aprendió a aceptar su estrés y usarlo como indicio para evocar apoyo y calidez en lugar de una creciente sensación de catástrofe. En términos emocionales, hizo un cambio de tonalidad, desde una de ansiedad, temor y negatividad a una de cuidados y amor. El juego metafórico de «caricia/ ataque», ofrecida en un momento de agitación emocional y después de un cambio a una sensación más cálida, fue el acorde pivote que hizo posible el cambio.

Los estados de ánimo fijan los mensajes. Vemos este efecto de fijación en la publicidad, hacemos uso de ella en la terapia, y lo podemos aprovechar en el *trading*. Si se evoca un mejor estado, es posible un pivote: una nueva melodía, un nuevo ritmo, la vida en una nueva tonalidad.

Rompiendo rutinas

Estados de ánimo y mensajes: estos son los componentes esenciales del cambio psicológico. Los estudios sobre eficacia de las terapias sugieren que la gente tiene más probabilidad de cambiar cuando procesa información sobre sí misma de modos distintos. Por esta razón varios enfoques sobre la terapia hacen uso de juego de roles, metáforas y narración de historias, diarios personales y análisis de sueños. Cada uno de ellos es una manera en que la gente puede usar para captar ideas sobre sí misma de maneras distintas de lo usual. Cuando los investigadores piden a los clientes que identifiquen los episodios más importantes de una terapia exitosa, invariablemente mencionan ocasiones en que la nueva información y las nuevas experiencias se presentaron de un modo novedoso.

Cuando se presenta de manera rutinaria, la información es procesada de modo rutinario. La novedad rompe rutinas.

Ken recuperó su capacidad de estudiar no porque le hablaba sobre sus problemas, sino porque creé una situación inesperada en la que tendría que haber llamado a su padre para admitir la derrota si es que no estudiaba. Enfrentado a ese ominoso escenario, no pudo seguir con su patrón de postergación. La consecuencia de ceder ante el padre era mucho más indeseable que la de no aprobar el examen. El nuevo cambio de contexto le permitió experimentar su problema de un modo diferente. Si simplemente hubiéramos hablado de su temor y las posibles consecuencias de no estudiar, es probable que nunca hubiera aprobado el curso. Para cambiar su comportamiento fue necesario ver el problema bajo otra luz. Ken redefinió *fracaso*, Tom redefinió *caricia*. Cuando las personas cambian, llevan a cabo una traducción, un cambio de significado y sentido de sus patrones problemáticos.

Y, sin embargo, la novedad por sí misma no generará un cambio. Los estudios sobre resultados terapéuticos sugieren que es más probable que las personas modifiquen sus patrones problemáticos cuando están emocionalmente involucradas en el proceso de cambio. Para mejorar la experiencia del cliente se utiliza una variedad de técnicas terapéuticas: confrontaciones, juegos de rol y técnicas de relajación, por nombrar unas cuantas. Cada una de ellas ayuda a que una persona pueda cambiar de un modo de experiencia a otro. Los estudios sobre asesoramiento psicológico sugieren que las personas procesarán información de manera más profunda y duradera cuando están en esos mejores estados. *Los estados de ánimo anclan los mensajes.*

Como Sue, Ken y Tom, muchas personas acuden a terapia ya en un estado de gran agitación. Se sienten perturbados por sus problemas y ya están lejos de un estado de consciencia normal y cotidiano. En este estado de crisis intensa, están mucho más dispuestos a ver sus patrones problemáticos de un modo distinto, en comparación con los momentos cuando no están sufriendo. Las crisis abren oportunidades porque ponen a las personas en un estado abierto a nuevos mensajes de la vida.

Los terapeutas experimentados ayudan a hacer el cambio de experiencia de sus clientes a través de medios simples, como alteraciones en su tono de voz y el uso de la conmoción y la sorpresa. Los terapeutas se dan cuenta de que en los estados mentales rutinarios, la gente solo puede ver las cosas de modos rutinarios y comportase según la rutina. Solo cuando cambian sus partituras se vuelven capaces de procesar hasta los más sufrientes patrones emocionales de maneras nuevas y constructivas, abriendo la puerta a una nueva conducta.

Rompiendo rutinas en el *trading*

¿Cómo se puede aplicar esta dinámica del cambio al *trading*, aprovechando los elementos que beneficiaron a Ken y Tom? El siguiente es un hábito para el *trading* que, si funciona para usted como lo ha hecho conmigo, le ayudará a eliminar una parte importante de las ideas de *trading* perdedoras antes de que las ponga en práctica.

Temprano por la mañana y antes de que abran los mercados locales, consiga el hábito de hacer una vigorosa rutina de ejercicios, como trotar, nadar, artes marciales, o gimnasia aeróbica. El único requisito es que sea un régimen de ejercicios que le signifique un reto, elevando su ritmo cardiaco y respiración de manera sostenida por un periodo de tiempo. Mi rutina incluye ejercicios de estiramientos con series rápidas de flexiones y otros elementos gimnásticos. Invariablemente, me siento mucho más ágil y lleno de energía después de los ejercicios.

Una vez que esté en ese estado alerta y despierto, revise su plan de *trading* para el día *en voz alta*. Esto es importante. No mire simplemente a sus gráficos y copias impresas de la manera usual. Hábleles en voz alta, como si le estuviera haciendo comentarios a otra persona. Su monólogo describirá las tendencias de corto y largo plazo, los patrones que percibe en el mercado, los puntos de entrada esperados, los *stops* adecuados, y así sucesivamente.

En mi rutina matinal, hago mi comentario poco después de terminar mis ejercicios, en el camino a la oficina. Cubro cada eventualidad que se me ocurra: si el mercado abre a la baja, esto es lo que haré. Si cambia de dirección y llega a un punto más alto, este es mi plan. Y así sucesivamente. La clave es hablar en voz alta con un tono normal, como si estuviera hablándole a otra persona.

Los resultados son bastante interesantes. Cuando habla consigo mismo sus ideas sobre el *trading*, toma ambos papeles en la conversación. Es tanto el que habla como el que oye, el presentador y el público. Escuchar sus propias ideas –especialmente en un estado mental fresco y lleno de energía– le permite evaluarlas desde una perspectiva única. Escucha sus planes de manera diferente porque los procesa de forma distinta. El ejercicio es el catalizador que activa una nueva disposición mental. En un sentido literal, está haciendo que sus ideas de *trading* sean expresadas por un actor más objetivo y neutro: usted mismo en un estado mental diferente. Como sugieren los estudios de James Pennebaker, expresar en voz alta las experiencias emocionales es un potente medio de reprocesarlas. Cuando las corazonadas sobre el *trading* se liberan de los confines de su cráneo, quedan abiertas a un examen más neutro.

Increíblemente, cuando se les da una voz, muchas de sus ideas ya no corren el riesgo de desaparecer. Tendrá esa sensación de «¡¿Qué estoy pensando?!» Eso le permitirá vislumbrar una transacción *incluso antes de colocarla.* Detectar los propios patrones de pensamiento erróneos es una potente técnica para crear una sensación de dominio en el *trading*, y reduce las posibilidades de que repita el error en el futuro. Después de todo, como señalaran Yale y Jeff Hirsch en su *Stock trader's Almanac* de 2002, «si usted no se beneficia de sus errores al invertir, alguien más lo hará» (página 103).

A la inversa, verá que las mejores ideas de *trading suenan* bien cuando las dice en voz alta. Sencillamente, se *sienten* bien. Y es interesante que cuando se toma un descanso de la pantalla y regresa a los gráficos con un estado mental diferente, realmente puede *ver* los patrones del mercado de manera diferente. Lo que antes parecía una actividad aleatoria y que no marcaba una tendencia ahora se ve como una importante región de consolidación; una vigorosa tendencia que le hace pensar en doblar la posición se reencuadra repentinamente como una rápida alza seguida de una repentina bajada que le permite cosechar utilidades. Los mensajes del mercado están ahí para que los lea, si es que puede entrar en los estados de ánimo adecuados.

Uno de los problemas que siempre encuentro con los *traders* es que la disposición de ánimo con que analizan los mercados es diferente de aquella con la que toman sus decisiones de *trading*. La mayoría de los *traders*, y yo también, usan las horas finales de la noche y del comienzo de la mañana para descargar información, examinar indicadores, actualizar los mercados extranjeros, analizar nuevos elementos, etc. Por lo general, se trata de una actividad tranquila y rutinaria. Sin embargo, una vez que abren los mercados el movimiento minuto a minuto de los precios es cualquier cosa menos rutina. Hay muchos índices y mercados que seguir, muchas estadísticas que procesar, y estallidos repentinos e imprevistos de volatilidad a los que responder. Cuando está agitada emocionalmente, la gente procesa la información de manera muy diferente a cuando está en una rutina tranquila. Las decisiones y análisis preparados con la calma del análisis rápidamente vuelan por la ventana con el estrés del *trading*, en forma muy parecida a como el material de los exámenes de Ken le abandonó durante sus pruebas de patología.

Esta es una de las principales razones que explican por qué los *traders* tienen dificultades para sostener un propósito u objetivo en el transcurso de los acontecimientos de los mercados. La acción del mercado provoca cambios pivotales no esperados, alterando el modo en el que los *traders* procesan la información sobre sí mismos y los mercados. En un sentido muy real, el mercado actúa como un antiterapeuta, haciendo que los *traders* pasen de una disposición enfocada a las soluciones a una actitud centrada en problemas aún mayores.

Una de mis técnicas favoritas para manejar los nuevos cambios que el mercado nos lanza a los *traders* es alejarme temporalmente de la pantalla en periodos de incertidumbre y estrés. Durante este receso, actualizo rápidamente mis indicadores, vuelvo a ejecutar mis modelos y analizo los gráficos de distintos índices y mercados. Inevitablemente, esto me pone en una disposición emocional más tranquila, similar al estado que logro en esas horas de preparación matinal. A menudo, esta mirada renovada a los datos aclarará lo que antes parecía incierto.

Hace poco noté una interesante ruptura al alza en los futuros de Standard & Poor's (S&P) y Nasdaq en un gráfico de un minuto. El patrón continuaba una transacción que acababa de cerrar, con la cual había obtenido ganancia en una posición vendedora. Ahora me sentía entusiasmado para aprovechar un cambio brusco en la dirección opuesta.

Sin embargo, antes de poder colocar mi orden, expresé mis intenciones en voz alta y me interrumpí de inmediato, reprendiéndome: «¡Eso no es parte del plan!»

Mi investigación compara los patrones actuales de fortalezas y debilidades con patrones similares en periodos pasados. Al examinar cómo se comportaba el mercado tras esos periodos pasados, puedo identificar posibles tendencias futuras, lo que, en este caso, claramente anunciaba una tendencia a la baja en el día. En lugar de tomar el camino de la transacción compradora que me había entusiasmado, actualicé mis notas para evaluar mi plan de *trading* previo. No hay duda de que el margen iba por el lado de la bajada. Dejé que la ruptura de corto plazo se agotara (lo cual ocurrió rápidamente) y entonces estuve mejor preparado para entrar por el lado vendedor para el siguiente cambio de dirección.

Muchos *scalpers* y *traders* de muy corto plazo se convencen de que no tienen tiempo para este tipo de estudios y que quitar tiempo a la atención al mercado les hará perder oportunidades. «No puedes pegarle a la pelota si no tienes listo el bate», insisten. No se dan cuenta de que los mejores bateadores protegen su posición y, a veces, tomarán un *strike* para esperar su lanzamiento. La clave para un *trading* rápido es la *automatización* de la investigación, de modo que las estadísticas e indicadores se vayan actualizando en tiempo real. Tengo decenas de plantillas Excel vinculadas dinámicamente a mi información entrante y en tiempo real del mercado, que actualizan las tablas con fórmulas preprogramadas y las muestran en forma de gráfico. Rara vez, o nunca, verlas todas me ha hecho perder una transacción. Por el contrarío, a menudo me sirve de ayuda para evitar una mala decisión, al poner en contexto la acción *tick* a *tick*.

Un esclarecimiento así del contexto del mercado solo es posible una vez que se ha serenado la agitación emocional. Activar las capacidades analíticas es una de las estrategias más potentes para suprimir un procesamiento excesivamente emocional de los acontecimientos. *Traders* bien conocidos, como Víctor Niederhoffer, Linda Raschke y Mark Cook, han escrito ampliamente sobre el valor de investigar y estudiar el mercado. Sin embargo, se advierte menos el hecho de que esa investigación es también una estrategia psicológica. Cuando las personas se sumergen en sus notas y estudios, facilitan los cambios con el procesamiento de la información que, como en el caso de Tom, abren la puerta a nuevos patrones de acción. El valor de la investigación radica no solo en la información que arroja, sino en la disposición mental que cultiva.

Los patrones de comportamiento de una persona están anclados a sus estados mentales y físicos. Cuando las personas pasan al azar de un estado a otro, sin quererlo terminan poniendo en práctica patrones que nunca habrían escogido conscientemente. Así es como dejan de sostener un propósito —tanto en la vida como en el *trading*—. Una vez que aprenden la habilidad de cambiar sus estados emocionales y físicos, quedan en libertad de crear y poner en práctica patrones nuevos. Cultivar un estado tranquilo y enfocado durante periodos de investigación del mercado —y luego sumergirse en la investigación durante el día de *trading*—, es una poderosa estrategia para interrumpir los patrones problemáticos impulsivos y emocionales generados por los periodos de gran actividad en los precios. Muchos *traders* están tan temerosos de perder un posible movimiento del mercado que no se atreven a dedicar tiempo a reenfocar sus planes de *trading*. No se dan cuenta de que un riesgo mucho mayor es perder de vista sus planes y hacer *trading* a tontas y a locas.

Su plan de *trading* es como un ancla que le será de utilidad cuando los mares estén embravecidos. Al desarrollar y poner en práctica sus planes, incluso en esas aguas agitadas, amplía su capacidad de actuar de manera intencional y guiada por propósitos, y gana un grado de dominio sobre los mercados y sobre usted mismo. El antídoto psicológico para la codicia y el temor es *ser sistemático en lo que respecta a sus planes,* no la tranquilidad ni la confianza.

Conclusión

A fines de 2001, Linda Raschke me invitó a dos de sus seminarios para *traders* a fin de realizar un estudio de sus rasgos de personalidad y estilos de afrontar las situaciones difíciles. Posteriormente amplié el estudio para incluir a miembros de su chat *online* sobre *trading* y *traders* de la Speculators List inspirada por Laurel Kenner y Victor Niederhoffer. Los 64 *traders* que respondieron representaban una amplia variedad de estilos de *trading*, experiencia y niveles de éxito.

El cuestionario de personalidad que utilicé fue el Inventario NEO de Cinco Factores, derivado de la investigación de Robert McCrae y Paul Costa. Evalúa la personalidad según cinco dimensiones de rasgos, que se ha descubierto que son relativamente estables a lo largo de la vida:

1. *Neurosis*: la tendencia hacia emociones negativas.
2. *Extroversión*: orientación externa hacia las personas y la vida.
3. *Apertura a la experiencia*: deseo de novedad, variedad y toma de riesgos.
4. *Afabilidad*: tendencia a llevarse bien con los demás.
5. *Rectitud*: la capacidad de ser fiable, estable y responsable.

Las conclusiones fueron reveladoras. Los *traders* que informaron del mayor nivel de éxito (y que estaban dispuestos a que yo lo verificara en estudios particulares) tendían a tener un alto índice en rectitud. Eran muy estables y fiables.

Los *traders* que informaron del mayor nivel de problemas con su *trading* tendían a tener altos índices de neurosis y apertura. Experimentaban muchas emociones negativas y tendían a usar el *trading* como estímulo emocional.

Los *traders* conscientes tendían a regirse mucho por reglas en su *trading*, y en este había poco estímulo emocional. En lugar de ello, desarrollaban sus planes de manera altamente regular y se atenían a ellos.

Los *traders* neuróticos y que asumían riesgos tendían a tomar sus decisiones de manera impulsiva, sin hacer planes previos. Se podían distinguir porque tendían a contar historias de sus grandes ganancias o pérdidas.

El estudio arrojó una conclusión importante: *el éxito en el* trading *está relacionado con la capacidad de regirse por planes de manera regular y constante.* Los *traders* fracasan no debido a sus emociones, sino porque estas los desvían de sus objetivos. Al desarrollar sus reglas y sistemas, los *tra-*

ders exitosos habían encontrado una manera de vacunarse contra los efectos emocionales de la volatilidad del mercado. De hecho, en varios aspectos, los *traders* exitosos parecían tener los mismos temores que los no exitosos. Solo que sus temores no eran a un *drawdown* o a perder un movimiento del mercado, sino a desviarse de sus planes. La dedicación a sus objetivos era la piedra angular de su éxito.

3. El hombre Woolworth

Nos alzamos por encima de lo que observamos.

Los *traders* experimentados aprenden que los mercados tienen un lenguaje propio. Hay patrones característicos para acciones individuales, para índices y para *commodities*. Gran parte del éxito en el *trading* radica en poder descifrar el lenguaje de los mercados.

En este capítulo daremos una mirada al lenguaje —el humano y el generado por el mercado— y veremos cómo las herramientas y tácticas utilizadas por los terapeutas nos pueden ayudar a entender mejor los mercados. Hasta ahora hemos centrado la atención en la experiencia subjetiva de los *traders*. Sin embargo, ahora daremos la vuelta a la perspectiva y pondremos a los mercados en el diván del terapeuta. Al hacerlo, aprenderemos a ser más hábiles como observadores y lograr un mayor control sobre nuestro *trading*.

La entrevista del infierno

Durante mi primer año de formación como psicólogo ocurrió una experiencia muy extraña. Mi grupo de estudiantes de nivel principiante tenía programada una entrevista observada. En general, se trataba de experiencias que disfrutábamos mucho, en las que nos turnábamos para entrevistar a los pacientes, averiguando cuáles eran sus problemas y formulando ideas para ayudarles.

La tensión nerviosa dentro de mi grupo dejó entrever que se daban cuenta de que la entrevista sería diferente a las demás. Este paciente había salido hacía poco del hospital psiquiátrico estatal. De hecho, había pasado una parte significativa de su vida en estos hospitales. Mostraba los signos clásicos de la esquizofrenia: pensamiento y lenguaje con desórdenes, alucinaciones, delirios y expresiones emocionales peculiares. Se nos había advertido que mucho de lo que decía no tenía el menor sentido, y también que rara vez se mantenía quieto y que, a veces, en su agitación entraba en contacto físico con los demás. Según el director de la clínica, el hombre había recurrido a nuestra ayuda tras interrumpir abruptamente su régimen de medicinas.

Escuchábamos con gran atención el breve informe, y nuestra incomodidad aumentaba minuto a minuto. La mayoría de los integrantes de mi grupo nunca había hablado con una persona psicótica. Un silencio incómodo inundaba la sala de observación mientras nos sentábamos tras el cristal polarizado. Cada uno de nosotros se enfrentaba a las preguntas y dudas de un profesional principiante: ¿Cuál será su aspecto?, ¿qué voy a decir?, ¿cómo lo haré cuando me toque entrevistar a una persona así de enferma?

No lo hicimos muy bien.

El hombre estaba sin afeitar, despeinado y desarreglado. Gesticulaba mientras recorría la habitación de la entrevista, gritando «¡Soy Woolworth! ¡Soy la Tienda TG&Y! ¡Soy Woolworth!». Sus gestos agitados y contorsiones faciales, junto con su fanática insistencia de que era una tienda de artículos de rebajas, nos acobardaron a todos. No teníamos idea de qué decir ni preguntar.

Varios intentamos en vano llevar a cabo una entrevista normal. Le preguntamos sobre sus problemas, tratamos de sonsacar detalles de su vida privada, pusimos sobre la mesa nuestras bien preparadas preguntas abiertas. No nos hizo caso. Era como si nadie le estuviera hablando. Seguía dando trancos mientras insistía en que era una tienda minorista.

Sin duda, varios esperábamos que el tiempo de la clase terminara antes de que fuera nuestro turno de pasar al papel de entrevistadores.

Finalmente, un estudiante de posgrado más experimentado hizo su intento. No se parecía a los demás, no solo porque tenía más experiencia, sino porque había algo *distinto* en él. No era algo tangible, solo la particular intensidad de su mirada. No parecía completamente *normal,* lo que le hacía especialmente interesante a mis ojos. De hecho, había escuchado rumores de que tenía bastante práctica con pacientes psicóticos, y estos rumores no necesariamente tenían un tono respetuoso o admirativo.

Se sentó tranquilamente junto al hombre delirante. Su conducta transmitía la expectativa de que iba a tener una conversación normal con una persona normal. Mientras tanto, con la cabeza hacia atrás y los brazos temblando, el paciente continuaba diciendo «¡Soy Woolworth! ¡Soy la Tienda TG&Y!».

El estudiante se mantenía impertérrito. Miró directamente al hombre agitado que estaba ante él y le preguntó: «¿Qué hay a la venta?»

Desde mi sitial tras el espejo de observación, pude sentir que mi corazón se detenía. Instintivamente supe que había hecho la pregunta correcta.

El hombre hizo una pausa. Su tono se volvió plano y sin emoción.

«Nada», contestó.

«¿Por qué no?», preguntó el estudiante. «¿Por qué no hay nada a la venta?»

El hombre dejó de dar trancos y gesticular. Por primera vez, miró a su entrevistados

«Los estantes están pelados», dijo.

«¿Y los clientes? ¿Dónde están?», continuó el entrevistador.

Con el rostro convertido en una máscara deforme y angustiada, y los ojos brillantes, el hombre susurró: «Se han ido todos». Durante horas había estado tratando de que le prestaran atención. No era un paciente, sino una tienda, una tienda oscura y vacía con estantes desiertos.

Necesitaba reabastecerse de productos. Yo estaba aturdido por la sorpresa, mientras los demás estudiantes de posgrado parecían indiferentes. Algunos incluso reían disimuladamente. Los miré de uno en uno, desesperado por ver si alguno había tenido la misma comprensión súbita que yo había experimentado, la reveladora caída en la cuenta de algo que iba a cambiar para siempre mi perspectiva profesional: este paciente no era para nada irracional. *Simplemente estaba usando un lenguaje distinto.*

Veintitrés años después, soy un veterano del mundo de las terapias. He trabajado con prácticamente todos los tipos de persona y problemas que existen. En todo este tiempo he presenciado mercados que se escapan hacia arriba y otros que se desploman. Todavía estoy esperando conocer a una persona completamente irracional.

O un mercado verdaderamente irracional.

Observando patrones

Cuando las personas —o los mercados— le parezcan irracionales, hay una buena probabilidad de que no esté leyendo su lenguaje. Los sueños, la conversación de los niños pequeños, las obras de arte... muchas verdades profundas vienen en formas que tienen un sentido más psicológico que lógico. Los mercados irracionales repentinamente cobran sentido cuando usted reconoce que *su volatilidad es un reflejo directo de las emociones de sus participantes.* Estos mercados, al igual que el hombre Woolworth, le están gritando sus mensajes, solo si usted puede hacer las traducciones correctas.

Muchos *traders* intentan predecir el mercado y buscar qué precios seguir. Los grandes *traders* comprenden el lenguaje del mercado y actúan en consecuencia. Del mismo modo que fue necesario un terapeuta un poco fuera de lo normal para poder apreciar las comunicaciones del hombre Woolworth, la mejor manera de que usted capte los mensajes del mercado es prestando atención a su propia volatilidad.

Hay un mito entre los terapeutas y *traders* principiantes de que los profesionales consumados dejan sus emociones en la puerta y trabajan ateniéndose estrictamente a las leyes de la lógica y la razón. ¿Es posible cerrar los vasos comunicantes con sus sentimientos de esa manera? ¿Incluso sería algo deseable?

Es interesante el hecho de que la neurociencia cognitiva ha abordado precisamente este punto. Una cantidad de estudios han investigado a personas con lesiones cerebrales que muestran lo que podría parecer el sueño de un *trader*: la parte razonadora de su mente se mantiene intacta, a pesar de que su capacidad de sentir se encuentra entorpecida. El resultado no es un ser inteligente y ultrarracional como el señor Spock de la vieja serie *Star Trek*. De hecho, una persona sin capacidad de sentir se parece mucho al hombre Woolworth, que escupe retahílas de palabras que connotan mucho pero denotan poco. Como observara el neurólogo John Cutting, una persona sin capacidad de sentir es un mero gesticulador que emite palabras divorciadas del significado.

¿Por qué? Parece que los sentimientos son nuestra guía para el valor y el significado de los acontecimientos y fenómenos. En el lenguaje de la psicología cognitiva, las emociones reflejan las evaluaciones que tiene una persona sobre el mundo. Supongamos que veo un hombre que camina hacia mí en una calle oscura y vacía. Si interpreto que es el amigo con el que quedé allí, puedo sentir muchas ganas de verle. Pero si lo interpreto como un potencial asaltante, lo más probable es que mi respuesta emocional sea bastante diferente. Bueno/malo; seguro/amenazante; a mi favor/en mi contra.... los sentimientos dan forma al mundo en términos de su relevancia para quien lo percibe. Sin esa guía, es difícil imaginar un terapeuta ayudando personas o un *trader* tratando de entender los signos de la acción del mercado.

Como el terapeuta del hombre Woolworth, el *trader* exitoso siente el mercado pero *no se pierde en esos sentimientos*. Las emociones son información, ni más ni menos que una barra de un gráfico. De hecho, una emoción fuerte se puede mirar como una ruptura en la volatilidad personal. Al igual que un *trader* experimentado se vuelve exquisitamente sensible a los patrones que van saliendo del *ticker*, los *traders* que se conocen a sí mismos prestarán atención a sus propios patrones. Parafraseando a Robert Pirsig en «Zen y el arte del mantenimiento de la motocicleta», el verdadero mercado en el que está haciendo *trading* es un mercado llamado el Yo.

Un indicador de mercado verdaderamente preciso es mi propia *hibris* o arrogancia, al hacer una transacción exitosa. El asunto comienza con una serie de transacciones favorables de corto plazo. Me siento complacido con mi éxito y siento ganas de regresar al mercado lo antes posible para continuar mi buena racha. Coloco mi transacción –a veces aumentando el tamaño–, seleccionando mi entrada cuidadosamente. En este escenario en particular, la transacción de hecho me funciona bien, y ahora tengo una bonita cadena de éxitos en mi haber. Sin pensarlo mucho, comienzo a sentir que la fortuna llegó para quedarse. Proyecto mis ganancias futuras. Comienzo a hablar con otras personas sobre mis posiciones. Empiezo a fantasear sobre fundar un servicio de asesorías o gestionar una cartera de valores más grande. Antes de siquiera darme cuenta, mis emociones se han elevado considerablemente, y en masa.

Cuando eso ocurre, muy a menudo la transacción actual que ahora es rentable revierte su dirección. Es más, es probable que mis transacciones subsiguientes tengan un triste promedio de aciertos. Es casi como si me hubieran echado un maleficio. ¿Qué es lo que pasa?

En cualquier deporte, se trate de baloncesto, atletismo o boxeo, un competidor con éxito no puede ser el que lleva la cuenta de la puntuación. Cuando cuento mis ganancias y me centro en mi historial de transacciones, dejo de prestar atención al mercado. Soy como el hombre Woolworth, lleno de voces interiores y terriblemente fuera de sintonía con el mundo exterior.

¿Cómo puedo escapar de esta trampa? ¿Debería hacer un esfuerzo por afinar mis sentimientos? ¡De ninguna manera!

La clave para el autocontrol es hacer menos *trading* desde el ego y más desde el diván del terapeuta. Si quiero ser un *trader* realmente ganador, imitaré al terapeuta con éxito en una situación similar. Cuando una emoción fuerte ocurre en la terapia o en el *trading*, el desafío es activar un Observador Interno. El Observador Interno es una parte de mí que se distancia de mis cambios de ánimo y observa calmadamente la situación. Si me puedo identificar con mi Observador –y no con mi grandiosidad– se me abre la oportunidad de beneficiarme de la información que está presente en mis emociones.

Hay que practicar para cultivar al Observador Interno. Quienes hacen meditación han comprendido desde hace mucho que es más fácil distanciarse del flujo emocional si uno reduce la frecuencia respiratoria y los movimientos corporales, aislándose de los estímulos externos. Cuando el cuerpo ha bajado su ritmo, la mente puede estar en paz y quietud más fácilmente. Si puedo sentarme en una habitación oscurecida con mis ojos cerrados, respiro lento y profundo, y centro mi mente en una sola imagen —eliminando tantos pensamientos como sea posible— comenzaré a relajarme. Si continúo el ejercicio, me empiezo a aburrir. Mi mente tendrá hambre de estimulación. Aquí es cuando ocurre el verdadero cambio.

La clave para activar el Observador Interno es *continuar el aislamiento sensorial, la respiración profunda y la concentración enfocada, más allá del umbral del aburrimiento.*

Cuando su cuerpo está impaciente por moverse y su mente comience a vagar, y piense que no puede tolerar ni un momento más de quietud meditativa, *manténgase así varios minutos más.* Lo que ocurrirá es bastante notable. Como un corredor que llega a su punto de agotamiento y logra un nuevo impulso al insistir en la carrera, su consciencia encontrará un nuevo impulso tras el umbral de aburrimiento. Será necesario esfuerzo y práctica, pero la recompensa es fantástica. Más allá del umbral de aburrimiento está el Observador Interno.

Siempre sé cuando he encontrado al Observador porque siento tranquilidad y silencio dentro de mi cabeza. Siento el mundo, pero al mismo tiempo me siento extrañamente distanciado de él. Las cosas que hace unos momentos me podían haber molestado o inquietado de pronto ya no parecen tan importantes. Cuando intenté este ejercicio por primera vez, me tomó varios minutos lograr encontrar al Observador. Ahora que estoy más familiarizado con mi paisaje mental después de bastante práctica, puedo evocar al Observador apenas con fijar la mirada y respirar profundo un par de veces. Es una habilidad útil en medio del frenesí del *trading*.

En esos momentos en que me siento en la cima del mundo y a punto de entregarme al regocijo por mis éxitos en el *trading* es cuando el Observador Interno emerge y dice: «Sabes, Brett, te has sentido muy, pero muy bien. Has hecho algunas transacciones bastante buenas, y ahora tu gráfico emocional está subiendo como la espuma. Sabes lo que pasa en esos casos... terminan en porrazos. Esta es tu señal: es probable que se revierta la transacción con la que estás tan feliz».

Si presto oído al Observador Interno, tengo la oportunidad de mantener el foco fuera de mí mismo, lo cual me permite estar especialmente atento a los signos de que mi posición actual no está funcionando bien. En lugar de ir a los mercados como si fuera invencible, revierto mi psicología e *intensifico* mi concentración y esfuerzo, como *sí* hubiese perdido dinero en mis cinco últimas transacciones y no me pudiese permitir perder más.

De este modo, sentirse confiado en exceso se convierte en una señal que activa un comportamiento cauteloso: *la respuesta opuesta a la que surgiría normalmente.* En el *trading*, así como en la terapia, muy a menudo la mejor respuesta no es la que surge naturalmente. Si siento enojo hacia un cliente, por lo general es un momento en el que debo pensar en cómo apoyarlo. Si durante una sesión un cliente me empieza a resultar aburrido, a menudo eso es un signo de que *yo* tengo que seguir una línea de tratamiento más fructífera. Los terapeutas lo ven de la siguiente manera: las respuestas que surgen normal y naturalmente son lo que los clientes han estado recibiendo de la gente toda la vida. Si hubieran sido terapéuticas, ¡pueden estar seguros de que esa persona no estaría perdiendo el tiempo en la consulta del psicólogo!

Es exactamente lo mismo en los mercados. *Si la respuesta emocional normal y natural produjera ganancias, el* trader *medio estaría cubriéndose de oro.* Todos estarían llenándose los bolsillos, lo cual por supuesto es imposible. ¡Habría muy poco interés en la psicología del *trading* si las personas pudieran seguir la corriente emocional y, al mismo tiempo, cosechar dólares en el mercado!

Invocando al observador interno

Resulta que no soy, ni de lejos, el único que batalla contra el exceso de confianza en el *trading*. Aunque el miedo y la avaricia tienden a ocupar los puestos más altos del panteón de las emociones del *trading*, el investigador Terence Odean ha descubierto que los *traders* particulares por lo general sufren de un exceso de confianza en sus capacidades. (Es interesante el hecho de que haya encontrado que los hombres tienen más tendencia al exceso de confianza que las mujeres). Por ejemplo, en un estudio que cubrió más de 10.000 cuentas de *trading*, Odean llegó a la conclusión de que los *traders* tienden a tener éxito en su *trading* antes de abrir sus cuentas *online*. Una vez que comenzaron a operar por Internet, aumentaron radicalmente su frecuencia de *trading* y tuvieron resultados notablemente inferiores a los promedios del mercado.

He encontrado un patrón muy similar al seguir el índice Ameritrade (www.ameritradeindex.com), que es una cuenta diaria de las actividades de compraventa de los *traders* minoristas *online* de Ameritrade. Cuando en el mercado hay un día con índices muy a la baja, a menudo hay una oleada de compras entre los *traders* particulares, que aparentemente se sienten lo suficientemente confiados como para recoger valores que están por los suelos. Mediante la activación de mi capacidad de observación, puedo distanciarme del exceso de confianza de la mayoría y aprovechar la ocasión para ejercer una especial cautela. De hecho, varias veces he podido usar la información para separarme de la mayoría y beneficiarme de la continuación de la tendencia a la baja cuando los *traders* con exceso de confianza llegan a sus límites y comienzan a alimentar el declive.

Una herramienta que me ha servido para mantener mi postura observadora en los mercados es la así llamada «máquina de luz y sonido». Hay varias compañías que fabrican estos aparatos. El mío, la Nova 200 Pro, es fabricado por Photosonix y varios distribuidores la ofrecen con descuento.

La «parte sonora» de esta máquina emite dos tonos de frecuencias cercanas entre sí, una en cada oído. Las frecuencias de estos impulsos *biaurales* se pueden ajustar para que correspondan con distintas frecuencias de ondas cerebrales, desde las ondas theta y alfa de baja frecuencia y que se relacionan con la relajación, a las frecuencias beta de mayor frecuencia, relacionadas con el estado de alerta. La idea de estos aparatos es que, con el tiempo, las ondas cerebrales se pondrán a tono con las que se reproducen a través de los auriculares, induciendo estados de relativa calma o vigilancia. Este fenómeno se conoce como «respuesta de seguimiento de frecuencia».

La «parte luminosa» utiliza un grupo de pequeñas luces ubicadas en la parte interna de un par de gafas, las cuales destellan en sincronía con los sonidos emitidos en cada oído. Los usuarios de las gafas mantienen cerrados los ojos, pero a través de los párpados pueden percibir los destellos. Cada ojo recibe una frecuencia de destello luminoso que coincide con la frecuencia enviada al oído correspondiente. Los destellos de luz y los impulsos *biaurales* crean un estímulo de inmersión que se acelera o hace más lento según una serie de rutinas programadas. (Estos aparatos no son recomendables para personas con tendencias a sufrir convulsiones o espasmos.)

Hay limitada evidencia científica que respalde la noción de que las ondas cerebrales realmente responden de manera diferenciada a los estímulos que se irán a cada oído y ojo. Lo que he podido ver en mi experiencia personal es si mis indicadores de biorretroalimentación muestran significativos cambios hacia una mayor calma y concentración cuando estoy conectado a la máquina. Es particularmente útil la manera en la que las gafas y el sonido crean un ambiente de estimulación único, que captura la atención del usuario. Esto sirve de ayuda, ya que en condiciones emocionales la gente tiende a centrarse en exceso en signos interiores y en la importancia de los fenómenos en sí mismos. Al dirigir la atención hacia afuera y usar los patrones repetitivos de luz y sonido como objetos de concentración sostenida, un *trader* puede salir muy rápidamente del estado de temor inducido por un angustiante desplome del mercado y pasar a un estado mental más neutro.

Este último punto es especialmente importante. El problema no es que los *traders* experimenten emociones poco placenteras, sino que estas tienden a cambiar sus modos de procesamiento de la información, desviándolos de una actitud atenta y resuelta sobre la información que hay en el medio o mercado. Gran cantidad de literatura sobre psicología social y de la personalidad incluye que centrar la atención continuamente en uno mismo distorsiona nuestro procesamiento de los acontecimientos y fenómenos al activar modos negativos de pensamiento. Cuando los *traders* sufren emociones negativas, tienden a centrarse en sí mismos y en su *trading*... y no en los mercados. En esos momentos, es más probable que abandonen sus planes de *trading*, abran y cierren posiciones de manera impulsiva, o que hagan otros tipos de transacciones de un modo contrario a su formación y experiencia. El valor de los ejercicios o sesiones de meditación con la máquina de luz y sonido es que estas prácticas interrumpen el ciclo de atención centrada en sí mismo que ocurre tras los sucesos emocionales. Se trata de una técnica sociológica común que se emplea con personas que han sufrido estrés traumático. Cuando se pide a las personas que realicen ejercicios de movimientos llares o golpeteo con los dedos durante periodos de «retroceso al pasado», la puesta de estrés se interrumpe y no genera una cascada de ansiedad, depresión, reproches contra uno mismo y acciones impulsivas. De manera similar, interrumpir la atención centrada en uno mismo tras un suceso adverso en el mercado ayuda a que los *traders* aprendan de él e incluso puedan llegar a obtener ganancias si utilizan bien lo aprendido.

Los terapeutas principiantes no pudieron ayudar al hombre Woolworth —que estaban demasiado centrados en sus propios estados internos: su incomodidad ante la irracionalidad y su temor a parecer incapaces. El terapeuta experimentado también se sintió incómodo con el hombre Woolworth, pero fue capaz de distanciarse, observar sus sentimientos y usar todo eso para iniciar una maniobra contraria. Si todos se sienten incómodos con la idea de que el paciente es una tienda minorista, ¿por qué no tomar el camino menos transitado y preguntar qué hay a la venta? Lo que parecía una locura es lo que casi todos querían evitar y, sin embargo, era lo que más convenía seguir.

Trading regido por reglas

En el capítulo 2 mencioné el estudio de personalidad que Linda Raschke y yo realizamos con 64 *traders* activos. Algunos de los hallazgos de esa investigación fueron particularmente iluminadores sobre el tema de las emociones en el *trading*.

Uno de los instrumentos de estudio que administramos fue la escala de «Maneras de afrontamiento» desarrollada por Richard Lazarus y Susan Folkman, que evalúa estrategias básicas para enfrentar el estrés. Dos de las estrategias más fundamentales son el afrontamiento centrado en el problema y el afrontamiento centrado en la emoción.

La persona que utiliza el afrontamiento centrado en el problema aborda los sucesos amenazantes desarrollando estrategias de acción. Algunos ejemplos son la investigación de la situación, la creación de planes de contingencia y la consulta a terceros. La persona que emplea el afrontamiento centrado en la emoción hace frente a los sucesos amenazantes expresando abiertamente sus sentimientos, buscando apoyo en los demás y volviendo su frustración contra sí misma. Todos usamos estas diferentes estrategias en distintos puntos de nuestras vidas; la pregunta es qué estrategia es la que predomina, especialmente en periodos de mucho estrés.

No resultó sorprendente el que los *traders* que tuvieron una alta puntuación en neurosis en la prueba de personalidad también lo hicieran en el *afrontamiento centrado en la emoción*. Experimentaban no solo un alto nivel de emociones negativas en el *trading*, sino que también hacían frente a los mercados de maneras emocionales: descargando sus sentimientos, culpándose a sí mismos o a otros, y así sucesivamente. Estos *traders* tendían a decir que sentían interferencias emocionales en su *trading* y a obtener pobres resultados en el mismo. Además, sus transacciones se basaban en un bajo nivel de investigación y mucho más en decisiones circunstanciales que en planes trazados cuidadosamente.

Los *traders* que dijeron haber tenido mayor éxito en los mercados y menos interferencias emocionales en el *trading* tendían a mostrar mayores puntuaciones en el *afrontamiento centrado en el problema*. Experimentaban igual cantidad de adversidades y frustraciones en el mercado, pero generalmente las canalizaban sumergiéndose aún más en su investigación y en sus planes, poniendo manos a la obra en su entorno de trabajo y respetando las pausas, y así sucesivamente. Estos *traders* también estaban entre los que habían mostrado mejores índices de fiabilidad, como se podría esperar de lo que vimos anteriormente.

Aunque a veces los *traders* se clasifican de un modo dicotómico, como discrecionales (que utilizan un juicio subjetivo) o mecánicos (que siguen automáticamente señales de *trading* probadas a través de investigación), el estudio sobre los *traders* sugirió una realidad más compleja. Los *traders* varían en el grado en que *se rigen por reglas*. Algunos abordan los mercados guiándose solo por la intuición, con pocas reglas y pautas explícitas para entrar y salir de ellos. Otros, como en mi caso, siguen reglas básicas sobre la dirección de las tendencias y la volatilidad, niveles de *stop-loss*, y así sucesivamente, pero se permiten un grado de juicio discrecional en base a los resultados de las pruebas históricas. Otros *traders* mecanizan sus señales y la asignación del capital, según estrictas reglas que siguen al pie de la letra.

Mi sensación, después de haber entrevistado a muchos de los *traders* que participaron del estudio, es que *el efecto neto de la emoción sobre el* trading *parece ser una alteración del régimen basado en el seguimiento de reglas.* La mayoría de los *traders* estudiados tenía un conjunto de reglas de *trading* por las que se regían, basadas en sus lecturas de las tendencias del mercado, su dinamismo y otros elementos. Sin embargo, en condiciones emocionales su atención cambiaba de foco hacia ellos mismos, hasta el punto de dejar de prestar atención a sus reglas. A menudo, no era tanto que en condiciones emocionales dudaran de sus reglas, ¡sino que simplemente se olvidaban de ellas!

Los psicólogos están acostumbrados a este fenómeno. Se observa con especial claridad en las personas que sufren de *trastorno hiperactivo de déficit de atención* (THDA), que a menudo se diagnostica en niños y representa una incapacidad crónica de concentrarse y poner atención. También se asocia con comportamientos impulsivos y dificultades en retrasar la gratificación. Con frecuencia, los niños con THDA necesitan que sus profesores y padres les recuerden prestar atención a lo que hacen, y a *veces* incluso precisan de medicamentos estimulantes para ayudarles a lograr un nivel adecuado de concentración cognitiva. Los estudios de Rusell Barkley sobre THDA sugieren que representa una interferencia con la capacidad de procesar y seguir reglas. Con una mayor tendencia a distraerse, los niños no pueden prestar una atención sostenida a las reglas que rigen el comportamiento y, en consecuencia, reciben constantes llamadas de atención en la escuela. En esas circunstancias, cuando las reglas todavía no han sido asumidas internamente —y son necesarias una atención y una concentración activas—, es más probable que el THDA se convierta en un desorden grave.

Parece ser que, en condiciones de *trading* altamente emocionales (al menos temporalmente), los *traders* se comportan de manera similar a los niños con THDA. El alto nivel de alerta corporal se convierte en una distracción que disminuye la atención y la concentración. Al mismo tiempo, la emocionalidad activa patrones negativos de pensamiento y comportamiento. La capacidad de hacer planes y prever resultados alternativos resulta afectada, ya que el tiempo termina comprimiéndose, generando acciones impulsivas que no toman en cuenta las consecuencias. Al igual que los niños con THDA, el *trader* que tiene sus emociones excitadas se rige menos por reglas. Si no se han asumido internamente aún las reglas del *trading*, esta distracción puede ser suficiente para interrumpir completamente su aplicación. En pocas palabras, *en circunstancias altamente emocionales, los* traders *tienden a comportarse más como los* traders *no exitosos del estudio y menos como los que tenían éxito.* ¡No es una gran sorpresa, entonces, que los *traders* quieran eliminar las emociones en su *trading*!

Sin embargo, la respuesta al dilema sigue el modelo de cambio orientado a las soluciones. Si el regirse por reglas y la escrupulosidad al seguirlas se asocian con el éxito en el mercado, entonces los *traders* deberían desear usar las emociones para activar un mayor nivel de atención a los planes y reglas. Esto significa crear pistas asociativas entre la agitación emocional y los comportamientos que hacen posible el éxito en el *trading*. Los *traders* —y los mercados— deberían querer aplicar enfoques más sistemáticos sobre el *trading* precisamente cuando están más expuestos a un flujo emocional que puede llegar a afectar seriamente el logro de sus metas.

Tomando su temperatura emocional

Un paso importante para la creación de vínculos entre un comportamiento con propósitos claros y la agitación emocional es tomarse periódicamente la temperatura emocional. Durante el día, las personas oscilan entre estados de relativa falta de excitación (aburrimiento, divagaciones) y sobreexcitación (ansiedad, entusiasmo). También pasan de estados comparativamente positivos (alegría, satisfacción, afecto) a estados más negativos (estrés, depresión, rabia). Como regla general, los patrones de conducta repetitivos se encuentran en la intersección entre el nivel de agitación de una persona y su propensión a la reflexión. En los estados sobreexcitados, es más probable que algunos *traders* actúen impulsivamente, mientras que otros «se cerrarán». En estados subexcitados, un subconjunto de *traders* reaccionará insuficientemente a las situaciones, mientras otros harán presión para forzar el curso de los acontecimientos. Tomar su temperatura emocional periódicamente y observar sus respuestas a sus estados de ánimo le ayudará a identificar sus propios patrones y proponerse afinarlos cuando corresponda.

De manera similar, los estados de ánimo tienden a afectar el procesamiento de la información por parte de una persona. La investigación llevada a cabo por Alice Isen en la Universidad de Cornell sugiere que las personas que se orientan a disposiciones mentales más positivas tienen una menor tendencia a arriesgarse que quienes experimentan emociones negativas. Puesto que, por lo general, las personas contentas están satisfechas con su situación actual, no tienen tantas probabilidades de arriesgarse a una pérdida como las personas que no están contentas. En los mercados, esto podría hacer que los *traders* tuvieran aversión al riesgo tras una serie de ganancias (interrumpiendo las utilidades de manera prematura) y lo buscaran tras una serie de pérdidas (con la esperanza de lograr una recuperación que puede que no ocurra.)

Tomar su temperatura emocional significa evaluar periódicamente si está sobreexcitado, subexcitado, en un estado emocional positivo o en uno negativo. Esta evaluación, por sí misma, conlleva una activación de Observador Interno. Al tomar su temperatura, se distancia temporalmente de la situación en cuestión, interrumpe su flujo normal de pensamientos y actividad, y observa el estado de su mente y cuerpo en ese momento. El objetivo es *mantener la consciencia de sí mismo,* incluso si se encuentra inmerso en el flujo de la actividad del mercado.

Una vez que haya observado su estado cognitivo, físico y emocional, su primer objetivo es, siguiendo el credo de los médicos, «por encima de todas las cosas, no hacer daño». *No haga transacciones* si está en un estado aburrido y subexcitado; un estado frustrado y excitado; o un estado mental de excesivo optimismo o temor. Le conviene usar su estado físico y mental como una parte formal de la generación de cada transacción. Del mismo modo que usted puede esperar un cambio al alza como condición para hacer una transacción larga, espere a entrar en el estado mental correcto antes de ingresar a un mercado. Si ocurre una desviación de su estado centrado y enfocado, es una señal de que algo falta en el mercado o en su procesamiento del mismo. *Y eso es información.*

Muy a menudo verá que su estado descentrado refleja tanto un extremo en la acción del mercado como su procesamiento de este extremo. Seguir un mercado de alta volatilidad puede ser como observar cómo se va secando la pintura. En más de una ocasión, me he sentido aburrido con esos mercados y, sin pensarlo, he intentado aliviar el aburrimiento buscando transacciones de corto plazo (es decir, un poco de acción). Rara vez estas transacciones resultan ser rentables, ya que el tamaño esperado del movimiento no justifica el riesgo, si se toma en cuenta el slippage, las comisiones y simplemente la mala elección de la oportunidad. No suelo perder mucho dinero en esas transacciones, pero aun así las encuentro una distracción que genera frustraciones una vez que comienza una tendencia y necesito activar mis cinco sentidos.

De manera similar, he descubierto que mi nivel de excitación emocional –especialmente el temor y el exceso de cautela– tiene una gran correlación con la volatilidad de los mercados. Puesto que los movimientos de mayor volatilidad tienden a ocurrir hacia los momentos de apertura y las últimas partes de las jornadas que muestran tendencias, y especialmente durante los periodos de descenso del mercado, tengo tendencia a responder a mi estado emocional con una indebida aversión al riesgo, a pesar de que tengo a mi alcance una buena posibilidad de beneficio. De hecho, he dejado en la mesa buenas cantidades de dinero de esa manera. El dicho que reza «cualquier ganancia es mejor que ninguna» no siempre es cierto si retirar el dinero refuerza malas prácticas de *trading*.

Préstese atención a usted mismo antes de prestar atención a los mercados. Si no está en su zona de *trading*, no querrá arriesgar el capital que le ha costado tanto ganar. Algunas de las maneras más comunes en que los cambios emocionales alteran su percepción y su respuesta ante los acontecimientos y distorsionan su *trading* son la frustración después de una o más pérdidas u oportunidades perdidas; la avidez tras lograr una transacción exitosa; el aburrimiento y el deseo de estimulación; y el temor y la desidia en tiempos de oportunidades.

Una vez que se haya tomado la temperatura emocional y descubra que está funcionando con un exceso o una falta de excitación, será el momento de distanciarse temporalmente de la situación y llevar a cabo sus ejercicios para volver a entrar en un estado de concentración enfocada. Cerrar sus ojos, mantener el cuerpo inmóvil, reducir el ritmo de la respiración y profundizarla, y centrar la mente en un solo objeto (música, una escena visual, y así sucesivamente) le ayudarán a volver a su zona. Tras una práctica sostenida, he descubierto que una rápida sesión con la máquina de luz y sonido, en combinación con los ojos cerrados y la respiración profunda, ayuda a restablecer mi temperatura emocional. Esto es especialmente valioso en el caso de *traders* de muy corto plazo que necesitan regresar al juego rápidamente. En el estado neutro y enfocado, usted estará en mejores condiciones para extraer la información de su reacción, y formular y seguir sus planes de *trading*.

Anteriormente mencioné el valor de automatizar la investigación de mercado, de modo que se pueda pasar rápidamente de un procesamiento emocional de los acontecimientos del mercado a una postura analítica más neutra. Con la biorretroalimentación, he descubierto que también puedo automatizar las lecturas de mi temperatura emocional, identificando las desviaciones importantes con respecto a mi línea de base. Muy a menudo las lecturas se desviarán de sus promedios antes de que sea consciente de que estoy tenso, frustrado o ansioso. Esto invita a una respuesta proactiva, reduciendo la intensidad de la reacción y cambiando de velocidades antes de que la respuesta al estrés tenga la oportunidad de propagarse a la toma de decisiones.

Vacunas contra el estrés

El psicólogo cognitivoconductista Donald Meichenbaum ha presentado una técnica muy útil para manejar de manera constructiva las situaciones emocionales en el *trading*. Se refirió a este método como *vacunación contra el estrés* porque funciona basado en el principio de la inmunización médica. De la misma manera que un médico vacuna a un paciente contra una enfermedad, introduciendo pequeñas cantidades de virus en el torrente sanguíneo del paciente y activando así las respuestas inmunes naturales del cuerpo, usted puede activar las respuestas de afrontamiento que desee tener frente a los futuros retos del *trading*, introduciendo una pequeña dosis de una situación estresante.

Esto funciona bien en los mercados debido a que, aunque los cambios de precio de un periodo a otro tienden a no tener una correlación, la volatilidad sí muestra una importante correlación en serie. Los periodos volátiles del mercado tienden a estar seguidos de otros periodos volátiles, y viceversa; es posible estimar en términos generales la volatilidad del periodo siguiente, al observar la del anterior.

Esta información tiene la ventaja de que puede ayudarle a prepararse para el paisaje del *trading* del periodo siguiente. Puede observar si la volatilidad es alta o baja, si se está ampliando o reduciendo y, en consecuencia, prepararse para la manera en la que los mercados probablemente afectarán su emocionalidad. En los mercados de baja volatilidad, es probable que encuentre poca excitación emocional: aburrimiento, distracción y frustración con la falta de oportunidades de *trading*. A la inversa, en los mercados de alta volatilidad, es más probable que experimente las clásicas respuestas de temor, codicia y exceso de confianza.

Al ensayar mentalmente el probable paisaje del *trading* antes de que el mercado abra, puede lograr cierta vacunación contra el estrés. Después de cerrar los ojos, centrarse en un estímulo y reducir y profundizar su respiración, la clave es *comenzar a visualizar una película en su cabeza,* que consistirá en vividos escenarios imaginarios a los que probablemente se enfrente en el mercado, sus respuestas emocionales a los mismos y las maneras como espera manejarlas. Así, por ejemplo, a las puertas de un día con tendencia a la baja usted puede imaginarse, con gran nivel de detalle, que se ve frente a una fuerte caída del mercado donde los futuros de Standard & Poor's (S&P) tocan suelo en un TICK muy negativo, con un volumen muy crecido. (El TICK Compuesto de la Bolsa de Valores de Nueva York, o NYSE, es el total acumulado de acciones al alza y a la baja en cualquier momento dado). Usted debe visualizarse vívidamente sintiendo dudas de si entrar o no al mercado y temores de quedar atrapado en la caída.

En ese punto, se imaginará realizando las actividades para concentrar su atención (a través de la respiración y las demás técnicas) e interrumpiendo su ciclo de temor y dilación. Luego se verá en su película mental llevando a la práctica sus planes de *trading* y siguiendo sus reglas y/o sistemas de *trading*. En pocas palabras, su película le mostrará enfrentándose a los retos que más espera que ocurran en el periodo de *trading* venidero.

Cuando en cualquier momento de la película se vea sintiéndose incómodo, simplemente congele la imagen en su mente, continúe respirando profundamente con los ojos cerrados y, a continuación, reanude la película una vez que esté más tranquilo. Su objetivo *es pasar la película en su cabeza varias veces sin que sienta la necesidad de congelar las imágenes, antes de comenzar a hacer su sesión de* trading *en la vida real.* Para ese momento, ya habrá extinguido gran parte de la reacción estresada y estará bien preparado para aplicar las maniobras de *trading* adecuadas cuando los escenarios temidos ocurran realmente.

La vacunación contra el estrés funciona debido al condicionamiento en contra. Mediante la activación de escenarios temidos en el contexto de un estado controlado de mente y cuerpo, se está entrenando para responder de manera menos emocional e impulsiva en esas situaciones. Los psicólogos utilizan esta técnica para ayudar a la personas a superar fobias y problemas de ansiedad por su desempeño, como ocurre en el caso del nerviosismo por hablar en público. La respuesta humana normal es *no querer enfrentar* estas situaciones poco placenteras. Al ponerse mentalmente en situación de enfrentar estas situaciones, una y otra vez y en condiciones controladas, va logrando una sensación interna de autocontrol. Cuando ocurre la situación difícil en el *trading*, podrá responder con el conocimiento de que en sus ensayos «ya ha estado ahí». Esta familiaridad da confianza.

Esfuerzo y cambio emocional

Las técnicas como la vacunación emocional dependen no solo de la frecuencia con que se lleven a cabo, sino también de su intensidad. Cuando los *traders* intentan aplicar métodos como la meditación, el condicionamiento de las ondas cerebrales, la desensibilización y otras, a menudo se dan por vencidos después de un corto esfuerzo, sin alcanzar a llegar a producir el cambio necesario, que se produce por concentración del esfuerzo y que es el gran responsable del éxito en estos métodos.

Un buen ejemplo se puede encontrar en el campo del culturismo. El instructor y campeón Mike Mentzer descubrió que para desarrollar el cuerpo no es necesario estar todo el tiempo en el gimnasio. En lugar de ello, descubrió que las rutinas relativamente cortas, separadas por días de descanso, producían los mejores resultados. Mentzer señaló que las repeticiones finales de una secuencia de levantamiento de pesos eran las más importantes, ya que someten a los músculos a la máxima exigencia, lo que obliga al cuerpo a dedicar una cantidad de recursos superior a la normal a los músculos que se encuentran bajo presión, llenándolos de sangre y nutrientes y facilitando la aceleración de su crecimiento. Mentzer descubrió que los descansos entre sesiones de entrenamiento intensas eran tan importantes como ellas, ya que el crecimiento ocurre en el periodo en que el cuerpo nutre el área sometida a esfuerzo.

De manera análoga, la intensidad de los ejercicios psicológicos le impulsa a desarrollar recursos extraordinarios. Una sola sesión maratoniana de respiración profunda e imaginación logra mucho más que varias sesiones más cortas realizadas una tras otra. Si se sumerge en imágenes vividas que evocan la vida real y sus temores, logrará desensibilizarse de manera mucho más eficiente y eficaz que al exponerse a estímulos menos inmediatos en lo emocional. Es como volver a la idea del segundo aire después del aparente agotamiento. Al ejercitar hasta un punto que sale de su zona cómoda, desarrolla sus «músculos» cognitivos y emocionales, de manera muy parecida a como lo hacen los culturistas. Si el ejercicio no le exige un esfuerzo, es muy probable que esté haciendo el equivalente a levantar 8 kilos en unas pesas. Un ejercicio así podría continuar por años sin producir avances significativos.

Esto trae a colación a uno de los grandes enemigos del desarrollo personal: el tiempo. La mayor parte de la gente tiene una vida ocupada. Un buen *trading*, con sus exigencias de investigación y planeamiento, es una actividad que exige tiempo. Si a eso agregamos las responsabilidades del hogar, las relaciones románticas y las obligaciones familiares, la combinación puede terminar abrumando al *trader*. Esta presión hace bastante difícil tomarse un tiempo adicional en el día para hacer esfuerzos supremos. La tendencia humana natural es usar el tiempo libre para descansar y relajarse.

¿Cómo hace cierta gente para trabajar largas horas cada semana, asumir múltiples proyectos y, sin embargo, parecer tener el tiempo y la energía para atender sus asuntos sociales y familiares? Para un observador externo, una vida así parece agotadora. La respuesta, que es difícil de comprender bien hasta haberla experimentado en persona, es que *los esfuerzos importantes liberan más energía de la que consumen.* Los hitos que dan nuevas energías en el segundo y tercero y cuarto impulso abren una insospechada fuente de vitalidad. Sin embargo, sin la intensidad de la práctica estas fuentes permanecerán cerradas.

El psicólogo bioenergético Alexander Lowen ha escrito extensamente sobre la práctica de hacer que sus pacientes deprimidos se acostaran en sus camas y golpearan violentamente el colchón con sus puños y pies. Durante este periodo de al menos 25 golpes y puntapiés con todas sus ganas, se les dice que griten lo más alto que puedan lo primero que se les venga a la mente. Muchos —especialmente quienes han sufrido maltratos— terminan verbalizando una rabia considerable. Después de este ejercicio (que le invito a practicar), no es poco común que los pacientes sientan que su ansiedad y depresión han desaparecido.

Si antes estaban en un estado letárgico y atrapados en el pensamiento negativo, ahora se sentían más vivos y energéticos.

Sentarse simplemente en una silla y levantar la voz un poco no puede replicar el ejercicio de la cama de Lowen. *Apartarse radicalmente de sus normas cotidianas es lo que romperá sus viejos moldes, abriendo la puerta a la creación de otros nuevos.*

El *trader* como adicto: no respetar los *stops*

Quizás ninguna situación del *trading* ejemplifique mejor la distorsión del procesamiento de la información a causa de las emociones como el no respetar los *stops* que uno se ha fijado previamente. Un sitio web dedicado a la educación de los *traders, Mtrader de Ken Wolff,* incluso ha compilado un programa de 12 pasos inspirado en el de Alcohólicos Anónimos para quienes los violan crónicamente. Se trata de una idea muy interesante. El patrón formado por un exceso de confianza, apartarse de las normas básicas, caer al suelo y sentir culpa y remordimiento como consecuencia hace que el *trading* como problema y el abuso de sustancias tengan grandes similitudes.

Para los *traders* intradía activos y especialmente los *scalpers*, es muy poco usual que una gran brecha obligue a cerrar una posición. La mayoría de las grandes pérdidas comienzan como pérdidas pequeñas a las que se permite ir aumentando en el tiempo. Una vez que ocurren, a menudo son procesadas como fracasos, con la agitación emocional y física que suelen acompañarles. En esas condiciones de excitación, el *trader* ahora se concentra en recuperar el dinero perdido y revertir el fracaso. En lugar de atenerse al *stop* fijado previamente, otras prioridades pasan a primer plano.

Una proporción importante de los *traders* con quienes he hablado consiguen la mayor parte de su dinero a partir de una cantidad relativamente pequeña de buenos movimientos del mercado. Muchas de sus transacciones son exitosas por poco, no exitosas por poco, o no tienen ganancia ni pérdida alguna. Sin embargo, si no respetan sus *stop*, esas transacciones ganadoras ocasionales quedarán equilibradas con una o dos grandes transacciones perdedoras, lo que dejará en nada varias semanas de buen *trading*. Aunque hay espacio para cierta libertad de acción a la hora de hacer transacciones, su uso al momento de respetar los *stops* es una pendiente resbaladiza que lleva a la ruina en el *trading*.

El ejercicio de vacunación contra el estrés que mencioné viene de perlas para ensayar el respeto de estos límites. De hecho, he descubierto que un gran porcentaje de mis transacciones exitosas comienza con un ensayo de los escenarios hipotéticos y negativos en los que invoco mentalmente mi estrategia de *stops*. A la inversa, me he dado cuenta de mis peores transacciones comienzan con una estimación de mis potenciales beneficios. Al ensayar mentalmente las estrategias de *stops* en condiciones de relajación y concentración cognitiva —imaginando estar sufriendo un *drawdown* y respetar los *stops* que usted se ha fijado—, puede hacer que la reducción y minimización de pérdidas sean una parte integral de su repertorio conductual. En un sentido muy real, usted debe desear *normalizar el proceso de sufrir pérdidas: hacerlo tan familiar que deje de ser amenazante*. La incertidumbre es parte de los mercados; las pérdidas son un coste de hacer negocios. Al ensayar sus respuestas a ellas, con el tiempo podrá moderar mucho sus reacciones emocionales.

Cómo regirse más por reglas en el *trading*

Recuerde la situación del niño que está sufriendo de déficit de atención e hiperactividad. Frente a estas dificultades, puede ser un reto ir a la escuela, de manera que los profesores por lo general tratan de estructurar su entorno, poniendo énfasis en las reglas y en lo que se espera de su comportamiento. Verbalizar las reglas ayuda al niño a respetarlas y al profesor a recordárselas en circunstancias que, de otro modo, distraerían bastante la atención.

Las reglas en el *trading* cumplen una finalidad similar. Al enfatizarlas y ensayarlas, es más probable que los *traders* las recuerden en los momentos más emocionales y volátiles de su actividad. Un estudio de los principales sitios de formación *online* para *traders*, incluidos los de Linda Raschke y Ken Wolff, sugiere que desarrollan reglas explícitas que luego se refuerzan mediante la presentación de múltiples ejemplos.

La formulación de reglas específicas para salir de una transacción es una manera especialmente potente de moderar la influencia de los acontecimientos emocionales del *trading* sobre el comportamiento. Por lo general, estas reglas corresponden a tres categorías:

1. *Reglas basadas en precio.* Son las reglas de *stop* más comunes, que a menudo se formulan como un monto en precio fijo o un porcentaje que el *trader* está dispuesto a perder en una operación dada. Las reglas en base a precio también se pueden formular según la percepción de soporte o resistencia que se tenga, en que un objetivo de precio específico actúa como *stop*. Esta última estrategia puede ser peligrosa en los mercados de futuros de S&P y Nasdaq, que muestran frecuentes falsos rompimientos de áreas obvias de soporte y resistencia. Por esta razón, las reglas de *stop* en base a precio no son mis favoritas, y las utilizo como mecanismos de último recurso para evitar pérdidas catastróficas.

2. *Reglas basadas en indicadores.* Usan los niveles de un indicador de mercado, en lugar del precio por sí solo, para dictar el punto de salida. Una estrategia híbrida de indicador/precio podría ajustar los *stops* en base al precio para el actual nivel de volatilidad del mercado. Si, digamos, el mercado tiene un movimiento contra el *trader*

de dos desviaciones estándar desde su último promedio de periodo X, esto se podría interpretar como un movimiento no aleatorio (marcador de tendencia) y activar un *stop*.

Otras reglas basadas en indicadores pueden dictar salidas cuando un pronosticador de mercado llega a un nivel predefinido. Por ejemplo, he encontrado que si el TICK Compuesto del NYSE tiene una ruptura *significativa* (dos desviaciones estándar) con respecto a su promedio de dos horas, la tendencia de la ruptura tiende a continuar durante las siguientes cinco horas. En consecuencia, detendré cualquier posición una vez que el TICK se salga significativamente de su rango en dirección opuesta al valor que estoy operando. Muchas veces, la ruptura del TICK ocurrirá antes de mi *stop* basado en precio, lo que me permite detener justo a tiempo una operación que de lo contrario me habría hecho perder dinero.

Las reglas basadas en indicadores también pueden actuar como objetivos de beneficios para facilitar salidas del mercado. Como mencioné antes, muy a menudo saldré de una transacción que está en un rango de expansión importante con alto volumen. Aunque con una salida así puedo perder el máximo o mínimo exacto, generalmente encuentro que cerrar posiciones en momentos de compra o venta por pánico es una estrategia sabia. De manera similar, un muy alto nivel de actividad de *ticks* en el Promedio Industrial Dow Jones (el Dow) (según lo mide el TIKI, el total acumulado de *ticks* hacia abajo y arriba en los valores industriales del Dow) a menudo ocurre en extremos de corto plazo del mercado, impulsada por compras y ventas institucionales y puede servir como objetivo para la salida.

3. *Reglas basadas en tiempo*. Están entre mis reglas de *stop* favoritas, ya que forman parte de las mismas transacciones que investigo. Por ejemplo, supongamos que a primera hora de la mañana el mercado ha tenido un declive de dos horas muy pronunciado en un TICK muy negativo, tras lo cual sigue un día sin muchas novedades que termina con una nueva bajada en relación con el día anterior. De inmediato consultaré mi base de datos históricos para ver cómo se han comportado mercados similares, digamos, en las cinco horas

posteriores a este punto. Si hay una desviación direccional significativa (tal vez la continuación de la tendencia, en línea con lo que mencioné en el punto anterior acerca de la ruptura del TICK), entonces dirigiré mi estrategia a vender repuntes dentro de las próximas cinco horas. No obstante, si mi posición no llega a su nivel de beneficio objetivo en ese periodo de cinco horas, cierro la transacción independientemente de dónde esté el precio. Para mí, este es uno de los *stops* más racionales, ya que sugiere que la ventaja que había investigado ya no está presente.

Sin embargo, hay otra razón más sutil que explica por qué esta estrategia de cierre funciona. Digamos que estoy previendo la continuación de una tendencia a la baja para las próximas cinco horas, pero solo obtengo un movimiento relativamente plano. En tales circunstancias, generalmente he visto que mi investigación estaba en lo correcto: el movimiento plano era la continuación de la tendencia a la baja que había previsto pero, ya que era tan poco pronunciado, tengo una señal de que el mercado se puede estar fortaleciendo. Esto me puede alertar para investigar movimientos de ruptura al alza para una posible transacción larga. En otras palabras, si el mercado no mantiene sus tendencias históricas, puede ser una señal para hacer una transacción en contra de la tendencia.

Al basar el *trading* en reglas explícitas que toman en consideración el precio, el tiempo y los niveles de los indicadores, el *trader* puede ensayar estrategias concretas incluso durante los tiempos más turbulentos del *trading*. Si hay una estrategia que puedo recomendar con entera confianza para enfrentar el *trading* emocional, es sin duda regirse más por reglas. El tipo de análisis histórico utilizado por Jon Markman en sus estudios mensuales de las fortalezas y debilidades de un sector, por Yale y Jeff Hirsch en su investigación de patrones calendario de tendencias del mercado, y por Víctor Niederhoffer en su análisis estadístico de los mercados pasados y los posibles movimientos futuros es un potente antídoto contra el *trading* impulsivo y subjetivo. En este sentido, la llamada de atención de Niederhofer acerca de la investigación «¡Estadísticas sobre la mesa!» es también una excelente terapia para el *trader*.

Usar la emoción para hacer el movimiento en dirección contraria

Una recomendación útil es que si se siente arrogante o temeroso sobre el mercado al que está siguiendo, es bastante probable que otros *traders* estén sintiendo emociones similares. Si un movimiento bajista le está poniendo nervioso y entonces observa un movimiento a la baja en una amplia gama en el gráfico E-Mini de S&P con un importante aumento del volumen, tiene una evidencia real de que los *traders* están deshaciéndose de sus posiciones. En tales momentos, uso mi emoción como un indicador para revisar mi investigación, consultando en mi base de datos todas las ocasiones recientes en la historia del mercado en que ocurrió una liquidación similar, y examinando lo que ocurrió a continuación. Muy a menudo encuentro una desviación direccional *contraria a la dirección del pánico del mercado*. Esto me permite buscar una oportunidad de ingresar una transacción larga y beneficiarme de la sobrerreacción del grupo.

Durante esas caídas del mercado, comparo la expansión de la cantidad de transacciones con la expansión de la cantidad de contratos o acciones cotizadas. Muy a menudo la cantidad de transacciones se expande incluso más rápidamente que el volumen, lo que sugiere que los *traders* más pequeños representan una parte desproporcionadamente alta de quienes están vendiendo. Estos pequeños (y, a menudo, subcapitalizados) participantes del mercado con frecuencia se equivocan en estas ocasiones de venta emocional. También me gusta revisar la expansión del volumen en los vehículos favoritos de transacciones diurnas, como los índices QQQ y E-Mini, en comparación con los cambios de volumen en los mercados generales, para encontrar evidencias de extremos emocionales especulativos durante los movimientos a la baja.

Esta estrategia de usar las reacciones emocionales para activar sus propias capacidades de observación forma parte de la esencia del «*trading* desde el diván». Sin embargo, exige considerable práctica. Al principio, la práctica ocurre fuera de las horas del mercado, ya que simplemente es entonces cuando le resulta más fácil lograr un estado de calma. En esa etapa puede tomar varios minutos silenciar la mente y aquietar el cuerpo. Sin embargo, con el tiempo puede volverse bastante experto en los ejercicios de meditación o en las sesiones con la máquina de luz y sonido, hasta el punto de lograr la calma necesaria con unos pocos segundos de respiración profunda o de utilización de la máquina. Esta capacidad de hacer una rápida transición a un estado calmo y concentrado es muy útil para los *scalpers* y otros *traders*, que no se pueden permitir un periodo muy largo de ejercicios mientras los mercados están a toda marcha.

He descubierto que el estado calmo y concentrado que facilita el Observador Interno se asocia con los estímulos utilizados en las sesiones de práctica, muy a la manera del condicionamiento de Pavlov. Por ejemplo, si ha estado realizando ejercicios de respiración profunda mientras concentra su mente en un tema musical para relajación, el estado de tranquila concentración tiende a quedar asociado con esa música. Mediante las asociaciones creadas por la repetición, puede reproducir entonces ese tema durante el día de *trading*, inhalando y exhalando profundamente durante algunos segundos y manteniendo su cuerpo completamente inmóvil. Esto invoca rápidamente al Observador Interno, incluso *si* usted está a las puertas de acontecimientos de *trading* muy emocionales.

Para que funcione este método, primero es necesario *ver las emociones como señales útiles que le permiten comenzar su Observación*. Esto va en contra la tendencia humana de desear eliminar las emociones no placenteras. Recuerdo vívidamente a un *trader* que, respondiendo a una columna que yo había escrito para un sitio web financiero, me rogaba que le mostrara técnicas de «eliminar el temor» en el *trading*. Le respondí que uno no tiene por qué desear eliminar el temor. El temor es información importante, no menos que la luz roja que aparece en el tablero del automóvil cuando hay problemas en el motor. No hay duda de que esta luz nos hace detectar problemas y que nadie espera su aparición, pero la respuesta no es cubrirla con cinta adhesiva. Demasiados *traders* desean librarse de las «emociones negativas» tapando sus propios tableros emocionales. La ignorancia es una dicha que no dura mucho... solo hasta que el motor empeora y los problemas se multiplican de manera exponencial.

Es comprensible querer deshacerse del temor en el *trading*. Pocos *traders* experimentados no han sentido ansiedad durante una caída del mercado, primero abrigando esperanzas de que su posición se recupere y luego rezando para que así ocurra. Ver su posición desangrándose minuto a minuto mientras está paralizado por el miedo y lleno de reproches contra sí mismo debe de ser una de las peores experiencias humanas. En el momento que queda claro que sus esperanzas no se harán realidad y sus oraciones no serán escuchadas, no hay nada más que hacer que cerrar la posición con una mezcla de desesperación y alivio. Sin embargo, estos sentimientos se convierten rápidamente en arrepentimiento cuando queda en dolorosa evidencia que la venta se hizo en el peor momento de salida posible, casi en el *tick*.

Con todo lo doloroso que es, este guión emocional de esperanza, temor y plegaria nos brinda información útil. Como han visto, a menudo sugiere que otros *traders* pueden estarse sintiendo exactamente de la misma manera y *este* podría *no* ser el mejor momento para liquidar. Entre los muchos indicadores intradía que sigo y archivo, el TICK Compuesto de la NYSE es uno de mis favoritos. Me siento en deuda con Mark Cook y Linda Raschke por la inteligencia de sus apreciaciones sobre el TICK. Cuando uno ve un TICK de -1.000 o menos, indicando que están cotizando una gran cantidad de acciones a la baja (*downtick*), significa que la gente está huyendo del mercado de manera indiscriminada. La lectura del TICK es la luz roja en el tablero del *trading*, que se enciende cuando las emociones se agitan.

En esos momentos, dará la impresión de que el mercado tiene poca lógica. Incluso las mejores acciones, las compañías con las más brillantes perspectivas, pueden comenzar a caer, barra tras barra tras barra. Si usted puede acceder al Observador Interno en esos momentos, estará en mejor posición de leer el mensaje del mercado. En lugar de quedar intimidado por la locura del mercado, como los estudiantes de posgrado con el hombre Woolworth, tendrá la oportunidad de preguntar: «¿Qué se vende?» El Observador Interno que hay en usted observa el pánico del *trader* y lo convierte en información sobre el mercado —y en una transacción potencialmente rentable.

Conclusión

Como he planteado, utilizar la emociones como información es un aspecto central del trabajo de los terapeutas, quienes experimentan sensaciones y sentimientos cuando trabajan con personas; eso es inevitable.

Sin embargo, los buenos terapeutas los utilizan como datos, no como inconvenientes, amenazas personales o guías infalibles para la acción. Un ejemplo clásico es el del cliente excesivamente dependiente. Puede expresar un considerable temor a tomar una decisión, poner énfasis en las terribles consecuencias de escoger una opción equivocada, y expresar una angustia considerable por este dilema. Puede incluso llegar a llorar y pedir consejo al terapeuta. En ese punto, es natural que el terapeuta sienta compasión por la persona y ofrezca cierta orientación. Sin embargo, este es casi siempre el curso de acción equivocado. Cualquier consejo que se le dé no hará más que reforzar en la persona la noción de que no fue capaz de tomar la decisión por sí misma.

En consecuencia, los buenos terapeutas activan su Observador, advierten sus sentimientos de compasión y piensan «Ummm... me pregunto por qué me estoy sintiendo de esta manera. Siento la tentación de rescatar a esta persona. Tal vez esta es la manera como otras personas se sienten respecto a él, lo que ayudaría reforzar su falta de confianza. Tal vez debería intentar el enfoque opuesto y explorar situaciones en que él ha sido capaz de tomar decisiones exitosas, así podría usar su experiencia para tomar su propia decisión en lugar de depender de los demás.»

Este es un punto en el que nunca se insistirá lo suficiente: *los* traders *con éxito no eliminan las emociones.* De hecho, experimentan sus emociones por completo, tan por completo que se vuelven conscientes de lo que sienten. Sin embargo, no quedan atrapados en su estado emocional. En lugar de ello, adoptan el ventajoso punto del Observador, distanciándose de los sentimientos y logrando que cobren sentido.

Toma un tiempo encontrar los ejercicios que funcionan mejor para el cultivo de la propia autoobservación. En mi caso, he encontrado que la biorretroalimentación y la máquina de luz y sonido son invaluables para mi trabajo. Otros confían en técnicas que proceden de la autohipnosis o la meditación. Una variación interesante del ejercicio de la película ya mencionado es sentarse en posición cómoda, reducir el ritmo de la respiración, quedarse completamente quieto y visualizar imágenes para crear una película diferente en su cabeza. En esta película, usted se ve vívidamente observándose a sí mismo como un *trader* que se vuelve confiado en exceso, entra en pánico, se vuelve demasiado ambicioso, y así sucesivamente.

Tenga en cuenta un detalle importante del ejercicio. No está observándose mientras se vuelve excesivamente emocional. *Se está observando mientras se observa reaccionando en exceso frente el mercado.* Su identificación es con el Observador: incluso puede crear imágenes en que sonríe y menea la cabeza, consolando a su pobre yo emocional y expresándole su compasión, y así sucesivamente. Con práctica, usted, igual que el terapeuta, será capaz de decirse a sí mismo: «Ummm ... Me pregunto por qué me estoy sintiendo así». Una vez que cultive la capacidad de observarse a sí mismo, creará la libertad para hacer lo que no surge naturalmente.

Y, muy a menudo en el caso de los mercados, ese es el enfoque correcto.

Los autores financieros tienen una tendencia a vestirse con atuendos de gurú, con la esperanza de atraer el mayor público posible. No obstante, tengo que ser honesto con usted: el doctor Brett es un *trader* más bien malo. También, con demasiada frecuencia, queda atrapado en la acción del mercado. Abandonado a sus propios recursos, él también suele terminar totalmente inmerso en los altibajos de sus emociones. Se parece bastante al hombre Woolworth, completamente fuera de sintonía con los ritmos que le rodean. Sin embargo, por suerte está el Observador Interno. Es capaz de lograr buenas ganancias a cuenta del doctor Brett, sacándole un poco del centro de la escena.

4. *Traders* fuera de sí

Para sostener una visión se necesita un solo Yo.

En el capítulo 3 exploramos cómo los mercados provocan respuestas emocionales que tiñen el pensamiento y el comportamiento subsiguientes. Este capítulo profundizará en eso y explorará el tema desde dentro, haciendo uso de algunos descubrimientos de la neurociencia cognitiva, los que plantean interesantes y desconcertantes preguntas sobre nuestras identidades y desafían la noción de que los seres humanos tenemos personalidades fijas y unitarias. De hecho, la presencia de múltiples personalidades —noción que por largo tiempo se limitó a un puñado de casos patológicos— parece ser la norma. Esto pone sobre la mesa importantes dilemas para los *traders*, en quienes los cambios cualitativos de sus patrones de pensar, sentir y actuar pueden terminar minando las estrategias que tanto habían preparado y afinado.

Las gafas más potentes del mundo

Suponga que le digo que el par de gafas más potente del mundo no son gafas prescritas por el oftalmólogo. Son las sencillas gafas de seguridad fabricadas con plástico transparente. Puede comprarlas en cualquier ferretería para protegerse los ojos de fragmentos que puedan saltar al hacer tareas de jardinería o carpintería.

El truco, como lo descubriera el psiquiatra de la Escuela Médica de Harvard Frederic Schiffer, es que debe comprar dos de estos pares de gafas. A continuación, cubra tres cuartos del campo de visión del primer par con cinta adhesiva, de manera que puede ver solo la esquina exterior de su ojo derecho. Cubra de manera similar tres cuartos del área de la lente del segundo par de gafas, dejando expuesto el borde exterior del ojo izquierdo.

Resulta que las personas no solo ven de manera diferente a través de los dos pares de gafas, sino que se ven distintas a sí mismas y al mundo.

El razonamiento de Schiffer era elegante y de una sencillez apabullante. Los estudios fisiológicos han demostrado que el extremo derecho del campo de visión humano se representa en el hemisferio cerebral izquierdo. El extremo izquierdo es procesado por el hemisferio derecho. En la mayoría de las personas, el procesamiento verbal de la información ocurre en el hemisferio izquierdo, mientras que gran parte del procesamiento emocional sucede dentro del hemisferio derecho. La división del trabajo entre los hemisferios cerebrales es tan notable que el neurocientífico John Cutting ha argumentado que, en realidad, los seres humanos poseemos dos mentes. La Mente 1, como la llama, se centra principalmente en el hemisferio izquierdo y ayuda a comprender qué son las cosas. La Mente 2, basada en el hemisferio derecho, permite que las personas perciban el valor, el significado y la relevancia de las cosas y sucesos. Cutting recalca que la característica crucial de estas mentes es que funcionan no en serie, sino en paralelo. En todo momento, estas dos mentes analizan el mundo para definir la identidad de las cosas que una persona encuentra y cuál es la relevancia que tienen. Lo que se experimenta como pensamiento es en realidad una delicada coordinación de estas dos mentes.

Las gafas de Schiffer son una manera sagaz de separar la Mente 1 de la Mente 2 sin tener que hacer una cirugía del *corpus callosum,* las fibras que conectan los hemisferios cerebrales. Hace años, los pacientes epilépticos del doctor Roger Sperry necesitaban esa cirugía para *cortocircuitar* las señales que producían ataques espasmódicos intratables. Los investigadores se sorprendieron al descubrir que los pacientes a los que se había hecho esa cirugía podían pensar y sentir, pero no coordinar sin esfuerzo la información resultante de sus «mentes».

Los estudios realizados posteriormente por Michael Gazzaniga y sus colaboradores determinaron que cuando se mostraba una imagen solo al ojo izquierdo (conectado al hemisferio derecho) a los pacientes con «cerebro dividido», podían apuntar a lo que veían pero no nombrar lo que representaba. Sabían lo que veían, pero su conocimiento no era verbal. Incluso más extraño era el hecho de que cuando se les mostraba imágenes distintas a un ojo y al otro de manera simultánea, los pacientes podían apuntar con cada mano a lo que veían, pero solo podían describir verbalmente la imagen que se mostraba al ojo derecho. (Solo posteriormente Gazzaniga pensó en preguntar a los pacientes con cerebro dividido *por qué* habían señalado las dos imágenes, *si* describían solo una de ellas. La respuesta que recibió condujo a uno de los descubrimientos más importantes de la ciencia cognitiva moderna, crucial —como veremos más adelante— para comprender la psicología del *trading*).

Estudios posteriores investigaron las dos mentes sin cortar el *corpus callosum*. Los pacientes que sufrían graves daños en un hemisferio cerebral pero no en el otro hicieron posible la obtención de interesantes conocimientos sobre el funcionamiento cognitivo del cerebro. Un proceso en el que se anestesió solo un hemisferio del cerebro mientras no se tocaba el otro, llamado el procedimiento Wada, también resultó revelador, en el sentido de que se pudiera interrogar a los pacientes con una de sus «mentes» desactivada.

Schiffer resumió los fascinantes estudios realizados por Geoffrey Ahern y sus colegas, en los que el procedimiento Wada se utilizó para investigar el funcionamiento emocional de dos pacientes que habían estado sufriendo de epilepsia. Se sabía que ambos pacientes sufrían bruscos cambios de ánimo, tan extremos que parecía como si tuvieran dos personalidades diferentes. Mediante el procedimiento Wada, el doctor Ahern pudo demostrar que cada personalidad se había lateralizado en un hemisferio cerebral específico. Cuando se anestesiaba un hemisferio, el paciente se mostraba relativamente contento y extrovertido. Cuando se anestesiaba la otra mitad, ¡el mismo paciente se comportaba de un modo melancólico, taciturno e incluso agresivo y violento!

Siguiendo una línea similar, Robert Ornstein, en su libro *The Right Mind*, describió informes de casos en que un paciente con el cerebro dividido atacaba a su esposa con la mano izquierda mientras intentaba impedirlo con la derecha. Otro de estos pacientes, cuando se le pidió que señalara palabras que describieran sus ambiciones en la vida, escogió «conductor de coches de carreras» con su mano izquierda (hemisferio derecho) y «dibujante» con la derecha (hemisferio izquierdo). Resumiendo un cúmulo de estudios de las disciplinas de la neurociencia cognitiva, la psicología y la filosofía, Cutting concluyó que las personas poseen una segunda mente, que gobierna la emoción, la voluntad y la acción impulsada por las necesidades, la cual está basada en el hemisferio derecho y funciona separadamente de la mente verbal que rige el pensamiento.

Los pacientes descritos por Ahern y Ornstein tenían la particularidad de que sus subpersonalidades parecían completamente distintas entre sí. Sin embargo, bien puede ocurrir que estos pacientes difieran de usted o de mí solo en su grado de polaridad. En un excelente libro titulado *Being of Two Minds* («Ser dos mentes») Arnold Goldberg describió cuántos participantes de terapia muestran lo que llama una división vertical de la personalidad. Esta es una situación en la que una persona siente una parte de sí misma como completamente ajena a la personalidad normal. A menudo, esta «parte» de la persona la impulsa a realizar acciones completamente incompatibles con su comportamiento normal y aceptable, creando un nivel considerable de culpa, vergüenza y angustia.

He visto muchos ejemplos de estas divisiones verticales. Hace poco conocí una mujer que por lo general era una profesional confiada y capaz que se enorgullecía de su apariencia. Sin embargo, cada cierto tiempo caía en periodos en que se sentía completamente incapaz de tomar hasta las decisiones más básicas. En estos periodos, comía grandes cantidades de chocolate y helado, y aumentaba considerablemente de peso. Más adelante, recordaba su comportamiento y no podía creer lo que había hecho. Por un tiempo se «recomponía»... hasta que volvía a suceder.

Un ejemplo aún más dramático de división vertical es el de un exitoso médico que acudió a mi consulta debido a problemas en su matrimonio. Estaba casado con una mujer afectuosa y capaz que también tenía una carrera llena de éxito. Tenían un hijo y se amaban, disfrutando sus vidas dentro de la familia. Sin embargo, cada cierto tiempo el doctor sentía una necesidad compulsiva de apostar en un casino local. Se sentía culpable e incluso «indecente» por actuar así —varios de los apostantes eran compañías poco recomendables— y hacía lo que podía por ocultar esta actividad a su esposa. Sin embargo, finalmente ella descubrió que algo no andaba bien cuando revisó la cuenta de ahorros que tenían en común y descubrió que faltaba una suma importante. Se sentía impactada y traicionada, y no entendía la incapacidad de su marido para explicar por qué malgastó su tiempo de esa manera. Como otros pacientes que describen impulsos de navegar por sitios pornográficos, ponerse en situaciones donde quedan expuestos ante los demás o usar drogas, el médico solo podía balbucear que «algo se apoderó de él». Insistía en que amaba a su esposa y que no quería herirla ni perderla.

La argumentación del doctor Goldberg es que estos pacientes bien podrían estar diciendo la verdad. Algo realmente se apodera de ellos, y no tienen un control completo sobre eso. Esta segunda personalidad está «separada» de la personalidad normal que identifican como propia, y parece tener sus propios rasgos, necesidades y comportamientos. Quizás cuando las personas quedan atrapadas en dilemas que les hacen decir «mi corazón quiere una cosa, pero mi cabeza me dice algo diferente», están planteando algo más verdadero que lo que pueden llegar a darse cuenta conscientemente. En esas ocasiones, una persona realmente está dividida entre dos identidades, dos mentes.

Yo agregaría que las implicaciones para el *trading* son enormes. Cuando los *traders* se quejan de hacer transacciones impulsivas o no ser capaces de tomar una decisión, cuando miran en retrospectiva y se preguntan «¿pero cómo es que abrí *esa* posición?», tal vez haya una razón para su aparente acción contraproducente. Quizás no fueron *ellos* los que hicieron las transacciones. Tal vez, como el médico jugador y los pacientes de Gazzaniga, *en realidad no estaban en sus mentes adecuadas.*

Phil, el *trader* adicto

No estar en sus cabales parece ser exactamente el caso de Phil, un *trader* con el que hablé por teléfono. Con frecuencia, Phil lograba una buena marca en su curva de capital y luego procedía a aumentar su tamaño, extender sus periodos de tenencia y hacer caso omiso de sus *stops*. No hace falta decir que esto le producía pérdidas catastróficas que llevaban su capital a niveles drásticamente bajos. En ese punto, con la lección aprendida, Phil reducía su tamaño, hacía su *trading* rigiéndose por reglas y seguía al pie de la letra sus planes de salida. Este ciclo había ocurrido varias veces antes de que Phil me escribiera por correo electrónico. Normalmente no asesoro ni hago terapia de manera continua a *traders*, debido a las exigencias del trabajo, el hogar y el *trading*, pero Phil me parecía un *trader* con un genuino talento, torturado por su comportamiento aparentemente autodestructivo. Con la esperanza de abordar y solucionar el problema en poco tiempo, acepté realizar una sesión telefónica de cortesía con él.

La doble personalidad de Phil

A medida que hablaba con él, me resultó evidente que su *trading* irregular tenía su origen en una falta de consistencia básica de personalidad. Todos conocen la historia del Doctor Jekyll y Mister Hyde, y la de Superman, que al mismo tiempo es Clark Kent. La personalidad de Phil tenía una dualidad similar.

La mayor parte del tiempo, y también en su conversación telefónica conmigo, Phil era un tipo de hablar calmado que hacía sus transacciones de manera conservadora. Era un verdadero padre de familia, y se tomaba muy en serio sus responsabilidades como padre y esposo. Le torturaba pensar que no estaba brindando a su familia todo el bienestar que debía desde que comenzara a hacer *trading* a tiempo completo el año anterior. Deseaba fervientemente tener éxito en la ocupación que había escogido, y expresaba su voluntad de trabajar duro para lograrlo.

Sin embargo, una vez que comenzaba a cosechar los beneficios de su esfuerzo, su perspectiva —y aparentemente, también su personalidad— cambiaba. Su esposa advertía esto porque repentinamente él comenzaba a hablar de ser un *trader* con éxito, ganar un montón de dinero para la familia y cosas por el estilo. Se volvía excesivamente efusivo y confiado, y comenzaba a hacer detallados planes con su esposa para realizar unas costosas vacaciones, comprar automóviles, etc. Incluso su esposa podía detectar este patrón y le rogaba que «se lo tomara con calma» cuando veía que se sentía confiado en exceso en su *trading*.

Esta polaridad de pensamiento, sentimiento y conducta era tan radical que yo habría pensado que era parte de un desorden bipolar, si no fuera porque no ocurría en otros momentos de la vida de Phil. Antes de su carrera como *trader*, nunca pareció tener esos cambios, y en los periodos en que no hacía transacciones no mostraba ese exceso de confianza.

Yo estaba perplejo acerca de la naturaleza del problema de Phil hasta que me reveló que había consumido cocaína estando en la universidad y poco después de graduarse. Me aseguró que no se había acercado a la droga en muchos años, y que no era un factor en su *trading*.

Le pedí que describiera cómo se sentía al estar estimulado por la cocaína. Como era de esperar, experimentaba sensaciones de poder y euforia; describía que se sentía «en la cima del mundo». En ese punto Phil se detuvo y observó lo evidente: estaba obteniendo la misma sensación con el *trading* que con la cocaína. Cuando lograba una serie de transacciones ganadoras, el éxito se le iba a la cabeza y se sentía en la cima del mundo.

Esto tenía lógica para Phil, ya que recordaba «ser otra persona» bajo la influencia de la cocaína. Era más gregario y se sentía más confiado. Se enfrentaba a los retos rápidamente y sentía que nada se podía interponer en *su* camino. Con cierto embarazo, me contó que se había sentido de manera similar últimamente en el mercado, publicando jactanciosamente sus transacciones en un foro *online* y dando consejos a otros *traders*. Estas transacciones terminaban en desastre, al igual que su breve carrera de asesor *online*.

Phil disfrutaba la cocaína –y el *trading*– porque le permitían ser una persona diferente. Bajo la influencia estimulante de los mercados *y* las drogas, podía verse a sí mismo como un ser heroico. Lamentablemente, era un heroísmo ficticio, inducido artificialmente e imposible de sostener en el tiempo. Sin embargo, su impulso básico era saludable: sentirse poderoso y con control de su vida. Desde una perspectiva orientada a las soluciones, nuestra tarea era encontrar maneras constructivas en que ya estuviera logrando parte de esa sensación y ayudarle a aplicarlas de manera más constante en su *trading*.

El modo más evidente en el que Phil sentía que tenía control de su vida era su éxito en el manejo de su adicción a la cocaína. Phil había dejado de consumirla después de conocer a la mujer que más tarde se convirtió en su esposa. Ella le había dejado muy claro que no seguiría con él si continuaba el consumo. Phil se dio cuenta de que esa sería una gran pérdida, y comenzó a ir a las reuniones de un grupo de Adictos a Narcóticos Anónimos (NA), que se basaban en los 12 pasos de Alcohólicos Anónimos. Más tarde se convirtió en mentor y padrino de varios miembros nuevos, ayudándoles en su determinación de mantenerse alejados de las drogas. Se sentía una persona competente en NA, y le encantaba el hecho de que su esposa le respetara por sus avances contra la adicción.

Le pregunté si estaría dispuesto a comprometerse con un curso de acción para cambiar su patrón destructivo en el *trading*. Le recalqué que ya había hecho un buen trabajo en la lucha contra un patrón destructivo en su vida y que podríamos usar esa experiencia para cambiar otro en el *trading*. «¡Intentaré lo que sea!», exclamó, afirmando nuevamente que lo que más quería era tener éxito como *trader*.

Le pedí que pusiera a Rhonda, su esposa, al teléfono. Ella también expresó un deseo urgente de ayudar a Phil. Para mi sorpresa, dijo (y esto lo podía oír él) que no continuaría su matrimonio si las cosas no cambiaban. «Necesito más seguridad financiera», dijo llorando. «No podemos pagar las cuentas». Rhonda explicó que había crecido en la pobreza y que no podía soportar la sensación de no tener seguridad en asuntos de dinero. Amaba a su esposo, pero no podía ir de mes en mes preguntándose cómo iban a pagar las cuentas.

Simpaticé con Rhonda, y le pedí que pusiera a Phil al teléfono.

Ahora la voz le temblaba; reconocía que el problema era mucho más grave de lo que había pensado. Y yo me di cuenta de que mi sesión telefónica de pronto se había convertido en una intervención de crisis con todas sus letras.

Activando el Observador

Cuando Phil volvió al teléfono, yo era consciente de sentirme enfadado con él. Inicialmente, pensé que le podía estar culpando de meterme en el asunto más a fondo de lo deseado. Sin embargo, rápidamente deseché la idea. En general, me gusta enfrentar crisis y situaciones de alta presión cuando hago terapia, y realmente me interesaba que esta pareja solucionara sus problemas.

No, reconocí, estaba enfadado con Phil por haber perturbado tanto a su esposa. Estaba claro que era una compañera comprometida con la relación y que había crecido con sus propios retos y desafíos en la vida. ¿Cómo podía ser tan insensible a su sufrimiento? ¿Y por qué, me preguntaba, no hacía algo fuera de las horas de *trading* y tomaba algún empleo para llevar a casa algo de dinero? ¡Seguro que se daba cuenta de que su esposa tenía que sufrir mucho para pagar las cuentas!

En ese punto apareció mi Observador Interno. Me sentía enfadado con Phil por la misma razón que Rhonda estaba pensando en abandonarlo. Con su actitud absorta en sí mismo, Phil no la había tomado en cuenta, del mismo modo que su preocupación por el éxito le había hecho descuidar su disciplina como *trader*. Parecía que Phil no solo activaba su patrón con la cocaína y el *trading, sino que también pasaba por ciclos de diligencia y negligencia en su matrimonio.* La diferencia era que esta vez le amenazaba la posibilidad de perderlo todo: su *trading y* su esposa.

Le expliqué cuidadosamente que me daba cuenta de que a él le importaban tanto su carrera como *trader* como su matrimonio. Le dije que sus patrones de *trading* le iban a hacer perder ambas cosas y que tenía que conseguir que Rhonda fuera partícipe de la solución, tal como lo había hecho al unirse al grupo de NA. Phil estaba muy abierto a esta idea y rápidamente puso a Rhonda al teléfono cuando pedí hablar con ella.

Le pedí que ayudara a Phil a ser un buen proveedor para la familia. Para eso, le sugerí que llevara todos los libros de contabilidad del negocio del *trading*. No se debía agregar dinero a la cuenta de *trading* por al menos un año. Una vez que la cuenta ganara un 10 por ciento de valor —lo que normalmente tendría que ocurrir antes de que apareciera el exceso de confianza en Phil—, los beneficios se depositarían en la cuenta de ahorro familiar y no se debían utilizar para el *trading*. Tras ello, la pareja en conjunto dibujaría un gráfico de la «curva de capital» de sus ahorros, y usaría el dinero excedente (si lo hubiera) para comprar cosas bonitas para ellos mismos, ya que ahora se trataba de un trabajo de equipo.

Presenté la idea a Phil como algo necesario para ayudar a Rhonda. Precisé que ella tenía un trauma con la pobreza de su niñez, y era necesario que él estuviera junto a ella para ayudarla. La mejor manera de hacerlo era que se preocupara de la curva de capital *de ella* —a cuenta de ahorro familiar— y no la suya propia.

Phil acogió la idea de inmediato. Rhonda también estaba satisfecha porque eso le daría un mejor control de las finanzas y le demostraría el compromiso de Phil con el matrimonio. Me sentí complacido al saber, varios meses después, que la pareja había superado las dificultades financieras y que la relación iba bien. Después de todo, Phil ya había tenido la experiencia de ayudar a otros a través de su trabajo como padrino de NA. Una vez que *redefinimos* a Rhonda como el paciente, él estaba más que dispuesto a lograr su sensación de dominio dando respuesta a sus necesidades. No tenía que ser una gran estrella del mercado si se podía sentir necesitado y eficaz en casa.

Mientras tanto, el *trading* de Phil se benefició porque ya no pudo crecer con el ritmo irregular que antes tenía. Antes de que la cuenta llegara al punto de activar su sensación adictiva de poder, el dinero tenía que ser destinado a la cuenta de ahorro familiar. En un sentido muy real, el patrón de Phil de ganar dinero y después volver al primer escalón continuó después de nuestra sesión. La diferencia es que, esta vez, él y Rhonda lo estaban haciendo a propósito, para que Phil no pudiera permitirse sufrir más pérdidas. Puesto que ya no tenía el dinero de sus beneficios para apostar al *trading*, tenía que adherirse estrictamente a su disciplina o arriesgarse a poner punto final a su carrera de *trader*.

La sesión orientada a soluciones reconocía que había dos Phils: uno era afectuoso, preocupado y quería hacer lo correcto, y otro que ansiaba la sensación de poder y que dejaba de lado las responsabilidades básicas de su salud, su *trading* y su matrimonio. En lugar de marcar a un Phil como malo y al otro como bueno, creamos una situación en que las necesidades del «Phil malo» se podían satisfacer haciendo lo correcto. Si simplemente hubiera pedido a Phil que abandonara el *trading* o se limitara a transacciones de 100 acciones, nunca lo hubiera cumplido. Sin embargo, estaba más que dispuesto a renunciar a sus beneficios y poner límites al tamaño de su cuenta *si* con eso iba al heroico rescate de su esposa y su matrimonio. Phil no necesitaba cocaína si podía lograr una sensación estimulante al ayudar a otros adictos. Tampoco necesitaba beneficios exagerados en su *trading*, si podía obtener esa sensación al apoyar a Rhonda.

Explorando la mente dual

Volvamos por un momento al provocador trabajo de Frederic Schiffer y su relevancia para la psicología del *trading*. Al cubrir las áreas de la lente de las gafas transparentes, el doctor Schiffer en esencia replicó el trabajo de Sperry y Gazzaniga, haciendo que personas normales se convirtieran en pacientes con el cerebro dividido. Visualmente, separó el procesamiento del cerebro izquierdo del funcionamiento del cerebro derecho. Lo que encontró con este procedimiento es notable.

Los sujetos de su estudio eran sus propios pacientes de terapia. La mayoría de ellos acudía a él por problemas de depresión y ansiedad. Cuando el doctor Schiffer les hacía usar gafas que cubrían todo excepto el lado izquierdo de su visión, decían sentirse ansiosos y deprimidos. Si decían experimentar un cambio, era que se sentían peor que lo normal. Sin embargo, para sorpresa de los clientes, cuando usaban el otro par de gafas que cubría todo excepto el lado derecho de su campo de visión, pronto se sentían mejor y más tranquilos. No parecía ser un efecto placebo. Si se utilizaban dos pares de gafas de control que bloqueaban los cuartos superior e inferior del campo visual (y, en consecuencia, no dividían en procesamiento del cerebro), no se producían esos resultados.

En mi propio trabajo, he copiado las gafas del doctor Schiffer, usándolas yo mismo y aplicándoselas a mis clientes. Con ellos he logrado las pruebas más objetivas, ya que al principio no les digo para qué son las gafas. Mi experiencia es que no producen resultados radicales para todos y cada uno, sino que inducen cambios en los estados mentales de las personas que vienen a asesoramiento psicológico con problemas anímicos o de autoestima. Típicamente, algunas personas experimentan periodos en que se sienten relativamente bien consigo mismas y otros periodos en que se sienten nerviosas, con sentimiento de culpa y faltas de confianza. Estas son las situaciones en que son más evidentes las divisiones verticales.

Por sí mismas, las gafas no curaron a los pacientes del doctor Schiffer ni generaron cambios permanentes en mis clientes. Pero les demostraron claramente una importante realidad: *sus problemas no estaban allá en el exterior, sino que dependían de cómo veían el mundo.* El yo ansioso y deprimido coexistía con un yo que no se sentía de esa manera. Esto, en sí mismo, tendía a consolar y tranquilizar a los pacientes, ya que podían experimentar en la práctica que sus visiones negativas de sí mismos dependían de su percepción, no de una realidad absoluta.

Si bien las gafas son una herramienta inteligente y útil, la clave para el desarrollo personal es encontrar una manera de cambiar las propias lentes *aunque no se estén utilizando las gafas.* Los *traders* necesitan técnicas para pasar de un estado anímico y mental a otro para poder hacer sus transacciones de manera consistente y sin interferencias emocionales.

La mente del *trader*

La experiencia de los clientes del doctor Schiffer ofrece importantes perspectivas sobre las dificultades que sufre el *trader* emocional cuando queda atrapado en los remordimientos, el temor y el exceso de confianza. Típicamente, los *traders* experimentados colocan sus posiciones después de analizar cuidadosamente el mercado y ponderar sus opciones. Actúan con la Mente 1 de Cutting, analizando patrones y datos pertinentes. En ese punto, son como los pacientes que utilizan las gafas que cubren todo menos el campo visual del extremo derecho.

Una vez que el mercado realiza un movimiento importante —que tiene un efecto sobre la posición del *trader*— de pronto ocurre un cambio: el *trader* lo ve ahora en términos de importancia para él o ella, evaluando las consecuencias del movimiento del mercado para su cuenta, su autoestima o su reputación. Este es el equivalente de cambiar un par de gafas por otro, esta vez el que cubre todo menos la esquina izquierda de la visión. Al procesar el mercado a través de las lentes de la importancia para sí mismo, el *trader* ya no está «en la zona», plenamente atento a los datos y patrones del mercado. Hay altas probabilidades de que tome una decisión por razones distintas a las que ha investigado y probado.

Las personas pierden dinero en los mercados porque la persona que hace la transacción muy a menudo *no es la misma persona* que la gestiona y cierra. De manera bastante literal, otro yo ha tomado el timón, otra mente.

Antes pregunté por qué es tan difícil para la gente cumplir sus promesas de Año Nuevo, seguir una dieta o mantener un régimen de ejercicios. Los estudios sobre el cerebro dividido y los trabajos de los doctores Schiffer y Goldberg ofrecen una explicación. Cuando las personas se deciden a seguir una dieta o hacer ejercicio, son sinceras. Están completamente centradas en los beneficios que tendrán sus acciones para su salud y las muchas razones válidas para seguir un estilo de vida saludable. Sin embargo, más tarde se aburren, se cansan o se deprimen. Entran en un estado mental diferente, y sus resoluciones ya no poseen la misma fuerza. Ya no está la persona que tomó la decisión; el otro yo, el emocional, se siente demasiado cansado como para hacer ejercicio, necesita demasiado una gratificación como para dejar de lado la comida. La gente hace excepciones a sus reglas y después las olvida del todo.

Las personas no pueden sostener un propósito en sus vidas —y el *trading*, por cierto, es una actividad llena de propósitos— porque son fundamentalmente *seres divididos*.

A principios del siglo XX, el filósofo ruso George Ivanovitch Gurdjieff se adelantó a los descubrimientos de la neurociencia cognitiva al poner énfasis en que las personas carecen de un yo unificado. Enseñaba que la persona media está formada por muchos «yoes», cada uno compitiendo por recibir atención y relativamente inconsciente de los otros. A medida que las personas van de situación en situación, se activan distintos «yoes» que impulsan su comportamiento. Esto ocurre mecánicamente, sin participación ni atención consciente. En un sentido importante, Gurdjieff enseñó que la gente está dormida y no completamente consciente. Creyendo que son libres, son demasiado vulnerables a situaciones que activan sus «yoes» y determinan su comportamiento.

Este dilema humano, que tiene sus raíces en la realidad de los múltiples sistemas de procesamiento de la información que coexisten en el interior del cerebro, tiene consecuencias devastadoras entre quienes esperan beneficiarse de los mercados. A medida que los *traders* van pasando de estado en estado por las noticias, los consejos de último minuto, los movimientos del mercado y las distracciones de la vida, les resulta tan difícil atenerse a un plan de *trading* como seguir una dieta. La ausencia de un Yo unificado da espacio para que los pequeños «yoes» actúen frenéticamente, tomando decisiones de *trading* de manera impulsiva y creando situaciones en que hasta los patrones de mercado más fáciles de leer pueden terminar pasando inadvertidos.

Quizás ha tenido usted la experiencia de revisar una transacción perdedora y examinar qué anduvo mal. Mira los datos de mercado disponibles en aquel momento, sopesa su transacción y piensa «¿pero en qué diablos estaba pensando?».

Claro, puede contestar que después de la guerra todos somos generales, pero su reacción tiene mayores implicaciones. De hecho, puede que haya tenido toda la información necesaria para hacer la transacción correcta, pero no pudo obtenerla porque no estaba atento a ella. Su raciocinio, dominado por la ansiedad, el aburrimiento o la arrogancia del momento, era tan parcial como el de los pacientes del doctor Schiffer con las gafas tapadas en su área derecha. El «usted» que analiza la transacción no es el mismo que el «usted» que la hizo.

Y eso es algo que nos da una lección de humildad.

También es importante porque sugiere que usted puede hacer interminables investigaciones, aprender cada indicador nuevo y recibir la mejor asesoría, y aun así no lograr sus objetivos de *trading*. Si está dormido –si vaga de un estado mental a otro– no será capaz de implementar de manera constante y coherente estrategias sólidas, incluso si se le entregan ya preparadas y listas para la acción. Como observara R. D. Ouspensky en su libro *The Forth Way* («El cuarto camino»), mientras siga durmiendo sus sueños pueden cambiar, pero no dejará de estar pegado a las sábanas.

Comprender la investigación del doctor Schiffer también da una mejor comprensión del Observador Interno. El Observador es el Yo con mayúsculas en el esquema de Gurdjieff, es decir, la parte de usted que se eleva por encima de los estados anímicos particulares y mantiene una perspectiva constante. El Observador Interno consiste en su capacidad de preguntar «¿qué lentes estoy usando ahora mismo?, ¿cómo estoy procesando el mundo en este momento?

La simple acción de hacerse estas preguntas introduce una potente fuerza psicológica en el propio *trading*. Al tomar su «temperatura emocional», es decir, reconocer cómo está experimentando el mundo, crea una distinción entre usted como el que toma la temperatura y usted como la persona que está con fiebre alta o con frío. *Preguntar sobre las lentes que está usando crea una perspectiva que las trasciende.*

Gestión del dinero orientada a las soluciones

Imagínese un fondo mutuo administrado por varios gestores de dinero, algunos de los cuales son relativamente astutos y atentos a los datos y patrones del mercado. Otros tienden a perder de vista lo que ocurre en el mercado y constantemente pierden dinero. El rendimiento general del fondo, promediando las ganancias de estos gestores, es mediocre, ya que las pérdidas de quienes rinden mal anulan las de los astutos.

¿Qué haría usted si fuera el director ejecutivo o CEO de este fondo?

Fácil, dice usted. Identificaría cuáles son los gestores con éxito y pondría en sus manos todo el dinero. Despediría a los malos gestores o se aseguraría de que no puedan tomar decisiones finales sobre cómo se invierten los fondos.

Ahora imagine que dentro de usted hay en realidad varios *traders* distintos, cada uno de los cuales toma el control de su cuenta por un periodo de tiempo todos los días. Uno o dos de ellos son relativamente sagaces; los otros son, de plano, destructivos. Como resultado, su rendimiento general se verá afectado. Como Observador Ejecutivo de su propia cuenta, ¿qué haría?

Si su primer impulso es intentar identificar los malos *traders* que hay dentro de usted para poder eliminarlos, no ha aprendido la lección de la terapia con Phil. El punto de partida del enfoque orientado a soluciones era que el *trading* destructivo de Phil —como su consumo de cocaína— estaba cumpliendo un fin. De hecho, estaba cumpliendo un propósito muy positivo, aunque de modo contraproducente. La respuesta a este problema no era simplemente dejar de hacer *trading* o limitar radicalmente el tamaño de sus transacciones, ya que esto nunca habría abordado su razón para actuar de ese modo: su necesidad de sentirse poderoso. Phil y Rhonda encontraron una solución solo cuando esa necesidad pudo llenarse de otra manera.

De modo parecido, si dentro de usted hay varios *traders* diferentes —algunos cuidadosos, otros impulsivos; unos exitosos, otros perdedores— su primera tarea es evitar rotularlos y, en lugar de ello, adoptar una actitud de Observador. Lo que necesita es entender por qué estos pésimos *traders* dentro de usted a veces están a cargo de tomar decisiones! Es evidente que no están haciéndolo únicamente por la retribución monetaria; si ese fuera el caso, nunca dominarían a los exitosos. Con toda probabilidad, están haciéndolo para lograr algo más que buenas ganancias sobre su capital: una sensación de entusiasmo, un sentimiento de autoestima, o una imagen de cómo desea verse a sí mismo.

Usted no tiene fracasos en el *trading* porque sea masoquista o le encante perder, o crea que se merece una buena derrota. En lugar de ello, sabotea su *trading* porque en su personalidad hay diferentes facetas, cada una con sus propias necesidades, cada una clamando por acceder a la cuenta de *trading*. Su *trading* se ve afectado negativamente porque no siempre hace sus transacciones teniendo bien presente el beneficio de su capital. Extrañamente, una transacción perdedora puede ser un éxito para esa parte de usted que, por ejemplo, busca en los mercados entusiasmo y entretenimiento, y no necesariamente beneficios.

En general, yo opero en un nivel emocional bastante plano. No tiendo a caer en arranques de depresión, ansiedad o ira —o al menos no por periodos prolongados— y he tenido suficiente éxito en varios aspectos de mi vida, de modo que no tengo que aplicar una presión innecesaria sobre mis resultados de *trading*. Sin embargo, siento que tengo tendencia a tener periodos de *trading* que difieren de los de Phil solo en un grado.

Puesto que la mayor parte de mi *trading* se orienta a lo cuantitativo, basándose en patrones históricos para ver dónde puedo tener una ventaja, hay varios periodos en los que estoy completamente fuera de los mercados. Aunque los mercados no son perfectamente eficientes, lo son en gran medida. Igual que no hay centavos tirados todo el día en el camino sin que alguien los recoja, las oportunidades en el mercado no continúan por mucho tiempo antes de que alguien las aproveche, especialmente si se publicitan. Son explotadas rápidamente por actores bien financiados que pueden vigilar varios mercados al mismo tiempo con sofisticadas herramientas de análisis de datos. Para mí, la verdadera disciplina en el *trading* no es abrir y cerrar posiciones, sino mantenerse fuera del mercado a menos que tenga una ventaja demostrable. Esto significa que gran parte del día observo atentamente, sin hacer transacción alguna.

La mayor parte del tiempo, puedo vivir con esa disciplina y usar el tiempo que me da para enriquecer mi investigación y atender las exigencias de mi base de datos, que es más bien grande. Sin embargo, a veces mi personalidad Tipo A comienza a presionar y siento que el tiempo que dedico a observar sin hacer transacciones es tiempo perdido. ¡Debería estar logrando algo! ¡Debería estar haciendo *trading*! En esos momentos es cuando tengo la mayor tendencia a obviar mi tan acabado análisis o hacer transacciones en base a un patrón marginal. En esas ocasiones, mis transacciones están motivadas no porque las haya estudiado lo suficiente como para garantizar una utilidad, sino porque alimentan mi hambre de logros. He aprendido que si no puedo plantear (y escribir) explícitamente una sólida base lógica para mi transacción, probablemente la estoy ejecutando por razones psicológicas y, por ende, debería salirme del mercado.

Pero solo seré capaz de encontrar una solución duradera a mis arranques de indisciplina en el *trading* si puedo satisfacer mis necesidades de logros de otras maneras durante esos periodos de mercado poco activos. Al igual que Phil satisfizo sus necesidades de competir al ayudar a otras personas adictas, en lugar de seguir consumiendo cocaína, puedo gratificar mi subpersonalidad Tipo A participando en algo que me motive y se oriente a obtener logros, como una actividad *adicional a mi trading*. Es difícil hacer transacciones de manera frecuente al mismo tiempo que se escribe un libro (y, en consecuencia, he limitado mi *trading* en los últimos meses), pero no me sorprende que me haya ido bien en el *trading* durante el tiempo que me he dedicado a escribir. Cuando los mercados están poco activos, simplemente planeo mi estrategia y vuelvo a mi manuscrito, echando miradas ocasionales a la pantalla para no perder de vista la acción. Puesto que la escritura del libro satisface muy bien mis necesidades de obtener logros, puedo esperar pacientemente a que surjan muy buenas oportunidades. Mi necesidad de resultados no interfiere en mi necesidad de obtener ganancias.

Una transacción desde el diván

El primer paso psicológico para lograr éxito en el *trading*, como he recalcado anteriormente, es mantener un diario o cuaderno en el que anote todas sus transacciones y el estado anímico en que estaba al hacerlas, los pensamientos que había en su mente en ese momento, sus sensaciones y sentimientos, etc. No pasará mucho tiempo antes de que pueda identificar los estados anímicos que se corresponden con sus buenos *traders* y aquellos que corresponden a los malos. Sabrá qué lentes funcionan en su caso y cuáles no. Y lo más importante de todo es que cultivará el hábito de ser un Observador.

Sin embargo, su diario puede ser útil en otro aspecto: puede ayudarle a identificar las *razones* por las que está haciendo su *trading*.

Si puede identificar sus subpersonalidades, en forma muy similar a como reconocí mi propio yo Tipo A, podrá usar su diario de *trading* para preguntarse: «¿cuál de mis *traders* internos colocó esta transacción?, ¿coloqué esta transacción porque las probabilidades realmente estaban a mi favor, o lo hice para compensar una pérdida anterior o demostrar mi habilidad a mis compañeros de *trading*?»

Mediante el diario, puede reconocer que usted, igual que los pacientes del doctor Schiffer y que yo, tiene en su interior varios «yoes» —cada uno de los cuales está allí por una buena razón y cada uno de ellos más que dispuesto a tomar las riendas de su *trading*—. Por eso los tutores de *trading*, como Alexander Eider en su libro *Trading for a Living* («Vivir del *trading*»), aconsejan a los *traders* llevar un diario con todas las transacciones. Un registro así permite a los *traders* distinguir patrones de éxito y fracaso, de manera que su pasado no determine su futuro.

A riesgo de parecer demasiado insistente, no puedo dejar de recalcarlo: el problema no es que los *traders* tengan problemas, sino que se *identifican* con ellos y, en consecuencia, se vuelven incapaces de acceder a las partes de sí mismos que pueden procesar la información de mercado con precisión.

Usted no quiere erradicar sus problemas. Lo que quiere es *usarlos* como señales para ayudarse a cambiar de lentes y activar lo mejor que hay en su interior.

Hace poco comencé a sentirme tan confiado en mi *trading* que por algún tiempo jugué con la idea de aumentar el tamaño de mis posiciones. Rápidamente surgió otra voz: no lo hagas.

Esa noche, me obligué a hacer el doble de tareas previas al comienzo del día en los mercados. Descarté todo excepto las señales más seguras y claras, y a continuación mantuve constante el tamaño de mis posiciones. Para comienzos de la tarde, había limpiado doce puntos de los futuros de Standard & Poor's (S&P), logrando una bonita ganancia. Lo mejor de todo es que «Yo» sentí que tenía control sobre mis «yoes».

Eso es *trading* desde el diván.

Intercambiando «yoes» en el *trading*

La idea de que puede cambiarse psicológicamente a sí mismo, obteniendo acceso a mentes y «yoes» alternativos suena radical, pero coincide mucho con la dinámica de los cambios demostrados en los casos de Sue y Ken, en los capítulos 1 y 2, respectivamente. Cuando procesa un mensaje en un nuevo estado, literalmente está accediendo a otra mente. Más aún, cuando activa su Observador Personal, está filtrando los patrones problemáticos mediante un sistema de procesamiento diferente. Poder reconocer que usted es varias personas en una abre la puerta para comprender cómo a veces puede comportarse de modo tan irracional y cómo puede acelerar el cambio de esas conductas.

En su libro *Tradingin the Zone* (John Wiley, 2001), Ari Kiev resume su experiencia de dar asistencia psicológica a algunos de los *traders* más exitosos del mundo. Su libro describe métodos útiles para aumentar al máximo el rendimiento del *trading*, con especial énfasis en el cultivo de la concentración y la disciplina. Uno de sus estudios de caso, el de Kurt, muestra muy bien la disposición mental orientada a soluciones del terapeuta breve. Kurt estaba haciendo *trading* en exceso, tratando de crear oportunidades donde no las había. Experimentaba el «arrepentimiento del vendedor», es decir, se castigaba por una mala transacción. Luego esto teñía emocionalmente sus decisiones de *trading* subsiguientes: el doctor Kiev observó que Kurt estaba haciendo *trading* únicamente para mantener a raya su arrepentimiento de vendedor. Al mantener posiciones perdedoras o rápidamente abrir otras nuevas, no tenía que pensar en qué era lo que no estaba funcionando. Todo esto le hacía sentir mejor temporalmente, pero afectaba muy negativamente sus resultados finales.

Afortunadamente, a través de la exploración con el doctor Kiev, Kurt observó que era mucho más capaz de enfrentar la adversidad en sus juegos de golf. Cuando ejecutaba un mal tiro —algo que les ocurre a todos los jugadores de golf—, Kurt se centraba entonces en el tiro siguiente, en lugar de quedar inmerso en cavilaciones de qué era lo que no había funcionado en el último. Al evocar en el *trading* el estado mental que adoptaba en el golf, Kurt pudo enfrentarse a sus *drawdowns* y transacciones perdedoras del mismo modo que manejaba los tiros perdidos en el campo de golf. Se volvió más capaz de salir de sus posiciones y volverlas a abrir cuando las condiciones eran adecuadas, lo que dio flexibilidad a su *trading*. El doctor Kiev observó que es útil meditar en los éxitos pasados para cultivar una actitud mental ganadora. Como ilustra su caso con Kurt, centrarse en las soluciones puede ser de ayuda incluso cuando estos éxitos provienen de ámbitos de la vida distintos del *trading*.

Las agudas observaciones del doctor Kiev sobre Kurt implican que cualquiera puede sufrir un grado de división vertical en su *trading*. Esto nos lleva de vuelta a la idea de Gurdjieff de que la gente está formada por varios pequeños «yoes», varios *traders* que bullen con diferentes necesidades e impulsos. Al centrarse en éxitos pasados y ponerse en la actitud mental de otro ámbito en el que tiene éxito (como el golf), puede usted seleccionar los «yoes» que dictarán el *trading* de hoy.

Una técnica útil cuando ocurre una caída importante en su *trading* es dejar de realizarlo por un tiempo y dedicarse completamente a algo —cualquier cosa— en lo que sea bueno. Esto activará el estado anímico asociado con el éxito, que luego podrá usted llevar a sus incursiones en los mercados. En mi caso, escribir es algo que disfruto y va asociado con cierto éxito. Como resultado, cuando no encuentro señales importantes en el mercado, reviso mis gráficos y datos y me obligo a *escribir* una sinopsis de mis observaciones. Cuando las escribo, muy a menudo me doy cuenta de cosas que no había advertido mientras evaluaba la acción del mercado. Para mí, el proceso de escribir es como cambiar de gafas en la consulta del doctor Schiffer.

De hecho, la dinámica de los hemisferios izquierdo y derecho –y la noción de que los patrones emocionales pueden depender específicamente de uno de ellos– ayuda a explicar el valor psicológico de prepararse para el mercado. Un aspecto común a la mayoría de los *traders* con mejores resultados es la capacidad de diseñar planes detallados y ponerlos en práctica. Los *traders* con éxito son altamente intencionales en su manera de actuar. Consideran su *trading* como un negocio y siguen un cuidadoso plan de negocios. Cada una de sus transacciones está guiada por un propósito, y abren y cierran posiciones de manera muy bien fundada. En su trabajo con *traders*, el doctor Kiev recalca la importancia de centrarse en metas definidas y desarrollar estrategias de entrada y salida que sean coherentes con ellas. El mero acto de concentrarse parece ayudar a activar partes del cerebro a cargo de la resolución de problemas y suprimir aquellas partes que procesan el mundo de maneras emocionales y viscerales.

He tenido el privilegio de observar en acción a varios *traders* muy destacados y me ha impresionado hasta qué punto la preparación ha sido una parte determinante de su éxito. Víctor Niederhoffer usa el término «recuento», tomado del famoso científico británico Francis Galton, para describir sus investigaciones empíricas de los mercados. Cada día, Niederhoffer ejecuta una cantidad de estudios para examinar los patrones actuales de los mercados y ver cómo se han resuelto en el pasado. Linda Raschke, la conocida *Maga del Mercado*, también recalca la importancia de hacer planes para tener éxito en el mercado al ser entrevistada por Jack Schwager. Estas son algunas observaciones del manual de su seminario *Trading My Way:*

- «Es necesario un gran esfuerzo para tratar de mantenerse enfocado y poner a un lado todas las distracciones que aparecen entre usted y el éxito. La concentración, la rutina y los ritos son las más potentes herramientas a su disposición para ayudarle a protegerse de las distracciones y eliminar las emociones y ansiedades que obstaculizan un buen desempeño» (página 3).
- «¡Un *trader* debe tener un plan, una metodología, un sistema o un programa! Sin un plan, el mercado ya le tiene a su merced. El proceso de toma de decisiones puede tornarse tan abrumador que o hará un exceso de transacciones o será demasiado conservador (va-

cilaciones o dudas), y cometerá errores absurdos. La consistencia es la única manera de ganar, y un programa de *trading* es la única manera de lograrla» (página 6).

- «Desarrolle sus propios ritos cotidianos. En la rutina y los rituales finalmente se puede encontrar un nivel de libertad, ya que ayudan a liberar la mente de la «cháchara interna» y las dudas. Le mantienen concentrado en el presente y en el proceso. Agregan estructura a un ambiente que de otro modo es demasiado abstracto» (página 9).

Observe los temas que cruzan las observaciones de Raschke: consistencia, planeamiento, rituales. Observe el énfasis de Kiev en la concentración y la disciplina. Mi hipótesis es que un enfoque centrado en los problemas activa las capacidades verbales y analíticas que normalmente se asocian con el hemisferio izquierdo. Al suprimir la actividad de su Mente 2, más emocional, consigue usted un cambio crucial sin necesidad de cirugías en el cerebro, anestesia o gafas cubiertas con cinta. En este sentido, la investigación del mercado, los planes y la preparación son más que un cálculo de probabilidades sobre la actividad de los precios del próximo periodo de los mercados. *Son una práctica valiosa para generar y sostener la calidad de la actividad mental necesaria para tener éxito en el mercado.*

La estacionalidad y los estados de ánimo de los mercados

Clifford Sherry ha hecho una importante contribución a la literatura sobre *trading*, al desarrollar el tema de la *estacionalidad* de los cambios de precio en los mercados. A muchos *traders* este concepto les resulta desconocido, pero su importancia es vital.

Una serie de precios estacionales es la que es generada por un solo proceso. Si en un juego de naipes, por ejemplo el *blackjack*, se toma un mazo y se reparten sus cartas al azar, la distribución de ellas mostrará evidencias de estacionalidad, es decir, seguirán una distribución estable y predecible en el tiempo.

Sin embargo, si el repartidor de barajas del casino pasa de usar un solo mazo de naipes a usar una pila de varios mazos, variará la distribución de las cartas seleccionadas. Ahora la distribución mostrará evidencias de falta de estacionalidad, es decir, habrá diferencias significativas en la frecuencia de las cartas repartidas *si* provienen de varios mazos en lugar de uno.

La estacionalidad es importante para los *traders* porque a menudo los mercados cambian la cantidad de mazos desde los que barajan. El mercado serpenteará en una dirección dada con poca volatilidad por un cierto tiempo, y luego pasará repentinamente a una alta volatilidad. Si se mira la distribución estadística de los cambios de precio, se puede ver evidencia de no-estacionalidad.

Estos bruscos cambios en los resultados del mercado no son la excepción sino la regla. Por lo general, las mañanas son más activas y volátiles que las horas del mediodía en los mercados de capitales. Y, en promedio, a fines de las horas de la tarde se ven movimientos de precio más radicales que a la hora de almuerzo. El *trading* previo a las vacaciones es a menudo no volátil; con frecuencia, el que ocurre alrededor de los periodos en que las opciones y futuro están caducando es más atareado, con mayores saltos de precios. Los meses de verano se han ganado la reputación de ser poco activos, mientras que octubre se ha hecho conocido por sus violentos movimientos a la baja.

Una de las más grandes debilidades de los métodos que utilizan muchos *traders* que he entrevistado es el no evaluar la estacionalidad e integrarla como un factor de sus decisiones. En lugar de identificar el tipo de mercado en que está y los métodos de *trading* que son específicos de ese tipo de mercado, adoptan las señales mecánicas y patrones uniformes de osciladores o gráficos para aplicarlos a todos los mercados. En tanto un mercado funcione con la misma cantidad de mazos, sus métodos pueden rendir frutos. Pero una vez que los ciclos de cambio descritos por Niederhoffer cambian los mazos, las metodologías que antes eran útiles producirán resultados inferiores a la media.

Cualquier conjunto de reglas o métodos de trading *puede llegar a fallar si se aplica una y otra vez a lo largo de periodos no-estacionales.* ¿Por qué esto es así? ¿Por qué los mercados fluctúan de manera irregular entre tendencias y falta de tendencia, volatilidad y quietud? Puede deberse a la misma dinámica que se ha podido observar en las investigaciones de la neurociencia cognitiva. De la misma manera que los *traders* pasan de un estado mental a otro, empujados por sus pequeños «yoes», tal vez los mercados también van de estado en estado. Los mercados, como las personas, tienen sus personalidades que, al igual que los pacientes de Schiffer, procesan la información de modos que varían muchísimo.

Si esto es así, las ramificaciones para el *trading* son muy importantes. En lugar de buscar métodos únicos y sagrados —métodos que se puedan aplicar a todos los mercados en todo momento—, sería más fructífero desarrollar perfiles de «personalidad» de los mercados y detectar cuándo ocurren estos cambios de un estado a otro. En mi propio *trading*, integro un conjunto de variables importantes del mercado —cambio de precios, aceleración, volatilidad y fortaleza relativa— en una única estadística compuesta a la que he dado en llamar *Potencia*. Un mercado con alta Potencia es uno que tiene una fuerte tendencia al alza; uno con baja Potencia tiene una fuerte tendencia a la baja. Las lecturas de potencia cercanas a cero se asocian con mercados que no presentan tendencias.

Cuando realizo mis análisis históricos, solo investigo los periodos históricos del mercado que tiene una Potencia similar a los del mercado actual. La Potencia, como medida de la volatilidad y dirección de la tendencia, refleja la personalidad del mercado en un punto específico del tiempo. Los cambios en la variable Potencia expresan cambios en esa personalidad, y me motivan a volver a buscar un modelo para ver cómo le iría a la nueva personalidad en la actividad de precios subsiguiente. A medida que el mercado pasa de una tendencia al alza a consolidarse y a una tendencia a la baja, las expectativas de la actividad futura de los precios cambiarán de manera correspondiente, haciendo de la investigación una parte constante del proceso del *trading*. Incorporar así la investigación al flujo del *trading* es extremadamente útil para hacer que las transacciones se basen en las necesidades lógicas de obtener beneficios, en lugar de quedar en medio de necesidades psicológicas que compiten entre sí.

Sin embargo, incluso dentro de este enfoque cuantitativo la intuición y las sensaciones tienen un papel. Si se embarca usted en actividades de investigación cuantitativa, comenzará a notar que la atención a sus propios cambios de estado le dará información sobre los del mercado. Recomiendo que preste siempre atención a la dirección y volatilidad tanto de sus estados de ánimo como de los mercados en los que está trabajando. Puede quedar sorprendido por cómo los cambios en su estado le avisan de cambios en los del mercado. Más de una vez mi nuevo modelado estadístico del mercado ha sido activado por un cambio en mi propio estado, en concordancia con los datos entrantes del mercado.

Esta intrincada interrelación entre la experiencia y la analítica es lo que hace del *trading* una actividad tan llena de desafíos. Como verá dentro de poco, su hemisferio derecho, el emocional, tiene el potencial tanto de subvertir sus análisis como de dar las primeras pistas implícitas de cuándo esos mismos análisis están comenzando a funcionar mal. La imagen desarrollada por V. S. Ramachandran y Sandra Blakeslee en su libro *Phantoms in the Brain* es particularmente ilustrativa. El hemisferio izquierdo del cerebro actúa como un general en tiempos de guerra, tomando decisiones ejecutivas sobre el despliegue de su capital. El hemisferio derecho cumple la función de enviar exploradores y tener centinelas vigilando, y proporciona información fresca al general para actualizar la estrategia. Los exploradores histéricos y los generales negligentes son dos de los grandes saboteadores del *trading*.

Conclusión

Apenas he comenzado a tocar la superficie en cuanto a evidencias de que los retos más usuales que enfrentan los *traders* no están causados por desórdenes emocionales, sino que tienen su raíz en la arquitectura misma del cerebro. La división del trabajo entre los hemisferios del cerebro, especialmente en el procesamiento de la información verbal/conceptual en comparación con la experiencia emocional/espacial, ayuda a crear los cambios en el procesamiento de la información que minan la disciplina en el *trading*.

Una importante implicación de las ideas presentadas hasta ahora es que los *traders* que viven para su *trading* tendrán dificultades para convertirlo en su sustento. Desde que comencé a escribir mis columnas sobre *trading*, son incontables los *traders* desesperados que han recurrido a mí en busca de consejo y que comienzan sus ruegos con la afirmación de que el *trading* es *la* actividad más importante de sus vidas. Me veo obligado a señalarles que ese puede ser precisamente el problema.

Si es cierto que gran parte del mal *trading* no es más que la expresión de necesidades y deseos no satisfechos, cualquier fracaso en la satisfacción de ellas es una invitación a que ocurran interferencias en el futuro. El *trader* que vive para su *trading* puede estar descuidando instintos básicos de seguridad, estímulo, afecto, reconocimiento y espiritualidad. Se trata de necesidades válidas e importantes, pero no las que deberían impulsar las decisiones de entrar y salir de los mercados de valores y futuros. En lugar de descuidar y hacer caso omiso de estas necesidades, es importante encontrar vías de escape constructivas para ellas, para que no influyan en los estados de ánimo ni interfieran con las decisiones del *trading*.

Hace poco hablé con un *trader* cuyos ciclos en el mercado se podían atribuir casi por completo a la adopción de señales de la astrología y otros patrones místicos como bases de sus transacciones. La mayor parte del tiempo era relativamente disciplinado en el planeamiento e implementación de las entradas y salidas. Sin embargo, de vez en cuando se ponía a calcular las configuraciones astrológicas y variados patrones numéricos para los mercados. Al escucharle hablar de estos métodos en tono reverente, me resultó claro que el mismo misticismo del que estaban cargados —sus señales e indicios de un significado y orden subyacentes— era lo que le hacía interesarse en ellos. No me sorprendió que no se sintiese inclinado a la religión o la filosofía; su fascinación con el orden universal le permitía canalizar estos intereses. Creo firmemente que lo mejor que podría haber hecho en beneficio de su *trading* es cultivar una vida espiritual y creativa fuera de los mercados. Con esas necesidades adecuadamente satisfechas, habría podido seguir lo que había estado funcionando bien para él en el *trading*.

Los chat y foros *online* están llenos de *traders* solitarios y frustrados que viven para su *trading* y tienen muy poco que mostrar de sus vidas si el *trading* no llega a cumplir sus expectativas. Los *traders* de éxito no *necesitan* hacer transacciones para ser exitosos; su éxito en el *trading* es una extensión de sus otros logros en la vida —que lo hacen posible—. Los mercados pueden ser campos llenos de retos y gratificaciones, pero no son la vida misma, y no pueden satisfacer la diversidad de necesidades humanas legítimas. Buscar el logro del desarrollo como *trader* a costa del propio desarrollo personal equivale a cortejar la misma interferencia emocional que, en muchos casos, termina generando resultados frustrantes e insatisfactorios.

5. Mary, Mary, todo lo contrario

Todo cambio comienza con la interrupción de un patrón.

Hemos visto cómo los patrones problemáticos de nuestras vidas personales y de *traders* representan esfuerzos bienintencionados por enfrentar situaciones de estrés emocional. Estos esfuerzos se refuerzan tras ser aprendidos y entonces cobran vida propia cuando surgen nuevos factores de estrés. A menudo la gente viene a terapia con la esperanza de que decir sus problemas en voz alta o sumergirse en conversaciones positivas sobre sí mismos romperán estos patrones. Sin embargo, rara vez ocurre el cambio. Con mayor frecuencia, las personas cambian porque pasan por potentes experiencias emocionales que desafían sus viejos modos y ayudan a cimentar nuevos patrones. No es tanto que usted vaya a hacer mejores transacciones una vez que se sienta mejor sobre sí mismo, sino que se sentirá mejor una vez que sufra experiencias emocionales lo suficientemente potentes como para minar sus antiguas maneras de hacer *trading* y contribuir a un nuevo conjunto de soluciones.

En este capítulo exploraremos cómo los terapeutas ayudan a crear estas potentes experiencias emocionales en el contexto de la terapia de corto plazo, utilizando –e incluso generando– las crisis para acelerar los procesos de cambio. Luego esbozaremos maneras con las cuales los *traders* pueden lograr esto por sí mismos, empleando la agitación emocional como herramienta para debilitar los patrones destructivos.

Un vistazo al diario de Mary

Cuando Mary vino a nuestra primera sesión, de inmediato me impresionó cómo estaba vestida. A diferencia de la mayoría de los estudiantes, lucía un traje hecho a la medida: chaqueta de gris platinado y una falda que habría recibido la aprobación instantánea de cualquier oficina corporativa. Su cabello castaño claro estaba peinado hacia atrás, dejando su rostro al descubierto, y usaba unas poco agraciadas gafas hechas de alambre, evocando el aspecto de una profesora de inglés en la madurez de su vida, lo que me pareció incongruente, porque en realidad era bastante joven y atractiva.

Mary traía un sobre grande y lo sujetaba con fuerza mientras hablaba. En tono reservado, describía lo poco feliz que era en sus relaciones con los hombres. Siempre terminaba siendo la que más daba en la relación, y eso la hacía sentirse utilizada, poco valorada y muy dañada en su autoestima. Recurría a mis servicios en este momento porque acababa de terminar una relación con un hombre. A pesar de sus esfuerzos por hacerla funcionar, parecía que a él no le importaba. La veía cuando le venía en gana, lo que le hacía sospechar a ella que esa noche el tipo no tenía otra para acostarse. A pesar de eso, se sentía deprimida por la pérdida de esta relación.

«No sé por qué tengo que sentirme así», se lamentaba. «Sé que no le importo. ¿Por qué debería importarme él? Siento que tengo poca voluntad, y odio verme así».

Los primeros minutos de una sesión de terapia pueden decirnos mucho sobre la persona. El asesoramiento psicológico es un proceso completamente antinatural. Uno le está pidiendo a una persona vulnerable que se desnude emocionalmente ante alguien que apenas conoce. Solo alguien razonablemente seguro –o completamente abrumado– haría eso. Por una parte, cuando una persona comienza su primera sesión con una actitud muy a la defensiva, eso es una señal sobre su nivel de desconfianza y temor. Lo cual, a su vez, probablemente diga mucho de su experiencia en relaciones anteriores. Por otra parte, cuando comienza a hablar abiertamente de detalles íntimos en los primeros minutos, uno sabe que algo no anda bien. Una manguera contra incendios de la que sale agua a borbotones es una señal segura de presión interna.

De modo que cuando se es terapeuta, uno busca la combinación exacta de apertura saludable y sana cautela. Mary tenía esta mezcla: reservada, directa, honesta. No era una persona «enferma».

Por lo general hago una prueba a esa impresión inicial, a menudo con humor. Mi razonamiento es simple: *si* una persona está completamente sobrepasada por un problema, no puede ponerse fuera de sí misma a un grado que le permita reír. El humor exige la capacidad de ver las cosas desde una perspectiva inusual o, más exactamente, la capacidad de cambiar de perspectiva. Ese cambio de foco es fundamental para el proceso de cambio. Si una persona no es capaz de hacer un pequeño cambio para ver humor en una situación, le resultarán bastante difíciles los demás y mayores cambios que exige una terapia.

He descubierto que este mismo principio funciona al hacer *trading* en los mercados. Si me siento cómodo con mi posición, puedo relajarme y responder al humor de los demás, a mis mensajes de correo electrónico o a una nueva noticia. A la inversa, si no puedo responder con un humor relajado y rápido, es una señal potente de que estoy inmerso en inquietudes sobre mi posición. Muy a menudo, hay razones para esta preocupación, y puedo usar la información emocional como un aviso instintivo. La mayoría de las veces, la incomodidad tiene su origen en que he violado una de mis reglas del *trading*. Aunque me he convencido a mí mismo de que está bien hacer una «excepción», ¡mi mente malhumorada parece saber bastante bien que me he metido en terreno pantanoso!

Así es que puse un poco de humor en este primer encuentro con Mary. Cuando dijo «pongo tanto esfuerzo en las relaciones, pero no recibo nada a cambio», sonreí y dije: «Ummm... eso es lo que oigo decir a tus compañeros sobre el programa en el que estás». Mary estaba en un programa de ciencias de la salud muy difícil y conocido por frustrar hasta a los mejores estudiantes. De inmediato esbozó una sonrisa, diciendo: «Sí, me siento *exactamente* así».

Su reacción era otra buena señal.

(A menudo los terapeutas se presentan como humildes seres humanos e insisten en que no tienen todas las respuestas para sus clientes. No les crea ni por un segundo. Mi aproximación a la sesión es típica arrogancia de terapeuta: si no puedes encontrar que mi humor es divertido, ¡entonces sí que *debes* de tener problemas! ¡Cualquiera que piense que va a cambiar la vida de una persona por reunirse con ella una de las 168 horas de una semana... pues, seguro que tiene un poquito de arrogancia!).

Mary y yo dedicamos gran parte del resto de la sesión a explorar sus relaciones recientes con los hombres y el patrón de dar demasiado y recibir muy poco. Dejó en claro que este patrón no ocurría en sus relaciones con mujeres. También indicó que sus experiencias de niñez y adolescencia habían sido positivas, en una familia que la apoyaba y le daba afecto. En un nivel, reconocía que era brillante, atractiva y bien parecida. Tendría que tener éxito en las relaciones con los hombres. En otro nivel, se sentía una perdedora porque era incapaz de conseguir continuidad.

«¿Es mucho lo que pido?», imploró. «¿Estoy asustándolos a todos?» Era evidente que sufría.

Uno de los mayores errores que puede cometer un terapeuta es caer bajo la seducción de las palabras de una persona. Lo que las personas dicen y lo que quieren significar pueden estar a años luz de distancia. A menudo, la comunicación no verbal de una persona dice muchísimo más acerca de lo que quieren decir que sus mismas palabras. No es inusual encontrar clientes que sonríen y se muestran joviales al contar los acontecimientos de la semana, mientras sus cuerpos están tensos y cargados de una energía nerviosa, con el rostro rígido por el esfuerzo de contener emociones dolorosas. A veces, me esmero en sacar de la ecuación las palabras del cliente y simplemente absorber el tono emotivo de sus señales verbales y físicas.

Esto puede ser de gran ayuda para el *trading* también. Como he señalado anteriormente, a menudo el estado de mi cuerpo refleja información que he procesado, aunque no conscientemente. La tensión de mis músculos y un cambio de mi postura en mi sillón de *trader* con frecuencia es la primera señal de que una transacción no está desarrollándose de acuerdo con lo esperado.

Respetando el poder de la comunicación no verbal, esperé que se aproximara el fin de la primera sesión para preguntar por el sobre que Mary había estado sosteniendo tan firmemente. Algo avergonzada, mencionó que contenía parte de sus creaciones literarias. Le pregunté si podía ver su trabajo y aceptó. El sobre contenía varios cuentos cortos, junto con poemas y fragmentos de un diario. Solo tuve que leer un poco para darme cuenta de que tenía talento. Cuando se lo dije, su rostro se iluminó.

«¿De verdad le gustan?», preguntó.

«Sí, y mucho».

«Estaba pensando en participar en un concurso literario», agregó.

«Pues suena genial», dije. «Creo que hasta podrías llegar a ganarlo».

Fuimos cerrando la conversación y fijamos la fecha y hora de la sesión siguiente. Fue un buen final para nuestro primer encuentro.

Poco sospechaba lo que se me venía encima.

Nuestra segunda sesión fue tumultuosa desde el comienzo: Mary ya no tenía el cabello peinado hacia atrás, sino que le caía suelto hasta los hombros. Vestía una blusa escotada y falda muy corta, además de usar mucho más maquillaje que antes, aplicado con notable falta de destreza. En lugar de su manera de hablar directa y franca, ahora lo hacía de modo dubitativo, sin mirarme a los ojos. Su voz sonaba apocada y distante. Yo estaba muy impresionado... *Parecía otra persona.*

Cuando le señalé que parecía sentirse poco cómoda, mencionó con nerviosismo que había tenido una pesadilla la noche anterior pero que, en todo caso, no le veía sentido a hablar de ella.

«Fue solo un sueño, no significa nada», dijo.

Le sugerí amablemente que explorásemos si tenía algún significado.

«A veces, los sueños revelan lo que hay en nuestras mentes», expliqué.

Pasó un buen rato antes de que pudiera contar el sueño. Soltaba un par de frases y luego se detenía, diciendo: «Esto es una tontería. Los sueños son mentira, no son reales».

Finalmente se las arregló para comunicar su fantasía nocturna, que era bastante vivida. En el sueño estaba en casa y de pronto yo aparecía y le decía que podíamos hacer sesiones allí. Ella se sentía muy incómoda por la situación, pero no decía nada. Yo le pedía que subiéramos las escaleras y, en el sueño, ella notaba mi anillo de casado y quedaba congelada por el temor. Ahí es cuando se despertaba.

Una vez que terminó de narrar el sueño, comenzamos a explorar su significado.

«En la casa donde vives en la realidad», pregunté, «¿qué hay subiendo las escaleras?»

Avergonzada, respondió.

«Mi dormitorio».

Sin embargo, antes de que yo pudiera agregar nada, dijo:

«Pero sé que nunca haría algo así. Es apenas un sueño. Sé que no tiene un interés *personal* en mí».

Por su tono, y también por el sueño, supe que interés *personal* significaba interés *sexual*. Estaba ocurriendo un momento clave de la terapia. Pude ver que esperaba mi respuesta, con los ojos suplicándome que le confirmara que no me interesaba su cuerpo. Y, sin embargo, allí estaba, ¡vestida más provocadoramente que cualquier cliente que pudiera recordar!

Una vez más, se trataba de uno de esos momentos claves de cambio.

Me incliné hacia adelante en mi asiento y la miré profundamente a los ojos. Prácticamente le rozaba la piel. Lenta y amablemente —para no activar sus defensas— le dije:

«Te equivocas, *sí* estoy interesado en ti de un modo personal. Y, por la manera como estás vestida, parece que yo también te intereso».

En ese momento, se soltaron las aguas del dique. Sin emitir sonido alguno, Mary comenzó a temblar. Por un segundo, no pude distinguir si estaba enojada, ansiosa, llorando o teniendo un ataque epiléptico.

El verdadero trabajo estaba por comenzar.

Removiendo la zona cómoda

Una de las primeras cosas que les enseño a mis alumnos residentes de psiquiatría es que la finalidad de la terapia es «confortar al afligido y afligir al confortado». La frase se les queda grabada porque expresa una importante realidad. Algunas personas van a sus sesiones buscando apoyo, pues han sufrido un trauma: se encuentran abrumadas de ansiedad, depresión o rabia, y necesitan un refugio para escapar del dolor. Otros llegan al asesoramiento psicológico casi por rutina. Encerrados en patrones contraproducentes, se sienten demasiado cómodos con sus viejos modos. Le temen al cambio y a lo desconocido. «Sé que es una mala relación», me dirán, «pero no sé si quiero estar solo». Cuando un automóvil queda atascado al caer a una zanja, a veces es necesario un buen puntapié para que arranque. La gente no es tan distinta.

La maniobra terapéutica estándar con Mary habría sido tranquilizarla, establecer los límites terapéuticos adecuados, y seguir explorando el significado del sueño. Desde la seguridad de nuestra relación profesional, se habría sentido lo suficientemente a salvo como para buscar su sentido.

Sin embargo, darle una mirada al sueño es muy distinto a *volverlo a experimentar*. Mary dejó muy en claro que no deseaba hablar de la pesadilla. Había hecho un esfuerzo por convencerme de que no valía la pena prestarle atención. No obstante, su incomodidad me decía otra cosa. Al desdibujar temporalmente los límites, señalando mi interés «personal» en ella, removí la zona cómoda —la de los dos—. Aposté a que mi impresión inicial estaba en lo correcto y que ella era lo suficientemente fuerte como para resistir la ruptura de su comodidad. Cuando la vi temblando ante mí, ya no estaba tan seguro.

Se volvió, entre sollozos. Estaba muy alterada, pero ahora me miraba directamente a los ojos. Mi tono amable, más que mis palabras, la convenció de que yo no era una amenaza, y habló con libertad. Las palabras le salían a borbotones. Explicó que su padre raza vez estaba en casa cuando era niña. Viajaba nucho, y se divorció de su madre cuando ella todavía era joven. Su abuelo paterno se hizo cargo de ella mientras su madre trabajaba largas horas para mantener el hogar a flote. Aunque normalmente la trataba bien, tenía problemas con el alcohol. Cuando bebía, su actitud podía cambiar radicalmente e insultar a Mary y a su madre, recordándoles lo que había hecho por ellas y quejándose de que nadie en la familia lo valoraba. Peor todavía, cuando Mary tenía siete años comenzó a tocarla en sus momentos de borrachera, bajándole las medias varias veces. Esto siguió hasta la pubertad, cuando ella se las arregló para irse a la casa de su padre.

Mary me miraba intensamente, con lágrimas en los ojos.

«Siento que es mi culpa», explicó. «Dejé que me tocara, y nunca se lo dije a nadie».

Ahora mi voz era sosegada. Con humildad, le dije que sentía la necesidad de disculparme con ella, «lo siento mucho», dije.

Me miró con desconcierto, y le expliqué mi remordimiento: cuando le pedí ver el sobre que guardaba con tanto celo, había violado un límite personal. Estrictamente hablando, el sobre y sus escritos no eran parte de nuestra sesión. Estaba mostrando un interés *personal* en ella. En un nivel, a ella le agradaba que yo valorase su talento literario. Sin embargo, en otro nivel ella experimentó mi interés como otra violación más de un límite por parte de un hombre. Su sueño ilustraba bien su temor de que yo fuera como su abuelo. Y su decisión de venir a terapia vestida de esa manera sugería que esperaba lograr mi atención del modo en que la había recibido en el pasado.

Le precisé el sentido de mis palabras: «Es cierto que *tengo* un interés personal en ti, pero *no* es un interés sexual. Me importas mucho, demasiado, como para repetir tu pasado». Entre las lágrimas volvió a aparecer su sonrisa.

En silencio, exhalé un suspiro de alivio.

Patrones que se repiten

En las sesiones siguientes fuimos llenando los vacíos. Cada una de las relaciones de Mary con sus novios era una repetición de su niñez. Se involucraba sexualmente muy temprano en estas relaciones y comenzaba a fantasear sobre un futuro juntos. Desesperada por lograr aceptación, hacía todo lo que podía por complacer a su pareja. Cuando no recibía lo mismo a cambio, se sentía inundada por sentimientos de soledad y haber sido traicionada. Se sentía utilizada y que se aprovechaban de ella. Simbólicamente, era la presencia de su abuelo apareciéndose una y otra vez.

Si todo esto suena un poco freudiano, bueno, es que lo es. Una de las grandes observaciones de Freud fue lo que llamó la «compulsión repetitiva». No mucho antes de Freud, el filósofo Friedrich Nietzsche la había llamado «el eterno retorno» y lo convirtió en el centro de su visión del mundo. Básicamente, la *compulsión repetitiva* significa que la evolución no es inevitable. Las personas repiten los mismos patrones de varias maneras y a diferentes escalas a lo largo de sus vidas. Freud vio con claridad que los conflictos no resueltos producían una pérdida del libre albedrío, o la libertad de la propia voluntad. Sin su resolución, se está condenado a revivir eternamente el pasado. El objetivo de esta terapia, llamada psicoanálisis, era recuperar la libertad de la voluntad. Freud creía que, si las personas pudieran volverse conscientes de sus patrones repetitivos inconscientes, ya no estarían manejadas por ellos.

Es difícil apreciar en su justa medida hasta qué punto las vidas de gran parte de la gente se parecen a un guión, en que sin saberlo repiten patrones de pensamiento y acción. El origen de muchos de estos patrones se puede encontrar en patrones no resueltos de épocas más tempranas de sus vidas. *Hablar* sobre ellos no los cambia. En términos de John Cutting, a la Mente 1 le resulta particularmente difícil penetrar en la Mente 2. Solo una potente experiencia emocional —como establecer una relación sentimental con un hombre que la quisiera más que por su cuerpo— tenía el potencial de sacar a Mary de sus patrones. *Las experiencias emocionales potentes crean los cambios clave que hacen posible que las personas cambien sus rutinas.*

Permitir que los conflictos no resueltos se expresen en nuestros movimientos financieros puede ser especialmente destructivo. Médico y *trader* de tiempo parcial, el doctor D. recurrió a mi después de soportar repetidas y fuertes pérdidas en el mercado. Abría una posición grande con la esperanza de hacer un negocio redondo, solo para terminar perdiendo grandes sumas. En ese punto, seguía ávidamente el mercado, abriendo posiciones adicionales para equilibrar la situación y saliendo de la transacción inicial que no había andado bien. En ocasiones, podía recuperarse, pero las más de las veces no lo lograba y sentía fuertes sensaciones de fracaso. Es interesante que cuando se limitaba a un *trading* en el papel o simulado tendía a ganar dinero, escogiendo acciones con una estrategia sistemática y basada en un buen nivel de investigación. Solo cuando ingresaba al escenario de los riesgos y ganancias reales surgían sus patrones destructivos.

Aunque era un médico famoso, el doctor D. no se sentía así. Había crecido en un hogar que le descuidaba y sentía que su madre no le quería. Dedicó gran parte de la energía de su niñez a una desesperada lucha por lograr la atención y el afecto de su padre, mediante un brillante desempeño en los deportes y en la escuela. No obstante, terminó aprendiendo que ningún logro era suficiente: nada de lo que pudiera hacer satisfacía al padre, que pasaba largas semanas fuera de casa en viajes de negocios.

Más tarde, a lo largo de su vida, incluso después de la muerte de su padre, el doctor D. se vio repitiendo el mismo escenario emocional en su *trading*, de manera muy similar a como Mary repetía sus poco exitosas relaciones sentimentales. Con la sensación de no ser lo suficientemente bueno, el doctor D ahora intentaba probarse mediante sus logros en el *trading*. El *trading* en papel y en pequeñas cantidades no era suficiente: tenía que lograr enormes ganancias para demostrar su valía. Irónicamente, esto significaba que era más emocional cuanto mayor era el riesgo financiero. Cuando sus posiciones eran simuladas o su tamaño era limitado, podía seguir su plan de *trading* y, con frecuencia, obtener beneficios. Cuando aumentaba el tamaño, su mirada pasaba del mercado a su guión emocional, haciéndole tomar decisiones que de lo contrario nunca habría tomado.

El doctor D. era un hombre inteligente y educado, de gran éxito en su profesión. Pero nada de esto le impedía repetir una y otra vez un patrón doloroso y destructivo. Era como si una parte de su vida estuviera fuera de control, activada por sentimientos de inseguridad y manifestándose sin que él fuera consciente de ello. En un sentido muy real, estaba tan fuera de control como el hombre Woolworth, representando un guión de vida irracional.

Llevamos a cabo la terapia de un modo poco ortodoxo. No era suficiente el hacerle simplemente consciente de este patrón repetitivo. En cuanto cambiara su estado de ánimo y el sentimiento de no ser lo suficientemente bueno se apoderara de él, perdería la perspectiva y se pondría a hacer planes para su próxima incursión gloriosa en el mercado. La clave para el cambio, al igual que con Mary, era activar el patrón y *entonces hacer algo diferente*. Una experiencia potente, un nuevo final para el viejo guión, eso es lo que cambia a la gente.

En el caso del doctor D. hicimos un funeral: un funeral de verdad, con entierro y ceremonia. En una sesión maratoniana, le pedí que escribiera en un papel una lista completa de todas las cosas que quiso y que nunca recibió de su padre. También le pedí que recordara y escribiera situaciones específicas en que se sintió herido por la falta de reconocimiento de su padre. Trabajosamente fue haciendo la lista, reviviendo viejos y dolorosos recuerdos. Cada vez que llegábamos a un recuerdo traumático, cambiábamos de plano y le pedía que recordara una transacción fracasada en el mercado. Una y otra vez fuimos viendo sus fracasos en el *trading*, reconociendo lo destructivo de su patrón y su incapacidad de lograr reconocimiento mediante esta actividad.

A medio camino de esta sesión y después de un recuerdo particularmente hiriente sobre el plantón que le dio su padre en un partido del campeonato de las Pequeñas Ligas, que él había esperado con ansia, el doctor D. recordó una de sus peores experiencias en el *trading*. Había tomado una posición completamente apalancada, y tras una bajada del valor, se enfrentó a una demanda de garantías adicional. Aumentó su capital, en lugar de liquidar la posición. Perdió ese dinero también. Pálido y con los ojos llorosos, el doctor D. me miró con sinceridad y dijo con un suspiro afónico: «No puedo seguir haciéndome esto».

El paso desde el doctor competente al fracasado en el *trading* de ojos vidriosos me indicó que estábamos listos para la ceremonia. Enterramos la lista de situaciones dañinas e hicimos el funeral, diciendo adiós a todas sus esperanzas y expectativas con respecto a su padre. Después de hacer esta despedida con una mezcla de lágrimas y alivio, ensayamos un nuevo patrón. Cada vez que se sintiera disminuido en su valer, tenía que ver en su mente una imagen vivida del funeral que hicimos y visualizarse a sí mismo diciendo: «No puedo seguir haciéndome esto». Siempre que ocurriera esto, tenía que abrir una posición en el mercado de la mitad –y no el doble– del tamaño de su transacción normal. De hecho, y recurriendo a mi propia experiencia, le sugerí que al principio usara una cantidad tan pequeña que no pudiera atraer la atención ni la admiración de los demás.

Libre de la necesidad de ser alguien a los ojos de su padre, el doctor D. finalmente estaba listo para tener éxito en su *trading*. Unos pocos meses después de nuestra última sesión, recibí una llamada de él. Estaba orgulloso de haber pescado un importante mínimo en el mercado. Cuando mencionó su posición, sonreí para mis adentros. Era una cantidad sorprendentemente modesta, pero daba una ganancia interesante, El doctor D. finalmente lo había entendido: estaba haciendo *trading* desde el diván.

Cambiando patrones repetitivos

Ojalá pudiera decir que la terapia de Mary terminó con éxito después de mi empeño por darle una experiencia nueva y potente en respuesta a su sueño. Por lo general, el cambio no es simple y directo. Con pocas excepciones, no es suficiente tener un solo cambio de actitud o mental o experiencia emocional. Solo mediante la repetición estas experiencias se asumen en el interior como parte de la propia identidad.

En ese punto es donde la *transferencia* resulta de utilidad.

Freud se refería a la transferencia como la repetición de antiguos conflictos y patrones en el contexto y al interior de la relación entre paciente y terapeuta. La segunda sesión con Mary es un ejemplo perfecto. Yo era un hombre mayor que mostraba un interés personal en ella. Ansiosa por recibir aceptación, se me ofrecía como lo había hecho en el pasado. Lo único que faltaba para completar el círculo era que yo aceptara su ofrecimiento. En ese punto, yo me habría convertido en su abuelo y ella habría repetido el pacto «faustiano» en que cambiaba su cuerpo por atención.

Se ha descrito el objetivo de la terapia como el poder dar nuevos finales a historias antiguas, y eso es lo que intentaba hacer con Mary. Para que mi relación con ella fuera verdaderamente terapéutica, no podía aceptar el pacto que me ofrecía. Mi propósito era darle una forma distinta de relación, una que ofrecía cercanía y afecto sin explotación. Quizás entonces pudiera anclar en su interior, a partir de nuestras interacciones, esa sensación de aceptación que durante tanto tiempo había necesitado.

Lograr esto es más difícil de lo que podría parecer a primera vista. Una parte de Mary solo conoce la aceptación a través del ofrecimiento de su cuerpo y su alma. Si lo rechazaba, esa parte podía sentirse herida, contrariada y perdida, como había ocurrido en sus relaciones recientes. De manera que, mientras una parte madura de Mary podía valorar que no me aprovechara y me preocupara realmente de ella, en su interior hay una niña pequeña que tal vez no lo aceptara y participara en la terapia solo en cuanto las patadas y a los gritos. Freud llamó *resistencia* a este fenómeno. La parte de la persona encerrada en el pasado se siente amenazada por el cambio y solo sabe obtener gratificación de la manera acostumbrada. Del mismo modo en que alguien podría defenderse de las amenazas externas, como un agresor o un automóvil desbocado, la mente se defiende contra la ansiedad de las amenazas internas. En cierto nivel, los nuevos finales a las historias antiguas causan demasiada ansiedad a las personas. Como resultado, invocan todo tipo de estrategias para evitarlos, alejando las mismas experiencias que podrían ayudarlas a liberarse.

Se trata de un concepto muy importante: *precisamente las soluciones a los males del trading de una persona pueden producir ansiedad y, como resultado, tienden a generar todo tipo de defensas.* Esto significa que una parte de la psiquis humana tiende a resistirse al cambio —a la incertidumbre de lo desconocido—, incluso si la persona lo desea ardientemente y se da cuenta de lo necesario que es. Solucionar este juego de tira y afloja interno es un paso esencial del cambio psicológico.

Irónicamente, en quienes más veo esta defensa ante el cambio es en los *traders* que recurren a mi ayuda profesional. A menudo están muy dispuestos a hablar de sus problemas, incluidos los detalles más íntimos de sus historias. Todos, sin excepción, expresan la convicción de que si pueden superar sus tendencias emocionales, pueden llegar a ser *traders* exitosos.

Como con Mary y el sueño, a menudo lo que una persona *menos* quiere examinar es lo que termina teniendo la mayor importancia. Los *traders* que buscan con avidez ayuda emocional con frecuencia son bastante reacios a hacer un examen de sus métodos de *trading* reales. No es que teman divulgar información clasificada. De hecho, por lo general ocurre lo opuesto: se sienten incómodos de reconocer que no tienen nada clasificado o exclusivo que comunicar y que están haciendo sus transacciones basados en patrones de precios muy sencillos o simples corazonadas.

Cuando les pregunto cómo han probado esas estrategias, la ansiedad –y las defensas– comienza a salir a la superficie. «Es que no soy una persona de números», me dijo un *trader*. Otro afirmó que no le interesaba ninguna forma de análisis exploratorio de datos o *data mining*. Cuando yo planteaba la pregunta provocadora de cómo *sabían* ellos que sus estrategias de *trading* podían ser eficaces para alguien, independientemente de su estado emocional, la respuesta era aún más defensiva. «A X le ha funcionado», es la respuesta común, donde X es un conocido gurú del *trading*, que no tiene un historial bien documentado. Un *trader*, enfadado por mis preguntas, justificó su táctica diciendo: «¡No importa el sistema que uses, siempre que controles tus pérdidas!»

Una de las grandes ironías de la psicología del *trading* es que los *traders* que buscan con desesperación el próximo gran sistema que solucione todos sus problemas son los que más necesitan orientación emocional, y que los buenos *traders* que buscan con desesperación orientación emocional son los que más necesitan un buen sistema de *trading*. Por lo general, la gente busca lo que está en sus zonas de comodidad (como en el caso de Mary) y eso es lo que tiende a perpetuar patrones antiguos y destructivos. El camino a un cambio favorable rara vez es el más cómodo, familiar o seguro.

En terapia, a menudo los cambios incómodos se llevan a cabo en el interior de la relación terapeuta-cliente. Lo que Freud llamó la *alianza terapéutica* es una especie de pacto entre el terapeuta y la parte madura y sana de la persona. Es como si el terapeuta dijera: «Hagamos un trato. Tú y yo nos pondremos de acuerdo para comprender a esta otra parte más infantil de ti. No hacerle caso no va a hacer que desaparezca, ya que no ha sido así hasta ahora. Pero si podemos entender esa parte de ti que busca hombres insensibles y te lanza de cabeza a tener relaciones dolorosas y dañinas con ellos, tal vez no tengas que repetir de nuevo ese patrón». Por supuesto, todo esto parte del supuesto de que una persona como Mary tiene un lado más maduro que puede tomar distancia de sus conflictos como un Observador Interno. Afortunadamente, el hecho de que esté buscando ayuda por sí misma es un buen indicador de esa madurez. Una parte de ella desesperadamente quiere ser feliz, a pesar de que se aferre al pasado.

La idea que subyace en la terapia psicoanalítica es que el cambio comienza en el diván de la consulta del terapeuta. El cliente repite los viejos patrones en la relación de asesoramiento psicológico, pero ahora tiene la oportunidad de experimentar un final distinto. Lo que faltaba en las otras relaciones ahora puede ser asumido en el interior a partir de esta relación terapéutica. Y, una vez dentro, se puede convertir en un molde para futuros retos vitales, rompiendo el ciclo de repetición.

Invocar los viejos patrones, activar el Observador, cambiar el estado mental, construir nuevos finales: esa es la esencia del cambio emocional. Si una persona puede iniciar una nueva respuesta mientras sigue sintiendo el tirón de los viejos patrones que no han funcionado, habrá dado un paso importante hacia el cambio. El primer paso de la transformación es interrumpir los viejos patrones cuando ocurren.

Hacer lo que no nos resulta natural

Mary me miró con una mezcla de temor y desafío en su rostro. Acababa de revelarme que había tenido sexo con un hombre después de la primera cita. Por supuesto, esto iba en dirección opuesta a todo lo que habíamos estado desarrollando en nuestras sesiones.

La reacción natural habría sido decirle: «Mary, ¿por qué demonios hiciste *eso*?» Sin embargo, en el asesoramiento psicológico por lo general la reacción natural es la incorrecta. Reacciones naturales es lo que Mary ha recibido toda su vida. Lo último que necesita de mí es otra confirmación de que no cumplió las expectativas.

Aquí es donde entra en juego una cosa llamada *contratransferencia.* Los clientes no son los únicos con conflictos no resueltos. Cuando los terapeutas no pueden solucionar sus problemas del pasado, también tienden a repetirlos, lo cual puede tener un efecto potencialmente destructivo en la terapia. Para ser honesto, una parte de mí se sentía frustrada con Mary. Ella sabía muy bien a dónde la llevaría esto y, sin embargo, allí estaba, exponiéndose a un nuevo rechazo y a un mayor envilecimiento. Esa mirada de desafío en sus ojos se parecía demasiado a la que he visto en mi joven hija, Devon, cuando le pido que limpie su habitación o termine su comida. Lo hará, pero a su ritmo y a su modo. Rebelión, independencia. No voy a dejar que me controles. Esa era la clave.... Mary, Mary, todo lo contrario.

La miré de frente y, con voz firme, le dije:

«Tengo algo que decirte».

Hice una pausa, creando un momento de ansioso silencio. Mary parecía un niño al que su profesor le acabara de decir «tenemos que hablar después de clases». Esperaba lo peor.

Mi tono se suavizó.

«Tengo que reconocer una cosa. Debe haber sido difícil para ti venir aquí y decirme que hiciste cosas al viejo modo. ¿Qué esperabas al venir a la sesión de hoy?»

Mary parecía avergonzada, pero también algo aliviada.

«Pensé que se enfadaría conmigo».

«Y entonces, ¿por qué me hablaste de eso? No estabas obligada a hacerlo».

«Porque sé que no está bien», explicó. «Sé que me va a hacer daño».

«Puede que sí», reconocí. «Pero vas a cambiar esto cuando estés lista para hacerlo, ¿no es así?»

Esbozó una pequeña sonrisa.

«Casi toda tu vida has tenido un hombre mayor que te obliga a hacer las cosas, Mary. Ahora corríamos el riesgo de que yo me convirtiera en otro más, que te dice qué hacer y cómo cambiar, y ya tienes otro hombre controlándote».

La sonrisa creció apenas un poco.

«Si sales herida, sales herida. Podemos manejar eso. Lo importante es que esta sea *tu* terapia, por eso me siento orgulloso de ti por haberme contado esto. Para ti era más importante ser tú misma que evitar mi reacción».

El estado anímico, y entonces el mensaje. Severidad y luego alabanza. Cuando el automóvil reduce la velocidad, uno pasa a las marchas inferiores antes de acelerar. Si sigue en las superiores, el motor se ahoga, pero si se usa la palanca de cambios, repentinamente se obtiene fuerza. El cambio no ocurre hasta que uno pasa de una marcha a otra; si se pisa el acelerador mientras se está en la misma velocidad mental, se detendrá todo movimiento. La mayor parte de la gente viene a terapia con un motor ahogado: no les ha dado resultado pisar el acelerador, y no saben qué más hacer. Todavía no han encontrado su palanca de cambios, ese par de gafas que les ayude a ver el mundo a través de otra disposición mental. Hacer lo que no les resulta natural interrumpe sus patrones normales de pensamiento, sentimiento y conducta, y en este caos temporal los nuevos patrones tienen la mejor oportunidad de echar raíz.

Resistirse a lo que es mejor para uno

Irónicamente, la mayor de las crisis de Mary ocurrió cuando finalmente se le abrió la oportunidad de una relación afectuosa y madura. En un sentido perverso, le era más fácil perder hombres que no daban un céntimo por ella. La perspectiva de un verdadero amor se convirtió en una fuerte amenaza, lo que ponía en el horizonte la posibilidad de que nunca pudiera hacer realidad sus sueños.

Por coincidencia, la oportunidad surgió en el desarrollo de sus proyectos literarios. Mary se unió a un grupo de escritores del área de Syracuse, Nueva York, y los encontró interesantes y estimulantes. Un hombre del grupo, Larry, vio el gran sobre y le preguntó si podía leer sus escritos. Hay que decir en favor de Mary que no complicó la petición repitiendo las actitudes de tinte sexual que había tenido conmigo, sino que le permitió con actitud abierta y una considerable vulnerabilidad que leyera el contenido del sobre y se relacionara con ella únicamente en ese nivel. Quedó sorprendida y conmocionada por el hecho de que Larry la tratara como a una escritora, compartiendo sus propios escritos y manifestando su interés en profundizar más en los de ella. Cuando la invitó a cenar, ella respondió con una embriagadora mezcla de esperanza, expectativa y pánico.

En ciertos momentos, Mary se permitía fantasear con que este podía ser el barco de *la relación* de su vida. Otras veces, le preocupaba que él pudiera ver a la persona que había detrás de los escritos y desilusionarse. Sus temores aumentaban en la misma proporción que él mantenía su interés en ella.

«¿Cómo puedo hablarle de mi pasado?» Se lamentaba en nuestras sesiones. «¿Qué va a pensar de mi?» Las decisiones más sencillas se le hacían una tortura, como qué escoger para vestirse o maquillarse. «¿Cómo debería ir vestida?», me preguntó varias veces, consciente de que no quería enviar la señales sexuales equivocadas, pero aun así deseosa de lucir lo mejor posible.

No es poco común en terapia que los clientes me pidan consejos directos. Sin embargo, las de Mary iban más allá de las peticiones normales de comentarios y observaciones: quería que le dijera qué hacer y cómo hacerlo. En sus peticiones estaba implícito el supuesto de que ella no podía manejar la situación ni tomar las decisiones correctas. Era la niña indefensa que recurría al poder del hombre mayor.

Claramente, se trataba de una trampa. Cualquier respuesta que le diera era aceptar implícitamente una estructuración jerárquica y dañina de nuestra relación. Si le decía que usara este traje o el otro, o que compartiera ciertas cosas con Larry y no otras, estaría aceptando que era incapaz de tomar esas decisiones por sí misma. Habiendo recibido una gratificación temporal, se había sentido complacida conmigo, solo para volverse aún más dependiente en crisis futuras.

Es una trampa importante también en el *trading*. Algunos analistas, escritores de boletines, columnistas y preparadores de *trading* se presentan como gurús, recalcando que tienen las respuestas para el éxito en el mercado. Incluso si estas personas fueran exitosas —y normalmente hay muy poca evidencia de ello— es difícil entender cómo alguien puede llegar a ganar confianza en su propio *trading* simplemente mediante la absorción de las palabras del otro. De hecho, al mantener un aura de especiales conocimientos o información y atrayendo personas que se sienten desorientadas, inevitablemente el gurú refuerza la misma dependencia y falta de confianza que impide lograr un sistema de *trading* correcto.

Para evitar estas trampas, los terapeutas desarrollan la capacidad de escuchar a las personas con dos oídos: uno para el contenido y el otro para el proceso. El contenido refleja *qué* se dice, los significados explícitos de las afirmaciones de los pacientes. El proceso se refiere a *cómo* se comunica el contenido. Es el marco no verbal que rodea las palabras del paciente. «¿Qué debería hacer?» puede ser una desvalida petición de orientación, una petición madura de consejo, o un impaciente y enfadado desafío al terapeuta. El proceso es el contexto interpersonal de un acto de comunicación.

Cuando el proceso de asesoramiento psicológico es problemático, incluso con un contenido aparentemente positivo, por lo general vale la pena cambiar el foco de la sesión, interrumpiendo la conversación y llamando la atención sobre lo que está ocurriendo en ese momento. Esto es particularmente cierto cuando el proceso cobra más importancia que el contenido, como cuando una persona implora: «¡Dime cómo ser más independiente!» Normalmente, no vale la pena discutir un tema si el modo de la discusión prolonga y refuerza el mismo problema que se está tratando de solucionar. Cuando quienes me escriben tratan de colocarme en el papel de gurú, por ejemplo, pidiéndome que haga predicciones sobre el mercado, por lo general paso a un foco centrado en el proceso y les pregunto por qué se sienten tan desorientados, y por qué sienten la necesidad de abrir o mantener una posición en el mercado si se encuentran sumidos en la incertidumbre.

El cambio del contenido al proceso puede resultar incómodo y difícil para las personas, que con frecuencia no son conscientes de sus contextos interpersonales. Hace años, uno de mis clientes de asesoramiento psicológico para parejas, llamó «bruja» a su esposa dentro de la sesión, hiriéndola y generando una comprensible reacción de molestia y resentimiento en ella. Cuando le señalé las reglas del proceso de confrontación y le recomendé que hablara únicamente en primera persona sobre su propia experiencia, hizo una larga pausa y reordenó su afirmación: «¡*Siento* que eres una bruja!» ¡Como podrá imaginar, a su esposa esto no le resultó muy reconfortante!

Mary sufría de una ceguera similar con respecto al proceso que ocurría en nuestra sesión. Todo lo que quería era descargar su ansiedad e incertidumbre, y creía poder hacerlo si yo la aconsejaba desde mi superior sabiduría. Sin embargo, y siguiendo un estilo típico de terapeuta, le respondí que la situación se había vuelto arriesgada. Mary tenía miedo de perder la relación y ahora, por efecto de la tensión, dudaba de su propia capacidad de manejar las cosas. Le dije que confiaba en su juicio y le aseguré que, aunque de niña podía haberse sentido incapaz de conectar con la gente, ahora en su vida de adulta sí tenía esa capacidad. Le sugerí que incluso una mala elección de su parte sería superior a una buena hecha por mí, ya que al menos podría aprender de su propia acción, además de mantener su identidad.

No era lo que quería escuchar.

Para mi sorpresa, respondió enfurecida.

«Si lo que quiere es que deje de venir a terapia, ¡dígamelo a la cara!», gritó. «Vengo aquí para que me ayude y lo único que me dice es que me rasque con mis propias uñas. Claro, si pudiera hacerlo, ¡no tendría que venir!»

Y salió de la consulta corriendo, haciendo oídos sordos a mis peticiones de que volviese para conversar sobre la situación.

Aunque Mary apareció en la sesión siguiente, las cosas iban igual de mal con Larry. Ella tomaba cualquier defecto para encontrar razones para terminar la relación. Si Larry no la llamaba cuando pasaba por momentos difíciles, maldecía su insensibilidad, pasando por alto el hecho de que él no tenía cómo saber de sus dificultades. Si los ojos de Larry se posaban en otra mujer en una de sus citas, ella se ponía celosa e insistía en que no le iba a ser fiel. Al principio, él respondió con cierta estupefacción, y poco a poco se fue poniendo más frío y a la defensiva. Esto no hacía más que intensificar la insistencia de Mary de que él no era el hombre correcto, que no se preocupaba por ella y que no había cómo hacer funcionar las cosas entre los dos. Curiosamente, Mary estaba creando muros y alejando a las dos personas que más necesitaba en la vida: su novio y su terapeuta.

«Los únicos paraísos no vedados a los hombres son los paraísos perdidos», escribió Jorge Luis Borges, y Mary comprendía que sería desdichada sin estas relaciones que le daban afecto y sostén. Era casi como si Larry fuera demasiado bueno para ser verdad, así es que ella tenía que bajarlo del pedestal. Por supuesto, lo mismo le ocurría conmigo. Mis expresiones de confianza la hicieron sentir bajo demasiada presión, aumentando su riesgo emocional en caso de fallar. Era más fácil alejarme que exponerse a la posibilidad de que yo me sintiera defraudado de ella y la rechazara. Una vez que hubiera destruido las relaciones, sus peores temores se habrían hecho realidad, como un perfecto círculo del destino. Sin embargo, al menos se podría consolar diciéndose que ella, y no otros, había sido la arquitecta de su caída.

No me apresuré tanto a dirigir su misa de réquiem. Yo sabía que era necesaria una acción decisiva y determinante, ya que la pérdida de la prometedora relación con Larry, así como la desintegración de nuestra alianza, serían un traspié importante para ella, convenciéndola de que lo único que podía ofrecer a los hombres era su cuerpo. Pero, ¿cómo hacérselo entender? La intuición me decía que el simple hecho de decirle lo que ocurría, es decir, cómo estaba alejando a los demás para escapar de la posibilidad de sufrir un rechazo, probablemente la pondría aún más a la defensiva y alimentaría su resentimiento. De hecho, al consultar mis propios sentimientos, me di cuenta de que yo *tenía miedo* de señalarle este patrón. No quería arriesgarme a otro acceso de furia y a la perspectiva de que se marchara de una vez y para siempre.

Pero, ¿por qué sentía temor? ¿Era porque temía que Mary nunca regresara a terapia y terminara arruinando su vida? No, no era eso. Buena parte de ella sabía que necesitaba ayuda y continuaba nuestro trabajo, incluso cuando me atacaba con sus palabras.

Cuando consulté a mi Observador Interno, la verdad fue difícil de encarar: tenía miedo de que me gritaran. Me había sentido herido en su anterior explosión y no quería ser parte de otra más. Qué dinámica más interesante, pensé: Mary es la agresora y yo soy la víctima. Ella se enfada y yo debo someterme.

Respiré profundo, con resolución, y seguí adelante.

«¿Qué te pasó por la mente cuando Larry no te llamó anoche?», pregunté con aire inocente.

Su voz comenzó a subir de tono.

«No lo podía creer», dijo. «Para su cumpleaños, pasé un montón de tiempo buscando el regalo justo para él. Lo llamé todos los días cuando tuve que estudiar para mis exámenes, pero cuando lo necesito, ¿dónde está?»

«Igual que yo», señalé. «Cuando necesitaste algo de mí y no te di el consejo que querías, te fuiste de mi oficina».

«¡Todo esto ya me tiene enferma!», gritó. «Usted no tiene ni la más mínima idea de lo que se siente al no ser valorada. Yo doy, y doy, y vuelvo a dar...»

Me levanté de mi asiento, interrumpiendo su letanía. Sus ojos mostraron sorpresa, y luego pánico.

«Me disculpas», dije con voz suave. «Necesito una pausa. Salgo un minuto a por un café».

Mary estaba sin habla. Yo nunca había interrumpido una sesión de esa manera.

Cuando regresé, no estaba seguro de qué podía esperar. ¿Estaría enfadada por haberla interrumpido? ¿Lo usaría como pretexto para irse y no volver?

Bastó una mirada para saber que estaba muy asustada. Caminé hacia ella. La Mary furiosa ya no estaba, y frente a mí había una niñita vulnerable.

Acerqué mi asiento hacia ella, muy a la manera como lo había hecho en nuestra segunda sesión.

«Lo siento de veras», expliqué. «Tenía que salir. No sentía que estuviera hablando con Mary, sino con su abuelo, gritando furioso que nadie lo valoraba. Me dio miedo, y también me dolió. A *veces* los adultos necesitan tomar distancia cuando se sienten vulnerables, y esa es una de las cosas que los diferencian de los chiquitines. ¡Los niños pequeños no tienen la opción de salir un rato!»

Por su rostro comenzaron a caer lágrimas, mientras decía que no quería ser como su abuelo. Se daba cuenta de que su rabia con Larry le hería, pero al mismo tiempo sabía que era la única manera que había encontrado para escapar de su propio dolor.

«Quizá el problema no sea Larry», aventuré. «Quizá es ese pequeño abuelo que hay dentro de tu cabeza. Es como un disco de vinilo que comienza a girar y sonar cada vez que te sientes herida, lanzando palabras hirientes a todo el mundo».

Esa idea le pareció interesante a Mary, así es que de nuestra experiencia juntos nació la regla del «tiempo de receso». Mary era libre de hacer en nuestras sesiones lo que yo había hecho cuando me sentí incómodo: podía tomarse una pausa y ordenar sus sentimientos. Así, podía usar esos momentos para preguntarse si era realmente ella o el «disco del abuelo» quien estaba respondiendo a la situación. Además, de ese modo podía dirigir su rabia hacia el disco, en lugar de lanzarla a las personas que se preocupaban por ella.

Se tomó unos cuantos tiempos de receso en las sesiones subsiguientes. También se lo explicó a Larry, y así pudo evitar herirlo en situaciones de conflicto. Irónicamente, alejarse fue la clave para que Mary aprendiera que los demás no la abandonarían.

Aquí estaba de nuevo la misma fórmula: el estado anímico, y entonces el mensaje. Tras el cambio de marcha desde la furia hiriente al temor al abandono cuando salí del cuarto, Mary pudo procesar un mensaje distinto: Larry no es el problema; Brett no es el problema. El problema son los «discos» que se repiten en su cabeza. Y una vez que los discos se convirtieron en su enemigo, y no Larry o su terapeuta, Mary estuvo lista para relacionarse con estas personas de otro modo.

Fue un trabajo largo y agotador, pero valió la pena: ocho meses más tarde, Mary y Larry me enviaron una invitación a su boda.

Creando experiencias emocionales potentes en el *trading*

Las sesiones con Mary ilustran bien hasta qué punto los terapeutas actúan como espejos frente a sus clientes, haciendo posible que se perciban a sí mismos de otras formas. Si una persona no está preparada para actuar como su propio Observador Interno, un terapeuta puede tomar ese papel, tomando distancia de la confusión y agitación del momento y ayudándole a encontrar un sentido a lo que ocurre. En gran medida, replicar esta capacidad de observación de modo que pueda ser asumida internamente por otros es el alma misma de la terapia. Al principio, la imagen reflejada por el terapeuta puede resultar extraña e incómoda pero, si se repite, se irá haciendo cada vez más familiar y abierta a la asimilación.

Entonces, ¿qué tiene que ver todo esto con el *trading*?

Cuando usted hace trading *desde el diván, actúa como su propio terapeuta.* Está atento a sus propios procesos emocionales y conductuales, incluso mientras procesa los patrones de los mercados. Su objetivo, como su propio terapeuta, es dar —cada vez más— nuevos finales a viejos patrones para así poder crear internamente nuevos modos de pensamiento y acción en los mercados.

Se ha escrito mucho sobre el poder del pensamiento positivo. Muchos *traders* intentan insuflarse sentimientos positivos al imaginar escenarios favorables y repetir mensajes ennoblecedores. Se pueden decir muchas cosas del poder de la imaginación, pero quizá los ensayos más potentes no son los positivos. En lugar de eso, *si* logra representar en su mente sus patrones más destructivos —al tiempo que se recuerda activa y emocionalmente sobre lo dañinos que son— irá cultivando la capacidad de observación para «despertar» y escapar de la repetición a ciegas de los errores del pasado.

Como mencioné antes, una técnica para lograr esto es la «vacunación contra el estrés». Como una vacuna que inyecta una pequeña dosis de un virus para estimular las defensas del cuerpo y proteger contra la enfermedad que causa el virus, la vacunación contra el estrés le expone a dosis moderadas de una situación que supone un reto, permitiéndole movilizar sus mejores fuerzas y estrategias de afrontamiento cuando lleguen los verdaderos retos.

En la práctica, esto equivale a *evitar* el pensamiento positivo al colocar una transacción por primera vez. Casi inmediatamente después de colocar una orden en un mercado sobrecalentado, la idea es que cambie de marchas, se tome un tiempo de receso (como Mary) y se ponga a sí mismo en un estado muy enfocado y relajado mediante una respiración profunda y rítmica y una postura corporal muy quieta. En ese estado, visualice a continuación todas las maneras en que esa transacción puede no funcionar. Ayuda pensar en cada transacción como una hipótesis: usted es un científico que defiende la hipótesis de que el mercado seguirá cierta dirección, en una medida particular y dentro de un periodo de tiempo dado. Enmarcar *su* transacción de esa manera permite contemplar todas las maneras en que su hipótesis puede resultar refutada.

Una de mis experiencias recientes en el *trading* ilustra bien la idea. Tras una baja del mercado, los futuros de Standard & Poor's (S&P) subieron y luego permanecieron en un rango relativamente estrecho. Hubo una considerable actividad de compra durante este mercado de rango estrecho, como lo evidenciaba la prima constantemente positiva sobre los futuros y las altas cifras de TICK para las acciones del Promedio Industrial Dow Jones (el Dow) y la Bolsa de Valores de Nueva York (NYSE). Otro de mis indicadores, que compara el volumen de transacciones durante periodos al alza de un minuto con el volumen de transacciones de periodos a la baja de un minuto, también indicaba que había presión de compra. Sin embargo, el precio no lograba salir de su rango estrecho. Por lo general, mi investigación sugiere que si hay altos niveles de presión de compra y, no obstante, el mercado no sube de manera significativa, es probable que sobrevenga una corrección,

Sin embargo, poco después de realizar una venta corta y salir del mercado, el S&P tuvo una leve bajada y luego subió por encima del máximo del rango de *trading* reciente. El volumen comenzó a aumentar a medida que los *traders* aprovechaban la aparente ruptura de volatilidad. En cuestión de segundos, mi transacción pasó a rojo, y pude sentir una subida de nerviosa adrenalina. Me puse frente a mi pantalla de *trading* y coloqué la orden para cubrir la venta corta contra una pérdida. Tan pronto como puse el *stop*, estuve listo para salir de la transacción.

Sin embargo, me di cuenta de que mi reacción de temor era desproporcionada con respecto a la situación. Nunca me gusta sufrir una pérdida, pero sabía que había puesto el *stop* lo suficientemente cerca como para que mi cuenta no sufriera demasiado por la salida. En ese punto recordé que un mercado similar *sí* me había hecho sufrir una pérdida difícil la semana anterior. Tras un periodo de rango estrecho que parecía estar perdiendo vigor, coloqué una orden de venta corta. Increíblemente, olvidé revisar el calendario económico del día, y descubrí que mi orden se había ejecutado un minuto antes de que se hiciera público un dato macroeconómico importante que superó las expectativas, haciendo que el mercado saliera del rango más allá de lo previsto. Para cuando mi *stop* se había activado, la brecha al alza y el *slippage* hicieron que recibiera un golpe bastante fuerte.

Dándome cuenta de que esta vez no era para nada probable que se divulgara una cifra que echara por tierra mi transacción, respiré profundo y, reduciendo conscientemente mi ritmo, examiné mi hoja Excel para ver cuántas acciones de mi cartera de valores realmente estaban saliendo del rango reciente. Esta cartera consta de 40 valores (los 30 del Dow y 10 títulos adicionales en una variedad de industrias) que reflejan la actividad del S&P 500. Por lo general, he visto que si el S&P tiene una ruptura de máximos o mínimos relativos, pero la mayoría de estos títulos no lo hacen, hay una alta probabilidad de que se trate entonces de una falsa ruptura. Al vincular dinámicamente las hojas Excel correspondientes a los valores con mi plataforma Townsend Real Tick III, puedo calcular rupturas y detalles a medida que ocurren, sin la necesidad de verificar manualmente cada uno de los 40 valores.

Para mi sorpresa, solo 7 de los 40 habían salido del rango para llegar a un nuevo punto relativo de alza. El movimiento de «ruptura» en el S&P se debió casi por completo a pocos valores que habían rebotado al alza. Tan pronto como vi esto, dije en voz alta: «No hay manera de que este movimiento se sostenga por mucho tiempo». Largas horas de investigación me habían enseñado que, para que un movimiento sostenga su impulso, es necesario que participen muchos más valores.

En cuanto lo dije, se alcanzó mi *stop* de precio. Por una vez, tomé la decisión consciente y razonada de reemplazar y reconfigurar mi *stop*. En lugar de basar mi *stop* en un nivel de precio, lo haría una vez que 15 o más de los valores de la cartera efectuaran una ruptura. Esperé, y pronto el impulso ya había declinado. Cuando el S&P volvió a entrar a su rango previo, me di cuenta de que la ruptura era falsa y me eché para atrás en mi asiento con una sensación de alivio. La transacción dio un buen beneficio cuando se traspasó el mínimo del rango. De este modo, el mercado pudo darme lo que yo había dado a Mary: un final nuevo para un viejo escenario.

Una variante divertida de este ejercicio es hablar en voz alta o visualizar errores pasados que haya cometido usted cuando sus hipótesis han sido refutadas. Por ejemplo, si el mercado tuvo un movimiento en mi contra en los minutos de apertura de una transacción en el pasado, y yo empeoré la situación doblando mi posición (tratando de alcanzar un mejor precio promedio de entrada), me puedo visualizar haciéndolo nuevamente, mientras me río de mí mismo o sonrío y meneo la cabeza. Es muy difícil identificarse con un patrón si se convierte en un blanco humorístico. Reírse de uno mismo es una potente estrategia para lograr una mejor perspectiva sobre uno mismo. Al pensar en resultados desfavorables en los mercados, piense en todas las cosas que podría hacer para *realmente echarlo todo a perder y luego ridiculícelas antes de poderlas llevar a cabo.*

Observe cómo estas tácticas de preparación no son tan diferentes de la terapia con Mary. En ambos casos, el cambio ocurre cuando se experimenta un patrón viejo y destructivo en tiempo real, se desarrolla capacidad de atención y observación sobre lo que está ocurriendo, se pasa a un modo diferente, y se intenta algo distinto. En la terapia con Mary, la ayudé a remover sus viejos patrones —atormentando su zona de comodidad— al no desmentir inmediatamente mi interés en ella y al salir de la consulta cuando se enfureció. En la situación del *trading*, el remezón ocurrió cuando revisé mis hojas Excel y me di cuenta de lo estrecha que era la base de la ruptura. En gran medida, la investigación actuó como mi terapeuta en la situación del *trading*, al poner en cuestión mi interpretación de los acontecimientos y ayudarme a ver las cosas de otra manera.

La situación con la falsa ruptura de S&P me demostró cómo una debacle ocurrida en el pasado en el *trading* me hizo estar demasiado sensible a su posible repetición la semana siguiente. Horas de práctica de vacunación emocional me habían enseñado a cuestionarme siempre que una reacción emocional en el mercado pareciera ser excesiva. El subidón de adrenalina se convirtió en una pista para tomar distancia, respirar hondo y cuestionar los fundamentos de mi reacción. En lugar de quedar paralizado por el temor, lo utilicé para examinar los datos con mayor detalle. Si las cifras de las hojas de cálculo hubieran confirmado mis temores, lo más probable es que habría salido de la transacción a toda prisa, asegurándome de que el cumplimiento de mi *stop* dejara mi capital de *trading* lo más indemne posible para la próxima oportunidad. En lugar de ello, las cifras refutaron mis temores, permitiéndome escribir un nuevo final para el guión.

Hace un par de años, Devon —mi hija de 10 años— y yo estábamos mirando gráficos del mercado y preparando un mensaje de correo electrónico en conjunto para la Spec List, inspirada por Laurel Kenner y Victor Niederhoffer. Laurel y Vic tuvieron la amabilidad de incluir el mensaje de Devon en una publicación posterior de extractos de la Lista. Devon afirmaba que el mercado es como un banco de peces. Hay dos tipos de peces que se diferencian del resto: (1) los débiles y enfermos y (2) los líderes. El banco entero cambiará de dirección en respuesta a los líderes, dejando atrás a los más débiles. Para anticiparte a un posible movimiento, sugería, es necesario identificar a los líderes.

Desde entonces, he utilizado el comentario de Devon en muchas situaciones de *trading*. Con mucha frecuencia, un sector de valores, como los semiconductores o los valores financieros, realizarán su ruptura antes del mercado general. A veces, estos sectores comunicarán su ocasional estatus de líder al negarse a caer durante una bajada matinal y luego convirtiéndose en los primeros grupos en entrar en territorio positivo durante un rebote. Es fácil quedar absorbido por los movimientos del mercado, perdiendo de vista la dirección general del conjunto. Por esa razón, en mi pantalla tengo fácil acceso, en forma minimizada, a los gráficos de los peces líderes más comunes. Al tener su actividad a la vista, uno fortalece la capacidad de convertirse en Observador del mercado y atrapar movimientos emergentes.

He descubierto que este principio es útil incluso al nivel de resolución más detallado, siguiendo las ventanas de los creadores de mercado *(market makers)* de variados valores y fondos que cotizan en la Bolsa. Los peces líderes serán aquellos que más se atienen a su actividad de compra/venta frente a compras o ventas institucionales. Una regularidad y consistencia de este tipo en medio de extremos de primas en los futuros de Nasdaq y S&P y en los niveles TICK del Dow a menudo señala el camino para encontrar a los líderes que se diferencian aún más del resto a lo largo del tiempo. Cuando estoy más inmerso en mis nociones preconcebidas del mercado, resulta de la mayor utilidad poder ver a tiempo el cambio de dirección de los peces líderes. Si estamos abiertos a los datos, el mercado remecerá nuestra zona de comodidad y creará sacudidas dignas de los mejores terapeutas.

Conclusión

Como el *trading* tiene un ritmo tan rápido y es tan emocional, es un medio perfecto para que se activen nuestros patrones emocionales repetitivos. Una vez que se activan estos patrones, solo una sacudida importante nos puede ayudar a evitar repetir soluciones pasadas que ya no son útiles. En sus sesiones, los terapeutas la hacen posible contrarrestando conscientemente las tendencias de los patrones de los clientes. Los *traders* pueden generar sus propios cambios mediante ejercicios emocionales, como la desensibilización, la vacunación y la risa ante sus viejos patrones, y mediante la consulta de estrategias basadas en investigaciones y estudios que cuestionen su perspectiva sobre los mercados.

En el caso de los *traders* menos experimentados, parece ser especialmente importante la necesidad de recurrir a estas estrategias de rompimiento de patrones que se expresan en el *trading*. En un fascinante estudio, Andrew Lo y Dmitry Repin, del Instituto Tecnológico de Massachusetts, conectaron a *traders* tanto experimentados como principiantes a máquinas de biorretroalimentación para examinar sus reacciones a los mercados. Al coordinar la biorretroalimentación con la acción minuto a minuto del mercado, los investigadores pudieron observar los acontecimientos específicos del mercado que generaban reacciones emocionales en los *traders*. Es interesante –y quizás no deba sorprender– que los *traders* principiantes mostraron las mayores respuestas emocionales frente a situaciones como expansiones de volatilidad. Esto plantea la clara posibilidad de que los *traders* experimentados logren, al menos en parte, su experiencia y éxito al desarrollar estrategias de reducción de la agitación psicológica frente a circunstancias del mercado que supongan un reto o desafío. Su experiencia previa, junto con muchas horas de investigación, puede funcionar como una vacunación contra el estrés, restándoles sensibilidad frente a acontecimientos que pueden llegar a poner muy nerviosos a los novatos.

Además, el trabajo de Lo and Repin sugiere que no es necesario que suframos desórdenes conductuales y emocionales diagnosticables para que nuestros patrones saboteen el buen *trading*. *Las maneras normales y naturales de procesar la información son suficientes para interferir con el buen* trading. Un buen ejemplo de esto es el efecto de titularidad, descrito por los investigadores Tversky y Kahnemann. Puedo estar dispuesto a gastar solo hasta 5 dólares por un artículo para el hogar. Sin embargo, una vez que es mío, puede ocurrir que no quiera desprenderme de él ni por 10 dólares. En cuanto algo se vuelve mío, de manera natural le atribuyo un valor y significación especiales.

Esto también se aplica a las opiniones y predicciones en el *trading*. En mi sitio personal (http://www.brettsteenbarger.com/weblog.htm) llevo un blog donde comparto mis hipótesis sobre los mercados y mis reflexiones acerca de la psicología del *trading*. Escribir estas reflexiones se ha convertido en una útil parte de mi disciplina, ya que recibo interesantes comentarios y reacciones, e integro esa retroalimentación a mis planes de *trading* subsiguientes. Hace poco publiqué los resultados de un ejercicio de modelado, que sugería una tendencia al alza a lo largo de los próximos 40 días. Poco después el mercado realizó un interesante movimiento al alza en la sesión nocturna, y abrí una posición larga a la primera baja leve de la mañana, *sin ni siquiera consultar mis otros datos del mercado*. Me basaba tanto en la convicción sobre la tendencia al alza que ya no hacía un examen para ver si había datos que la refutaran.

Si hubiera mirado con cuidado, habría notado que la ruptura de apertura no lo era para la mayoría de los índices y, de hecho, era parte de un patrón mayor de acercamiento a los niveles máximos. Fue necesario un rápido golpe de tres puntos de S&P, traspasando mi *stop*, para que me cuestionara mis supuestos. Para cuando había hecho las tareas que debía haber hecho antes de que se abriera el mercado, mi posición no solo había llegado al *stop*, sino que proseguía en dirección a la baja. No solo había perdido unos cuantos puntos, sino también una oportunidad de venta corta que debería haber estado clara como el agua.

Son escasas las personas que pueden convencerse de algo de manera lo suficientemente sólida como para actuar en base a ello y, sin embargo, mantenerse lo suficientemente flexibles como para revertir este convencimiento en caso de evidencias objetivas. La simple naturaleza humana, y no necesariamente los desórdenes emocionales, juega en contra, haciendo que uno interprete el mundo a través del cristal de sus creencias y convicciones. Los *traders* de éxito lo son contra su propia naturaleza humana, dando naturalidad a maneras no naturales de procesar la información.

En este sentido, creo que los mercados aceleran la evolución, seleccionando la capacidad de sostener un propósito. El *trader* ganador cultiva su capacidad de mantenerse enfocado y disciplinado, incluso de cara a una violenta actividad de los mercados. De manera muy similar a los culturistas que van al gimnasio para desarrollar sus cuerpos, los *traders* pueden utilizar los mercados como sesiones de ejercicios para ampliar sus capacidades de acción intencional. Esto hace del *trading* uno de los mejores divanes de terapia.

6. Las arañas malignas

> En los mercados, como en la naturaleza, los tornados comienzan con calma previa; los terremotos terminan con réplicas.

Para el terapeuta, la comunicación es la acción que cotiza en el mercado. Gran parte de lo que significa entender a otra persona consiste en la capacidad de descifrar sus formas de comunicación, tanto verbales como no verbales. Mi interés personal en los mercados despertó cuando reconocí que las acciones y los futuros provocaban flujos de comunicación no muy diferentes a los de los clientes. Al igual que con las personas, me di cuenta de que lo que expresaban los mercados a menudo contradecía la forma en que lo hacían, generando comunicaciones complejas e intensas.

En este capítulo exploraremos el análisis de personas y mercados y los métodos para que terapeutas y *traders* puedan percibir los matices de la comunicación. Pondremos especial atención en la investigación de la neurociencia cognitiva, que sugiere que procesamos mucha más información de la que somos conscientes. Como veremos, el simple pero profundo hecho de que sabemos mucho más de lo que sabemos que sabemos es una clave importante para nuestro desarrollo como *traders*.

Comunicación y metacomunicación

Un tema permanente en psicología es la diferencia entre comunicación y metacomunicación. *Comunicación* se refiere a lo que dicen las personas, los significados que quieren expresar. *Metacomunicación* se refiere al lenguaje corporal que acompaña a la comunicación, la *forma* en que se dice algo. La metacomunicación influye en la percepción del oyente.

Muchos desacuerdos surgen a partir de las discrepancias entre la comunicación y metacomunicación de una persona. Una mujer, por ejemplo, le dice a su esposo: «¿Por qué no pasas más tiempo conmigo?» Si solo lee las palabras, parece ser una petición inocente. Sin embargo, cuando las palabras están acompañadas de un tono de voz irritado, brazos firmemente cruzados y un volumen elevado, el mensaje resulta muy diferente: hay una recriminación.

El esposo, por supuesto, concentra su atención en la metacomunicación (las acciones son superiores a las palabras) y puede acelerar la retirada o responder a la defensiva. En ambos casos, la mujer sentirá que él no escuchó su inquietud, que ella no le importa.

Un incidente clásico ocurrió una vez en una sesión de asesoramiento psicológico de parejas que realicé con un brillante hombre de negocios y su frustrada esposa. En un momento dado, ella estalló en angustia: «Nunca dices que me amas». Volviendo los ojos y con actitud condescendiente, él dijo: «Bueno, te amo». La esposa, por supuesto, no quedó satisfecha. La metacomunicación —los ojos en blanco y la condescendencia— fue superior al contenido de la comunicación.

Cuando se dice que las personas tienen buenas habilidades sociales, por lo general se refiere a que están acostumbradas a descifrar las metacomunicaciones de los demás, representadas por el lenguaje corporal, el tono de la voz, los matices del discurso y características similares. Una persona aburrida habla de manera continua, no responde a las cambiantes posturas ni las miradas de reojo de *su* audiencia. Para una persona socialmente más hábil, esos son indicios de que el oyente está cansado de la conversación, del mismo modo en que una mirada atenta y la imitación del tono y la postura significan que el oyente está siguiendo atentamente a su interlocutor. La persona socialmente hábil va corrigiendo en el acto su discurso cuando se enfrenta a esos indicios, buscando temas que generen una respuesta no verbal favorable y minimizando aquellos que desmotivan al oyente.

El proceso de poner atención a los indicios e ir corrigiendo el discurso debería ser familiar para los *traders*. Los individuos socialmente hábiles no pueden predecir las preferencias de sus compañeros, pero pueden estar atentos a las metacomunicaciones que revelan esas preferencias y los respectivos cambios que vayan surgiendo. El sello distintivo del comunicador hábil y el *trader* de éxito no es la capacidad de mirar una bola de cristal, sino la agudeza.

Existen importantes consecuencias relacionadas con esta forma de pensamiento. Los mercados, al igual que las personas, recurren a las comunicaciones y metacomunicaciones. Las comunicaciones de un mercado corresponden a sus movimientos a lo largo del tiempo: alza de 10 por ciento en tres semanas, bajada de 5 puntos en la última hora y así sucesivamente. Las metacomunicaciones del mercado describen *cómo* se realizan estos movimientos: gradual o repentinamente, a un alto o bajo volumen y volatilidad, con una mayoría de las acciones participando o no participando, etc. Gran parte de lo que denominamos análisis técnico es un esfuerzo por descifrar las metacomunicaciones del mercado.

Imagine dos gráficos de barras similares de 5 minutos. El primero representa un mercado que ha aumentado de A a B durante el día; el alza fue sostenida y en tendencia. El segundo gráfico también muestra un mercado que ha aumentado de A a B durante la sesión del día; sin embargo, esta alza fue inconstante: los períodos de compra se intercalaron con rachas de ventas. Las comunicaciones del mercado son idénticas, pero las metacomunicaciones son muy diferentes.

El mercado en el primer gráfico es relativamente eficiente: la distancia recorrida durante todo el día se acerca bastante a la suma de la distancia recorrida durante cada período de 5 minutos. El segundo mercado es ineficiente: recorrió una distancia considerable de período a período para finalmente terminar en el mismo punto. Esa ineficiencia es una importante metacomunicación del mercado. Significa que la tendencia principal está enfrentando importantes interrupciones. Una disminución en la eficiencia —la relación de la distancia recorrida durante un período de tiempo con la distancia recorrida en el interior de ese período— muy a menudo precede un cambio de tendencia. Los mercados, al igual que los ríos y los seres humanos, comienzan sus vidas rápida y linealmente para terminar en un silencioso serpenteo.

El mismo fenómeno se puede observar en terapia. Las variaciones en la eficiencia preceden importantes cambios en el pensamiento, los sentimientos y el comportamiento. Tales variaciones están entre las metacomunicaciones más importantes. Antes de que una persona esté tan depresiva como para pensar en el suicidio, surgen sutiles signos de ineficiencia: ya no disfruta con las cosas que antes le provocaban placer, no tolera el estrés que antes podía afrontar, situaciones que manejaba con energía ahora resultan agobiantes. Cuando las personas con antecedentes de depresión y suicidio ya no responden a los estímulos positivos de la forma acostumbrada, están mostrando un importante indicador temprano de probabilidad de suicidio. La ausencia de lo positivo a menudo es la antesala del surgimiento futuro de lo negativo.

Asimismo, si piensa en el mercado como una fábrica —un sistema de producción con insumos y productos— puede formular importantes preguntas sobre la relación de los insumos con los productos. Estas son metacomunicaciones fundamentales para los mercados, al igual que para las personas. Un mercado aumentará según un nivel determinado de solidez de alza-baja entre acciones. Luego, repentinamente, habrá una variación. Un análisis positivo de alza-baja ya no generará precios más altos. El gráfico de precios se achata considerablemente, incluso si los indicadores se muestran sólidos. La fábrica del mercado ya no es tan eficiente y está necesitando más insumos para obtener los mismos productos. Eso, tanto para el mercado como para el cliente deprimido, es un posible indicador temprano de problemas.

A la inversa, un mercado puede caer durante días, repuntar y luego alcanzar una nueva oleada de ventas, de acuerdo a lo indicado por el TICK de la Bolsa de Valores de Nueva York (NYSE). Sin embargo, es posible que las ventas no lleven a la mayoría de las acciones a nuevos mínimos. El mercado está perdiendo eficiencia en su vertiente bajista. Esta sutil pero significativa metacomunicación antecede una gran cantidad de alzas, incluso a nivel intradía.

Los operadores expertos en leer las pantallas de cotizaciones al detalle parecen ser individuos que han estado inmersos en el mercado el tiempo suficiente como para poder descifrar las sutiles variaciones de impulso, aceleración y volatilidad que preceden a los movimientos de tendencias. Esto parece corresponder especialmente a los *traders* de los corros, que hacen movimientos pequeños en cuestión de segundos. Con tendencias tan breves, no hay oportunidad de elaborar análisis estadísticos. En cambio, los *traders* llegan a estar sumamente adaptados a las sutiles metacomunicaciones de la sala: la actividad del *trading*, el flujo y reflujo del volumen en las áreas de operaciones, las rápidas variaciones en la oferta y la demanda, los patrones de actividad entre los grandes y pequeños actores del mercado. No es de extrañar que muchos *traders* de los corros al principio tengan dificultades al pasar a otros espacios. Sin sus bases de datos —esas metacomunicaciones que guían su sentido interno de ritmo e impulso, en los mercados— quedan temporalmente sin timón.

Metacomunicaciones en el *trading*

Conozco muy bien la experiencia de hacer *trading* sin timón. Cuando comencé a analizar los mercados, afrontaba las subidas y bajadas de la misma forma. Si el mercado subía un 5 por ciento en 20 días, revisaba mi base de datos en busca de todas las ocasiones en que el mercado presentara una tendencia similar, y veía lo que había pasado tras cada una de esas oportunidades, esperando identificar un patrón regular.

Si bien admirablemente cuantitativo, mi enfoque era equivalente a sostener una conversación con los ojos cerrados. Me permitía asimilar las comunicaciones del mercado, pero no las metacomunicaciones, y me hizo un *trader* socialmente torpe y, por cierto, no muy bueno.

Hay una analogía que complementa muy bien esta opinión. De las relaciones sentimentales que observo entre mis estudiantes, las menos afortunadas son —sin ninguna duda— las que comienzan *online*. Generalmente, la relación comienza en un chat o a través de un sitio web de «corazones solitarios». Inician frecuentes sesiones de comunicación, a menudo compartiendo detalles íntimos de sus vidas. Extasiados ante la posibilidad de conocer a alguien que realmente los escucha y se preocupa por ellos, deciden finalmente conocerse en persona.

Ahí es donde todo se desmorona.

Los medios *online* eliminan de las interacciones gran parte de los elementos de la metacomunicación. Cuando se conversa *online*, no puede darse cuenta de que la otra persona tiene un tono de voz deprimido, una apariencia desgreñada o un encanto engañoso. La persona con la que fantasea en Internet termina siendo muy, pero muy distinta de la que finalmente conoce. Gran parte de lo que se experimenta como química personal surge de las respuestas mutuas de las metacomunicaciones.

El *trading* sin una apreciación de la metacomunicación tiene tantas posibilidades de éxito como las citas *online*. Tan importante como el *qué* hace el mercado es el *cómo* lo está haciendo. Los mercados son como las personas: señalan cambios en sus estados anímicos con variaciones en la metacomunicación. A estos cambios sutiles los llamo «palanca de cambios».

Si alguna vez ha conducido un coche con transmisión mecánica, entonces conoce muy bien los cambios. Cuando está en marcha rápida, el coche alcanzará una velocidad rápida para un determinado nivel de revoluciones por minuto (RPM) del motor, tal vez 140 millas por hora, antes de que el tacómetro llegue a la línea roja. En una marcha más lenta, el coche llegará a la línea roja mucho antes de alcanzar la velocidad máxima: muchas revoluciones bajan la velocidad, pero aumentan la aceleración. Si quiere arrancar para meterse rápido en el tráfico, una marcha lenta dará el máximo de par motor, impulsándole hacia el flujo de vehículos. Si quiere desplazarse a gran velocidad por la autopista, una marcha rápida será la mejor alternativa.

Un conductor competente es aquel que sabe cuándo subir y bajar cambios, dependiendo de las condiciones del camino. Conducir es un proceso activo, que incluye continuos ajustes frente a los giros, los patrones del tráfico, etc.

Asimismo, las personas cambian de marchas durante una conversación. La palanca de cambios representa las modificaciones en el volumen, la velocidad y la inflexión del discurso. Otras palancas de cambios se manifiestan como lenguaje corporal, como cuando una persona cambia de postura en respuesta a un tema específico. A menudo, al observar las metacomunicaciones de dos personas que conversan, puede determinar si están en sincronía. La empatía entre los individuos es evidente cuando cada uno realiza un seguimiento de las metacomunicaciones del otro. El resultado es un elegante ballet, donde los movimientos de los ojos, los tonos de voz y las posturas corporales están coordinados de un modo imposible de reproducir mediante un esfuerzo consciente.

En cambio, es posible saber si una conversación no está fluyendo cuando las partes están cambiando las marchas en distintos momentos y de diferentes formas. El resultado es similar a una autopista donde algunos conductores aceleran mientras otros bajan la velocidad. El resultado más probable es un choque en cadena.

Si hay algo que se sabe de las terapias, es que el resultado depende en gran manera de la empatía que se produzca entre el terapeuta y el cliente. Es poco probable que los terapeutas tengan alguna influencia y credibilidad si sus clientes no confían en ellos. Por lo tanto, la primera misión de un terapeuta —o de cualquiera que esté en un área donde los resultados dependen de la calidad de la relación, ya sea en citas amorosas, ventas o medicina— es desarrollar un vínculo estrecho. En terapia, al igual que en las citas o ventas, los resultados se producen mucho más rápido cuando existe empatía desde el principio.

Como en el caso de Mary, siempre comienzo mi trabajo con un nuevo cliente entablando una pequeña conversación y analizando las metacomunicaciones que se van produciendo. Me gusta especialmente introducir un elemento de humor o charla liviana en los primeros minutos de la sesión. Las respuestas son ilustrativas: indican si las personas podrán alejarse lo suficiente de sus preocupaciones como para permitirse un poco de humor. Si cuando pregunto «¿Cómo está?» el cliente responde luego preguntándome como estoy yo, o si puede hablar sobre deportes, el clima o el último rumor de la universidad, es una señal segura de que no está sobrepasado por sus problemas actuales.

Utilizo esos indicadores interpersonales de la forma en que un *trader* utiliza los indicadores de mercado. Cuando las personas no responden de manera «normal» ante una situación, es señal de que algo no anda bien. De la misma forma, cuando los mercados no responden normalmente ante una disminución de la tasa de interés o ante la noticia de una buena ganancia, se debe poner atención a la metacomunicación que eso significa. Quiere decir que el mercado no está cambiando las marchas cuando debería hacerlo y puede que haya problemas más adelante en la carretera.

Las expectativas frustradas son una de las metacomunicaciones más importantes que puede recibir del mercado. Cuando el mercado no está haciendo lo que debería estar haciendo, hay buenas posibilidades de que se presente una oportunidad rentable. Por eso mis primeros esfuerzos por investigar periodos actuales mediante la investigación de todos los periodos anteriores similares no fueron muy prósperos. El contexto de esa jugada –si ocurrió después de noticias económicas favorables o aumentos en la tasa de interés, si se logró con una volatilidad y período de ajuste menores, si ocurrió todo de una vez a principios del periodo o se repartió de manera más bien pareja– marca una enorme diferencia con respecto de las expectativas futuras. Lo que los *traders* ven en la pantalla es la conversación que sostiene el mercado con ellos. Al igual que los psicólogos, los *traders* desean estar atentos al tono y ritmo de las comunicaciones y no solo al significado literal.

A continuación, un sencillo ejemplo de este tipo de atención. Un mercado baja abruptamente durante dos o tres días seguidos, llevando a la mayoría de las acciones a mínimos de varios días. Al día siguiente, abre aún más bajo, quizás secundado por los comentarios de supuestos expertos que se suben al carro de la evidente debilidad. La caída de esta mañana, sin embargo, es sustancialmente diferente de la de los días pasados. El TICK Compuesto de la NYSE –el número de acciones que bajan contra las que están en alza en cada momento– se mantiene muy por encima de sus mínimos anteriores. Uno o más índices sectoriales incluso podrían resistir la baja de la mañana, indicando que hay focos de fortaleza en el mercado.

Muchos *traders* no logran descifrar las metacomunicaciones. Como seres humanos están concentrados en buscar patrones –señales con significado– en las cosas que perciben. Si algo se repite dos o tres veces seguidas, los *traders* tienden a verlo como parte de un patrón significativo. Cuando experimentan un declive del mercado durante varios días, su expectativa normal y humana es la continuación del patrón.

En esos casos, generalmente observo cómo los *traders* responden al mercado con el equivalente de su lenguaje corporal. Una de mis formas favoritas de hacerlo es tomar un fondo cotizado en la Bolsa (EFT), como el SPY o QQQ, y observar su actividad transacción por transacción. Específicamente, busco la proporción de transacciones que se están realizando en pequeños lotes —100 o 200 acciones— en comparación con las que se hacen de lotes muy grandes. Muy a menudo, son los *traders* más pequeños y menos experimentados los que no logran leer el lenguaje del mercado. Si la proporción de transacciones menores sube fuertemente durante el declive de la mañana, a pesar de que es evidente que hay focos de fortaleza, vale la pena hacer transacciones en dirección contraria a la que siguen estos chiquitines. No están poniendo atención a las metacomunicaciones del mercado.

Como indiqué anteriormente, también he notado que el volumen intradía de contratos de Standard & Poor's (S&P) y E-Mini del Nasdaq es útil para leer las metacomunicaciones del mercado. El examen de las lecturas de volumen de un minuto, en el contexto de la acción del mercado, sugiere que una gran parte de los pequeños *traders* de E-Mini operan en un modo de ruptura, apresurándose a entrar al mercado cuando hay nuevos máximos y mínimos. Cuando existe tal apremio por entrar y salir durante una ruptura débil (donde hay un número importante de sectores y acciones que no participan), a menudo resultan ser rupturas falsas y buenas oportunidades para ir contra la multitud. Su posición se beneficiará cuando los demás tengan que rectificar las suyas.

Cuando el mercado logra revertir la bajada inicial y pasa a terreno positivo, o cuando revierte una aparente ruptura, esta actividad quebranta las expectativas psicológicas de los *traders*. Están esperando una caída en la quinta marcha, pero el mercado repentinamente baja la marcha y empieza a subir. Temporalmente pierden la sincronización con el mercado, igual que cuando yo no la tengo con un cliente que no puede responder a mi sentido del humor.

Los buenos *traders* —como los buenos psicólogos— saben qué hacer en esas circunstancias. Tienen una rápida caja de cambios en sus transmisiones manuales y pueden cambiar de marcha en el momento preciso. Algunas de las mejores transacciones ocurren cuando el mercado transgrede las expectativas lógicas o psicológicas. Las reacciones emocionales propias de un *trader* a esos cambios de postura pueden ofrecer uno de los mejores indicios para enganchar su palanca de cambios.

A la mayoría de los *traders* de corto plazo les falta tiempo para realizar sesudos análisis matemáticos del mercado y por tal razón confían en herramientas más inmediatas, como los patrones de gráficos. El punto es que estos condicionan sus expectativas y, como resultado, son una útil herramienta para hacer transacciones en contrario cuando aquellas no se cumplen.

Mientras el *trader* medio se centra en la comunicación —el patrón gráfico o la señal del oscilador—, las metacomunicaciones pueden estar apuntando en una dirección muy diferente. Un buen ejemplo es una región de actividad leve de los precios después de una buena alza del mercado. La actividad leve interrumpe el aumento en los gráficos y, por lo tanto, aparece naturalmente un techo en formación. De hecho, el *trader* orientado a lo técnico puede incluso «monitorizar» el volumen en la región de actividad leve y concluir que se aproxima un declive, ya que un menor número de acciones está cambiando de manos.

Lo que no se percibe en el análisis del *trader* es una lectura del lenguaje corporal del mercado, una apreciación de *cómo* el mercado se está corrigiendo durante ese período plano. Un ejercicio instructivo es seguir una cesta de acciones y observar nuevas alzas y bajadas en un período corto. En mi propio *trading*, la cesta antes mencionada de 40 acciones (30 de Dow y 10 relacionados con tecnología, finanzas y transporte y otras para imitar el S&P 500) ofrece una buena lectura de la metacomunicación. Específicamente, «monitorizo» el número de nuevas alzas y bajadas que se están produciendo en periodos de 30 minutos, 2 horas y 10 horas continuas. (Diez horas corresponden a aproximadamente 1,5 días de *trading*). Los *trader* con posiciones de más largo plazo pueden utilizar un marco de tiempo mayor para contar nuevas alzas y bajadas, como un período de 20 días. Lo importante en el *trading* de un mercado en consolidación es poder observar las variaciones entre las nuevas alzas y bajas dentro del período de consolidación.

Es interesante notar que lo que parece ser una región de máximos puede terminar viéndose muy diferente cuando se mira bajo el microscopio de la metacomunicación. Con cada caída en la zona plana, menos acciones harán nuevas bajadas. Las cifras TICK negativas durante los períodos de venta se irán agotando a niveles más altos. La volatilidad comienza a desplazarse un poco hacia arriba. Y luego, ¡zas!, el mercado rompe el área plana y se va hacia arriba. Las posiciones vendedoras deberán cubrir la ruptura de volatilidad, impulsando aún más el movimiento ascendente.

Más tarde, los *traders* «engañados» observarán el gráfico y verán una tendencia ascendente que reduce la región plana. Con desazón se preguntarán cómo dejaron pasar un movimiento tan «obvio». Incluso podrían buscar nuevos patrones gráficos y servicios de asesoramiento psicológico para enmendar sus errores, pero todo eso es como llorar por la leche derramada. Volver a revisar las comunicaciones no servirá de nada cuando el problema es de metacomunicación.

La comunicación corporal del *trader*

Los *traders* tienen su propio lenguaje corporal y analizarlo puede ser muy provechoso. Los *traders* constantemente están comunicando, incluso cuando están en silencio. Sus expresiones faciales, las posturas corporales y los gestos son todas formas de comunicar su estado emocional al mundo exterior. Lamentablemente, la mayoría de los *traders* no prestan atención al cuerpo y, por lo tanto, no son conscientes de estas valiosísimas fuentes de información.

El psiquiatra Wilhelm Reich fue el primero en introducir la idea de que las defensas emocionales de las personas en realidad son un fenómeno corporal. Las personas tensan los músculos y el cuerpo en extrañas posiciones para evitar sentir emociones o impulsos que los hagan sentir incómodos. Si, por ejemplo, me siento especialmente amenazado por mi propia rabia hacia mis hijos (porque eso contradice la imagen de buen padre que tengo de mí mismo), puedo llegar a ponerme muy tenso en un momento de conflicto. Frunciría el ceño y trataría con todas mis fuerzas de alejar esos malos pensamientos que un buen padre no debe tener. Luego, inexplicablemente, le diré a mi mujer con tono quejumbroso que me duele la cabeza y me siento agotado, totalmente inconsciente de la batalla emocional interna que he estado librando.

En terapia, se han desarrollado varios enfoques para utilizar variaciones en el estado físico de las personas como activadores para volver a procesar sus patrones problemáticos. En el trabajo bioenergético, por ejemplo, una persona puede sentirse triste sin aparente razón. Después de relajar los músculos y estirar los brazos y las piernas, repentinamente podría tener acceso a nuevos datos. Solo en ese momento recordará que ese día es el aniversario de una importante pérdida.

Las metacomunicaciones del cuerpo de una persona son fundamentales, ya que a menudo el cuerpo sabe cosas que la mente desconoce. O, mejor dicho, usted procesa el mundo de manera no verbal antes de percibirlo a través del lenguaje. Si puede leer su propio lenguaje corporal, puede lograr un mejor conocimiento de lo que pasa en la Mente 2.

Se me viene a la cabeza un ejemplo de mi familia. Cuando mi hijo Macrae estaba en preescolar, sufría períodos de frustración donde no hacía caso a los adultos, e incluso los atacaba verbalmente. La imposición de límites parecía empeorar el problema. Su rabia simplemente aumentaba y se volvía cada vez más desafiante. La preocupación de quien tenía a su cargo el cuidado del niño aumentaba, ya que en esos momentos le era imposible comunicarse con él.

Para mí, esos episodios emocionales eran agotadores y desagradables. Después de un largo día de sesiones de terapia, tenía muy pocas reservas emocionales como para ser y mostrarme considerado y sensible. De hecho, me noté tenso cuando entré en mi casa, preparándome para lo peor. Sabía, sin embargo, que el mero hecho de descargar mi molestia sería contraproducente. Al igual que mis clientes, al igual que cualquier persona, me sentía impotente y al principio traté de hacer caso omiso de mi frustración.

Una tarde en casa, Macrae estaba jugando en el espacio para juegos del sótano cuando rompió uno de sus juguetes. De inmediato le vino una rabieta y se negó a subir a cenar. Lo llamé una vez... dos veces... después una tercera vez. Podía sentir un leve aumento en el tono de mi voz. La situación se ponía cada vez más tensa para ambos.

Luego, bajé las escaleras.

Extrañamente, mi mano derecha se enroscaba en una posición tensa. Era como si estuviera tratando de empuñarla, pero la hubiera detenido antes de hacerlo. De hecho, al pensarlo, creo que es exactamente lo que sucedió. Estaba enfadado con Crae y quería agredirle, pero no podía permitirme hacer algo así.

Con torpeza, observé mi mano enroscada y respiré profundo, distanciándome de la situación. Me vino un extraño pensamiento: mi mano parecía una araña.

Dejé de observarla y miré a Macrae. Era como si lo estuviera viendo bajo un prisma totalmente distinto. Ya no se veía tan enfadado: parecía triste. Me di cuenta de que tratar de forzar la situación solo aumentaría su malhumor y frustración, así es que me acerqué a él. Al acercarme, pude notar que esperaba que le llamara la atención o algún tipo de consecuencia si no subía a cenar. Quizás esperaba un par de azotes.

Me incliné, lo tomé y lo miré directamente a los ojos. Lo senté en el sofá y le expliqué que iba a ser atacado por «arañas malignas» que pican a los niños sin piedad. Le mostré mi mano enroscada y le dije que estas arañas eran muy rápidas y difíciles de atrapar. También le expliqué que las arañas solo pueden ser conquistadas con besos, que los golpes solo las hacen ser más fuertes, mientras que los besos las convierten en «arañas buenas».

Los ojos de Crae se iluminaron mientras las arañas caminaban hacia él. Después de un par de picadas, logró atrapar una y darle un beso, con lo cual dejó de picarle y, a cambio, le acarició tiernamente el rostro. Otras arañas fueron mucho más rápidas y le costó atraparlas para besarlas. La parte negativa del ejercicio fue que nuestra cena se enfrió. Pero la positiva fue que la atención de Crae quedó completamente absorbida por este nuevo juego. Al liberar sus energías frustradas hacia un juego cariñoso, una rabieta se convirtió en besos, cariños y un episodio de conexión, y el juguete roto pasó al olvido.

Por mi parte, al prestar atención a mi cuerpo aprendí algo sobre mi estado emocional. Esto, a su vez, activó mi Observador Interno y me permitió canalizar mi rabia de manera distinta. Más importante aún, había información valiosa en mi mano enroscada que creó las bases para una respuesta creativa y constructiva al problema. El juego de las «arañas malignas» no fue una estrategia pensada conscientemente. *Mi cuerpo inspiró el juego incluso antes de haberle dado un nombre.* Mi cuerpo había creado un útil acorde pivote de puño a medio formar a araña cariñosa.

Pienso que la mayoría de las personas puede identificar momentos en que sus cuerpos sabían algo antes de que tuvieran consciencia de ese conocimiento. La mayoría de las veces solo lo atribuyen a la intuición. No reconocen que sus cuerpos funcionan guiados por una mente, y diferente a aquella con la que se identifican conscientemente. Esta mente no verbal, orientada a la acción y basada en la emoción nos daría constantemente información de enorme utilidad si solo pudiéramos prestar atención a las (meta)comunicaciones.

He observado repetidas veces el valor de la comunicación corporal en las situaciones de *trading*. Hace un par de meses, coloqué una transacción de rutina, vendiendo cuando parecía que se había desvanecido el impulso al alza. Estaba haciendo transacciones usando uno de mis patrones favoritos, que compara las lecturas acumulativas intradía al alza y a la baja del Promedio Industrial Dow Jones (TIKI) con las lecturas de precios y el TICK de la NYSE. Ya que las acciones de Dow son fuertemente negociadas por instituciones, son bastante sensibles al *trading* de programas. La comparación del TIKI con el TICK y el cambio de precios del índice de S&P da una rápida lectura del grado en que el *trading* institucional puede mover el mercado. Si hay una gran cantidad de *trading* institucional en una dirección particular y si el mercado general no logra moverse proporcionalmente, a menudo se pueden obtener beneficios de las metacomunicaciones del mercado, haciendo transacciones en contra del movimiento.

En esta ocasión particular, coloqué una transacción corta, ya que el TIKI elevado no estaba acompañado de un fuerte precio o acción de TICK al alza en un período de dos horas. Ese tipo de transacciones por lo general es adecuada para una jugada de contratendencia intradía, como mínimo. He investigado y operado el patrón lo suficiente como para sentirme cómodo con él.

Sin embargo, después de colocar la orden, no me sentí para nada cómodo. Observé cada *tick* posterior como un halcón, siguiendo el destino de mi posición. Después de algunos minutos, repentinamente me di cuenta de que tenía un terrible dolor de cabeza. Había estado inclinado hacia adelante en la silla, con la mirada clavada en la pantalla. Mis ojos estaban cansados y sentía los músculos tensos.

Fue como si hubiese despertado. Meneé la cabeza y dije en voz alta, «¿Qué estás haciendo?» *Nunca* sigo una transacción tan obsesivamente, en especial una transacción tan pequeña como la que había colocado.

Me di cuenta, sin embargo, de que mi cuerpo no se sentía cómodo con la transacción, a pesar de que me había convencido de que era una buena jugada con altas posibilidades.

Ahora, respondiendo a la preocupación de mi cuerpo, miré los gráficos bajo una nueva perspectiva, comparando el marco de tiempo de un minuto con una imagen más amplia de varios días. En eso me di cuenta de que la transacción no estaba yendo como debía. El mercado había retrocedido de sus alzas, pero no estaba alcanzando el nivel de soporte que esperaba. Peor aún, parecía que no habría una buena resistencia sino hasta en un nivel mucho más alto. Había cometido un error. Estaba tan inmerso en la acción a corto plazo que no percibí la imagen global. El mercado estaba en un alza relativa, es cierto, pero solo era una estación intermedia para llegar a niveles superiores.

Rápidamente cerré la posición, volviendo una potencial pérdida en una útil experiencia de aprendizaje.

Juro que no tenía ni idea de que la transacción iba a fallar. Pero, de alguna forma, mi cuerpo lo sabía.

La mente que se esconde en la mente humana

El tema de la metacomunicación corporal parece bastante místico y, no obstante, está respaldado por una gran cantidad de investigación en el campo de la neurociencia cognitiva. Las personas, de hecho, saben muchas cosas que su mente no percibe.

Tor Norretranders, en su estimulante libro *The User Illusion*, da un ejemplo simple. Supongamos que uno es el bateador en un juego de béisbol y el lanzamiento de la pelota cambia de dirección hacia su cabeza. Muy rápidamente, uno se tira al suelo para evitar el golpe. El lanzamiento, que posiblemente viene a una velocidad de 90 millas por hora, viene demasiado rápido como para que conscientemente uno se dé cuenta de lo que está pasando y pueda idear una estrategia apropiada. De hecho, lo que sucede es que uno se tumba al suelo y *después* se da cuenta de que casi lo noquearon. El pensamiento consciente y explícito aparece *después* del reconocimiento y la acción.

Su conciencia opera con un ancho de banda demasiado lento como para permitir el procesamiento efectivo de la información en situaciones tan peligrosas. Al unir los canales motores a un procesador mental más rápido, la naturaleza le provee de una capacidad altamente adaptable para pasar por alto el pensamiento lento y actuar con rapidez para «salvarse».

La investigación de Benjamín Libet demuestra claramente la velocidad relativa de los procesadores de la mente humana. Libet estudió a un grupo de sujetos, a quienes pidió que doblaran los dedos de la mano o movieran la mano a voluntad. Cada sujeto estaba conectado para medir la actividad eléctrica de la mano como una forma de determinar la relación entre el intento consciente de los sujetos y la actividad motora. Sorpresivamente, Libet descubrió que el potencial eléctrico de preparación en las manos comienza poco más de medio segundo después de que la persona ejecuta, de manera consciente, el movimiento del dedo o la mano.

Para quienes están acostumbrados a la idea de que *son* su propia mente consciente, la investigación de Libet es inexplicable. Según su descubrimiento, los cuerpos comienzan el movimiento antes de que la persona haya formulado conscientemente la intención de moverse. La mente no determina la acción del cuerpo. Informa lo que ya se ha iniciado una fracción de segundo antes. La realización de cada acto consciente y voluntario, concluye Libet, es precedido por un procesamiento cerebral subconsciente.

Norretranders se refiere a la mente consciente como una «ilusión del usuario», ya que genera la ilusión de que controla el comportamiento de una persona, cuando por lo general no ocurre así. El término «ilusión del usuario» proviene del mundo de la informática. Para los legos, pareciera que la interfaz de usuario, como Microsoft Windows, controla el ordenador cuando, de hecho, las operaciones del ordenador están ocurriendo a un nivel inferior de la interfaz, en el mundo binario del código de máquina.

Si su mente consciente se limita a reportar sus acciones y no la que los inicia, surge una pregunta incómoda: ¿cómo de exactos son los registros de su experiencia consciente?, ¿puede confiar en su propia mente?

Aquí es donde la innovadora investigación de Michael Gazzaniga y Joseph LeDoux es particularmente importante. De acuerdo a lo descrito anteriormente, estos investigadores trabajaron con personas con epilepsia a las que se les había realizado cirugía en el cuerpo calloso, cortando la conexión que existe entre los hemisferios izquierdo y derecho del cerebro. Se dieron cuenta de que los individuos con cerebros separados se desenvolvían razonablemente bien, pero que también mostraban ciertas particularidades. Por ejemplo, a quienes se les mostraba imágenes diferentes a los ojos izquierdo y derecho podían señalar lo que habían visto con sus manos izquierda y derecha, respectivamente. Cuando se les preguntaba qué habían visto, sin embargo, solo podían nombrar el objeto mostrado al ojo derecho. La información presentada al ojo izquierdo, conectado al hemisferio cerebral derecho no verbal, no pasó el umbral de reconocimiento consciente y verbal, ¡aun cuando los individuos claramente sabían lo que estaban viendo y podían señalarlo!

La revelación surgió cuando Gazzaniga y LeDoux preguntaron a los individuos *por qué* habían señalado la imagen con la mano izquierda. La situación específica, observada con un individuo denominado P.S., fue que al campo izquierdo de visión (hemisferio cerebral derecho) se le presentó una imagen de nieve, mientras que al campo derecho (hemisferio cerebral izquierdo) se le mostró una pata de pollo. P.S. pudo señalar con su mano izquierda una pala para nieve y con la mano derecha un pollo para demostrar que, efectivamente, había visto cada elemento de manera correcta. Cuando se le preguntó qué había visto, P.S. respondió que había visto la imagen del pollo. Cuando se le preguntó por qué, entonces, había señalado con su mano izquierda la pala para nieve, ¡P.S. respondió rápidamente que se necesita una pala para limpiar el gallinero!

La conclusión de Gazzaniga, que se incluye en su libro *The Mind's Past* («El pasado de la mente»), es que la mente consciente verbal es, en realidad, un intérprete. P.S. no tenía una noción real de por qué señaló la pala, por lo que a su mente de razonamiento verbal se le ocurrió un razonamiento posible, pero absolutamente irrelevante. Las mentes de las personas, afirma Gazzaniga, no muestran los datos sin procesar sobre el mundo. A cambio, las descripciones conscientes y verbales del mundo son interpretaciones tomadas de datos más básicos que se registran a niveles no verbales. *Lo que una persona percibe de manera consciente es una construcción sobre los fenómenos, no fenómenos en sí.*

Teniendo esto en cuenta, mi experiencia de *trading* con la incómoda venta corta tiene sentido. Conscientemente, había creado una serie de razones para la posición corta que escapaba de la lógica para ese tipo de posiciones. En un nivel no verbal, no sentía cómoda la transacción porque los patrones que recibía no se ajustaban a mi experiencia anterior. Había visto tantos gráficos y asumido internamente hasta tal punto sus patrones que podía detectar las desviaciones de la norma antes de que conscientemente las identificara.

Algunos podrían decir que esta línea de investigación destruye el entendimiento de la razón humana. Si no puedo confiar en mi mente, ¿cómo puedo llegar a conocer el mundo? Una conclusión tan escéptica, creo, es injustificada. No es que los seres humanos carezcan de razón, *sino que la razón humana está formada por mucho más que la experiencia consciente y verbal.* Cuando esquiva un lanzamiento del *pitcher* antes de que conscientemente identifique lo que ha pasado, está actuando con la razón, aunque de manera inconsciente. Está en su punto más racional cuando coordina sus mentes, recopilando información, haciendo que tenga sentido y probando su comprensión con la experiencia futura. Esta, lógicamente, es la tarea de cualquier *trader.*

Hay mucho que decir de los sistemas de *trading* mecánico y su potencial para reducir el elemento humano y emocional en el *trading.* Al igual que Deep Blue, el ordenador que juega al ajedrez, los sistemas automáticos pueden descubrir las oportunidades en el mercado de manera mucho más eficiente con la fuerza bruta de un buen *trader.* Así y todo, los maestros del ajedrez no confían exclusivamente en la fuerza bruta. Se han sumergido de tal forma en los patrones del juego que pueden predecir la jugada. Esto les permite responder de manera rápida a situaciones que no se parecen a las partidas que han estudiado. Los grandes jugadores de ajedrez, después de largos años de estar inmersos en el juego, han alcanzado el punto en que procesan las jugadas en el tablero de manera inconsciente, alineando su «intuición» con su «razón».

Un fenómeno similar podría ocurrir en el dominio del mercado. Si bien es reconfortante confiar en los consejos de los expertos del mercado, no existe sustituto para el conocimiento profundo que proviene de sumergirse en los patrones del mercado. Uno de mis mejores métodos como *trader* fue imprimir los patrones diarios del mercado, junto con la lectura de cada indicador que seguía, durante años. Al revisar estos gráficos cada noche, en mi mente se fueron cimentando las maneras normales en que se movía, permitiendo que mi cuerpo percibiera las desviaciones de la norma, esas metacomunicaciones tan importantes del mercado.

Esto, creo, ayuda a explicar por qué el desarrollo del enfoque y la concentración a través de rituales diarios de estudio del mercado es un tema común entre aquellos que han formado a *traders* exitosos. Solo cuando nos sumergimos diariamente en el mercado es posible contar con la base de información que necesita la mente subconsciente para distinguir los acontecimientos normales de los anormales. El psicólogo Dean Keith Simonton ha resumido la investigación sugiriendo que la grandeza en cualquier campo del esfuerzo requiere 50.000 bloques de información. Un almacén de conocimiento como ese solo se puede adquirir a través de años de intenso estudio. El *trader* medio, que entra y sale de diferentes estados mentales, no *está* muy bien equipado para mantener tal esfuerzo. Si la inmersión es fundamental para descifrar las metacomunicaciones de los mercados —como lo es para aprender otro idioma— no es de extrañarse que los *traders* que reaccionan emocionalmente no logren dominar los mercados. La atención que ponen en sí mismos compite con el procesamiento de la información sutil que es necesaria para sentar las bases de la pericia en el *trading*.

Saber más de lo que se sabe: aprendizaje implícito

Retrocedamos un momento y preguntémonos cómo los niños pueden adquirir habilidades complejas, como hablar su lengua materna e interactuar socialmente de manera correcta. Cuando los niños son muy pequeños, aún no han asimilado las reglas de la gramática y la sintaxis. Como resultado, a menudo hablan con oraciones fragmentadas y mal estructuradas. Cuando era muy pequeño, podía reconocer a los coches Chevrolet en el camino y decir, «Da-da-da». Aunque no conocía la palabra «Chevrolet», era claro que tenía idea de lo que era Chevrolet y que la palabra estaba formada por tres sílabas. De la misma forma, antes de que nuestro pequeño Macrae conociera la palabra «apio», pedía un «palito de lechuga».

Las reglas del comportamiento social se adquieren de una forma muy similar. Los niños más pequeños generalmente carecen de un sentido interno de las buenas maneras e interrumpirán las conversaciones, tomarán los juguetes de otros niños y mostrarán otras maneras de falta de control de sus impulsos. Después, aprenden a esperar su turno, piden permiso para las cosas que quieren y demuestran sensibilidad hacia los demás. Incluso antes de que puedan verbalizar estas reglas, sin embargo, pareciera que poseen un conocimiento rudimentario de lo que está bien y lo que está mal socialmente. Un niño pequeño que no pudiera nunca conceptualizar verbalmente las reglas del comportamiento adecuado incluso podrá ocultar alguna travesura cuando uno de sus padres entra en la habitación. El niño sabe que está haciendo algo malo, pero no puede expresar verbalmente las bases de este conocimiento.

Michael Polanyi lo denomina *conocimiento tácito*. Gran parte de lo que sabe no lo puede verbalizar. Un muy buen ejemplo es el reconocimiento de los rostros de las personas. Podría reconocer la cara de un buen amigo si lo viera, pero es poco probable que pueda hacer una descripción verbal que permita a un extraño reconocer a su amigo en la multitud. La red de interrelaciones que componen un rostro es simplemente demasiado compleja y matizada —demasiado difusa— para que se ajuste correctamente a los términos categóricos del lenguaje: cabello oscuro, cabello claro; alto, bajo, etc.

De niño reconocía un Chevrolet, pero mi conocimiento no se podía expresar a través de la verbalización. Esto es muy común entre los niños: sus competencias de lenguaje receptivo son anteriores a sus habilidades de lenguaje hablado. Mucho antes de que un niño pueda decir «quiero una manzana», puede afirmar positivamente con la cabeza cuando se le pregunta «¿Quieres una manzana?» o puede tomarla cuando la vea. El concepto de *manzana* está presente de alguna forma, pero no es explícito, sino tácito.

El científico cognitivo Axel Cleeremans y sus colegas en Bruselas creen que todo el conocimiento está organizado de manera gradual en la conciencia, comenzando como conocimiento tácito e implícito y moviéndose por los distintos niveles de reconocimiento hasta tomar una forma totalmente explícita y verbal. El «palito de lechuga» de Macrae es un buen ejemplo de un nivel intermedio de conocimiento verbal. Claramente sabía que había un parecido entre el apio y la lechuga (verduras verdes) y reconocía la forma del apio (como palito), pero aún no asimilaba la palabra *apio*. El provocativo argumento de Cleeremans es que gran parte del aprendizaje comienza como conocimiento implícito: las personas adquieren conocimientos y habilidades, pero no pueden verbalizar lo que han adquirido. El *aprendizaje implícito*, afirma, capta cómo las personas adquieren el lenguaje, memorizan rostros e interiorizan las normas de interacción social.

Más adelante en este libro exploraremos el aprendizaje implícito y sus profundas implicaciones para la adquisición de pericia en el *trading*. Por ahora, una de ellas destaca sobre las demás: los *traders* pueden conocer aspectos del mercado sin ser capaces necesariamente de verbalizarlos. Si leer las comunicaciones y metacomunicaciones de un mercado es como leer las interacciones sociales, no debería sorprender que los *traders* que se inician sean tan limitados en sus lecturas como lo podría ser un niño en situaciones sociales. Más aún, probablemente su primer reconocimiento de los patrones en el mercado se manifieste más tácita e implícitamente que explícita y verbalmente. Los *traders* van a sentir lo que saben, señalarlo y utilizar un lenguaje impreciso para expresar su conocimiento mucho antes de que puedan describirlo con precisión y transmitirlo a otros. Gran parte de la sabiduría acumulada del análisis técnico es como los «palitos de lechuga» de Macrae: un esfuerzo titubeante para capturar, en palabras o imágenes, trozos del conocimiento interiorizado.

¿Son necesariamente exactos esos conocimientos? Tal vez no. El *trader* de éxito que utiliza un método de Fibonacci o una técnica de lectura de gráficos puede parecerse mucho al paciente P.S. de Gazzaniga y LeDoux. Recuerde que P.S. era el paciente con el cerebro dividido al que se le mostró una pala de nieve y una pata de pollo en sus ojos izquierdo y derecho, respectivamente. Cuando se le pidió señalar una imagen que describiera un aspecto de lo que había visto, pudo señalar con su mano izquierda una pala de nieve y con la derecha un pollo. Pero solo pudo verbalizar lo que había visto con el ojo derecho, el pollo. Cuando se le preguntó por qué había señalado con su mano izquierda la pala, inventó una razón: ¡dijo que se necesitaba una pala para limpiar el gallinero!

Pudiera ser que las teorías de *trading* tengan lógicas similares: la mente verbal y explícita intenta dar sentido a lo que el *trader* está experimentado de manera tácita. Los patrones de Gann, Elliott, los osciladores y los gráficos en los que confían muchos *traders* son explicaciones generadas para su comprensión sensible, ayudándoles a dar sentido a sus experiencias. Al igual que con P.S., sin embargo, las explicaciones pueden tener poca relación con la realidad subyacente. Suplen más una necesidad psicológica –la necesidad que tienen los *traders* de coherencia– que una epistemológica.

Este fenómeno no es específico del *trading*. Los estudios de los procesos y resultados de psicoterapia constantemente llegan a la conclusión que lo que hacen los terapeutas en las sesiones y lo que *dicen* que hacen es bastante diferente. En resumen, los terapeutas confían en sus teorías favoritas para describir lo que hacen en las sesiones –enfoques cognitivo, psicoanalítico, humanista–, pero raramente se adhieren a estas escuelas de pensamiento de forma sistemática. De hecho, los estudios sugieren que los terapeutas hábiles y experimentados de estas diferentes escuelas se comportan de manera sorprendentemente similar. Es más, estos elementos similares parecen ser más esenciales para el éxito de la terapia que las técnicas específicas recomendadas por cada una de las escuelas de pensamiento.

En términos de *trading*, las distintas teorías de gráficos, los análisis de indicadores, el comportamiento cíclico y las ondas pueden estar más relacionados con la forma en que los *traders* describen sus acciones que con sus comportamientos y comprensiones reales. Me he dado cuenta de esto durante mi propia participación en el chat sobre *trading* de Linda Raschke, un servicio educativo que permite a los *traders* observar las operaciones de Linda en el mercado en tiempo real. Muchas veces, Linda ha indicado una señal de compra o venta en el mismo momento en que yo la he percibido. No obstante, mientras Linda podía explicar el patrón como causado por una relación entre configuración de los gráficos y una lectura del oscilador basada en la volatilidad, yo describía el patrón en términos de un nivel de compra o venta decreciente en el avance/ decline intradía y a nuevos datos al alza/a la baja. Vimos lo mismo –y operamos de manera muy similar en esas ocasiones– pero interpretamos nuestro entendimiento de manera muy distinta. Solo queda preguntarse *si* no fue más bien que los dos detectamos primero la velocidad decreciente de manera tácita, para después buscar evidencia que respaldara nuestra comprensión percibida. Esto se ajustaría a la investigación de Libet, en el sentido de que nuestros cuerpos responden a situaciones antes que nuestras mentes conscientes.

Si esta línea de investigación y razonamiento tiene validez, apunta a un dilema central de la psicología del *trading*; *al mismo tiempo que los* traders *necesitan reducir las reacciones emocionales que sesgan el procesamiento de la información, necesitan estar atentos para percibir las tendencias percibidas captadas por su conocimiento implícito.* Por un lado, si el general del campo (el hemisferio izquierdo) es en exceso sensible a los datos acumulados por los centinelas y exploradores (el hemisferio derecho), será difícil seguir un plan de ataque. Por otro lado, si el general ignora a los exploradores, hay un riesgo de no poder actualizar esos planes de ataques cuando se presenten realidades distintas. Aprender a distinguir entre las distorsiones de la agitación emocional y el conocimiento tácito de nuestro cuerpo —mantenernos abiertos a la experiencia sin perdernos en ella— es tal vez el mayor desafío al que se puede enfrentar un *trader* al cultivar su pericia en el *trading*.

La mente y su percepción de la complejidad de los mercados

Esto nos lleva a un segundo dilema, quizás incluso más problemático. Los patrones de los mercados pueden ser menos claros —más matizados y complejos— que el lenguaje que utilizan los *traders* para describirlos. Esto haría que describir el *trading* sea como describir el rostro de una persona. A pesar de que una descripción puede captar los rasgos generales, es decir, forma de los ojos, color de piel, etc., es poco probable que pueda captar totalmente la apariencia de una persona. De la misma manera, los intentos para describir los mercados en términos de patrones de «hombro-cabeza-hombro», «doble techo y doble suelo» y «cuñas ascendentes» captan los contornos generales de la acción del precio —lo que he denominado comunicaciones del mercado— pero difícilmente captan los contextos donde ocurrió la acción (metacomunicaciones).

Lo poco afinado y específico del lenguaje que describe la acción del mercado sugiere que la respuesta a este dilema no es el descubrimiento de un mejor indicador, patrón gráfico o enfoque técnico analítico. Todo esto es como la descripción que da el hombre ciego de un elefante en el famoso cuento; aproximaciones que no pueden captar el todo. «Si ves a Buda en el camino, ¡dispárale!» capta el entendimiento de que la *Budeidad* —la iluminación— se encuentra dentro de la experiencia, más que en expertos autoproclamados. De manera similar, si encuentra a un gurú de *trading* en el camino, lo mejor que puede hacer es evitarlo. El verdadero gurú de *trading* también puede existir en su interior, en un nivel tácito del conocimiento.

Es parecida la dificultad para expresar en palabra la pericia en otros campos de la actividad humana. Los jugadores de ajedrez, los jugadores de fútbol americano y los corredores de coches con frecuencia saben cuál es la jugada que deben hacer sin que ello implique un proceso de razonamiento explícito. Más aún, cuando se les pide explicar sus movimientos, a menudo se expresan con razonamientos bastante vagos. Saben cómo moverse, pero no necesariamente pueden captar ese conocimiento de manera verbal. Esto hace que el desarrollo de sistemas expertos sea especialmente difícil, ya que los expertos deben, de alguna forma, transmitir su conocimiento a los programadores informáticos para que se pueda expresar en un lenguaje de inteligencia artificial. Sin embargo, si no todo nuestro conocimiento se puede captar verbalmente, cualquier intento por traducir la experiencia en palabras será insuficiente.

Creo que esta es una razón convincente para la utilización del lenguaje de las matemáticas por encima de la expresión verbal normal para captar lo que entendemos del mercado. Si tengo una serie de pronosticadores del mercado, puedo explorar no solo las relaciones entre estos mecanismos de predicción y las variaciones de precio, sino también las interrelaciones entre los pronosticadores y su relación con la variación del precio. Algunas interacciones simples se pueden expresar en palabras, como transacciones de ruptura que funcionan a una hora del día, pero no en otra. Sin embargo, las interacciones más complejas, que interrelacionan los cambios de precio del mercado y la volatilidad en múltiples marcos de tiempo, forman un espacio conceptual multidimensional que elude la descripción normal. No debe sorprender, entonces, que los estadísticos se fíen de mapas tridimensionales para describir los contornos de las variables predichas como una función de los pronosticadores. Las imágenes valen más que mil palabras, precisamente porque transmiten información que no se expresa fácilmente de manera verbal.

Es lamentable que muchos defensores del modelado estadístico nieguen toda función de la intuición en los mercados y que muchos *traders* intuitivos eviten las matemáticas. Yo tengo la convicción de que ambos existen en una relación recíproca que es fundamental para el *trading* productivo. Las primeras comprensiones del *trader* sobre el mercado se manifiestan de manera intuitiva, como tendencias percibidas que los *traders* pueden señalar antes de poder describir totalmente. No obstante, estas tendencias se pueden investigar por sus similitudes fundamentales y subyacentes. Estos ingredientes son mecanismos de predicción promisorios y posibles en el desarrollo de reglas y sistemas de *trading* empíricos.

En mi propio *trading*, me he dado cuenta de que muchas de mis transacciones favorables intradía motivadas por la intuición reflejan el reconocimiento de una retirada inicial en una tendencia naciente que permite una entrada de relativo bajo riesgo. Aunque la nueva tendencia en desarrollo se puede rastrear con indicadores técnicos tradicionales, generalmente se da el caso de que primero experimento este cambio como una resistencia del mercado a continuar su dirección anterior, seguida por una relativa facilidad de movimiento en la nueva dirección. Al traducir esta experiencia en números, traduciendo la resistencia y facilidad de movimiento en términos del TICK Compuesto de la NYSE y nuevas alzas y bajadas a corto plazo en mi cesta de acciones, puedo intentar crear un modelo de *trading* más general a partir de lo que descubren mis percepciones. Puedo darme cuenta, por ejemplo, de que cuando existe un número de ruptura de nuevas alzas de corto plazo entre las acciones, acompañado de un movimiento ascendente de doble desviación estándar en el TICK, es muy posible que los precios continúen subiendo por un período determinado de tiempo. De esta forma, he profundizado mi aprendizaje al captar de forma explícita mi entendimiento intuitivo básico. No es posible agotar la pericia ni las habilidades de una actividad humana con la mera descripción verbal o incluso con reglas cuantitativas, pero no hay duda de que el paso de un conocimiento más tácito a uno más explícito ofrece un mayor control sobre *trading*.

De hecho, esta es la conclusión de Cleeremans con respecto a la función de la conciencia. *Las personas han desarrollado la capacidad de reconocimiento explícito para facilitar una mayor flexibilidad y control de sus acciones.* Cuando los clientes en terapia se vuelven verbalmente conscientes de sus patrones de comportamiento tácito, están en una mejor posición para interrumpirlo e intentar algo distinto. Cuando los *traders* pueden expresar el entendimiento percibido como reglas de *trading* sistematizadas, conservan el valor de su conocimiento subjetivo, al tiempo que logran cierta distancia de la distracción y distorsión de las respuestas emocionales. Los *traders* con más éxito que he observado han sido observadores intuitivos del mercado que han podido expresar sus intuiciones como reglas y que luego operan siguiendo esas reglas. Sus reglas —al igual que sus cuerpos— parecen saber qué hacer en el mercado antes de que ellos mismos lo sepan.

Conclusión

La idea de que los *traders* saben más de lo que saben que saben en los mercados se ajusta bastante bien al enfoque orientado a las soluciones para el *trading* que describí anteriormente. El mejor *trading* refleja el conocimiento tácito de los *traders*, y sobre esta base desarrollan y cultivan sus conocimientos especializados y su pericia. Aunque resulte instructivo revisar errores en las entradas, salidas y en la gestión de dinero, la simple eliminación de los errores no hará al maestro. Más bien, al descubrir lo que uno sabe tácitamente y traducirlo a reglas explícitas es posible establecer patrones personales para el éxito.

Estos patrones se consolidan mejor a través de experiencias emocionales potentes. La repetición pura es valiosa para la adquisición de nuevos patrones de acción, pero la *experiencia* vivida de un nuevo patrón se registra de manera más permanente que la simple repetición verbal. En la terapia de Ken, Sue y Mary, un elemento fundamental de su aprendizaje fue la experiencia de una potente refutación de sus creencias y expectativas. Si el aprendizaje —esa transición del conocimiento tácito a uno más explícito— se puede acelerar a través de medios emocionales, entonces la crisis puede ser una gran herramienta de aprendizaje tanto para la vida como para el *trading*.

7. El gigante bajo la cama

No es la presencia del estrés lo que aflige al alma, sino la ausencia de bienestar.

Si existiera una fórmula para un cambio personal duradero, se aproximaría a lo siguiente: *identificar sus mayores miedos y afrontarlos de la forma más directa posible, para que nos demos cuenta de que no son tan poderosos como parecían.* Si usted fuera un niño que teme a la oscuridad, esconderse bajo las mantas no sería la respuesta a esos miedos. En cambio, encender la luz para alejar la oscuridad demostrará que no había monstruos ni hombres del saco. Una terapia exitosa enciende una luz sobre sus miedos e inhibiciones personales, de manera que pueda superarlos.

Las crisis son poderosos catalizadores para el cambio porque nos obligan a afrontar directamente nuestros peores miedos. Así como lo que no nos destruye, nos fortalece, como afirmó Nietzsche, las crisis que enfrentamos con éxito nos dan un sentido de dominio que no se induce por la simple conversación. Esas crisis, que quedan grabadas indeleblemente en nuestras mentes, aceleran el proceso del aprendizaje emocional, haciéndonos pasar rápidamente del conocimiento tácito al explícito. En este sentido, las terapias breves se pueden considerar como una herramienta para el aprendizaje acelerado, truncando el movimiento normal y gradual desde la intuición a la comprensión verbal. En este capítulo exploraremos cómo nuestro conocimiento tácito —las soluciones que están justo bajo nuestro conocimiento verbal— pueden señalar el camino para resolver las crisis y facilitar el desarrollo de los *traders*, del mismo modo en que aceleran el cambio personal.

El gran y silencioso Walt

Walt era un imponente estudiante de medicina: como mínimo medía 1,95 centímetros y pesaba 113 kilos. No era una persona gregaria, y tenía una forma de ser silenciosa e intensa, dando la sensación de estar siempre al margen. Parecía distante de la mayoría de las personas. Tenía pocos amigos y casi no sonreía.

Entre quienes se sentían distantes de él estaba su novia, Janie. Lo amaba profundamente, pero finalmente llegó al límite cuando Walt no pudo responder a un reciente dilema emocional al que Janie se enfrentaba. Sin dejar lugar a dudas, le dijo a Walt que pidiera ayuda, o de lo contrario la relación se acababa.

Por lo general, no me gusta hacer terapia a personas que llegan enviados por terceros y bajo la amenaza de hacerlo o enfrentarse a las consecuencias. Rara vez tienen la motivación para mantener el gran esfuerzo necesario para realizar cambios en sus vidas. Walt, sin embargo, era una excepción. Dejó muy claro que amaba a Janie y que haría cualquier cosa para salvar la relación. Señaló que su distancia emocional le había causado problemas en relaciones anteriores, incluso con miembros de su familia.

«Siento que hay un muro entre la gente y yo», confesó, «y no sé por qué. Quiero estar ahí para Janie, pero me cierro. Ella trata de llegar a mí y antes de darme cuenta, ni siquiera puedo pensar bien». Lleno de remordimiento, reconoció que Janie simplemente se alejaría y le abandonaría.

«No puedo controlarme», dijo, sumido en la desesperación. «La alejé completamente. ¡No se lo merece!»

«¿De cuántos de tus pacientes te has alejado completamente en tus turnos clínicos?», pregunté inocentemente, muy consciente de que me habrían comentado cualquier problema de ese tipo.

Me miró y había horror en sus ojos. «Ah, no. Nunca me he alejado de mis pacientes», me aseguró. Claramente, se enorgullecía de su preocupación por los demás.

«Bueno, en ese caso, entonces *sí* tienes control», señalé «¡No me vas a decir que nunca te ha desagradado un poco la escuela, hasta el punto de querer dejarla!»

Walt sonrió.

«*Sí* tienes la capacidad de relacionarse con otros de manera constructiva. Lo haces en tu carrera todos los días. Pero por alguna razón eso no está pasando en tus relaciones más cercanas.»

Walt escuchaba atentamente. Se abrió a la idea de que por lo menos había dos Walts: (1) un yo profesional que puede cooperar con los demás y manejar sus frustraciones de manera constructiva y (2) un yo relacional que huye de la intimidad. Hacer de la situación un problema de «ajeno al ego» –separar a la persona del problema– es fundamental para el proceso de cambio. «El problema no eres tú», suelo sugerir. «El problema es tu patrón de conducta.»

En las siguientes dos sesiones, Walt me permitió entrar en sus recuerdos de infancia. Su padre tenía mal carácter y era temperamental, capaz de montar en cólera a la primera provocación. Eran comunes las discusiones entre sus padres. Recordaba que de niño se iba a su cuarto y se escondía bajo la cama para no escuchar los gritos. Adoraba a su madre y buscaba su apoyo, pero también sentía rabia hacia ella por no hacer frente a la cólera de su padre. Recordaba que su madre entraba y salía de períodos depresivos y que podían pasar días sin que se preocupara de la casa. Walt dijo que en ocasiones también se sentía deprimido. Le horrorizó la idea de ser como su madre, a quien veía como un ser adorable, pero débil. Al igual que Mary, se daba cuenta de que era alguien que no quería ser.

A diferencia de Mary, sin embargo, Walt pasaba gran parte del tiempo de nuestras sesiones desconectado internamente de su experiencia emocional. Cuando me reuní con él la primera vez, con su enorme cuerpo e intensa mirada, me imaginé que serían sesiones tormentosas. No pudo haber sido más distinto. Walt respondía a mis preguntas de manera adecuada y parecía bastante consciente del vínculo que existía entre la ira de su padre y su propia pasividad. De hecho, reconocía que su padre se había sentido subestimado por su propio padre, lo que había generado un legado generacional de inseguridades. Walt con frecuencia era atacado verbalmente por su padre y como resultado se sentía tremendamente inseguro. No obstante, se negaba a enfadarse y defenderse. Podía sentirse deprimido como su madre, pero no *sería* como su padre. No continuaría el patrón generacional.

Todo esto Walt lo *sabía,* pero no hacía nada por cambiarlo. El yo racional y profesional y el yo que estaba atrapado bajo la cama, escondiéndose de los conflictos de la niñez, tenían poco contacto mutuo.

Me empecé a sentir frustrado con nuestras sesiones. Estábamos haciendo un buen trabajo hablando de los problemas, pero no estábamos tocándolos en sí mismos. Sabía que, para que la terapia funcionara, tendríamos que llevar a cabo una integración de las «personalidades» de Walt. Y eso significaba traer a nuestras sesiones las experiencias madre-padre.

Esto es lo más cercano a una ley inmutable que se puede tener en psicoterapia. Los cambios no pueden ocurrir a menos que los patrones problemáticos ocurran en tiempo real. Esas son las ocasiones para «cambiar la marcha», haciendo posible introducir nuevas comprensiones, nuevas habilidades, nuevos contextos y nuevas experiencias. No hay una cantidad de discurso racional, por mucha que sea, que pueda tocar la Mente 2 de John Cutting.

De alguna forma, necesitaba lograr acceso a la mente no verbal de Walt.

Creando experiencias nuevas y potentes

Piense en la idea de que solo puede cambiar patrones una vez que se han activado. Para superar la ansiedad, debe sentirse ansioso. Para dominar la depresión, debe permitirse estar deprimido. No es posible que evitando la ira, el miedo, las desconfianzas interiores o el conflicto pueda superarlos.

Para los *traders*, esto significa que *las mayores oportunidades de cambio se presentan cuando las transacciones están activas y los flujos y reflujos están en su punto máximo.* Es en esas ocasiones cuando los *traders* pueden esforzarse conscientemente por romper sus patrones repetitivos e iniciar nuevas respuestas.

Los ensayos mentales —interpretar situaciones desafiantes en nuestras mentes e imaginar que utilizamos varios métodos de afrontamiento— pueden ser bastante efectivos para romper antiguos patrones. Pero nada puede reemplazar lo que el conductismo denomina exposición *in vivo:* cuando los individuos crean situaciones estresantes *reales* y se esfuerzan por aplicar medidas de afrontamiento. Un paciente con un trastorno de pánico que intencionalmente acelera su respiración, imitando la hiperventilación, puede recrear muchos de los síntomas de la ansiedad. Al evocar estos síntomas y poner en práctica métodos de autocontrol cognitivo y conductual, el paciente desarrolla la capacidad de enfrentarse a las ansiedades de la vida real.

En lo personal, mi exposición *in vivo* mejor se produjo de manera totalmente imprevista. Durante años, me había sentido incómodo en las alturas pero nunca había tenido que enfrentarme a la situación. El miedo se activaba solo cuando me encontraba sin protección ni apoyo. En un avión o un punto seguro en la cima de la montaña, no tenía problemas.

Durante una visita de verano a un área local recreativa, mi hijo Macrae, quiso dar un paseo en una noria de feria para ver el paisaje. Me sentía un poco intranquilo al pensar en sentarme en una silla suspendida con un cable, pero ya que había cinturones que amarraban a las personas a la silla y además había una barra protectora delantera, me convencí de que no había peligro de caer.

Al iniciar el ascenso, Macrae se sentó en mis rodillas, sonriendo y admirando el paisaje. Súbitamente me di cuenta de que la barra de retención se había atascado y no bajaba: estábamos en una silla sin protección alguna. Me di cuenta de que no podía permitir que Macrae notara que estaba asustado. Si le daba miedo y hacía algún movimiento inesperado, podía caer. Así, con un tremendo esfuerzo por mi parte, dejé a un lado mis miedos y sostuve firmemente a Crae, llamando su atención sobre distintos lugares del paisaje y entreteniéndolo de diferentes maneras. Nunca se percató de que el paseo no había sido seguro.

A partir de ese día, mi miedo a las alturas ya no fue tan grande. Me había enfrentado a la peor situación imaginable, y supe que podía manejarla. Experimentar la altura, pero en una situación en que era responsable de otra persona, fue la mejor terapia posible. La inmediatez de la situación me obligó a sobrellevarla de una manera distinta.

Una de mis herramientas favoritas para el desarrollo del *trading* es una unidad de biorretroalimentación que mide la temperatura de la piel de la frente. Como verá más adelante en este libro, la temperatura de esta área es un indicador fiable del flujo sanguíneo dentro de la corteza prefrontal del cerebro —la parte del cerebro más responsable del enfoque, la concentración y la atención—. Las lecturas de temperatura tienden a subir cuando las personas se encuentran en estado de concentración relajada («la zona») y tienden a bajar durante los períodos de frustración y distracción. Al establecer mi línea base antes de la apertura del mercado y conectarme a la unidad de retroalimentación a lo largo del día de *trading*, puedo seguir las subidas y bajadas de mi «zona» y el efecto que sufre con el movimiento en los mercados —y en mis posiciones.

Al establecer una regla muy simple —nunca abrir ni cerrar una posición cuando las lecturas de biorretroalimentación están bajo los niveles de la línea de base— puedo obligarme a romper los antiguos patrones en tiempo real. Los valores de la biorretroalimentación biológica se vuelven parte de una estrategia de entrada/salida donde la frustración *no puede* dirigir mi colocación de órdenes. Por lo tanto, o encuentro una forma de relajarme y enfocarme, o no hago transacciones. Esta disciplina en tiempo real ha probado ser mucho más efectiva que cualquier otro ejercicio externo al mercado que pudiera haber realizado. Como el paseo en la noria, la biorretroalimentación me obligó a experimentar mis antiguos temores de forma distinta. Y *esa* es la esencia del cambio.

Regresión: el viaje en el tiempo de la mente

Traté de explorar la experiencia de Walt y lograr algo de esa inmediatez de tiempo real, pero no había nada de eso. Cuando le pedí que me describiera su pasado, solo me dio información basada en hechos. Cuando indagué en emociones, perspectivas, sonidos y experiencias, solo me dio descripciones generalizadas. Pasaban las sesiones y nunca demostraba ira o dolor de ningún tipo. Frustrado, tal vez notoriamente, lo embauqué: «Quiero saber cómo te *sentiste* en estas situaciones. Cierra los ojos e imagina a Janie en los momentos en que te critica. Dime cómo se siente».

No lo hizo. Su cuerpo se tensó, cruzó los brazos y dijo, de manera bastante espontánea y con un tono infantil: «¡No quiero!»

Lo miré con asombro. Un tremendo tío de 1,95 se mostraba ante mí como un niñito.

Walt se dio cuenta de lo que estaba pasando. «Me siento como un niño», dijo totalmente sorprendido.

Tenía toda la razón. Ante nuestros propios ojos, Walt había sufrido una transformación.

«Regresión» era el término que utilizaba Freud. Cuando se activan en el presente problemas antiguos sin resolver, la gente puede volver a antiguos modos de afrontarlos. Así es como una persona puede ser un profesional maduro y un niño terrible al mismo tiempo: hay dos yo, comunicados por un portal del tiempo. Bajo presión emocional, se activa un modo anterior de comportamiento, pensamiento y sentimiento, bastante distante de la mente madura y racional. Por un momento, Walt había quedado suspendido entre dos mundos —como nuestro paciente con el cerebro dividido—. La mente racional de Walt intentaba dar sentido a un comportamiento que estaba más allá de su control.

Crecí en Cantón, Ohio. Nuestra familia estaba unida, a menudo salíamos todos juntos de vacaciones, veíamos televisión e íbamos a los partidos de baloncesto. Tuve una buena infancia y tengo muchos recuerdos de salidas en familia, buscando «lugares secretos» y comiendo cucuruchos de helado. Mis padres no tuvieron una niñez tan feliz. Ambos se separaron de sus padres siendo aún pequeños, no tuvieron una crianza completa y se apoyaron en hermanos mayores. Al parecer, estaban decididos a darnos a mi hermano Marc y a mí el calor y la unión familiares que ellos no habían disfrutado. Y lo lograron.

Los problemas se presentaron cuando crecí y quise vivir en mi propio mundo. Recuerdo muy bien el primer baile de la escuela, en la Escuela Elemental Masón. Mientras se escuchaba la música y los torpes adolescentes entraban y salían de la pista de baile, yo estaba sentado al fondo de la sala, totalmente absorto en el *Auge y Caída del Tercer Reich* de William Shirer. Cuando estaba en el octavo año, un profesor al que le caía bien a veces me eximía de los ejercicios de clases para que pudiera ir al estante y devorar más libros. Mi actividad cotidiana después de la escuela era repartir periódicos, lo que me dio la oportunidad de pasar tiempo caminando y soñando, sin la intromisión de terceros.

Comprensiblemente, esta inmersión no funcionaba muy bien en casa. Los miembros de mi familia querían un alto grado de interacción, no ensoñaciones personales. Era difícil encontrar espacios de retiro en casa, pero mi refugio de las interacciones humanas era el baño, donde encontraba soledad en las duchas y en largos rituales personales. Desde muy niño, mis mejores lecturas y razonamientos los hice en el baño.

Años después, cuando mi esposa, Margie, y yo nos comprometimos, me fui a vivir con ella y sus tres maravillosos hijos: Debí, Steve y Laura. Después de unos días, surgió el conflicto. Los niños debían llegar a la escuela a tiempo y yo les estaba arruinando su rutina. ¿Cómo? ¡Pasando una cantidad excesiva de tiempo en el baño!

Absolutamente fuera de mi percepción consciente, me estaba sintiendo en mi nueva familia igual que en la antigua: cercana, cariñosa, *demasiado cercana*. Había hecho una regresión a mis hábitos de antes: tomar prolongadas duchas y tardar demasiado en mi rutina de afeitarme, peinarme, etc. De niño, esa forma de afrontar la situación era razonablemente constructiva, permitiéndome lograr una cierta soledad sin afectar la cohesión familiar. Sin embargo, más adelante, y en un contexto muy distinto, las extensas rutinas en el baño eran totalmente disfuncionales y creaban conflictos. Había crecido, dejando atrás un yo anterior.

Ahora, sentado en la cafetería de una tienda Wegman's, escribiendo intensamente en el PC portátil mientras tomo un café y escucho a

Philip Glass en el reproductor de CD, seguramente no soy tan distinto del niño que leía a Shirer durante el baile. Gran parte de lo que escribo lo hago en lugares públicos donde no es muy probable que me encuentre con conocidos —un difícil equilibrio entre estar dentro y fuera del mundo social—. No es perfecto, pero al menos me mantiene alejado del baño.

La entrada al portal del tiempo

Para muchas personas la regresión es dolorosa, tanto así que harán lo posible para evitar situaciones que puedan llevarles a los portales de tiempo. Quedarse un buen rato en un baño protege contra el sentimiento de pérdida de identidad; alejarnos de los sentimientos nos protege de los estallidos de ira. Walt, en nuestras sesiones, estaba aplicando lo que había aprendido tan bien de niño: esconderse. En mi oficina no había cama alguna donde esconderse, pero él podía hacerlo de otras formas. Simbólicamente, la sala de terapia se convirtió en la casa de sus temores de infancia, trayendo a la superficie los conflictos y la ira. Mientras más lo presionaba para sacar a luz sus sentimientos, más se escondía Walt.

Fue su infantil «No quiero» lo que nos dio la señal de que se trataba de un eco del pasado. Ser la parte retraída en una relación y regresar a la niñez en nuestras sesiones eran parte de un mismo proceso. Para cambiar este retraimiento, necesitábamos encontrar una forma para meternos en ese yo infantil. Era momento de salir de debajo de la cama.

Hay una variedad de formas que las personas pueden utilizar para acceder a los pensamientos y sentimientos que se esconden de la percepción consciente, siendo la hipnosis la más conocida. Estos métodos acceden a los modos percibidos de conocimiento dejando de lado la mente crítica y racional, de manera muy similar a las gafas de Schiffer. El doctor Nathaniel Branden ha escrito extensamente sobre el uso de técnicas para completar oraciones como herramientas de toma de conciencia emocional. En un juego muy rápido, el terapeuta lanzará a los clientes oraciones incompletas. Los clientes completan la oración con la primera frase que se les ocurra, sin planear ni hacer observaciones. Las palabras que van surgiendo a menudo son muy diferentes de lo que diría el individuo en una conversación normal, estableciendo un vínculo directo con los pensamientos y sentimientos reprimidos. Generalmente, me doy cuenta de que este método funciona mejor cuando las oraciones que lanzo son tan espontáneas como las respuestas del cliente, creando una interacción fluida.

Aún sorprendido por su arranque infantil, Walt estaba bastante dispuesto a participar en el ejercicio. Comenzamos lentamente:

BRETT *(notando que Walt tenía en su rostro una expresión remota e intelectualizada, pero con los brazos firmemente cruzados)*: En este momento, me siento __________.

WALT: Estresado.

BRETT: Si mis brazos pudieran hablar, dirían __________.

WALT *(dudando):* No lo sé.

BRETT *(subiendo el tono de voz):* Mis brazos están tensos, están gritando __________.

WALT *(frustrado, ansioso, con un tono de voz un poco mas elevado):* No lo sé, no lo sé.

BRETT *(subiendo aún más el tono):* Más tenso, más tenso. Quiero decir __________.

WALT *(nuevamente, la voz infantil):* ¡Déjeme en paz!

BRETT *(ahora sonando también un poco como un niño):* Si no te alejas, voy a __________.

WALT *(apretando el puño):* ¡Atraparte! *(Parece más absorto en su rabia física)*

BRETT: Mis puños están diciendo __________.

WALT: Que estoy molesto.

BRETT: Estoy molesto por __________.

WALT: Cómo me trata la gente.

BRETT: La gente me trata como __________.

WALT *(animado);* ¡Mierda!

BRETT: Y eso hace que quiera __________.

WALT *(con mucho ánimo):* ¡Matarlos!

Espontáneamente, Walt se salió del ejercicio y relajó los brazos. Apretó los puños y describió con emotivo detalle cómo su padre llegó una vez furioso a la casa y gritó a su madre. Walt intentó detener la pelea, pero solo consiguió que su padre lo atacara. Describió la sensación de sentir el peso de su padre sobre él, sus manos apretándole el cuello, como si quisiera quitarle la vida. Solo la desesperada súplica de su madre evitó que Walt fuera estrangulado y quedara inconsciente. A partir de ese momento, la familia jamás volvió a tocar ese tema. Quedó escondido bajo la cama, al igual que Walt.

El problema no era solo el retraimiento, ni siquiera la rabia. El problema era una furia asesina. Walt no podía permitirse estar enfadado y convertirse en alguien como su padre. Hasta cierto punto estaba convencido de que su rabia podría llegar a matar a alguien. En vez de representar el papel del padre, se inclinaba al de la madre. La depresión parecía un pequeño precio. Se lastimaría a sí mismo, pero salvaría al resto. Janie podía sentirse dolida por su ausencia emocional, pero al menos seguiría viva.

Durante el día laboral, Walt era un estudiante cálido y comprometido. Podía llegar a los pacientes, interactuar con sus compañeros y participar en equipo con los residentes y los médicos de turno. Cuando llegaba a casa, con el dolor y la rabia que sin querer activaba Janie, se cerraba, volviendo al portal que lo conducía a la protección por pasividad. Realmente se convertía en una persona diferente.

Noté cómo el estado de Walt cambió durante el transcurso de relativamente pocas oraciones incompletas. La clave fue activar un grado de frustración justo en medio de la interacción. Cuando al principio le pregunté qué estaban diciendo sus brazos cruzados, se cerró con un «no lo sé». Al negarme a aceptar esta respuesta y subir el tono de voz de la pregunta, aumenté la presión. Asumí el papel de Janie, insistiendo para que se abriera, provocando esa ira que tanto teme sentir. Cuando la ira finalmente surgió, fue como si una represa cediera, liberando las aguas contenidas. El antiguo yo pasivo de Walt repentinamente se animó, su tenso cuerpo —que contenía la agresión— ahora lucía vivo y expresivo. En este estado realzado, se conectó inmediatamente con un potente suceso emocional, el miedo a su padre y el miedo a su propia ira. Como Walt pasivo, era insensible a la conversación terapéutica; como el Walt animado y enfadado, estaba listo para enfrentar su historia de una forma nueva.

Detrás del ejercicio de completar oraciones hay un truco de terapeuta que es muy importante para los *traders*. Estaba haciendo que Walt se enfadara conmigo, incitándole a que expresara las emociones metacomunicadas por sus brazos cruzados. Walt sintió que no podía permitirse liberar su rabia, su principal miedo era convertirse en su padre. Al permitir que experimentara una rabia *controlada* en la sesión, la terapia sirvió de refutación emocional de sus temores, una afirmación inmediata y experimental de que podría enfadarse *tranquilamente*. La opción, se dio cuenta, no tenía que ser entre el papá enfadado y agresivo y la mamá pasiva y deprimida. Podía ser alguien distinto, enfadado pero al mismo tiempo cariñosamente conectado con los demás.

No obstante, solo podría llegar a esa comprensión a través de una potente experiencia emocional. Si solo le hubiese hablado palabras, las hubiera escuchado en su forma pasiva y no habrían tenido efecto alguno.

Lo que los *traders* pueden comprender —ya sea sobre ellos o sobre los mercados— está intermediado por los estados mentales. Las consecuencias para el *trading* son claras: *lo que sabe del mercado —y cómo responde a lo que sabe— depende fundamentalmente de la disposición mental en la que se encuentra.*

Para cambiar su *trading*, es necesario primero cambiar de marcha en la mente y el cuerpo.

Cuando sus marchas permanecen trabadas

«¿Cómo pudo pasarme esto?» La voz al otro lado del teléfono sonaba entrecortada, y todo lo que pude escuchar durante un momento eran sollozos. Su nombre era Mallory, y claramente lo estaba pasando mal. «Me prometió que las cosas funcionarían. Me la jugué por esto, y ahora se terminó. ¿Qué voy a hacer? No puedo simplemente alejarme; no sé qué hacer.»

Por mi vida, habría jurado que Mallory estaba hablando de una ruptura matrimonial. Pero no. Estaba hablando de una inversión en fondos mutuos de crecimiento que le recomendó su corredor. Habían caído tremendamente y Mallory se sintió atrapada. No podía aceptar la pérdida y no podía continuar exponiéndose a mayores daños.

A raíz de la conversación que tuve con Mallory y con otros en situaciones similares, me impresiona cómo las personas piensan en sus inversiones en términos de relación. Tal vez no debería ser tan sorprendente. Las personas hacen una inversión en su relación con esposos, hijos, amigos y con los miembros de la familia. Las dinámicas de riesgo e incertidumbre no son tan diferentes, ya sea en una relación sentimental o financiera.

Mi sorpresa surgió del hecho de que las personas tienden a utilizar el mismo lenguaje cuando describen sus preocupaciones de cartera que cuando se trata de problemas conyugales. Como Mallory, comienzan su romance con las acciones con grandes expectativas. Un poco obsesionados, revisan las cotizaciones cada día —o en ocasiones varias veces al día—. Cuando las cosas marchan bien, no pueden evitar compartir su alegría con los demás y sentir fidelidad y un vínculo especial con la compañía elegida. Una mujer mayor, que tenía una acción bastante cambiante que parecía claramente inadecuada para sus necesidades financieras, se enfadó cuando le sugerí la posibilidad de venderla. «Ha sido tan buena para mí», exclamó. «¿Cómo podría dejarla ir?» Sintiendo que me estaban dando una reprimenda, cambié el tema. Fue como si hubiese sugerido que considerara la posibilidad de poner a su madre en un asilo de ancianos indigentes.

Sin embargo, cuando el romance con la acción no funciona, el sentimiento cambia a negación, dolor y rabia. Mallory se sintió profundamente traicionada por su corredor, por la Reserva Federal y por el mercado. Pero aún, su respuesta ante la acción que había caído fue similar a la respuesta que he visto una y otra vez entre esposos que descubren que su pareja les ha sido infiel. La pérdida se refleja en el sentido de seguridad, protección y confianza. Rara vez la persona herida está lista para simplemente terminar sus pérdidas y tratar de llegar a un cierre lo más pronto posible. Pero tampoco puede hacer la vista gorda y mantener la situación tal como está. El dolor de Mallory no era simplemente la pérdida financiera, sino también la sensación de sentirse atrapada en una situación insegura y dolorosa.

El caso de Walt deja claro que las personas tienden a exteriorizar los problemas de relaciones pasadas en relaciones actuales, como el mal uso que di al baño cuando me mudé con mi nueva familia. Si tiene sentimientos de rabia sin resolver hacia uno de los padres, perdió la confianza en su pareja a raíz de una infidelidad o siente miedo e inseguridad producto de un abuso del pasado, estas experiencias actúan como gafas emocionales con las cuales inevitablemente ve las nuevas relaciones. Estas gafas, al igual que las gafas en los experimentos de Frederic Schiffer, afectan a cómo responde al mundo, creando aparentes sobrerreacciones. *Sin embargo, lo cierto es que usted nunca sobrerreacciona realmente ante una situación, sino que reacciona al presente y al pasado al mismo tiempo.*

He llegado a la conclusión de que esto sucede en los mercados mucho más a menudo de lo que comúnmente se reconoce. Muchos de los patrones disfuncionales que las personas interpretan en sus relaciones personales se repiten en las inversiones financieras. En los últimos dos años, recuerdo muchos ejemplos procedentes de mis contactos de *trading*:

- Bill no puede comprometerse firmemente en una relación; teme que una mujer pueda interferir en el éxito de su carrera. Bill es un *trader* intradía (*day-trader*) y no puede mantener una transacción de un día para otro, a pesar de la gran evidencia estadística de que la tajada más grande de los avances del mercado durante los períodos a la baja son atribuibles a las alzas en la apertura del mercado, en respuesta a las noticias que se producen durante la noche y a los mercados.

- Ellen no diversifica su cartera, y prefiere poner todo su dinero en uno o dos valores. Cuando no compensan su tiempo, esfuerzo ni expectativas, se siente deprimida y se obsesiona con su error. Reacciona totalmente sorprendida cuando le señalo que este también fue el patrón en sus relaciones amorosas.

- Ian ha perdido el 40% de su capital de *trading* solo en los últimos tres meses. Ian opera en exceso en el mercado, tratando de hacer múltiples transacciones de corto plazo cada día, con apuestas altamente apalancadas en cada transacción. Intelectualmente, entiende el concepto estadístico del riesgo de ruina, la probabilidad de que, dada una cantidad suficiente de operaciones, ocurra una cadena de pérdidas que devasten a cualquiera que esté sobreexpuesto con cada transacción. No obstante, emocionalmente, Ian necesita acción. Tampoco puede dar estabilidad a su matrimonio, y ya ha tenido dos aventuras.

- Héctor pasa horas analizando los mercados y trabajando en el desarrollo de sistemas de *trading*. Algunos son muy elaborados, e incluso ingeniosos. Sin embargo, se da cuenta de que tiende a ponerlos en duda y no hacer caso de las señales que recibe de ellos. Invariablemente, esto le hace perder dinero, pero se ve obligado a poner obstáculos a su investigación. De niño, sufrió mucho por la muerte de su hermano menor. Pasa mucho tiempo con los miembros de su familia, a quienes ama muchísimo. En ocasiones, sin embargo, se sumerge en preocupaciones «irracionales» en las que su esposa o hijos puedan morir repentinamente.

Al igual que Walt, todas estas personas sufren. Están repitiendo ciegamente patrones destructivos y parecen incapaces de evitar repetirlos. También como Walt, no pueden convencerse simplemente con palabras para hacer las cosas de manera distinta. Solo las experiencias emocionales potentes pueden ayudarles a reprogramar las mentes no verbales que los impulsan a actuar en forma contraproducente.

Cada transacción se realiza por una razón: una lógica o una psicológica. Cuando se convierte usted en su propio terapeuta, cambiando las marchas y atendiendo a sus metacomunicaciones tácitas, aprende a diferenciar entre estas dos razones.

Innovar: la clave del cambio

Después de que Walt explotara en respuesta al ejercicio de completar oraciones, describiendo vívidamente su miedo y rabia hacia su padre —así como su temor de volver alguna vez a provocar su ira— le hice una pregunta. Le pregunté si, durante el ejercicio, tuvo el deseo de saltar sobre mí y estrangularme. Horrorizado, me contestó que no. Luego le pregunté si esperaba que yo le atacara y le estrangulara a él. Sonrió y nuevamente dijo que no. Con aprobación sugerí que quizás ya no necesitaba tener miedo a enfadarse, porque él *no* era como su padre y ya no vivía con él. Contenerse en una pasiva tensión muscular podía haber sido una solución para mantener las cosas bajo control en su niñez –igual que mis duchas me daban un poco de privacidad– pero esta solución había perdido su utilidad hacía mucho tiempo. Si la ira de Walt fuera realmente el problema que temía, seguramente yo hubiese sido víctima de un ataque de grandes proporciones en nuestra reunión.

Una vez que Walt relajó sus brazos y puños, pudo experimentar su pasado y enfrentar su miedo e ira. Para superar la ansiedad sobre su propia furia, tuvo que experimentarla *y darse cuenta de que nada terrible había pasado.* Tal vez más interesante, sin embargo, es el hecho de que Walt *no sabía que estaba enfadado hasta que realizó el ejercicio.* Lo que sabía de sí mismo era una función de su estado de conciencia: en un estado, era pasivo y completamente falto de consciencia de sí mismo; en otro estado, estaba intensamente conectado con sus dolorosos recuerdos de niñez y las reacciones que le provocaban.

En ocasiones, los terapeutas utilizan esos ejercicios experimentales para elevar la conciencia emocional. Es muy sorprendente como las variaciones en el nivel de actividad y agitación del cuerpo pueden activar cambios totales en la conciencia, lo que posteriormente alimenta los cambios en el estado de ánimo y los patrones de acción. Una de mis estudiantes, que sufría de largas depresiones, hace poco empezó a tomar clases de un tipo particularmente activo de artes marciales con un profesor experto. Mientras practicaba los golpes, en su mente comenzó a elaborar ejercicios donde visualizaba a la gente que la había lastimado. Con cada golpe y patada, se imaginaba lastimando a esas personas. Las rutinas la fortalecieron anímicamente, canalizando su frustración como rabia y actividad y no como pasividad y depresión. De hecho, después de entrenar, parecía una persona distinta: viva, llena de energía y en ningún caso abatida ni asumiendo el rol de víctima.

Todas estas técnicas tienen en común un elemento fundamental: salen de la forma usual que tienen las personas de pensar y permiten acceder a nuevas y diferentes formas de experiencia. Sin este cambio de marchas en la conciencia, la gente quedaría atrapada en sus disposiciones mentales habituales, repitiendo sin cesar los mismos pensamientos, sentimientos y comportamientos.

Innovación en terapia: traducir

La idea de que el cambio en el comportamiento es precedido por un cambio en nuestro estado de conciencia fue la culminación de quizás el ejercicio más instructivo de mi carrera profesional. Tratando de entender mejor las dinámicas de cambio en terapia, llevé a cabo lo que llamo una «revisión clínica de la literatura». Gran parte de las revisiones de literatura son escrutinios de la investigación realizada en un ámbito dado, en un intento por captar su grado actual de desarrollo científico. Lo que yo intentaba hacer era un poco diferente. Leí cada trabajo significativo sobre terapia que pude encontrar de los autores más importantes en las últimas décadas. Me concentré especialmente en los trabajos que contenían registros de las sesiones de terapia reales, ya que esperaba poder ver lo que los terapeutas realmente estaban haciendo, no lo que *decían* que habían hecho.

Fue una revisión de gran alcance, que culminó en un extenso artículo para una revista especializada en 1992. Leí trabajos de escritores con un enfoque analítico como Habib Davanloo, Lester Luborsky, Peter Sifneos y Hans Strupp. Abarqué los trabajos conductuales-cognitivos de David Barlow, Aaron Beck, Albert Ellis y Joseph Wolpe. Me metí en la literatura estratégica de Steve de Shazer, Milton Erickson y Jay Haley. Sin embargo, nunca dejé de preguntarme «¿cómo funciona esto?, ¿cómo puede ser que teorías y prácticas que parecen tan diferentes produzcan buenos resultados y tan similares?».

La impresión era que si fuera posible aislar los elementos responsables del cambio emocional y conductual, los *traders* —y otros profesionales— *podrían tener la capacidad de convertirse en sus propios terapeutas.*

Dos elementos comunes me resultaron llamativos en las páginas de estos trabajos. El primero fue lo que el autor de terapia breve, Simón

Budman, denominó *novedad*. Todas las terapias ayudaban a las personas a ver y experimentar cosas de formas nuevas. Introducían habilidades, estimulando nuevas visiones y ofreciendo experiencias originales. Muchos de los enfoques contaban con un elemento creativo característico, abriendo puertas a nuevas formas de verse a sí mismo y al mundo.

En segundo lugar estaba lo que el terapeuta de cognitivo-conductual Donald Meichenbaum denominó el proceso de «traducción» en terapia. Las personas, por lo general, comienzan una terapia con un problema o una situación particular en sus mentes. Buscan ayuda porque el problema está interfiriendo en sus vidas y no pueden manejar por sí mismos las preocupaciones. Los terapeutas no solo se limitan a escuchar el problema y luego aventurar respuestas. *Mas bien traducen la queja inicial en algún otro esquema conceptual y ofrecen una salida desde esa perspectiva.*

Considere un ejemplo simple: un *trader* viene a la consulta diciendo que se siente inútil. No se siente seguro en sus transacciones y las pospone, esperando que cada indicador esté en la posición perfecta. Sin embargo, rara vez ocurre así, y como resultado pierde una buena cantidad de movimientos. Esto lo deja frustrado y molesto, lo que se traspasa a su vida personal. Hacía poco, su esposa ya había tenido suficiente de estos arranques emocionales y le sugirió que asistieran a asesoramiento psicológico de parejas. El *trader* se resiste a la idea de iniciar una terapia con su esposa. Ya se siente fracasado en un área de su vida, el *trading*, y no quiere también sentirse un perdedor en su matrimonio. Durante los últimos tiempos se ha sentido triste, sin poder reunir la energía suficiente para hacer su investigación cotidiana del mercado. Dos veces durante la última semana, ha perdido oportunidades preciosas de entrar en los mercados de tendencia, debido a su falta de preparación. Ahora se siente como un completo fracasado.

El problema para este *trader*, además de los problemas inmediatos de un mal *trading* y las preocupaciones matrimoniales, es su falta de comprensión de por qué es como es. De algún modo, se siente anormal. «Quiero tener más éxito», dirá. «¿Por qué no puedo ser diferente?» El reconocimiento de que no tenemos el control absoluto de nuestros pensamientos, sentimientos y acciones puede ser tremendamente angustioso.

Al principio del proceso de asesoramiento psicológico, el terapeuta ofrecerá un marco explicativo al *trader* que da sentido a su experiencia de conflicto. Esta traducción, que toma el problema como lo describe el *trader* («soy un perdedor») y lo pone en una nueva perspectiva, ocurre en cada terapia. *De hecho, las distintas terapias parecen, en realidad, ser marcos explicativos diferentes.*

Así, por ejemplo, un terapeuta de conductual-cognitivo puede decirle al *trader*; «el problema no es que sea un perdedor. El problema es que ha aprendido patrones de pensamiento que le *dicen* que no es bueno». O bien, un terapeuta psicoanalítico puede decir: «quizás el problema no es que esté destinado a perder, sino que ha interiorizado una mentalidad de perdedor como una forma de evitar el conflicto con su padre hostil y competitivo».

Estas explicaciones puede que no se digan todas a la vez y que no se digan en la primera sesión. Pero cada terapia parece ofrecer un nuevo marco para comprender la experiencia humana.

Las personas no logran cambiar —se estancan en la rutina— porque están bloqueadas viéndose a sí mismas y a sus problemas de una forma particular. Son como los pacientes del doctor Schiffer, *solo que han olvidado que están usando gafas.* Los problemas emocionales de las personas son el resultado de la confusión de sus interpretaciones del mundo —las lecciones que han aprendido del pasado— con el mundo en sí. Una vez que las personas se dan cuenta de que las gafas que usan distorsionan la visión que tienen de sí mismas, es posible para ellas cambiar la receta.

Mi traducción con Walt fue que *él* no era el problema en la relación con Janie. Más bien, era su anterior forma de afrontamiento lo que surgía de manera problemática en la relación. Pero observé que la traducción no se produjo hasta que pudimos realmente cambiar las «marchas» emocionales y experimentar la ira que tanto temía. Cambiar nuestro estado mental —experimentando con nosotros mismos en formas nuevas— facilita tremendamente el proceso de cambiar esas gafas.

Las consecuencias para el *trading* son significativas. Después de reiterados errores en los mercados, los *traders* se convencen de que son «malos *traders*», «desafortunados» o, lisa y llanamente, «perdedores». En vez de concentrarse en el *trading*, culpan al *trader*. Tengo una forma casi a prueba de tontos para determinar cuándo los *traders* están listos para superar sus problemas. Los que aún no están preparados para cambiar se ven *a sí mismos* como defectuosos; me piden que los *arregle*. Los *traders* que están más dispuestos a avanzar ven al *trading* como el problema. Han hecho la distinción entre ellos mismos y sus patrones problemáticos.

La traducción que frecuentemente abre la puerta al cambio es que los patrones problemáticos en el *trading* existen por alguna razón. Como Walt —o como yo mismo encerrándome en el baño— las personas reaccionan al pasado y al presente. Usan antiguas estrategias de afrontamiento para abordar las situaciones nuevas. Y estas estrategias no les funcionan.

Para decirlo una vez más, si hay una receta para el éxito del cambio personal, es esta: *busque lo que más teme y luego póngase en una situación controlada donde pueda experimentar directamente ese temor*. Ya sea miedo a su propia ira, miedo a las alturas o miedo a colocar una transacción, la experiencia directa de ver que somos más fuertes que nuestros miedos permitirá el surgimiento de la confianza. Nada de lo que pudiera haberle dicho a Walt habría sido tan útil como hacerle enfadar y ayudarle a ver que no pasó nada terrible.

Suena como una fórmula extraña, pero funciona: busque lo que le hace ponerse más ansioso como *trader, y luego hágalo gradual y sostenidamente*. Como Walt, podrá salir de debajo de la cama una vez que se dé cuenta, por experiencia propia, de que la ansiedad señala el camino a su desarrollo personal. Al enfrentarse a lo desconocido, amplía sus límites y fronteras: quedarse con lo conocido y lo cómodo es sinónimo de estancamiento.

Los temores que experimentan los *traders* vienen en muchos sabores:

- Un hombre joven había tenido éxito en el *trading*, pero sentía grandes dificultades para aumentar el tamaño de sus posiciones. Definía sus *drawdowns* en dólares y no en porcentajes, y cuando entraba en fase de pánico perdía más que una cantidad específica de dinero.
- Un *day-trader* que trabaja en una firma de *trading* había ganado dinero en una operación intradía, pero se resistía a mantenerla de un día para otro, incluso si sus probabilidades parecían favorables. Se

convencía de que las entradas y salidas rápidas era lo que funcionaba en su caso, pero se reprochaba por no aprovechar las oportunidades de mayor tamaño cuando se presentaban.

- Una mujer que vivía del *trading* no se sentía cómoda ante la idea de diversificar más allá de uno o dos de sus instrumentos de *trading* favoritos, aun cuando pudiera ver oportunidades de ganancias en otros lados. La idea de hacer transacciones de *commodities* que no fueran de Standard & Poor (S&P) y Nasdaq, la asustaba, aunque su sistema de *trading* podía adaptarse fácilmente a esos otros mercados.
- Un hombre que recientemente dio el salto al *trading* de tiempo completo se da cuenta de que ahora no era capaz de ejecutar transacciones que había investigado antes de la apertura. Siempre lograba convencerse de que el mercado de alguna manera no se estaba comportando de manera normal. Para el momento que volvían sus sentimientos de seguridad, sin embargo, el movimiento ya había comenzado, y él caía en sentimientos de culpa y frustración por haber perdido la jugada.

En cada uno de estos casos, los *traders* sintieron miedo de un cambio positivo. Tienen miedo a lo desconocido, de lo que no les es familiar. Al enfrentarse gradualmente a sus temores –subiéndose a la noria de feria incluso en medio de la ansiedad– pueden aprender de primera mano que lo que no les mata, efectivamente, les fortalece.

La función de la consolidación en el cambio

Mi escrutinio de la literatura me convenció de que aunque la innovación es necesaria para el cambio, no es suficiente. Para que el cambio se asiente, debe existir *consolidación*. Un nuevo patrón debe repetirse muchas veces antes de que realmente se interiorice. Sin la consolidación, la gente tiende a caer en sus formas antiguas. La mayoría de las personas piensa que el asesoramiento psicológico es un mecanismo para analizar y enfocar los problemas. La verdad es que cuando una persona participa en una terapia con buenos resultados, una buena cantidad de tiempo y energía se invierte en ensayar y consolidar las soluciones en casa, y no tanto en la sesiones trabajando los problemas.

Lamentablemente, demasiadas personas dejan de esforzarse en realizar cambios apenas ven algunos logros, imaginándose que han solucionado sus problemas y no necesitan seguir trabajando en ellos. Eso es un poco como decir que una vez que una planta comienza a crecer bien, ya no necesita agua ni fertilizantes. Para que se asienten nuevos patrones de vida y *trading*, debe haber un esfuerzo continuado de cambio.

Hay una aparente paradoja que explica por qué tan pocas personas pueden cambiar sus vidas. *Se necesitan esfuerzos sostenidos para consolidar los cambios, aunque la mayoría de las personas no pueden sostener un esfuerzo sin cambios importantes.* La gente puede comenzar dietas, rutinas de ejercicios o programas de asesoramiento psicológico, pero la tarea más difícil es mantenerlos.

Nuevamente, vuelvo a George Ivanovitch Gurdjieff para una completa apreciación del dilema. Los seres humanos son demasiado fragmentarios para dar continuidad al cambio por sí mismos. Apenas un yo decide emprender un cambio, otro yo, activado por un cambio de estado externo, aparece en escena y actúa sobre un nuevo grupo de prioridades. Gurdjieff hizo de la autoobservación un pilar de su trabajo, para que los individuos pudieran darse cuenta de que tenían múltiples personalidades. Sin la existencia de un «centro magnético» —un nuevo yo organizado alrededor del proceso de cambio— es poco probable que ni siquiera las mejores intenciones lleguen a concretarse.

El revolucionario estudio colaborativo sobre depresión del Instituto Nacional de Salud Mental descrito por Irene Elkin y otros colegas abarcó una gran cantidad de pacientes que recibían psicoterapia y medicamentos para sus problemas. Los participantes recibieron aproximadamente 12 visitas de terapia. A pesar de los esfuerzos por utilizar tratamientos estándares y efectivos, los investigadores encontraron índices de reincidencia cercanos al 75%. El tratamiento de 12 sesiones fue suficiente para iniciar el cambio, pero no para consolidarlo.

Este fenómeno de reincidencia nos dice algo acerca del éxito en los mercados. *Cualquier técnica que utilice en el* trading*—sea para gestión de dinero, autocontrol o reconocimiento de patrones— exige constantes repeticiones antes* *de que se convierta en una parte permanente de su repertorio.* Los cambios se interiorizan a través de la repetición, sin variación, una y otra vez a lo largo del tiempo. El objetivo es hacer que el nuevo comportamiento sea tan habitual que llegue a sentirse extraño *no* actuar de esa forma.

Mi revisión clínica de la literatura me sugirió que no importaba si determinada terapia era conductual, cognitiva o psicoanalítica. El cambio siempre ocurría en una secuencia específica. *Y si se puede seguir esta secuencia intensamente, los cambios pueden surgir en mucho menos tiempo de lo que generalmente requiere una terapia de conversación normal.*

Veamos esta secuencia y cómo se podría aplicar al *trading*. Suponga que asiste a un seminario de Linda Raschke o Mark Cook y aprende una nueva técnica de *trading*. O quizás lee *Online Investing*, de Markman, o el *Stock Traders Almanac*, de Yale y Jeff Hirsch, y descubre modelos estacionales que pudieran aplicarse a sus inversiones. Tales fuentes de información le ayudan a agregar nuevos elementos a su *trading*. Pero ¿cómo puede hacer suyos estos elementos, hacerlos parte de su repertorio de *trading* habitual y natural?

El primer paso en la secuencia de cambio es introducir los nuevos métodos de *trading* mientras está en un estado mental no habitual: altamente relajado y concentrado, estimulado físicamente, agitado emocionalmente, etc. Como vio con Walt, es en esos momentos de experiencia fuera de lo habitual cuando estará más preparado para procesar la información de formas nuevas. Fijar el nuevo patrón de *trading* a un estado característico también le permitirá poner en práctica el patrón más rápidamente cuando acceda al estado que lo acompaña.

Por lo tanto, si desea utilizar señales de un sistema de *trading* mecánico para filtrar las decisiones de *trading* que está tomando a partir de patrones de precio y volatilidad, podría conducir una revisión histórica, operación por operación, que ilustre cómo este filtro podría haber afectado a su *trading* anterior. Al mantenerse en un estado de gran concentración y relajación, puede procesar cómo se habrían comportado las transacciones con y sin el filtro. Cada vez, simulará que aplica el filtro, como si en realidad estuviera colocando las transacciones.

El segundo paso para cambiar su *trading* es ensayar el nuevo patrón repetidas veces en distintas situaciones de *trading* reales. Pueden ser ejercicios de *trading* en papel o sesiones reales de *trading*. Tres aspectos son importantes: que esté (1) utilizando el nuevo método en datos nuevos en tiempo real; (2) manteniendo el mismo y característico estado mental que tenía cuando aprendió el método, y (3) empleando el método constantemente, transacción tras transacción. Al poner en práctica los patrones una y otra vez —y especialmente al ver, de primera mano, los resultados del nuevo cambio— acelera el proceso de asunción interna.

Estoy convencido de que la consolidación se acelera tremendamente en el *trading* a través de la *educación basada en ejemplos*. Más adelante analizaré ese tema en detalle, especialmente en lo relacionado con el aprendizaje implícito. La educación basada en ejemplos es aprender mediante casos concretos y no a través de una enseñanza directa y didáctica. En vez de leer o escuchar una conferencia de *trading*, ve ejemplos de mercados reales y las formas en que se ha operado.

Ver los patrones reales una y otra vez —y tener una percepción directa de sus variaciones— parece ser esencial en la adquisición de habilidades. Al igual que los estudiantes de medicina necesitan ver muchos pacientes y muchas variaciones de una enfermedad específica antes de adquirir una buena habilidad de diagnóstico, los *traders* se benefician al experimentar una variedad de mercados y situaciones de *trading*.

La primera vez que visité a Victor Niederhoffer en su salón de *trading*, quedé impresionado por la cantidad de volúmenes distintos que tenía en su escritorio. Eran artículos que contenían entradas intradía de los mercados a lo largo de varios años. Me impresionó aun más el número de análisis estadísticos que él y sus asistentes ejecutaron durante una sesión de *trading*. Constantemente se estaban adaptando al mercado, buscando patrones aprovechables para operar.

Posteriormente, cuando participé como instructor invitado en el chat de *trading* de Linda Raschke, noté que regularmente publicaba gráficos después de la sesión de cada día. Estos gráficos mostraban los principios que habían guiado el *trading* del día anterior. Cari Swenlin, fundador del completo sitio web *Decisión Point* (www.decisionpoint.com), recientemente me dijo que esta también era la idea que había detrás de su organización de «libros de gráficos» en el sitio web. Al organizar las acciones en libros de gráficos según su fortaleza relativa y permitir que las personas pudieran navegar por muchos gráficos en un corto tiempo, se hacía más fácil para los *traders* procesar grandes cantidades de datos. Esto, a su vez, facilitaba la detección de temas y patrones comunes en el mercado.

Como verá en el último capítulo, estas prácticas de investigación repetida, exámenes de patrones, inspecciones de gráficos, etc., ayudan a la función psicológica de consolidación. Sumergen al *trader* en patrones de mercado de una forma que la simple instrucción jamás podría lograr. Al igual que las redes neuronales requieren muchos, muchos ejemplos para desarrollar sus conexiones predictivas, las redes neuronales de un *trader* parecen necesitar una gran biblioteca de ejemplos para detectar patrones y actuar según ellos. *Es la intensidad y la repetición de la exposición lo que parece facilitar el aprendizaje,* ya sea de nuevos métodos de *trading* o nuevos patrones de comportamiento.

Esperar que alguien cambie solamente porque intente algo unas cuentas veces —o asista a una sesión semanal de una hora con su terapeuta— es tan poco realista como esperar aprender a jugar buen tenis solo con unas clases ocasionales. Sin la repetición, el corazón de la consolidación, es poco probable que los nuevos patrones adquieran autonomía.

En mi propio *trading*, mantengo una cuenta dedicada de corretaje *online* donde las comisiones son mínimas. La uso para practicar nuevas ideas y patrones de *trading* con operaciones de 200 acciones en los fondos cotizados en la Bolsa. El pequeño tamaño de la operación asegura que incluso si me equivoco con mis nuevas ideas, no sufriré un golpe financiero importante. Lo que es más importante, sin embargo, es que las operaciones pequeñas frecuentes me permiten adquirir el hábito de observar nuevos patrones, emplear nuevos métodos y actuar de acuerdo a ellos en tiempo real. *Por mucho que se miren gráficos pasados, eso no puede llegar a sustituir la consolidación en tiempo real.* Solo después de hacer *trading* positivamente con el patrón muchas veces con operaciones pequeñas, consideraré destinar una parte más significativa de mi capital al nuevo método. Para entonces, sin embargo, ya se habrá convertido en parte de mí.

Cuando desarrollé mi indicador compuesto al que llamé «Potencia», combinando distintos elementos de mi *trading* en una única estadística (dirección del precio, velocidad, aceleración, volatilidad, etc.), no me sentía cómodo operando la nueva variable. Investigar su rendimiento pasado fue útil para convencerme de que tenía potencial, pero esto no me dio la seguridad para efectivamente jugarme mi dinero. La confianza me llegó, igual que a Walt, cuando mis expectativas fueron refutadas en una situación real. Más de una vez, esperé que el mercado se moviera en una dirección dada según mi trabajo previo. Sin embargo, los modelos que utilizaban la medición de Potencia arrojaron un movimiento absolutamente opuesto. En cada uno de estos casos, mis antiguos métodos de *trading* resultaron ser incorrectos y se confirmó el nuevo trabajo.

Este jarro de agua fría, que me demostraba cómo mi trabajo anterior era inferior a esta nueva investigación, hizo mucho más para que ganara seguridad en el *trading* basado en ella que cualquier prueba de datos históricos. Realmente creí que tenía al mercado de mi parte, y entonces me di cuenta de que estaba equivocado y que los nuevos modelos condenaban la jugada. Finalmente llegué al extremo de negarme a poner una transacción a menos que los modelos de Potencia respaldaran mi posición. Fue la experiencia emocional de ver frustradas mis expectativas de *trading* —y particularmente la reiterada violación de esas expectativas— lo que consolidó mi nuevo estilo de *trading*.

Otro ejemplo claro de consolidación de un patrón de *trading* emocional se presentó cuando seguí el consejo de Victor Niederhoffer y comencé a mantener más a menudo mis posiciones de un día para el otro. Hasta ese momento, con fines de gestión del riesgo, había cerrado mis posiciones al final del día, no queriendo salir perjudicado por el curso de los acontecimientos de la noche o por noticias desfavorables previas a la apertura del mercado. Niederhoffer señaló, sin embargo, que la mayoría de las alzas a largo plazo en los mercados se pueden atribuir a un sesgo nocturno al alza. No mantener una buena posición durante la noche es, en realidad, una estrategia altamente arriesgada, ya que desaprovecha una importante oportunidad de obtener beneficios.

Fascinado, imité el trabajo de Victor estudiando los futuros de S&P desde abril de 1994 hasta abril de 2002. Observé los puntos totales ganados que se atribuían a la acción nocturna (del cierre de ayer a la apertura de hoy) y los puntos totales que se atribuían a la sesión diaria (apertura de hoy al cierre de hoy). En general, durante el período de mi estudio, el S&P había ganado un total de aproximadamente 327 puntos. De esos, ¡cerca de 311 se podían atribuir a las ganancias nocturnas! En otras palabras, durante el día de *trading*, no había sesgo direccional general.

El hecho de realizar la investigación me dio seguridad para comenzar a mantener pequeñas posiciones nocturnas. En una investigación adicional, me di cuenta de que un número inusualmente alto de declives nocturnos de importancia ocurrieron durante períodos correctivos del mercado. Eso significaba que *si* mis lecturas de tendencias con mis mediciones de Potencia eran positivas, se reducían las posibilidades de un movimiento nocturno adverso. (Las lecturas positivas del TICK de la Bolsa de Valores de Nueva York [NYSE] durante las horas finales de la sesión de *trading* también eran útiles para la eliminación de varios molestos declives nocturnos.) Cada vez que decidía mantener una posición de un día para otro, revisaba la investigación después de haberme puesto en un estado concentrado y relajado. Una y otra vez, buscaba crear un condicionamiento: asociar el enfoque tranquilo con la operación nocturna «arriesgada». Supe que lo había logrado cuando comencé a sentirme incómodo cerrando una posición demasiado temprano. Para entonces, mantener durante la noche ante una situación de dinamismo favorable ya era algo automático —una nueva pieza de mi arsenal de *trading*—.

La consolidación de Walt

En la terapia de Walt la consolidación se produjo de una manera muy especial. Creamos un diálogo entre Walt y su cuerpo. Le sugerí a Walt que en realidad tenía dos «yoes»: (1) la persona que él pensaba que era Walt, completo con sus pensamientos y sentimientos habituales; y (2) su cuerpo, que no tenía capacidad verbal, pero podía hablar el lenguaje de los gestos y la acción («lenguaje corporal»). Había sido la conversación del cuerpo de Walt lo que me permitió hacer uso del trabajo de completar oraciones, y fue el cambio en su estado corporal lo que abrió la puerta a su historia y a su rabia no reconocida.

Le sugerí que llevara a cabo un diálogo con su cuerpo en momentos del día tomados al azar. Eso significaba prestar atención a su estado de tensión, energía y postura para descifrar el significado de las comunicaciones de su cuerpo. Esto lo modelamos en nuestras sesiones cada vez que advertía que el cuerpo de Walt pasaba a un estado de pasividad, o bien de tensión. Le reflejé ambos estados, refiriéndome a ellos como comunicaciones de su cuerpo que indicaban que se estaba sintiendo amenazado por sentimientos de miedo y rabia. En esos momentos, le aseguraba que no sufriría daño por experimentar estos sentimientos, recordándole su experiencia inicial completando oraciones. Una vez que adquirió experiencia en la lectura del lenguaje de su cuerpo durante nuestras sesiones, estábamos listos para consolidar los esfuerzos a través de actividades que debía realizar por sí mismo.

La actividad era sencilla. En distintos intervalos del día, debía dejar de hacer lo que estuviera haciendo y, lo antes posible, debía entrar en un estado de concentración en que pudiera observar los sentimientos, acciones y tensiones de su cuerpo. En esos momentos, debía lograr una traducción clave: cuando se sintiera pasivo o tenso, tenía que suponer que había presente alguna necesidad insatisfecha o que percibía una amenaza. *La pasividad y la tensión eran las formas que tenía su cuerpo para informarle de la rabia y el miedo.* Una vez que lograba esta traducción e identificaba el origen de sus sentimientos, tenía que esforzarse en dar a estos sentimientos una voz directa y verbal. En otras palabras, Walt utilizaría la información de su cuerpo para cambiar la forma en que se enfrentaba a las situaciones.

Observe en el mensaje: sus síntomas —pasividad y rigidez— no son patológicos. *Sus síntomas son formas de información de un yo alternativo.*

La mayoría de los problemas que la gente lleva a las terapias y que los *traders* llevan a los mercados son metacomunicaciones —comunicaciones útiles e informativas— de un yo escondido, incluso cuando parecen no tener sentido, como en el caso del hombre Woolworth.

Walt y yo encontramos una interesante técnica para ser conscientes de estas metacomunicaciones. Como parte de su trabajo de estudiante, Walt llevaba consigo un organizador personal electrónico. El aparato marcaba la hora y tenía una función de alarma. Antes de comenzar cada día, Janie configuraba la alarma para una hora al azar entre las 8.00 horas y las 18.00 horas. Cuando la alarma sonara —una hora que él nunca sabía por adelantado— tenía que realizar el ejercicio. Si estaba en clases en ese momento u ocupado en otras cosas, simplemente observaría su cuerpo y esperaría hasta después para procesar la información.

Nuestro enfoque lo sacamos de la técnica del «alto» de Gurdjieff. Este era un método donde el maestro gritaba «¡Alto!» en la mitad de las interacciones con sus estudiantes y les pedía que se quedaran inmóviles. En esos momentos, en posiciones incómodas e inusuales, los participantes podían observarse de una manera distinta. La alarma del organizador de Walt servía como una función de «alto», pero también permitía a Janie ser una parte activa de la consolidación. Gurdjieff se dio cuenta de que las personas están dormidas, yendo de un «yo» a otro sin un propósito real, sin una conciencia verdadera. La alarma estaba configurada para literalmente despertar a Walt de su sueño y evitar que cayera en los antiguos patrones.

Después de cerca de un mes de este trabajo diario, Walt ya no necesitaba la alarma. El reconocimiento de su cuerpo se convirtió en parte de su rutina diaria. Había desarrollado un «centro magnético».

El ejercicio de «alto» de Walt está muy relacionado con la noción de «tomar la temperatura emocional propia» durante el *trading*. Es un medio para interrumpir los patrones negativos y dar la señal para la activación de otros nuevos y positivos. El enemigo de las personas es el sueño descrito por Gurdjieff: la tendencia a perder conciencia de sí mismos y caer en antiguos patrones sin darse cuenta. Cuando un amigo *trader* hace poco me aconsejó que conectara mi máquina de biorretroalimentación a mi programa de *trading* para que no pudiera acceder a los datos —o pantallas de *trading*— a menos que estuviera en el estado mental y corporal adecuado, solo bromeaba a medias. Tener que estar concentrado en el *trading* para acceder a la pantalla es muy similar a tener que estar tranquilo cuando mi hijo está en una noria de feria sin protección. La nueva experiencia es invaluable para la consolidación del nuevo patrón.

El hecho de tener el resultado numérico de mi unidad de biorretroalimentación siempre a mi disposición tiene prácticamente la misma función. No puedo perder de vista el funcionamiento de mi mente ni mi estado corporal, ya que constantemente está frente a mí en una pantalla. Desde esta perspectiva, cada sesión de *trading* es además una sesión de ejercicio para la mente, una parte del proceso de consolidación que reafirma los buenos hábitos. Realmente hago «*trading* desde el diván» cuando las alzas y bajas del indicador mental –la biorretroalimentación– son una parte formal de mi sistema de *trading*.

Conclusión

Muy a menudo, los clientes me preguntan cómo pueden motivarse para hacer su trabajo bien, perder peso, cambiar sus patrones, etc. Mi respuesta es que los actos motivados son frágiles. Si necesita motivación para hacer algo, entonces es porque en realidad no es parte de usted. Los cambios duraderos se vuelven automáticos, como cepillarse los dientes por la mañana o conducir el coche mientras sostiene una conversación. *Si crea un estado deseado y entra en él con suficiente frecuencia, siempre de la misma manera, cristalizará y se hará parte de su vida.* Una vez que ha ocurrido la consolidación, el paisaje de la mente –y el arsenal de *trading*– cambian para siempre.

Observe e interrumpa los antiguos patrones, cambie las marchas emocionales, practique los nuevos patrones y repítalos con la mayor concentración posible. En esto, según lo que aprendí de mi escrutinio de la investigación sobre la mente, consiste el cambio. Las soluciones en el asesoramiento psicológico y en el *trading* comienzan como patrones que la gente teme, luego pasan a ser patrones que practican con esfuerzo y finalmente se convierten en automáticos. El movimiento de lo tácito a lo explícito, como transformar los brazos cruzados de Walt en ejercicios dirigidos, es el sello de todo cambio personal.

8. ¡Enterrado vivo!

> Nada es mas común, o más efímero, que los grandes sueños de quienes duermen.

El lenguaje corporal es una importante forma de comunicación de nuestras mentes no verbales, pero también existen otras. Y estas pueden ofrecer importante información sobre nosotros mismos y nuestro *trading*. Imágenes, fantasías, trabajos artísticos y sueños son algunas de las formas en que nos comunicamos en un lenguaje de sensaciones. Los terapeutas aprenden a ser sensibles a esas comunicaciones, ya que a menudo transmiten importantes señales sobre los patrones repetitivos de las personas. El sueño de Mary, por ejemplo, plasmó su conflicto entre la necesidad de atención y los temores de ser explotada, incluso cuando su mente consciente intentaba rechazar el sueño, sus emociones y su cuerpo pusieron en evidencia su importancia.

En este capítulo exploraremos más de estas comunicaciones no verbales y su importancia para el proceso del cambio personal. Veremos que hay marcadores sutiles, desde el tono de voz hasta la velocidad de los parpadeos, que contienen importante información sobre nuestros estados emocionales. También veremos que las fantasías son realidades construidas que expresan algunas de nuestras necesidades y motivaciones humanas más básicas. Al adaptarnos a los mensajes de nuestras mentes y cuerpos, podemos asegurar un pie más firme en la realidad para beneficio de nuestra felicidad —y también de nuestro *trading*.

El arte del manejo de los tiempos en terapia y en el *trading*

El manejo de los tiempos es fundamental en terapia y en el *trading*. La mejor idea de *trading* puede conducir a la ruina si se implementa en un mal momento. De la misma forma, en terapia se pierden valiosas observaciones si se sugieren cuando un cliente no está listo para escucharlas. Los terapeutas y *traders* exitosos son como los buenos comediantes. Saben cuándo es el momento de hacer sus intervenciones.

Los *traders* y terapeutas principiantes se concentran tanto en *qué* están haciendo que no prestan mucha atención al manejo de los tiempos. Como resultado, gran parte de lo que hacen resulta desmañado. Esto es particularmente cierto en el caso de los *traders* que confían en métodos de *trading* fáciles de encerrar en fórmulas («vender cuando el RSI de 12 períodos está sobrecomprado») y para los terapeutas neófitos que sacan sus líneas de los libros de texto. Hay una cualidad artificial en lo que hacen, una que a menudo ignora el contexto de la situación específica.

Hace poco, una de las personas que me escriben a propósito del *trading* me describió sus transacciones esenciales como «rupturas de volatilidad». Cuando el mercado se consolidaba después de un alza o un declive, colocaba una orden justo por encima o por debajo del campo de consolidación, esperando tomar ventaja de la ruptura. Frecuentemente la jugada le salía mal, pero se las arreglaba para captar algunos buenos movimientos de tendencia. En general, el relativamente bajo promedio de aciertos hizo que su sistema fuera difícil de seguir. Cuando describía sus transacciones, me sorprendía el grado de indiferencia que tenía por la acción del mercado a su alrededor. Muchas veces, el rango de consolidación que operaba para una ruptura al alza era evidente en un gráfico de Standard & Poor's (S&P), mientras los gráficos de los otros índices claramente no mostraban consolidación alguna. A menudo, todo terminaba en rupturas fallidas. Puesto que hacía sus transacciones sistemáticamente haciendo caso omiso de la imagen global, no se podía beneficiar de esa información.

Los nuevos terapeutas invariablemente revelan su estado neófito al imitar frases que han leído en libros o escuchado de otros. Recuerdo haber supervisado a un terapeuta especialmente mecánico. El cliente le había dicho que estaba tan molesto con su esposa que podría golpearla. El terapeuta, un poco sorprendido por la vehemencia del hombre, titubeó y solo pudo preguntar: «¿Y eso cómo le hace sentir?». Como supondrá, el hombre estaba bastante conectado con su ira y se lo hizo saber al terapeuta en términos muy claros.

Un buen manejo del tiempo exige una conexión íntima con el propio trabajo que solo se consigue con repetidas exposiciones. Pero no es un regalo místico ni intuitivo. Se puede adquirir, por lo general siguiendo el ejemplo de alguien que ya lo haya logrado.

El manejo del tiempo fue un importante elemento en las terapias con Mary y Walt. Recuerde que cuando Mary no se sentía cómoda contando su sueño, aumenté su incomodidad dándole la impresión de que yo realmente tenía un interés «personal» en ella. De la misma forma, durante el ejercicio de completar oraciones con Walt, subí el tono de voz, aceleré el ritmo y le llamé la atención sobre sus puños apretados. Muchas de las intervenciones de asesoramiento psicológico son de este tipo, en que el terapeuta programa una intervención para alterar el nivel de vivencia emocional del cliente. En ambos casos, con Mary y Walt, la intensificación de la agitación les permitió acceder a recuerdos que habían estado bloqueados u ocultos, y que fueron fundamentales para comprender sus patrones actuales.

Otras intervenciones de asesoramiento psicológico no buscan inducir cambios en el estado de la mente, sino que aprovechan los cambios que ocurren naturalmente. Por ejemplo, un terapeuta puede esperar indicar un patrón destructivo hasta que el cliente esté emocionalmente conectado con las consecuencias del mismo. En esos momentos, la motivación para el cambio puede ser la mejor, permitiendo al terapeuta subirse a la tendencia emocional.

Algunas de las oportunidades más promisorias para intervenir en el asesoramiento psicológico ocurren durante cambios de estado relativamente sutiles. Estos se manifiestan en las metacomunicaciones del cliente: cambios en la velocidad de su conversación, el tono emocional, la postura corporal y la expresión facial. Esas metacomunicaciones se conocen en la literatura profesional como *marcadores*, porque indican un punto de transición de un estado cognitivo y emocional a otro. Los marcadores también son importantes indicios para los *traders*.

Supongamos que una mujer comienza una sesión contando varias cosas estresantes que le pasaron durante la última semana. Su tono de voz y postura son similares para la narración de cada acontecimiento: habla sigilosa y nerviosamente, sentada en el borde de la silla. Al final de su letanía, sin embargo, menciona que la visitó un amigo que no veía en años. Con este nuevo tema, su voz se alegra, habla más fuerte y se acomoda en la silla.

Como terapeuta, a continuación puede preguntar a la mujer si hizo los ejercicios sugeridos en la última sesión. Ella inmediatamente responde que sí y dice que los ejercicios fueron útiles. No obstante, nota que cuando habla de los ejercicios, se inclina hacia adelante en la silla y baja el tono de la voz, volviendo a la misma postura que tenía cuando relataba el estrés de la semana. Estos marcadores están diciéndole dos cosas: (1) que hay algo estresante en la tarea y en la terapia; y (2) que lo que esté resultando estresante seguramente es lo mismo con lo que el cliente lucha en otras áreas de su vida. Al poner atención en los marcadores y explorar los aspectos estresantes de la tarea —tal vez incluso pidiéndole que haga la tarea allí mismo— el estado de incomodidad podría aumentar, abriendo la puerta para el cambio.

Hace poco tiempo hablé con un *trader* que estaba teniendo graves y constantes discusiones con su esposa. Los reuní para una sesión y observé sus interacciones. El siempre se impacientaba con ella cuando ella pedía su atención. Esto lo hacía evidente con un tono de voz seco y de rechazo, acompañado de una intensa expresión facial. Para su esposa esto era intolerable y se esforzaba aún más por ganar su atención, lo que él interpretaba como una actitud exigente, generando un rechazo aún mayor hacia ella.

La situación era desconcertante, ya que el *trader* parecía amar mucho a su esposa y evidentemente no deseaba arruinar su matrimonio. Sin embargo, para mí estaba claro que la relación estaba en la cuerda floja.

Al final de la sesión, cuando estábamos listos para irnos, casualmente le pregunté al joven cómo andaba el *trading*. De inmediato, para mi sorpresa, su rostro volvió a tomar una expresión intensa, y respondió de manera abrupta que las cosas estaban bien. Afortunadamente, mi buen criterio me acompañaba y no reaccioné de manera negativa ante su respuesta, como lo había hecho su esposa. En cambio, puse atención al marcador —su cambio físico y emocional— e intencionalmente hablé más suave y más lento. Mirándolo a los ojos, hablándole de una forma en que su esposa no pudiera escuchar, dije: «Es un mercado bastante pesado, ¿cierto? Ya llevo un tiempo operando y en ocasiones aún me siento como si no estuviera a la altura de las exigencias».

Casi de inmediato su rostro cambió, sus ojos se volvieron vidriosos y describió una gran pérdida que había tenido en una posición apalancada. Me explicó, en presencia de su esposa, que sus expectativas habían sido ganar mucho dinero en poco tiempo para que ella no tuviera que trabajar mientras esperaban a su primer hijo. Lamentablemente, perdió el dinero y fue inevitable que su esposa tuviera que trabajar a tiempo completo. No había comentado con ella la pérdida y, de hecho, de manera subconsciente, temía que ella le preguntara sobre sus operaciones. Para mantenerla a raya, adoptó una actitud de rechazo, la misma que tuvo hacia mí al final de nuestra sesión.

En sesiones siguientes, ese comportamiento nos llevó a una fructífera exploración de las exigencias de las relaciones e inversiones, y las formas en que las se enfrentaba a ellas o las evitaba. Su cambio de estado, adoptando la misma expresión facial y vocal en las situaciones de mercado y las relaciones personales, me alertó sobre el problema que estaba afrontando. Mi propio cambio, confesar mis sentimientos de inadaptación en un mercado inestable y volátil, le mostró un estilo distinto de interacción: uno donde los problemas no se alejan, sino que se *enfrentan*.

Los *traders* y los terapeutas exitosos se utilizan a sí mismos como barómetros emocionales. Al igual que los jugadores de póquer están atentos a las jugadas de sus oponentes, buscan cuidadosamente indicios sutiles que les informen el momento en que las condiciones estén maduras para el cambio. Ya sea que esté haciendo «*trading* desde el diván» o el diván sea su transacción, será competente cuando aprenda a leer los marcadores y los utilice para manejar los tiempos de sus intervenciones.

Marcadores y mercados

Me resulta útil para mi propio *trading* pensar en el mercado como uno de mis pacientes. Cada día, sentado frente a la pantalla, estoy en una sesión. El mercado me está contando su historia, escrita en subidas, bajadas, tendencias y consolidaciones. Al igual que en mis sesiones de asesoramiento psicológico, intento captar los temas de las comunicaciones del mercado. Estoy alerta a los marcadores: la evidencia de cambios en el ritmo y tono, la reacción exagerada o falta de reacción ante los nuevos acontecimientos, la profundidad de la convicción de compradores y vendedores en la pantalla, la actividad relativa de las instituciones en los lados de compra y venta. Si puedo mantenerme concentrado, identificar los temas y programar mis intervenciones de acuerdo a los marcadores, las posibilidades de tener éxito son bastante buenas. En cambio, si quedo atrapado en mis propias reacciones, o especialmente si estoy tratando de imponer los temas que deseo escuchar, hay altas posibilidades de que me pierda lo que se está hablando en realidad y pague el precio de mi falta de atención.

Seguir los mercados o realizar sesiones de asesoramiento psicológico es muy parecido a ir a escuchar una gran sinfonía. El compositor comienza con la exposición de un tema, luego lo desarrolla a través de hermosas variaciones y elaboraciones. Por ejemplo, en el ballet *Petrushka*, Igor Stravinsky introduce temas característicos para cada personaje, con una melodía para el personaje principal, un títere que quiere tener vida. En la interacción de los temas se puede visualizar las interacciones de los personajes: las grandes esperanzas de Petrushka, su amor por la bailarina, sus conflictos y su muerte final. Valorar la música docta, tanto como leer novelas clásicas, requiere una capacidad de extraer los temas de la partitura y seguir su desarrollo.

En las sesiones de asesoramiento psicológico, como en las grandes obras musicales, los temas dominantes por lo general se expresan en los minutos iniciales y a continuación se van entretejiendo. Los terapeutas experimentados están atentos a las comunicaciones y a las metacomunicaciones al inicio de la sesión. Generalmente establecen los temas del resto de la visita, resumiendo los aspectos más importantes de la vida de la persona en ese momento. En ocasiones los psicoanalistas se refieren a un triángulo de conflicto, donde los temas se recapitulan en relaciones pasadas, relaciones actuales y la relación con el terapeuta. Bajo la noción del triángulo está el reconocimiento de que los temas son el pegamento que une la vida emocional.

La semana pasada, una estudiante comenzó a asistir a mis sesiones, dedicando una cantidad excesiva de tiempo a hablar de trivialidades: el clima en Syracuse, sus planes de vacaciones, etc. Sabiendo que sus exámenes de graduación se acercaban en menos de una semana, presioné un poco para ir al grano y le pregunté si tenía problemas de postergación en sus estudios. Me miró sorprendida, como si yo fuera un clarividente. Sin embargo, no hubo, en absoluto, percepción extrasensorial. Solo confié en el principio sinfónico de que existe una estructura en las comunicaciones, donde temas aparentemente diferentes expresan variaciones de temas subyacentes. Su evasión del trabajo de terapia en los primeros minutos de la sesión reflejó su evasión aún mayor del trabajo universitario.

Existe también una estructura similar para las comunicaciones del mercado, permitiendo a los *traders* poner sus acciones en el diván y leer los temas. En el mercado, como en las sesiones de asesoramiento psicológico, los primeros minutos de un día de *trading* a menudo manifiestan temas duraderos. En ocasiones, los temas tienen que ver con rendimientos superiores de un sector sobre otros, como cuando los *traders* pueden ver el dinero que sale de las acciones de la «economía tradicional» para volar a las acciones tecnológicas, la biotecnología y otras acciones de la «nueva economía». En los minutos iniciales de la sesión, analizo en detalle los índices sectoriales sobre temas del consumidor ($CMR), cíclicos ($CYC), financieros ($NF) y de tecnología ($MSH), así como el desempeño de acciones más generales de la economía tradicional ($XMI). Incluso en un grupo grande como el de la tecnología, puede ser útil identificar temas que distinguen, digamos, entre compañías de redes ($NWX), fabricantes de semiconductores ($SOX) y fabricantes de ordenadores ($XCI). Ocasionalmente, todos los grupos se mantendrán firmemente arriba o abajo, lo que significará un posible día de tendencia para el sector o para el mercado general. La mayoría del tiempo, sin embargo, algunos grupos tendrán un mejor rendimiento que otros, y en ocasiones la diferencia será significativa. Estos temas a menudo se mantienen durante la sesión y pueden definir transacciones interesantes.

Otros temas que se definen temprano en el día de mercado pueden ser algo más sutiles. Me gusta considerar los mercados en los futuros de índices de acciones como tres formas segmentadas: (1) la sesión de día, desde la apertura del mercado (*9:30 a.m.* hora del Este, *ET*) al cierre (*4.00 p.m. ET*), (2) la sesión nocturna (desde el cierre del mercado a las *8:30 a.m. ET*), punto que recoge el *trading* del día siguiente, a menudo en respuesta a las noticias económicas recién llegadas (la sesión nocturna dice cómo está respondiendo el mercado a los mercados internacionales y a las noticias de la noche); (3) el mercado previo a la apertura, desde las 8:30 *a.m.* a la apertura, revela la respuesta del mercado a los datos económicos con que abre el día. (A veces los datos se divulgan a las 10:00 *a.m.*, creando una ventana más grande para ver la respuesta a las noticias económicas.) ¿Existe una importante penetración de las alzas y bajas del día anterior en el mercado nocturno? ¿Se ha prolongado de manera significativa el rango nocturno tras la divulgación de los datos económicos? Con frecuencia, no poder continuar la tendencia de las alzas/bajas previas ante datos económicos y mercados internacionales fuertes/débiles es un importante marcador de una reversión pendiente.

Como terapeuta del mercado, mantengo abiertos los ojos ante las fortalezas o debilidades tempranas del mercado –según lo indiquen las primas de futuros y el TICK del Dow, el NYSE y el Nasdaq– que no logran penetrar en las subidas o bajadas de precios de la sesión Globex de la noche anterior. Esto sugiere que faltan compras y ventas nuevas, estableciendo una hipótesis sobre que podría probar el extremo opuesto de la sesión nocturna. A la inversa, una abrupta ruptura del rango Globex sugiere que han ingresado nuevos compradores y vendedores en el mercado, alimentando la hipótesis de que estamos ante un posible movimiento de tendencia.

Los patrones de volumen y volatilidad pueden ser otro valioso grupo de marcadores. Existe un patrón normal de volumen y volatilidad durante un día de *trading*, en que los niveles más altos se registran por la mañana, bajan a media tarde y luego vuelven a subir casi al atardecer. En ocasiones, sin embargo, los niveles de volumen se distorsionan, quebrando la «curva de sonrisa» usual del volumen intradía. Por ejemplo, el volumen de la tarde puede aumentar en una ruptura, acercándose o superando los niveles de la apertura. Tales movimientos a menudo sirven como marcadores de las compras/ventas nuevas del mercado y, como tales, tienden a expandirse.

La pregunta para el *trader* es cuándo una diferencia entre sectores, niveles de precio o volúmenes representa una variación normal y esperable, y cuándo encapsula un tema característico. Aquellos que se sumergen en el mercado y que continuamente siguen a los distintos grupos en tiempo real adquieren la capacidad de leer en el *ticker* desviaciones significativas entre los promedios. Me resulta útil seguir el ejemplo *galtoniano* de Víctor Niederhoffer de confiar en ejercicios de recuento para determinar si un tema es operativo. Por ejemplo, un estudio sencillo de un período retrospectivo determinado puede establecer la relación promedio entre cambios en el precio en dos promedios y la variación normal con respecto a esta media. Cuando veo los cambios en el precio de los promedios alejándose de su relación histórica por dos o más desviaciones estándar, sé que no es algo común y que vale la pena prestarle atención.

Como *trader* de corto plazo, realizo parte de mi recuento de manera simplificada: solo anoto cada minuto en el mercado como alto, bajo o plano para cada promedio del sector que sigo. Cuando los promedios están en sincronía, los resultados acumulados altos/bajos son bastante similares. No obstante, cuando son muy diferentes (y reitero, puedo establecer esto de manera estadística mediante la identificación de la divergencia promedio y la variación que la rodea), puedo suponer que hay dinero saliendo de un área y entrando a otra. Por lo general, vale la pena poner atención a este tema como ayuda para tomar una decisión si está usted pensando comprar, digamos, futuros del Dow frente a futuros del Nasdaq o fondos cotizados en la Bolsa de gran capitalización (SPY) frente a fondos cotizados en Bolsa de capitalización media (MDY).

Marcadores con el TICK del NYSE

Otros temas que no pertenecen tanto a los sectores individuales también tienden a aparecer en los primeros minutos del mercado. Una apertura de brecha con una lectura extrema del TICK al inicio de la sesión a menudo significará una fortaleza o debilidad de la tendencia que se mantendrá a lo largo del día. Los descensos tempranos que terminan en un nivel cero de TICK –sin poder entrar en terreno negativo– a menudo sugieren que la venta será austera durante el día. Por el contrario, las ganancias tempranas que no pueden presionar hacia el territorio positivo del TICK por lo general ocurren en mercados volubles a descendentes en que las alzas no se sostendrán.

Al comienzo de cada día de *trading*, me aseguro de estar al tanto del *rango de TICK más* reciente para la última sesión. El rango de TICK es la diferencia entre la lectura del TICK del NYSE más alta para el día y la lectura más baja. Luego utilizo mi modelo de «vecino más cercano» para identificar todos los días anteriores en mi base de datos con rango de TICK similar. Examino específicamente el rango promedio del TICK para el día siguiente y la variación esmerada que lo rodea. Mi hipótesis de trabajo es que el rango del TICK del día siguiente estará dentro del rango descrito por este promedio y esa variación.

Esto tiene importantes implicaciones, creando un nuevo grupo de marcadores. Si un supuesto mínimo del mercado a principios del día ocurre en un nivel de TICK de -250 y rango proyectado del TICK es de 1.050, considero la idea de que el mercado pueda, en algún punto del día de *trading*, alcanzar un TICK cercano a los 800. De inmediato, eso me dice dos cosas: (1) que es probable que existan compras netas para el día (niveles de TICK positivos que superan a los negativos, que se correlaciona con las cifras de alza-baja del día) y (2) que se podría presentar un repunte apreciable a medida que el mercado vaya avanzando de un TICK de -250 a uno de +800.

Algunas de las coyunturas más interesantes del mercado ocurren cuando los temas tempranos son interrumpidos por *nuevos* marcadores. Esto indica que los temas están cambiando, señalando el camino a un posible cambio de tendencia. Esas son las ocasiones en que los *traders*, al igual que los terapeutas, necesitan estar alertas con sus cinco sentidos.

Supongamos que un mercado ha estado variable al comienzo, moviéndose en un rango bastante reducido, y el TICK acumulativo no excede los +200 y no baja de los -200. Ese es el tipo de mercado del que debería alejarse un *trader* de corto plazo, debido a la baja volatilidad y falta de dirección de las cotizaciones. No obstante, supongamos que el mercado cae a un nuevo mínimo diario en un TICK de -750 y vuelve a repuntar ligeramente a un nivel positivo de TICK. ¿Qué debe hacer?

A menos que el mercado haya estado en declive ya un buen rato y esta sea ya una de las bajadas finales, la jugada ganadora, en promedio, será colocar una transacción de venta corta. El agudo movimiento a la baja en el TICK y violación del rango de transacción significan un cambio de tema. Hasta ese declive, los movimientos hacia un TICK positivo estaban llevando el mercado al extremo superior de su rango de *trading*. Ahora los movimientos a TICK positivo apenas están haciendo que el mercado suba. Esta pérdida de eficiencia es un marcador importante que generalmente anuncia posteriores debilidades.

Un importante marcador —y uno de los menos comprendidos— es el volumen de *trading*. Los extremos en el volumen (que se correlacionan con extremos de volatilidad) a menudo se presentan hacia el final de los movimientos del mercado, cuando la mayoría de los *traders* intentan subirse a un tren que ya ha partido. Si estoy manteniendo una posición rentable y el mercado se mueve abruptamente a mi favor en volúmenes altos, creando una barra inusualmente amplia en el gráfico, casi siempre puedo formular un plan para tomar los beneficios. Si la tendencia es *así de* obvia, con los *traders* pidiendo a gritos poder entrar, generalmente es que está en las últimas etapas.

Sin embargo, los marcadores de volumen pueden ser difíciles de distinguir para los *traders* de corto plazo. Como mencioné antes, existe una tendencia natural a que el volumen sea más alto hacia el comienzo y el final de cada día de *trading* y más bajo en las horas intermedias. Un volumen determinado a las 12:30 *p.m. ET* puede ser bastante alto para ese período de tiempo, pero relativamente bajo comparado con el volumen de la apertura o del cierre. Por esta razón, calculo una estadística que denomino *volumen relativo*. En palabras simples, el volumen relativo compara el volumen de un período particular (de un minuto a una hora) con el volumen promedio para ese período durante los últimos *X días*. (En mi propio *trading*, tengo un gráfico de volúmenes promedio de 5 minutos para los futuros cotizados en la Bolsa (EFT) y los contratos de futuros que sigo, con un período retrospectivo de 100 días). Esto permite a un *trader* saber, objetivamente, cuándo el volumen en un período particular es alto comparado con lo que sería normal. Cuando un *trader* ve un movimiento que sale de un rango de *trading* a las 10:30 *a.m. ET* en un volumen de cinco minutos que está tres desviaciones estándares por sobre el valor normal de las 10:30 *a.m. ET*, por lo general verá una continuación de esa nueva tendencia. Esto ocurre porque el mayor volumen relativo designa una expansión del interés de compra o venta. Al contrario, cuando ha habido una tendencia y se presenta un repentino aumento del volumen relativo, a menudo sirve como marcador de los posibles períodos de consolidación o reversión.

(*Nota:* Como mencioné anteriormente, prefiero medir el volumen en transacciones y no en acciones negociadas. Esta estadística está disponible en la mayoría de los flujos de datos en tiempo real. Aunque el número de transacciones que se colocan por unidad de tiempo generalmente se correlaciona bien con la cantidad de acciones negociadas, hay momentos en que estas últimas dan paso a una considerable distorsión debido a transacciones individuales de gran volumen, especialmente si se está siguiendo el volumen a muy corto plazo. La cantidad de transacciones es más sensible a la actividad de compra y venta de los *traders* pequeños, mejorando su potencial en contrario.)

Muchos marcadores de cambio en el mercado se parecen mucho a los de las sesiones de terapia. En ocasiones abro una ventana de la pantalla y observo los datos de tiempo y ventas que se mueven por una acción determinada. La pantalla capta cada transacción colocada y los cambios en los precios de oferta y demanda. En los momentos de inflexión del mercado, a menudo se puede ver una aceleración del ritmo de la pantalla; también se puede observar el aumento en el ritmo cuando se rompe un rango de consolidación poco activo y surge una nueva tendencia. Los *traders* de piso están bien interiorizados con este mercado, observando los niveles de ruido en la rueda como una indicación de los intereses de compra y venta. Es casi como si el mercado estuviese actuando como terapeuta, cambiando el ritmo y el tono de las comunicaciones para enfatizar ciertos puntos e inducir cambios en la atención.

Los largos períodos de inmersión en los mercados son invaluables para ayudar a los *traders* a que puedan percibir estos cambios de ritmo. Sin embargo, la percepción de los *traders* es como la del terapeuta, donde la mejor jugada puede ser contraria a los ritmos. Cuando la voz de un cliente se vuelve plana, ese es a menudo el mejor momento para introducir emoción; cuando el ritmo de la conversación baja, está claro que se necesita un cambio a un tema más animado. De la misma forma, una aceleración del ritmo de *trading* al final de un movimiento a la baja puede provocar sentimientos de pánico para los *traders* con transacciones largas en el mercado, en la medida que aumentan los *drawdowns*. La respuesta adecuada del «*trading* desde el diván», sin embargo, es la que no surge naturalmente, es decir, la que ve el comportamiento de pánico del *trader* como un marcador de una reversión futura... y una posible entrada larga.

Los temas y sus variaciones se pueden ver en las conversaciones sociales; en las obras de literatura, pintura y música; en psicoterapia y en los mercados. Al igual que las alteraciones de los estados de la mente anteceden el cambio psicológico, las variaciones en los temas comúnmente acompañan los cambios del mercado. Cuando el mercado está en su diván, usted escucha su conversación y sigue sus siempre cambiantes y fascinantes permutaciones.

El poder de los sueños

Otro paralelismo entre *traders* y terapeutas es que ambos escuchan sus propios temas emocionales. Para ese fin, pocos recursos son más poderosos que los sueños.

El trabajo de los sueños tiene un importante lugar en la historia de la psicología. Las antiguas civilizaciones creían que los sueños eran presagios de los dioses. Freud tenía la teoría de que los sueños eran un camino privilegiado a la mente inconsciente y que comunican al que sueña sus conflictos reprimidos. Cari Jung amplió la noción *freudiana,* destacando que los sueños son comunicaciones de sabiduría colectiva de las mentes inconscientes y que no solo señalan los problemas, sino también las soluciones.

Lo que es definitivamente sabido es que soñar es fundamental para la salud de la mente. Cuando hay ausencia de sueño, los individuos primero se sienten cansados e irritados, luego desorientados.

La gente que sufre de apnea del sueño, en que los ronquidos interrumpen el sueño, a menudo experimenta una reducción en el tiempo de sueño, lo que se traduce en fatiga, falta de concentración y síntomas que se asemejan a la depresión. Es interesante que los medicamentos para el tratamiento de la depresión a menudo aumenten la frecuencia e intensidad de los sueños, quizás ayudando a restaurar una función vital.

Freud puso énfasis en que el contenido manifiesto de los sueños —la historia que cuentan— es generalmente menos importante que su contenido latente, lo que simbolizan. Aunque la interpretación de sueños es una tarea peligrosa, con el riesgo de caer en el misticismo puro, a menudo ocurre que surgen temas que se van repitiendo en series de sueños. De hecho, parecen captar importantes realidades emocionales.

Recordemos el sueño de Mary en que yo aparecía intentando seducirla. El sueño se activó cuando mostré un interés personal hacia sus escritos, lo que ella subconscientemente sintió como un interés personal de índole sexual.

Expresaba su temor a repetir el abuso de su infancia, incluso cuando conscientemente intentaba rechazarlo, y a su significado.

Hace muchos años, al principio de mis estudios de posgrado, empecé a sentir desinterés y distancia hacia quienes me rodeaban. Peor aún, no me sentía adecuadamente estimulado en mi trabajo ni satisfecho en mis relaciones. No estaba deprimido y, para cualquiera que me mirara desde fuera, estaba bien. Pero me faltaba algo. Este es un sueño que tuve en ese período y que le conté a mi terapeuta:

> Estoy a punto de bajar por un gran tobogán que tiene una altura de cientos de metros. Para pasar de la escalera al tobogán, hay que caminar por una pequeña sala. Estoy un poco asustado, pero me lanzo y, para mi sorpresa, la caída es lenta y no tiene nada de peligrosa. Decido hacerlo de nuevo, pero esta vez en la pequeña sala soy interceptado por Liz (mi terapeuta). Me reprende por la primera vez que bajé el tobogán, señalando que fue un trayecto tranquilo porque ni siquiera encendí el tobogán. Me indica el interruptor de la sala y una máquina que permite que elija un «coeficiente de experiencia diaria». Mi experiencia diaria normal es un coeficiente de «1». Si quisiera una experiencia más potente, tendría que elegir un número mayor a «1», uno menor que «1» otorgaría una experiencia «más gris». Lo puse en 1,15 y decidí lanzarme por el tobogán activado.

B.N.S. Diario de Sueños, correspondiente al 21/08/77

Mejor que cualquier terapeuta, mi sueño se concentró en mi problema. Si la vida fuese un tobogán, estaba siguiendo el camino fácil. Al elegir un «coeficiente de experiencia diaria» bajo, mi recorrido era seguro pero poco satisfactorio. Necesitaba activar el tobogán, pero no tanto como para que el miedo se apoderara de mí. Una configuración de 1,15 —un reto modesto y alcanzable— era lo que necesitaba. Una simple imagen de un tobogán captó hermosamente el tema dominante de la vida con el que había estado luchando.

Hace dos años, tuve una horrible experiencia de *trading* donde me quedé en una posición perdedora demasiado tiempo, aumentando grandemente mis pérdidas. El golpe a mi cartera fue doloroso, pero la agonía emocional lo fue todavía más. Cada día representaba un cuadro de esperanza, desánimo, desesperación e impotencia. Los *traders* experimentados aconsejan sabiamente sobre la importancia de cortar a tiempo las pérdidas para evitar acabar con esos días y semanas de utilidades ganadas con tanto esfuerzo. Reconocen los tremendos efectos psicológicos cuando los *traders* programan sus mentes con experiencias y mensajes negativos durante esos períodos en que se aferran a sus transacciones perdedoras.

Después de un día particularmente agotador en que mi posición comenzó el día de manera favorable para terminar dándose la vuelta al cierre, tuve un sueño muy intenso. Cuando desperté, lo único que quería era arrancar el sueño de mi mente, pero sabía que no podría. En mi sueño, estaba en mi pueblo de infancia de Cantón, Ohio. Conducía por *Harvard Street* por un tramo que iba de la *25th Street a la 30th Street.* Me empecé a dormir al volante y desperté, sorprendido de que el coche siguiera en camino recto. En cuanto me preocupé de que pudiera salirse del camino, comenzó a desviarse y me di cuenta de que estaba en el *asiento trasero.* Inútilmente intenté gatear al delantero para alcanzar el freno, pero era demasiado tarde. El coche se dirigía hacia otros coches y a una alambrada frente a mi antigua escuela primaria. Cuando en mi sueño grité *—eufóricamente—* que no quería morir, desperté.

Si un cliente me contara ese sueño, querría llevarlo a ese asiento trasero donde clama por su vida. *Sé* cuál es el significado de ese sueño: el reconocimiento horrorizado de vivir una vida sin rumbo fijo, fuera de control. Si hay algo que puede removernos e impedir que nos durmamos al volante de la vida, es el reconocimiento de la muerte inminente, del accidente a punto de ocurrir. Como *trader*, estaba dormido al volante. Estaba a punto de chocar. El intenso y emocional reconocimiento de que quería vivir me comunicó el mensaje de mantenerme despierto en mi *trading* mucho más claramente que cualquier consejo que hubiese recibido.

Una vez que las personas reconocen que poseen múltiples mentes, no es muy difícil ver los sueños como mensajes de un yo a otro. El tono emocional de un sueño es mucho más importante que su contenido aparente. Los sueños que expresan temor por lo general reflejan la ansiedad que tenemos en nuestra vida diaria. Los sueños violentos a menudo nos hablan de sentimientos de rabia y frustración. Si está realmente inmerso en su *trading*, los sueños no le dirán qué comprar ni qué vender; le dirán algo igualmente importante: cómo de cómoda está la Mente 2 con el *trading* que está realizando la Mente 1. El sueño del accidente en mi coche sugirió que estaba consciente de lo autodestructivo que estaba siendo en el *trading*, incluso si intentaba buscar razones para aferrarme a mi transacción perdedora.

Los sueños como comunicaciones emocionales

Tal vez los sueños son la forma que tiene la naturaleza de entregar a las personas estados alternativos que las abren a hacer reestructuraciones creativas de sus paisajes mentales. Los sueños raramente ocurren en un estado anímico normal; tienen más imágenes y emoción que los pensamientos habituales. Acceder a esas imágenes y emociones puede activar importantes formaciones por trance inducido: cambios a nuevos modos de pensar y sentir.

No obstante, increíblemente muchas personas prefieren *analizar* los sueños a experimentarlos en una forma que induzca a una transformación por trance. Dan por hecho que el significado del sueño está en el texto y no en la experiencia, el *contexto*. Para entender un sueño, hay que *vivirlo*. Hablar del coche saliéndose del camino es mucho menos potente que revivir la lucha desesperada por llegar al asiento delantero y observar el inevitable choque con la alambrada.

El psicólogo experiencial Alvin Mahrer utiliza una forma de trabajo de sueños donde los clientes son alentados a entrar activamente en sus sueños de forma intensa y fantasiosa, y a revivirlos. El sueño, según Mahrer, es menos significativo por su contenido que por el estado modificado de experiencia que ofrece. Cree que cuando las personas se permiten sumergirse completamente en los pensamientos, sentimientos y acciones de un sueño, ocurre una transformación en su experimentación. Hay una ruptura a través de los sentimientos e imágenes desagradables del sueño hacia una nueva experiencia, a menudo positiva e integradora.

Un ejemplo. Shelley, una swing-*trader*, tuvo un sueño en que quedaba atrapada manteniendo una posición larga en un mercado que se desplomaba. Al ver su posición deteriorarse con cada minuto que pasaba en el sueño, literalmente sintió como si estuviera desangrándose. Posteriormente, dijo que tenía muchas dudas de tomar una posición en el mercado, temerosa de sufrir una pérdida.

Se le pidió que se tendiera en la cama boca abajo y que golpeara el colchón repetidas veces, aumentado su estado de vivencia. Después de una serie de golpes, se le indicó que continuara golpeando el colchón mientras visualizaba su posición deteriorándose y gritaba con todas sus fuerzas: «¡Estoy cayendo! ¡Estoy cayendo!».

Mientras Shelley se metía en el ejercicio, su grito espontáneo en el colchón cambió. De «¡Estoy cayendo!», comenzó a gritar «¡No puedo detenerlo! ¡No puedo pararlo!». Esto, a su vez, dio el paso a «¡No puedo salir! ¡Estoy atrapada! ¡Está cayendo y no puedo salir!». Después de un minuto o dos, los golpes de Shelley en el colchón se transformaron en frenéticos golpes contra muros invisibles, exteriorizando su desesperación por salir de su impotente posición.

Agotada, saltó de la cama y comenzó a jadear con júbilo, «¡Salí! ¡Soy libre! ¡Salí!». Su terror fue reemplazado por un tremendo sentimiento de libertad por haber salido de su tormentosa posición en la cama. Al procesar este ejercicio, recordó un episodio traumático de su niñez, en que su tío estaba jugando con ella en la piscina de la familia y la hundió en el agua demasiado tiempo. Incapaz de salir del agua y totalmente asustada, por poco se desmaya antes de que el «juego» terminara. Jamás volvió a la piscina.

Al reconstruir el sueño —y el episodio de la piscina— Shelley consiguió tener una experiencia directa de lo que es enfrentar y superar su peor miedo. Mahrer cree que empujarnos a una experiencia extrema en un sueño o un acontecimiento desagradable produce un cambio cualitativo en esta vivencia, abriendo al individuo a nuevos modos de pensamientos, sentimientos y acciones. En vez de disminuir los estados negativos, el cliente es motivado a intensificarlos hasta tal punto que los atraviesa mediante la experiencia y elimina su poder.

Una vez un *trader* me contó que estaba complicado por un sueño donde escapaba de unos personajes tenebrosos que le perseguían. Estaba convencido de que iban a matarlo y no podía quitarse la sensación, incluso después de despertar. Después supe que había sufrido recientemente una gran pérdida en su ¿rading. Conscientemente, insistía en que había «aceptado» la experiencia. Sin embargo, admitió que ese sueño había ocurrido inmediatamente después de un día de *trading* en que había aumentado el tamaño de su posición más allá de sus pautas normales de gestión de dinero. El sueño sugería claramente que se sentía mucho más vulnerable de lo que admitía. Teniendo esta información, era capaz de observar cercanamente su posición al siguiente día y reducir su exposición.

Sueños reiterativos: los temas de la vida

Si los sueños captan los temas que ocurren en un momento dado de la vida, los sueños repetitivos codifican los *temas permanentes* de su vida. Al igual que los temas reiterativos en un mercado —digamos, los rendimientos superiores relativos de las acciones de pequeñas y medianas capitalizaciones con respecto a sus símiles mayores por un período de meses— estos temas dominantes de la vida a menudo forman la base para sus cambios más importantes y permanentes.

Es interesante el hecho de que fue un sueño repetitivo el que ayudó a dar forma a este libro. En versiones pasadas del sueño, tenía la capacidad de volar y moverme muy rápido. Esto me permitía mantenerme fuera del alcance de los demás, lo que me daba un indescriptible sentimiento de libertad. Durante el proceso de escritura de este libro, al principio, me sentí un poco estancado. Para mi desilusión, me estaba enfrentando a la etapa de bloqueo del escritor. Al reflexionar, me di cuenta de que estaba dividido por dentro. Parte de mí quería escribir un libro que estuviera principalmente basado en la investigación. Quería un libro que provocara admiración entre mis colegas académicos y de *trading*. Otra parte quería escribir algo más informal, mucho más personal y adaptarlo al público de *trading*. El resultado fue una parálisis: tan pronto empezaba a escribir en un estilo, un yo crítico afloraba para interrumpir el flujo de las palabras.

Un día, me pasé horas frente al ordenador. Al final de la jornada, no tenía nada que justificara el tiempo que había pasado «escribiendo». Me sentí tremendamente frustrado.

Esa noche, soñé que volaba. Era uno de mis sueños favoritos, donde volaba y jugaba al baloncesto. Varios jugadores intentaban bloquear mi jugada, pero yo podía volar por encima de ellos en dirección a la canasta. Estando en lo alto, calculaba mi descenso para un *mate* perfecto.

Sin embargo, cuando estaba en lo más alto y a punto de bajar, me di cuenta de que la capa externa del balón estaba saliéndose. Las capas se desprendían del balón como hojas de papel. De hecho, mientras trataba de mantener las capas en su lugar para que el balón conservara su forma redonda, este se transformó en un libro. Las hojas eran páginas del libro y yo estaba bajando para hacer la clavada. Mientras «clavaba» el libro por encima de un montón de otros libros (los libros eran volúmenes gruesos, el primero tenía una cubierta blanca y lisa y trataba sobre impuestos y planificación testamentaria), se escuchaban una y otra vez los fragmentos de una canción. *Hoppe, Hoppe, Reiter*...

Permítanme una pequeña explicación en este punto. Mientras escribía el libro, estaba estableciendo un fideicomiso familiar para fines de planificación testamentaria; una tarea que consideraba necesaria, pero aburrida y muy engorrosa. La frase alemana *Hoppe, Hoppe, Reiter* se refiere a un juego, donde el niño se sienta en el regazo de uno de sus padres y da pequeños saltos como si estuviera montando un caballo. La particular música en el sueño era de una canción de un grupo alemán llamado Rammstein. La canción, *Spieluhr* (Caja Musical), cuenta la historia de un niño enterrado vivo con su cajita de música. Cuando el viento sopla en la tumba, la cajita musical se activa y el corazón del niño vuelve a latir. Los devotos de Totensonntag, un festival de los difuntos, escuchan la música de la cajita y le devuelven la vida al niño.

Desde el momento en que desperté, el significado del sueño fue claro como el agua. Estaba dividido e indeciso entre escribir algo aburrido y pedagógico o algo que pudiera ser más entretenido y personal. Clavar el libro en la cima de los polvorientos y sucios libros era una hermosa imagen de lo que necesitaba hacer. El sueño captó una realidad emocional importante. Yo, como el protagonista de la canción, me sentí como si me hubiesen enterrado vivo. De hecho, había enterrado al niño —el sentido de la diversión— en mis escritos. No superaría el bloqueo hasta que desenterrara el vuelo, la clavada, el sentido infantil de disfrutar que acompaña la escritura cuando sale del corazón.

Ese sueño fue mi propio Totensonntag. Desde ese momento hasta que terminé de escribir, nunca más volví a experimentar un bloqueo. *Mi yo verbal y racional no sabía cómo escribir el libro, pero otra parte de mi lo sabía muy bien, expresando el mensaje en la imagen y en la canción.*

Hipnosis: acceder a otras mentes

Tal vez la forma más radical en que se pueden manifestar los temas de la vida es a través de la hipnosis. Fue la hipnosis lo que convenció a Freud de la existencia de una mente inconsciente. De hecho, es impresionante ver cómo en estado hipnótico las personas pueden acceder a información que parece inaccesible en un modo normal. Los cambios que se producen con la hipnosis son verdaderas transformaciones por trance inducido.

De los terapeutas más destacados, Milton Erickson es el maestro reconocido del trance hipnótico. Utilizaba el estado de trance para interrumpir los patrones del cliente e introducir nuevos elementos en esos patrones. Muchas de sus sesiones de terapia eran muy diferentes de las terapias normales de conversación que generalmente se asocian con el asesoramiento psicológico. Erickson parecía muy consciente de que una conversación normal en un estado mental normal limita el acceso a esas facetas del yo que definen nuestra identidad normal. Descubrió que, solo accediendo a los lugares anormales del *continuum* de la consciencia, las personas pueden lograr cambios extraordinarios.

Jay Haley, en su libro *Uncommon Therapy* ('Terapia no convencional'), describió algunas de las innovadoras técnicas empleadas por Erickson. Este se dio cuenta de que no era necesario meterse en inducciones elaboradas para promover un estado hipnótico. De hecho, cualquier situación que pueda fijar la atención de un cliente es suficiente para introducir un elemento de trance. Por consiguiente, muchos de los casos de Erickson incluían un elemento de conmoción y sorpresa para capturar completamente la atención de un cliente. Haley cuenta el caso en que Erickson se reunió con unos padres que no lograban que su hija adolescente dejara de chuparse el pulgar. Erickson accedió a encontrarse con la chica con la condición de que los padres dejaran de insistirle en que no se chupara el dedo. No iban a discutir ni a mencionar de ninguna forma el tema del dedo.

Desesperados, porque nada les había funcionado, los padres accedieron. En un encuentro personal con la chica, Erickson adoptó una postura diferente. Fingió indignación por el hecho de que los padres quisieran que él cambiara la conducta de ella, expresando el sentimiento de «¿quiénes son ellos para decirme qué hacer?». Esto, claramente, llamó la atención de la muchacha. Es más, Erickson le dijo a la chica que no lograba entender por qué diablos si quería fastidiar a sus padres se chupaba el dedo con delicadeza. Para realmente fastidiarlos, ella debía chuparse el pulgar lo más ruidosamente posible.

La muchacha estaba completamente sorprendida por el consejo de Erickson, en especial después de que usara malas palabras. Una vez que estuvo en el estado de mayor atención, le dio las indicaciones: tenía que sentarse al lado de su padre durante 20 minutos cada noche y «chuparte el pulgar tan fuerte como puedas, y fastidiarlo hasta la coronilla para que sean los 20 minutos más largos que haya vivido». Luego, iría con su madre otros 20 minutos y haría lo mismo.

La chica siguió al pie de las letra las indicaciones, y los padres obedientemente se abstuvieron de hacer comentarios ni intentar que dejara de chuparse el dedo. Después de varios días de esfuerzo en chuparse el pulgar lo más ruidosamente posible, la hija comenzó a perder interés en la tarea. Redujo la cantidad de tiempo que debía chuparse el pulgar y luego abandonó el ejercicio del todo. Se había convertido en una tarea con poca recompensa. Después de unas pocas semanas, perdió el hábito.

Erickson reconoció el poder de los estados de alta concentración y atención, ya que permiten que las personas estén abiertas a procesar información de manera profunda y permanente. Al llamar profundamente la atención de una persona a través de intervenciones poco ortodoxas, pudo inducir un grado de trance hipnótico sin tener que pasar por el proceso acostumbrado de inducción. Los cambios que de otra forma habrían tomado meses o años se aceleraban, debido al profundo nivel de procesamiento asociado al estado de atención.

Los procedimientos de hipnosis puede ser especialmente importantes para ayudar a las personas a inducir cambios emocionales y conductuales, alejando la habitual resistencia consciente al cambio. Una de mis inducciones favoritas es hacer que la gente se siente en una silla, se queden muy tranquilos y cierren los ojos. Les pido que pongan sus manos frente a ellos, las separen un poco con las palmas una frente a la otra. Mientras mantienen una respiración profunda y pausada, les pido que se imaginen que hay imanes que muy lentamente atraen sus palmas una contra la otra. Les sugiero que a medida que sus manos se acerquen, se sentirán más y más relajados, más y más enfocados. Cuando sus manos finalmente se toquen, se sentirán completamente en calma y tranquilos. Es más, les digo que siempre que junten sus manos de esta manera, sentirán el mismo estado de calma y concentración.

Este es un ejercicio útil, porque se puede practicar fácilmente en casa, ya sea a través de autosugestión (decirnos a nosotros mismos que nos sentiremos tranquilos cuando nuestras manos se toquen) o a través de una cinta de audio. Con suficiente práctica, el gesto de las manos se asocia con el estado de autocontrol enfocado, permitiéndole entrar a ese estado simplemente cerrando los ojos, respirando profundo un par de veces y juntando las manos.

Un *trader* con el que trabajé, Al, descubrió cómo el trabajo de hipnosis se interioriza como parte de un esquema de trabajo. Había aprendido una nueva técnica de entrada después de asistir a un seminario de *trading*. La entrada funcionaba bien en las pruebas retrospectivas, siempre que estuviera acompañada de una estricta gestión del dinero. El concepto básico requería que el *trader* identificara retiradas de corto plazo y bajo volumen dentro de mercados con tendencia al alza y con alta volatilidad. Estos se convirtieron en puntos de entrada para meterse en un mercado de gran dinamismo. (Claramente, el riesgo era una reversión en un mercado con volatilidad particularmente alta; por lo tanto, se necesitaban *stops* cuidadosos.) Psicológicamente, para Al el patrón era difícil de operar, ya que requería entrar en un mercado que ya había subido. Se sentía más cómodo tratando de comprar bajo y vender alto, lo que requería una clarividencia básica para comprar en baja que él, como la mayoría de los *traders*, no tenía.

Adoptamos el ejercicio de las manos que se atraen al patrón de *trading*, con Al respirando profunda y lentamente con los ojos cerrados. Acercó cada vez más sus manos, como si fueran atraídas por imanes, imaginándose el patrón que iba a operar. Cuando sus manos se juntaban y se tocaban los dedos, le sugerí que se sintiera seguro y confiado en colocar su transacción de acuerdo a las reglas del sistema. Después de unas pocas pruebas, utilizando gráficos históricos como guía, Al mejoró bastante la visualización del patrón y su capacidad de entrar en un estado relajado y de concentración con la ayuda del ejercicio de las manos.

La revelación llegó unos días después. Al estaba sentado frente al monitor cuando una acción que había mantenido bajo observación se detuvo después del último esfuerzo por ascender de la mañana. La pausa de bajo volumen, que llegó temprano por la mañana después de una brecha de apertura al alza, tenía el potencial de activar su sistema. Sin siquiera pensarlo, Al observó la acción atentamente, *juntando las yemas de los dedos, como si estuviera rezando*. Esta era la autosugerencia que había estado ensayando, que ahora se manifestaba en tiempo real. Según Al, se sintió inusualmente lúcido cuando colocó la transacción, casi carente de sentimientos. Había aprendido a crear su propio cambio, fijando el nuevo patrón de *trading* a un nuevo estado físico, emocional y cognitivo.

Si hubiera habido observadores en la sala de *trading* con Al, habrían notado el mismo tipo de marcador que los terapeutas observan en sus sesiones: un cambio en la respiración, en el movimiento del cuerpo y en el tono emocional, lo que significa una transición a un estado de concentración y calma. Es más, los observadores probablemente verían que esos cambios ocurrían antes de las mejores transacciones de Al, mientras que las transacciones colocadas en condiciones de estrés físico y emocional daban resultados considerablemente más bajos. Una vez que Al pudo activar a su propio Observador Interno y controlar sus cambios de estado durante el día de *trading*, realmente pudo aplicar el «*trading* desde el diván».

Por supuesto, hay que notar que el uso de la técnica psicológica por parte de Al no serviría de nada si no hubiese adoptado un método de *trading* válido y comprobado. No hay mérito alguno en aprender a estar tranquilo y sereno si se colocan transacciones que carecen de alguna ventaja. El *trading* desde el diván no le da derecho a sentarse a descansar en el trabajo. Las técnicas emocionales le permiten implementar buenas ideas, pero ciertamente no las vienen a sustituir.

De hecho, considere las consecuencias negativas que hubiese sufrido Al de haber hecho transacciones basadas en un sistema no válido. Supongamos que hubiese implementado sus ideas de *trading*, pero no hubiese incorporado ninguna forma de gestión de dinero. Las pérdidas asociadas con las reversiones ocasionales de alta volatilidad hubieran diezmado su cartera. Peor aún, Al se hubiera encontrado en su mejor estado de experimentación emocional en los momentos mismos en que su sistema le estuviera fallando. Sentado frente a la pantalla, emocionalmente cargado de energía, concentrado en cada *tick* que se le viene en contra, Al ensayaría muchos pensamientos temerosos y negativos, programando –sin saberlo– su mente con las situaciones y mensajes más negativos. Lo que estaría haciendo, ciertamente, sería hacer una terapia eficaz, pero al revés: alterando su estado emocional y luego ¡ensayando los pensamientos, sentimientos y comportamientos que surgen en su interior por el mal desempeño!

Este es un importante factor psicológico de los fracasos en los mercados. Los *traders* están más abiertos al cambio –más abiertos a asumir internamente sus experiencias– cuando están completamente absortos en los mercados. Y tienden a estar más absortos cuando están perdiendo. Si una posición se está moviendo a su favor, los *traders* pueden permitirse apartarse y dejar que la transacción haga lo que tenga que hacer. Pero si la posición se está moviendo en su contra, es natural –la necesidad de sentirse bajo control– seguir al mercado de manera cercana para aferrarse a cada señal, buscando indicaciones de reversión, esperando, esperando...

Al tuvo éxito porque utilizó el ejercicio para estar más concentrado y atento cuando estaba haciendo *lo correcto* en el mercado. Esta práctica reforzó los patrones de *trading* ganadores. Si no hubiese implementado una gestión adecuada de dinero, es muy probable que hubiese reforzado los pensamientos y comportamientos asociados con el fracaso. Los *traders* están acostumbrados a pensar en la gestión de dinero como una necesaria (si acaso prosaica) herramienta para conservar sus cuentas. Igualmente importante, la gestión de dinero es una herramienta fundamental para el dominio psicológico. Si va a asumir internamente el éxito, necesita *experimentarlo*. Emocionalmente, es imposible estar en el estado más alto y concentrado si se está experimentando el fracaso.

Por esta razón, una transacción disciplinada que no gana ni pierde cuando el mercado llega al *stop*, no es de ninguna manera un fracaso. Puede, de hecho, aumentar su sentido de control y dominio. Uno de los mejores consejos que recibí como *trader* neófito fue mover mis *stops* a mi precio de entrada una vez que una transacción se moviera decididamente a mi favor. Las transacciones más perjudiciales emocionalmente son las de ida y vuelta: donde se sufre una pérdida real después de perder una ganancia en el papel. Esos son fracasos dobles: el fracaso de tomar una ganancia y el fracaso de limitar una pérdida. Son también algunas de las transacciones más emocionales y frustrantes. Al mover los *stops* al punto de entrada cuando se lleva la delantera, inmediatamente uno gana confianza durante la transacción, con una sensación de «con esta no voy a perder».

Es una sensación que vale la pena reforzar: un sentido de satisfacción que, con el tiempo, se transforma en un marcador del *trading* exitoso.

El trance despierto: las ensoñaciones

La gente tiende a pensar en los estados hipnóticos como estados inusuales que se presentan solo en respuesta a un hipnotizador profesional. En la realidad, sin embargo, la gente entra y sale frecuentemente de estados de trance durante un día cualquiera, a medida que decaen sus niveles de alerta.

Las ensoñaciones son uno de los estados de trance más comunes, ya que la mente no verbal y basada en imágenes toma el control durante lapsos de tiempo e inicia comunicaciones con usted. Es común pensar en las ensoñaciones como fantasías inofensivas o como inútiles pérdidas de tiempo. No obstante, si las ve como comunicaciones, es más capaz de comprender su significado e importancia.

Las ensoñaciones reflejan sus necesidades no satisfechas. Si no puede satisfacer sus necesidades en un momento determinado –y especialmente si estas son urgentes– tiende a buscar una salida para ellas en sus ensoñaciones. A un joven de una familia asiática, Xiao, se le hacía difícil desenvolverse en dos culturas y buscó mi ayuda. Gran parte de su vida la había pasado en los Estados Unidos, pero aún hablaba su lengua materna en casa y seguía las costumbres de su tierra natal. La rabia casi nunca se expresaba directamente en casa, en especial hacia los mayores. La razón de Xiao para venir a asesoramiento psicológico era que estaba teniendo pensamientos perturbadores. Durante largos períodos de tiempo, fantaseaba distintas situaciones donde se enfrentaba a sus profesores, se enfadaba con ellos, etc. Esto le perturbaba tremendamente, ya que no lograba entender por qué seguía pensando de un modo tan inaceptable y poco profesional.

Resultó que, durante una rotación clínica, uno de los residentes trató mal a Xiao: hizo un comentario negativo sobre los «médicos extranjeros» y sugirió que Xiao tendría problemas para pasar la rotación porque no se podría relacionar con los pacientes estadounidenses. Xiao sabía que no era así, pero no encontró la forma de responderle. Para él, era inaceptable expresar rabia directamente, así que lo hizo a través de medios indirectos: ¡sus ensoñaciones! Una vez que entendió que esas ensoñaciones le estaban sirviendo como un muy valioso medio de desahogo, estuvo más dispuesto a aceptarlas sin perturbarse.

A menudo, pido a los *traders* que vayan escribiendo un diario con sus ensoñaciones, como una forma de aprender sobre sus necesidades no resueltas. Al igual que Xiao, muchos *traders* se dan cuenta de que sus ensoñaciones reflejan sentimientos e impulsos no reconocidos –que pueden distraer fácilmente la atención y la concentración.

Algunas de las ensoñaciones más interesantes que ocurren en el *trading* se presentan después de las transacciones ganadoras. Recordemos la investigación de Odean sobre el exceso de confianza de los *traders*. Cuando están en un período ganador, tienden a hacer transacciones con mayor frecuencia y, a continuación, a obtener un rendimiento inferior al del mercado. La investigación en finanzas conductuales que realizaron Mark Fenton-O'Creevy y otros colegas en el Reino Unido sugiere que muchos *traders* experimentan una *ilusión de control* que les hace creer que pueden predecir incluso sucesos aleatorios. Esa ilusión podría muy bien ser el fundamento del exceso de confianza. Las ensoñaciones de gloria, riquezas ocultas, fama, etc., nos hablan de las necesidades de los *traders* de validar sus percepciones de control. Algunas de estas ensoñaciones son simplemente escenarios imaginados de lo que el mercado podría presentar: cómo romperá la resistencia, cómo se disparará a nuevas alturas o cómo se recuperará de sus mínimos anteriores. Muy a menudo estas fantasías son una forma que tienen las mentes de los *traders* para darse sosiego y tranquilidad acerca de sus posiciones. Sugieren la *necesidad* de que la transacción funcione.

Lamentablemente, esas ensoñaciones se pueden convertir en una camisa de fuerza. Una vez que está usted encerrado en un escenario de fantasía, es difícil ser lo suficientemente flexible en su percepción y pensamiento como para captar los marcadores importantes del mercado. Esto es particularmente perjudicial cuando la situación imaginada está relacionada con un movimiento de mercado de largo plazo. El *trader* luego utiliza el escenario como una razón para aferrarse a posiciones perdedoras y no respetar sus *stops*. Con cada episodio de actividad del mercado que refuta sus esperanzas, aumenta su ansiedad y crece la necesidad de defender la fantasía.

Conocí a muchos *traders* que no pudieron aceptar que el mercado tuvo una tendencia alcista durante gran parte de los años noventa, y prefirieron enfocarse en pequeños segmentos de sucesos económicos que sugerían una caída inminente. Todos habían desaprovechado los mínimos del mercado en los ochenta y noventa y buscaron «desquitarse» de sus errores. Pasaban muchísimo tiempo fantaseando con el colapso económico que se nos venía encima y las formas en que se beneficiarían exclusivamente de ese acontecimiento. Su *trading* ya no era dictado por la realidad y se basaba completamente en sus necesidades emocionales de probar que estaban en lo correcto.

Posteriormente, en los primeros años del nuevo milenio, el guante cambió de mano y muchos de los *traders* con los que me escribía no podían creer que las acciones del Nasdaq no volvieran rápidamente a sus días de gloria. La personas que habían renunciado a sus empleos para vivir del *trading* a tiempo completo quedaron atrapadas en un estado de disonancia cognitiva. No lograban resignarse al hecho de que se habían comprometido con un mercado que ya había llegado a su máximo. La forma que tenían de aliviar la disonancia era hacer caso omiso de la evidencia y, a cambio, dejarse llevar por fantasías del regreso en gloria y majestad de los mercados.

Una vez que comienza usted a operar de manera más alerta y consciente, el surgimiento de ensoñaciones puede convertirse en uno de sus marcadores de *trading*, indicándole que está más enfocado en las necesidades no resueltas que en los mercados. Hace poco me puse a fantasear sobre grandes beneficios en una posición corta en las acciones de S&P. La transacción era sólidamente rentable, y, de hecho, había pronosticado el movimiento a algunos colegas de *trading* antes de que el mercado abriera.

Me di cuenta, sin embargo, de que había dejado de ver la pantalla y ya no seguía mis datos con intensidad. Me había salido de la zona, estaba inmerso en mi propia fantasía de éxito. Ese reconocimiento me permitió sacar dinero de la mesa antes de perderlo y, además, volver al equilibrio. Mis fantasías se transformaron en un importante marcador, permitiéndome cambiar de marcha.

Conclusión

La mente y el cuerpo siempre se están comunicando, incluso cuando estamos en silencio. El flujo de los pensamientos, gestos, posturas, actividades, tonos de voz, sueños y ensoñaciones o fantasías ofrecen gran cantidad de información, revelando el procesamiento de los acontecimientos y fenómenos. De esta forma, el *trader* está doblemente sintonizado, con un ojo y oído en el desfile de datos del mercado, y el otro ojo y oído en el flujo de la experiencia personal. Ambos conjuntos de datos contienen patrones que sirven como marcadores de cambio. Son la posible información en medio del ruido: las señales que el *trader* puede utilizar para tomar sus decisiones.

Un sencillo ejemplo muestra la interacción de los datos objetivos y subjetivos en el *trading*. Hace poco tiempo, el mercado experimentó un repunte desde un fuerte declive en los futuros de S&P. Durante el repunte, noté que me sentía muy seguro de que el mercado era vulnerable a otras bajadas. No podía precisar el origen exacto de la sensación, aunque sabía que tenía que ver con la falta de vigor del alza, comparada con el declive anterior. Lo que tenía claro era que esa intuición no era solo la esperanza de que el mercado declinara. No tenía ninguna posición en el mercado ni un deseo particular de operar ese día, ni de hacerlo particularmente por el lado de la compra o de la venta.

Aproveché la ocasión para revisar más cuidadosamente la acción del mercado durante el repunte. Inmediatamente me di cuenta de que el valor TICK más bajo que alcanzó el mercado durante las 10 horas anteriores fue de aproximadamente -230. Esto me pareció inusual. Supuse que esto podría servir como una señal de sobrecompra de corto plazo, lo que explicaba mi percepción de que el mercado era vulnerable.

En ese punto, revisé los datos históricos y encontré que los techos de corto plazo más recientes en el mercado también tenían este patrón: un valor TICK mínimo de 10 horas superior a -300. Rápidamente mandé por correo electrónico la observación a algunos colegas de *trading*, y un par de ellos validó mi hipótesis con datos más sólidos. Teniendo esta información, nuestro pequeño grupo tuvo un muy buen día de *trading* con una bajada de dos dígitos en los futuros de S&P.

Creo que este ejemplo desafía las dicotomías usuales entre el *trading* «discrecional» y el *trading* de «sistema» así como la polarización entre métodos intuitivos y cuantitativos. Recientemente surgió un fuerte debate en la Spec List con respecto a los méritos y deméritos del análisis técnico y el «recuento». Esos debates, me temo, no logran ver la esencia del descubrimiento en la ciencia.

Como puede ver en mi ejemplo de *trading*, la experiencia subjetiva a menudo ofrece la inspiración para las hipótesis. Mi hipótesis de un mercado que se debilita comenzó con un presentimiento, que se complementó con una cuenta descriptiva del cambio de precio y los valores del TICK. Sin embargo, una vez que se formuló esta hipótesis cualitativa, el trabajo de recuento con los datos históricos ayudó a determinar si la hipótesis era válida: si el patrón observado originó resultados que se atribuyeran a la casualidad o si realmente no eran aleatorios.

El análisis técnico es un útil lenguaje descriptivo para enmarcar hipótesis de mercado, tal como el lenguaje de psicología puede ayudar a transmitir la experiencia subjetiva. Si está buscando marcadores en los mercados, una imagen *vale* más que mil palabras y capta sutilezas que el lenguaje común no puede expresar. Como unos rayos X, los gráficos y los patrones indicadores de los análisis técnicos pueden ofrecer instantáneas de la estructura del mercado y un sentido general sobre si esa estructura es normal o anormal.

Sin embargo, el análisis técnico, como los rayos X, generalmente es el comienzo del diagnóstico, no el final. La radiología puede identificar un tumor, pero solo una muestra de sangre o un análisis citológico de una biopsia determinará definitivamente si el tumor es maligno. De la misma forma, los gráficos de los análisis técnicos pueden revelar un patrón de mercado poco habitual. No obstante, se necesitan análisis formales para determinar si el patrón contiene información sobre el futuro.

Los marcadores –los de los mercados y los de los *traders*– ofrecen hipótesis. El *trader* exitoso está abierto a estas hipótesis y, a la vez, es lo suficientemente escéptico como para buscar evidencias que las confirmen. *El mejor* trading *es arte elevado a ciencia.*

9. Formación por trance del paisaje mental

La atención prolongada contribuye a la intención constante.

Como hemos visto, la experiencia subjetiva puede tanto interrumpir el *trading* como servir de fuente provechosa de hipótesis de mercado. Filtrar la información del simple ruido en nuestra experiencia personal no es distinto del proceso de seguimiento de los mercados.

En este capítulo investigaremos la experiencia subjetiva con mayor detenimiento y seguiremos desarrollando nuestra noción central de mentes múltiples. Si los mercados son relativamente eficientes, como lo sugieren las publicaciones sobre análisis financiero, la capacidad de procesar los eventos del mercado de formas novedosas puede ser una faceta importante en la búsqueda de una ventaja aprovechable. Dichas formas originales de procesamiento pueden implicar el uso de herramientas matemáticas cada vez más sofisticadas; este es el método del análisis exploratorio de datos o *data mining*. Otra manera novedosa es mejorar el procesamiento de información por parte del *trader*. Al aprender a procesar la información del mercado de manera diferente, podemos transformarnos en mejores generadores de prometedoras hipótesis de *trading*.

El dial de la conciencia

Imagine que su mente es un receptor, como la radio de su coche. Este receptor posee un dial con una banda de frecuencias. En diversas frecuencias encontramos señales que corresponden a emisoras de radio, algunas de las cuales son fuertes, mientras que otras son débiles. Algunas corresponden a emisoras de noticias o conversación; otras transmiten música rock, melodías folclóricas o programas religiosos. Cada frecuencia posee un contenido diferente y su propio sonido y estilo característicos. En el transcurso de un día típico, pasará la mayor parte del tiempo en uno o dos lugares del dial, escuchando sus emisoras habituales. De hecho, puede pasar tanto tiempo escuchando dichas frecuencias que se olvida del resto del dial y se pierde lo que podría haber en él. En cambio, escucha constantemente la misma música, los mismos locutores y los mismos anuncios.

La mayoría de las personas utiliza un ancho de banda relativamente pequeño en el dial de la conciencia. Los cambios en la terapia eficaz que he mencionado representan aquellas ocasiones en que uno se desplaza de la comodidad –y las limitaciones– de un lugar en el dial a una frecuencia nueva. *El objetivo del asesoramiento psicológico es lograr que las personas controlen los botones que los trasladan de una frecuencia a otra.* Cuando está estancado en una frecuencia determinada, es muy fácil olvidar incluso la existencia de dichos botones.

El filósofo existencialista moderno Colin Wilson describe con gran énfasis este dilema en su libro *New Pathways in Psychology* («Nuevos derroteros en psicología»). Wilson señala que la naturaleza ha dotado a los seres humanos de la mejor capacidad de adaptación: la capacidad de aprender comportamientos nuevos tan bien que pueden realizarlos automáticamente, sin un esfuerzo consciente. Por ejemplo, cuando usted aprendió a conducir por primera vez, tuvo que gastar una considerable energía mental en dicha tarea: debía recordar dónde estaba cada pedal y para qué servía, tenía que vigilar el tráfico y quedarse en el centro de la pista. Con la práctica, dichas acciones se hicieron automáticas, gracias a lo cual pudo prestar atención a otros asuntos, como conversaciones, mientras conducía.

Esta capacidad de automatizar comportamientos complejos es una adaptación evolutiva. Si cada una de sus acciones requiriera una concentración máxima, quedaría agotado rápidamente. Cuando los comportamientos se vuelven rutinarios, tiene la libertad de dedicar recursos a la adquisición de nuevas pautas de acción y así aumentar constantemente su repertorio.

Sin embargo, señala Wilson, la capacidad de actuar automáticamente se obtiene a un coste nefasto. Las personas viven gran parte del tiempo con el piloto automático encendido, no con plena conciencia de lo que están haciendo o por qué. Dicho estado de somnolencia es descrito por George Ivanovitch Gurdjieff. Usted interactúa con su familia y amigos, conduce a su trabajo y realiza sus quehaceres en forma automática. De hecho, durante gran parte del día actúa como un robot. Está estancado en un reducido ancho de banda de la conciencia, sin ver qué hay a ambos lados del dial.

Abraham Maslow fue un psicólogo pionero que estudió las *experiencias cumbres:* aquellos momentos en que las personas se sienten más vivas y saludables. Descubrió que las personas excepcionalmente creativas y productivas, a quienes denominó «autorrealizadores», pasan una proporción inusual de su tiempo en la modalidad cumbre. Wilson observó que los estados rutinarios de la conciencia no pueden sostener dichas cumbres, que son producto de los cambios que ocurren cuando una persona se desplaza con esfuerzo de un lugar del dial a otro.

Este es el fenómeno que descubrí al utilizar técnicas basadas en meditación. Recuerdo que al sentarme quieto en una habitación totalmente silenciosa y concentrar toda mi atención en un estímulo, descubrí que me aburría y me impacientaba con bastante rapidez. Invariablemente sentía el impulso de dejar que mis pensamientos vagaran, de mover mi cuerpo y terminar el ejercicio. Sin embargo, si no cedía a este impulso, se producía una drástica formación por trance inducido. De improviso entraba a un nuevo lugar en el dial de la conciencia. Ya no estaba aburrido ni me sentía inquieto. De hecho, tuve que hacer un esfuerzo para salir de este estado nuevo y extrañamente agradable. Además, cuando me encontré en este nuevo estado, *descubrí que pensaba y sentía de manera muy diferente.* Los problemas que se veían sin solución repentinamente parecieron tener poca importancia. Los patrones del mercado que no había podido descifrar me resultaban ahora evidentes. Fue como si hubiera cambiado de gafas, como en el experimento de Fredric Schiffer.

Gurdjieff escribió una vez que el esfuerzo es la tarifa que uno paga por el autodesarrollo. El análisis de Wilson y mi experiencia personal respaldan esta conclusión. Los actos de esfuerzo concentrados le permiten a uno cambiar dentro del dial de la mente. Las personas que se autorrealizan se han acostumbrado tanto a concentrarse en su trabajo (alcanzando lo que el psicólogo Mihaly Csikszentmihalyi denominó el *estado de flujo*) que actúan de manera rutinaria en un ancho de banda grande y disfrutan de las experiencias cumbres que acompañan a un paisaje mental más amplio.

El sorprendente descubrimiento de Milton Erickson, como lo captó Jay Haley, fue que incluso intervenciones aparentemente pequeñas pueden mover a las personas de manera significativa a lo largo del dial de la conciencia, lo que les permite sentir sus problemas y a ellos mismos de formas muy distintas. Recuerdo a una pareja que empezó una terapia hace muchos años, al borde del divorcio. Discutían con frecuencia, muchas veces por trivialidades. Los esfuerzos para terminar con las discusiones habían sido infructuosos. Los problemas eran particularmente frustrantes para ellos debido a que sus hijos ya no vivían en la casa y esa época debería haber sido el comienzo de los tan esperados años dorados.

Dentro del espíritu del trabajo de Erickson, les recomendé dos tareas: (1) ambos debían hacer planes de unas largas vacaciones. Desde hace mucho tenían planes de viajar, sin poder concretarlos debido a las responsabilidades de la crianza, así que les señalé que ese era el momento de desempolvar dichos planes. La condición fue que debían planear juntos el viaje y con detalle, debían crear una lista con cada paso del itinerario, seleccionar los lugares más interesantes para visitar, obtener las mejores tarifas de hoteles y viajes, etc. Les hice notar que eran personas únicas con prioridades distintas y naturalmente tendrían diferentes preferencias en cuanto a destinos y alojamiento, entre otras cosas. Se podría esperar que esto generara *más* discusiones, no menos. Y esa situación conduce a la segunda tarea: (2) cada vez que discutieran, no intentarían terminar con sus desacuerdos, sino que, por el contrario, deberían discutir tan intensamente como pudieran. No obstante, tendrían que hacerlo dentro del vestidor y quietos sobre un solo pie. Ese iba a ser su espacio y modo de discutir. Bajo ninguna circunstancia podrían hacerlo fuera del vestidor o parados en ambos pies.

Los dos estaban un tanto escépticos pero cumplieron las tareas. Para su sorpresa, disfrutaron del proceso de comprar libros de viajes, imaginar los lugares que visitarían y hacer planes. Por otro lado, solo les tomó dos o tres discusiones en el armario para que se sintieran estúpidos. Es muy difícil sentir rencor y defenderse cuando se está parado en una posición ridícula y en un lugar absurdo. Durante su última discusión explotaron en carcajadas. Ir a un armario, pararse sobre un pie y discutir sus diferencias les hizo sentir unos completos idiotas.

A pesar de que la técnica *ericksoniana* parece un poco extraña, tiene sentido desde un punto de vista psicológico. La pareja creía que no discutirían más porque sus hijos ya no vivían en la casa y ahora podían hacer lo que quisieran. Sin embargo, la realidad era todo lo contrario. Habían dedicado tanto tiempo a los niños que tenían poco que decirse. No podían librarse de las discusiones porque incluso una mala comunicación entre ellos era mejor que ninguna.

Al sustituir las interacciones dirigidas a un objetivo común y crear un contexto absurdo para las discusiones, la pareja descubrió, a partir de su propia experiencia, que podía disfrutar de la compañía mutua sin recurrir a las disputas. Además, el contexto modificado para las discusiones (estar quietos sobre un pie dentro del vestidor) permitió a cada uno experimentar sus desacuerdos en un lugar muy distinto dentro del dial de las emociones. Las discusiones eran, en gran medida, parte de la programación en la frecuencia común de sus diales. Al cambiar a otra emisora, la pareja pudo tener acceso a una nueva programación.

Los cambios de contexto son algunas de las formas más simples, pero a la vez más poderosas, de desplazarse a nuevos lugares en el paisaje mental. La mayoría de las personas ocupan diferentes estados mentales, según el contexto en el que se encuentren. Con su cónyuge, una persona puede estar en una disposición mental característica; en el trabajo, puede estar en otra. El lugar donde uno se encuentra en el dial es, en gran parte, una adaptación al contexto en que está. Al cambiar los contextos, las personas pueden obtener el control de sus estados físicos, emocionales y cognitivos.

Eric, un *trader* con el que mantenía correspondencia electrónica, me informó de un fenómeno extraño. Él mantenía dos puestos de *trading*, uno en su casa y otro en la oficina. Debido a que tenía un trabajo a tiempo completo que no estaba asociado con los mercados, había desarrollado sistemas mecánicos de *trading* con los que podía abrir casi al cierre del día anterior y mantenerse por períodos determinados. Esto le permitía beneficiarse del *trading* sin tener que seguir el mercado a cada fluctuación.

Para sorpresa de Eric, cuando revisó sus estados de cuenta descubrió que su desempeño de *trading* en la oficina era mucho mejor que el de su hogar. Esto fue totalmente inesperado, ya que estaba utilizando los mismos sistemas y colocando los mismos tipos de transacciones con las mismas acciones. No obstante, cuando Eric inspeccionó cuidadosamente las transacciones, descubrió que era más propenso a desviarse de su sistema en casa, ya que, por lo general, se anticipaba a las señales en lugar de seguirlas.

Le sugerí que tal vez se distraía en casa y eso estaba interfiriendo con su disciplina y desempeño. Me contestó que era todo lo contrario. Cuando estaba en casa, su esposa se encontraba en el trabajo y sus hijos en la escuela durante el día de *trading*, lo que le permitía trabajar relativamente libre de distracciones. En todo caso, su desempeño en el hogar debería haber sido superior.

Completamente confundido, le pedí a Eric que me telefoneara y me describiera las dos últimas transacciones que realizó desde el ordenador de su casa y que me contara lo máximo que pudiera: sus estrategias de apertura, el curso posterior de las acciones, cómo se sentía al colocar las transacciones, sus pensamientos y sentimientos a medida que las transacciones avanzaban, etc. Todo parecía perfectamente normal hasta que Eric mencionó que cada cierto tiempo se levantaba de la silla y caminaba por la casa mientras la transacción estaba en curso.

Le pregunté a Eric *si* generalmente deambulaba por su oficina después de que se realizaba una transacción. Me respondió que no. Cuando le pregunté por qué, se rió y dijo: «Oh, es esa maldita silla en casa. Me produce dolor de espalda. Tengo que levantarme y estirarme o al final del día me siento todo agarrotado». En la oficina, Eric tenía una silla ortopédica muy cómoda.

Le consulté por otras veces en su vida en que hubiera sentido dolores de espalda o similares condiciones debilitantes. De inmediato mencionó una época difícil durante sus años en la escuela primaria, cuando estuvo postrado varios meses debido a un grave accidente en bicicleta. Un coche rozó su bicicleta y lo sacó del camino, lo que hizo que Eric cayera al suelo a gran velocidad. Sufrió dolores crónicos y le colocaron varias escayolas para soldar sus huesos rotos. No pudo jugar con sus amigos ni ir a la escuela, y se sintió muy solo durante esa época.

Le pregunté a Eric si estaría dispuesto a realizar un simple experimento. Le pedí que cambiara las sillas, que llevara la de la casa a la oficina y la de la oficina a su puesto de *trading* hogareño. Eric se rió nuevamente y rehusó, argumentando que necesitaba la silla ortopédica en el trabajo debido a todo el tiempo que pasaba en su escritorio. No obstante, propuso comprar una silla similar para su casa y vio como razón que ya era hora de un cambio.

Varias semanas después Eric me llamó y me informó que el experimento tuvo éxito. El *trading* en su hogar marchaba bien. Estaba siguiendo fielmente las señales de *trading*, me comentó un tanto perplejo, y estaba ganando dinero. Le expliqué que eso tenía sentido. Cuando estaba en casa y sentía las punzadas de los dolores de espalda, se activaban recuerdos muy emotivos, dolorosos y destructivos del accidente de su niñez. Ya no estaba realizando *trading* en forma relajada, observándose a sí mismo y al mercado desde una posición neutral. En lugar de eso, estaba sumergido en un lugar del paisaje mental que era cualquier cosa excepto neutral. Un simple cambio de contexto —dónde y cómo se sentaba— fue suficiente para moverlo en el dial de la conciencia y así crear una diferencia en sus resultados de *trading*.

Cambios conductuales mediante cambios de contexto

Encontrar el contexto que sostiene un patrón de problemas y después cambiar de contexto. Esta es una fórmula simple utilizada por los terapeutas en la tradición *ericksoniana*. Es sorprendente que incluso patrones de toda la vida, rotundamente arraigados, se puedan modificar con los cambios adecuados de contexto.

Pocos meses después de haber comenzado a trabajar en el centro médico de Syracuse, en Nueva York, la directora de un programa de profesiones de la salud me llamó por un problema. Se habían recibido varias quejas de conflicto racial en la clase de primer año. Específicamente, durante los ejercicios que requerían trabajo en grupo, los estudiantes blancos evitaban formar parejas con los estudiantes negros. La clara insinuación era que los estudiantes negros estaban menos preparados y capacitados que sus compañeros blancos y que solo perjudicarían al grupo si los incluían.

Esta dinámica *exclusionista* también se daba socialmente dentro de la clase. Los estudiantes blancos y los estudiantes negros se sentaban en sus propios grupos y rara vez interactuaban. Cada grupo sentía que al otro le otorgaban ventajas injustas; los resentimientos eran muy fuertes. En un esfuerzo por reducir los conflictos, la directora me pidió que diera a la clase una charla sobre el racismo. Quería que yo alentara a los grupos a trabajar juntos.

Como sin duda habrá deducido a estas alturas, soy profundamente escéptico sobre la capacidad de dichas charlas para fomentar un cambio significativo y duradero de conducta y actitudes. Una conferencia, conmigo hablando y los estudiantes sentados y absorbiendo pasivamente, no les ayudaría a sentir a cada uno de formas nuevas. De hecho, estarían experimentando el mundo de la forma acostumbrada, ya que estarían actuando en sus contextos normales y atinados de estudiantes.

Accedí a dar la charla, pero con una modificación fundamental. La directora debía aceptar que sometiera al grupo a una prueba acerca del contenido de la charla y que dicha prueba tuviera un porcentaje importante en la calificación del semestre. Aceptó de inmediato.

Antes de comenzar con la clase, repasé las dos reglas principales modificadas: (1) se les haría una prueba acerca de la materia tratada en la charla al final de la presentación, y (2) las notas que obtuvieran se considerarían como una calificación normal que afectaría a su promedio semestral final. Luego, agregué con indiferencia: «Ah, claro. Lo olvidaba. También cambiamos las reglas para la calificación. La nota más baja que obtenga un estudiante será la calificación que se aplicará a cada uno». Cuando los estudiantes se quejaban, añadí rápidamente: «Pero podéis ayudaros entre sí y compartir las respuestas. Será una prueba grupal. No se considerará trampa si comparáis vuestras respuestas».

La charla se realizó en forma habitual y los estudiantes tomaron apuntes con diligencia. Al final de la clase, anuncié que tenían 20 minutos para revisar la información antes de la prueba.

Durante algunos momentos, nadie se movió. No sabían cómo estudiar en forma grupal. Era un contexto totalmente nuevo para una prueba.

Luego, casi al mismo tiempo, los estudiantes se levantaron de sus asientos y comenzaron a verificar las respuestas de manera frenética. Los estudiantes blancos se sentaron con los estudiantes negros y viceversa. Ninguno estaba dispuesto a obtener la calificación más baja y ser el que perjudicara a todo el grupo. Al término del ejercicio, todos lograron una puntuación de 100 por ciento. Habían triunfado como grupo gracias a la cooperación. Todos habían actuado como recursos informativos para los demás; ninguno había perjudicado a la clase.

Cuando ya me iba, sugerí que esta podría ser una valiosa forma de estudio en el futuro, ya que al parecer todos lo hacían bastante bien. Hacia el final del semestre, la directora del programa habló conmigo y me informó con entusiasmo que, en efecto, así había sucedido. Con el fin de consolidar los cambios iniciales, incluyó varios ejercicios grupales en el plan de estudios, en los que todos obtendrían la calificación más baja alcanzada por un solo estudiante. Una vez que los dos grupos de estudiantes comenzaron a hablar y a colaborar entre sí, se iniciaron algunas amistades y surgieron nuevos patrones de interacción en clase. Incluso los estudiantes que se habían mostrado más reacios estaban cooperando con aquellos que habían excluido, ahora que el interés personal y la preocupación por el grupo estaban en la misma línea.

El trauma y el dial

La mayoría de las técnicas que he mostrado hasta ahora toman a una persona en un punto de su dial y la mueven a otro lugar, al tiempo que se introduce un nuevo patrón de conducta. Algunas veces, los cambios en el dial se producen espontáneamente; otras, son inducidos mediante intervenciones oportunas.

Supongamos, sin embargo, que es posible no solo moverse en el dial de la conciencia, sino realmente ampliar dicho dial. ¿Qué sucedería si las personas pudieran aumentar la sensibilidad y el alcance de sus receptores para tener acceso a emisoras diferentes e incluso programar nuevas? En mi opinión, este es un horizonte muy estimulante de la psicología aplicada y en particular para la psicología del *trading*. *Las personas pueden adoptar nuevos patrones al programarlos en lugares determinados de su dial y luego sintonizarlos en esas frecuencias cuando lo deseen.*

De hecho, dicha programación de nuevas frecuencias sí ocurre, pero generalmente de manera negativa. Una de mis preguntas favoritas para los residentes de psiquiatría y los internos de psicología en mi breve curso de terapia es la siguiente: «¿Cuál es el método más rápido y eficiente para producir cambios en las personas?» Los terapeutas principiantes generalmente quedan perplejos y a veces aventuran conjeturas acerca de diversos métodos de terapia sobre los que han leído.

La respuesta, revelo, es el *trauma*. El trauma es el mecanismo más eficaz y poderoso para lograr el cambio. Mediante el trauma, un único episodio potente y emotivo puede producir cambios de por vida en el modo en que las personas se sienten con ellas mismas y con el mundo. El trauma es la excepción a la regla en lo que respecta a la consolidación. Un único hecho en la vida, si es lo bastante poderoso, es suficiente para reprogramar el dial. La señal producida por un hecho como el descrito es tan potente que se esparce a las otras frecuencias y tapa sus señales. En un sentido real y alarmante, una persona traumatizada queda con el dial atascado en una sola frecuencia.

En su libro *The Emotional Brain* («El cerebro emocional»), Joseph LeDoux ofrece perspectivas que pueden ayudar a comprender la neurofisiología del trauma. La mayor parte de las percepciones de la gente es controlada a través de las funciones cognitivas superiores, asociadas a la corteza cerebral. En efecto, gran parte de las funciones del pensamiento y razonamiento de la mente se pueden rastrear hasta la corteza cerebral. Sin embargo, los episodios que desatan una ansiedad potente pasan por alto la corteza y se procesan en estructuras inferiores y más primitivas, como la amígdala, la cual está estrechamente conectada con las funciones motoras y con la producción de las hormonas relacionadas con el estrés. Cuando un hecho traumático pasa por alto la conciencia normal y racional y genera procesamientos desde la amígdala, se produce una marca poderosa. Hechos posteriores similares al trauma inicial pueden desencadenar las mismas respuestas de la amígdala, lo que produce recuerdos de la experiencia y una ansiedad extrema asociada al trastorno por estrés postraumático (TEPT).

Considere un ejemplo simple. Siempre me ha gustado estar al volante y, en el pasado, no me parecía nada extraordinario conducir 15 horas sin parar durante las vacaciones. Sin embargo, hace muchos años, era pasajero en un coche que viajaban entre Syracuse y mi hogar en ese tiempo, Ithaca, Nueva York. El conductor tomó una curva a la derecha hacia una autopista estatal y se encontró directamente con un coche que venía hacia nosotros. Yo estaba sentado en el asiento delantero en el que, desafortunadamente, no funcionaba el cinturón de seguridad. Cuando el otro coche chocó con nosotros, salí despedido de cabeza por el parabrisas trasero y nuestro coche volcó. Mi primer recuerdo tras el choque fue mirar por la ventana y ver la sangre que caía de mi cabeza al suelo. Un paramédico me habló y me explicó que usaron maquinaria pesada neumática para sacarme del vehículo. Me colocaron cuidadosamente en una camilla y me subieron a la ambulancia, preocupados de que hubiera sufrido algún daño en la columna.

Los doctores se sorprendieron de que las únicas lesiones que presentaba eran el corte en mi cabeza y una herida en la muñeca. Recibí algunas suturas en la sala de urgencias y quedé como nuevo. No obstante, durante meses no pude sentarme en el asiento del pasajero de un coche, aunque estuviera detenido, pero sí pude conducir. Como pasajero, sin embargo, escudriñaba constantemente el tráfico en sentido contrario, en especial a mi izquierda, la dirección desde la cual recibimos el impacto. Solo tras esfuerzos graduales y reiterados de sentarme en el lado del pasajero de un coche fui capaz de ir de copiloto sin sentir un terrible temor. Muchos años después, cuando iba junto a un amigo en su coche, doblamos hacia un camino con bastante tráfico e inmediatamente me paralicé de miedo, en lo que parecía un ataque de pánico. Solo después me di cuenta de que esa curva era muy similar a la del accidente en Ithaca, con una pendiente ascendente hacia el camino y una tienda a la derecha. Aunque habían transcurrido años desde el accidente, el impacto emocional estaba tan fresco como si el trauma hubiera ocurrido esa misma semana.

Los hechos traumáticos pueden programar de manera tan radical nuevos lugares en el dial de la conciencia que las personas que sufren de TPET en general sienten que están perdiendo literalmente la cordura. Alice, una mujer que conocí en terapia, fue atacada sexualmente y amenazada de muerte. A medida que el hombre se inclinaba sobre ella, cuchillo en mano, Alice estaba convencida de que iba a morir. No era capaz de impedir la violación y solo podía cerrar los ojos y negar el dolor para enfrentar la situación.

Más de un año después del ataque, Alice buscaba orientación debido a los problemas en la relación con su novio, Jim. Generalmente, cuando Jim intentaba iniciar el contacto sexual, ella volvía a recordar la violación. En más de una ocasión se dio cuenta de que lo empujaba y gritaba, aunque pocos momentos atrás había estado dispuesta a mantener relaciones sexuales. Por supuesto, Jim estaba desconcertado por *este* comportamiento y sentía que debía tener extremo cuidado en cualquier encuentro sexual con Alice. Poco a poco, la distancia entre ambos se hizo mayor, ya que los problemas de su vida sexual afectaban otras facetas de la relación, lo que disminuía todas las expresiones físicas de afecto.

Alice no podía comprender por qué reaccionaba de una manera tan extrema. El ataque sucedió hace mucho tiempo, se decía. Sentía que debía «superarlo». Sin embargo, el hecho continuaba interfiriendo de las maneras más inesperadas y negativas. Justo antes de su primera sesión conmigo, Jim había hecho planes de no ir a trabajar para estar con Alice en su cumpleaños. Cuando apareció en la casa de ella con regalos, a Alice le molestó que hubiera preparado todo eso sin avisarle. Sorprendido por su reacción, los ojos de Jim se llenaron de lágrimas y Alice se sintió muy mal por haber herido al hombre que se preocupaba de tal modo por ella. «¿Por qué le hago todo esto?», preguntó en nuestro primer encuentro.

Antes de la violación, Alice se sentía cómoda con su vida sexual y mucha gente la consideraba una persona alegre y sin problemas. Para ella, y para aquellos que la conocían bien, el ataque cambió su personalidad. Lo que estaba claro era que una serie de situaciones bastaba para que Alice reviviera la violación. Dichas situaciones incluían catalizadores evidentes, como el contacto físico, pero también incluían situaciones inocuas en apariencia, como una sorpresa. Cualquier situación en la que Alice sintiera que perdía el control funcionaba potencialmente como un catalizador, lo que provocaba un complejo conjunto de respuestas, entre ellas, ansiedad, ira y aversión a sí misma.

La terapia para un problema como este intenta deshabituar las respuestas de temor al exponer a la persona, en forma gradual y progresiva, a situaciones desencadenantes mientras se practican habilidades para sobrellevarlas que generan experiencias de autocontrol. Acordamos un aplazamiento de todo tipo de contacto sexual entre Alice y Jim, y en su lugar nos concentramos en el contacto no sexual. Alice llevaba la iniciativa en guiar a Jim, manteniendo el control en todo momento, mientras se volvía a acostumbrar al contacto físico seguro. Después de mucho trabajo sobre el contacto casual y sensual, Alice se sintió cómoda para probar más contacto sexual. El condicionamiento traumático se debilitaba con cada experiencia exitosa y Alice logró recuperar el espacio en su dial de la conciencia. Fue un día muy especial cuando ambos llegaron a mi oficina de la mano para anunciarme su futuro matrimonio.

El fenómeno del trauma genera una posibilidad fascinante: ¿qué sucedería si se pudieran crear experiencias positivas tan poderosas como las traumáticas y en verdad ampliar el ancho de banda de la conciencia? Estos «traumas positivos» serían muy similares a las «experiencias emocionales correctivas» descritas por Franz Alexander y Thomas French en su fundamental trabajo sobre psicoanálisis: experiencias tan manifiestas e impactantes que podrían reconfigurar la personalidad para mejor, de manera tan profunda como lo hizo el ataque a Alice.

¿Se puede programar y expandir la mente de manera directa? ¿Es posible que las personas puedan modificar sus personalidades sin asistir durante meses y años a terapia?

Yo así lo creo.

El doctor Brett recibe mensajes extraños

Miré la pantalla de mi ordenador sintiéndome turbado e incrédulo al mismo tiempo. El mensaje que había frente a mí era lo más extraño que había recibido en mi vida. Como director de orientación estudiantil, estaba acostumbrado a recibir toda clase de mensajes electrónicos: correos que solicitaban cambiar la cita, peticiones de ayuda, informes de progreso de pacientes, etc. Pero este correo era el primero en su tipo en mis años de ejercicio. Decía lo siguiente:

> «Destruye el sendero algo cauteloso del frío glacial. Construye una escalera para todo lo que conoces y lo que puedas ver en la nueva era. Este es solo el comienzo. Tenemos mucho que hacer y todo está frente a ti, así que haz una hoguera para visitar de vez en cuando y deja que fluyan las palabras y la sensación de alivio que está aquí. Sabes que lo que debes hacer está claro y yace frente a ti como una suave alfombra de piel de oso frente al fuego. La calidez de tu mente se extiende por tu cuerpo con un calor tan intenso que te quema profundamente. Las brasas encendidas esperan con una impaciencia rigurosa que nunca se sentirá ni escuchará. Es silencioso pero el flujo continúa y todo está bien. Haz llover en el día del creador con flores especiales en orden. La alegría puede ver lo que sea.»

No había firma, pero supe quién lo había enviado. Lo que no tenía sentido era *por qué* me lo había enviado a mí. La gente que me conocía sabía que yo era la última persona a la que le preocupaba «lo que puedas ver en la nueva era». Mis mayores intereses en la vida diaria eran mi familia, el movimiento a corto plazo del mercado de valores y cualquier artículo de revista o capítulo de un libro que estuviera en proceso. Una de mis pegatinas favoritas de coche dice: «Olvide la paz mundial. Concéntrense en la conducción». Es un ejemplo bastante fiel de lo que siempre he sentido sobre la «Nueva Era».

Pero era la frase «Haz llover en el día del creador con flores especiales en orden» la que me alarmaba. No sonaba bien.

Lo bueno de trabajar en el departamento de psiquiatría es que no faltan las personas dispuestas a ofrecer opiniones sobre cosas que no suenan bien. Por ello, imprimí el mensaje y lo mostré a algunos colegas. Hubo consenso unánime: la persona que me escribió probablemente era brillante, seguramente era creativo y posiblemente sufría un episodio psicótico.

Durante algunos días, aparecieron más mensajes en mi pantalla. Todos tenían el mismo estilo. Estaban llenos de imágenes vividas y significados proféticos, intercalados con frases que traspasaban las fronteras de la realidad. Por ejemplo:

«Santificados son los grandes en la época de la luz occidental. Ardiendo fuera de control, iluminan el cielo con destellos de su resplandor que proviene de profundidades rara vez vistas. Tantos rostros y lugares que ellos cubren el cielo con la esperanza de reajustar el camino que debemos recorrer. Esto proviene directo del corazón en sentimientos que te susurran su poder a través de bandas emisoras con la máxima intensidad y potencia. Vive la unidad porque el día ha llegado. Has visto el camino y está aquí en toda su gloria con el brillo en un soplo de maíz. ¿Cómo podrá ser atrapada la unidad en medio de la confusión del día y cómo podremos captar el significado de lo que debe ser si estamos confinados en un caparazón de piedra? Estas son las preguntas que atormentan tu alma y que iluminan la fusión del cielo occidental. El poder denegado tiene el sendero que yace muy profundamente en el interior. Domina los recuerdos en el cemento del día. La noche conmovedora tiene más brillo que la frialdad del día.»

Resulta interesante el hecho de que cuando mostré los mensajes impresos a personas que no eran profesionales de la salud mental, la reacción fue dispar. Algunas dedujeron que el autor necesitaba ayuda emocional. Otras simplemente dijeron que los mensajes no tenían sentido. «Es sorprendente todo lo que alguien puede escribir sin decir nada», fue uno de los comentarios.

Pero yo estaba convencido de que el autor estaba diciendo algo. En los mensajes aparecían temas comunes: la anticipación de un sendero futuro («Has visto el camino...»); la yuxtaposición de la calidez y la frialdad; la necesidad de dejar atrás los recuerdos y descubrir una sensación de poder. Además, había imágenes recurrentes: destellos de luz, formas cristalinas, mares embravecidos, el cielo. No era una colección de palabras o imágenes al azar. Como el hombre Woolworth, el autor estaba comunicando algo... y me lo estaba comunicando a mí.

La mayoría de mis colegas de inmediato me aconsejaron no responder los mensajes. Al parecer, la opinión general era que dicha persona no debía ser alentada. Aunque ninguno lo dijo abiertamente, en esencia todos pensaban que esa persona estaba loca. ¿Quién sabe lo que podría hacer? No le animes.

Experimentos con la mente

Era época de vacaciones y el negocio del asesoramiento psicológico andaba lento. Dos estudiantes ya habían cancelado sus citas. Eso quería decir que tendría tiempo para mi experimento.

El año anterior, había realizado muchos experimentos de este tipo. La mayoría involucraban técnicas para desarrollar mayor conciencia y control de los patrones de problemas. Por ejemplo, siempre he sido proclive a dejar las cosas para más adelante. Desde mi infancia, cuando cobraba el dinero después de repartir periódicos, recuerdo que evitaba terminar algunas tareas. La mayor parte del tiempo, no eran tareas intimidantes o difíciles; podían ser cosas muy simples, como devolver una llamada telefónica o hacer un recado. Pero las evitaba hasta que ya no era posible seguir postergándolas. Las consecuencias –al menos, el temor a las consecuencias– me hacían dejar esa actitud.

Gracias a mis experimentos, descubrí que mi dilación dependía mucho de mi estado, es decir, cuando estaba en un determinado estado físico y emocional, era mucho más probable que postergara cosas que en otros momentos. De esta manera, por ejemplo, si me descubría postergando las cosas y luego iniciaba una serie muy rápida, enérgica y abrupta de movimientos físicos (como mover brazos y piernas en forma de pelea falsa), entraba rápida y absolutamente en un estado energizado en el cual mi comportamiento dilatorio parecía desvanecerse. Asimismo, si ingresaba a un estado de profunda meditación y calmaba mis pensamientos, me resultaba más fácil emprender tareas y terminarlas.

Ese día en particular, tenía un interesante experimento que llevar a cabo. Hacía tiempo que había observado que, cuando meditaba, a menudo acudían a mi mente imágenes y frases al azar. Lo mismo sucedía poco después de despertar de un sueño profundo. Algunas veces, las intromisiones tomaban la forma de frases emocionalmente neutras, como «Ese es el aspecto que necesita cambiar». Otras veces, aparecían en forma de imágenes, como un auto que se había estrellado contra un montículo de nieve. Invariablemente las imágenes o frases eran breves y las desechaba de mi mente y reemprendía mis tareas. Sin embargo, ese día decidí investigarlas con mayor detenimiento y se me ocurrió una manera ingeniosa para lograrlo.

Sabía que las intromisiones eran más vividas cuando entraba en un profundo estado de concentración y relajación. Podía alcanzar dicho estado con más éxito mediante el uso de música muy repetitiva, como las primeras obras de Philip Glass. Descubrí que en dicho estado había sido capaz, en el pasado, de darme sugerencias hipnóticas usando la técnica de mover juntas las manos. Tal vez, pensé, podría usar el estado para poner en práctica otras sugerencias.

Mi idea era entrar en el estado de relajación y concentración mientras estaba sentado en mi escritorio. Cuando un pensamiento o imagen aleatorios entrara en mi mente, la escribiría en el ordenador. Escribo rápido, así que pensé que podría seguir fácilmente los pensamientos sueltos que aparecieran. Implícitamente, albergaba la esperanza de sacar al descubierto algunas perspectivas interesantes de esta manera. Tal vez obtendría una intuición sobre el curso futuro del mercado o una comprensión fenomenal sobre la Vida.

Me senté delante del ordenador y comencé la inducción, con los auriculares reproduciendo *Music in Twelve Parts* de Glass. Para entrar en ese estado, cierro los ojos y miro fijamente el campo visual oscuro. En algún momento, en la oscuridad, observaré una zona más clara que el resto. Muy a menudo, pero no siempre, es a un lado del campo visual. Luego, me concentraré con fuerza en la luz y contraeré los ojos (como si mirara algo que está muy cerca) de modo que la luz se extienda. Dentro de pocos minutos, todo el campo visual se iluminará, aunque mis ojos seguirán cerrados. En ese punto, mi mirada generalmente se desvía hacia arriba y, de vez en cuando, noto las rápidas pulsaciones de mis ojos y párpados. Aunque estoy despierto y plenamente consciente, siento como si estuviera en un estado de sueño de movimiento ocular rápido (MOR o REM). Cuando abro los ojos, por lo general me siento muy desligado del mundo, lejos de las preocupaciones diarias.

No obstante, en el experimento tenía pensado escribir cuando entrara en este estado y registrar el flujo de los pensamientos que se infiltraran. No estaba seguro de qué esperar. ¿Escribir destruiría o alteraría el flujo de los pensamientos?

Al iniciar el experimento, me sorprendí de que mis dedos volaran sobre el teclado, escribiendo la repentina marea de pensamientos. Me esforcé para no censurar ni analizar nada de lo que escribía y, por el contrario, mantener mi atención en la luz. En un punto del ejercicio observé una fugaz imagen del dibujo de un niño hecho con los colores básicos. El sol estaba en la esquina superior izquierda y la parte de arriba era cielo azul. Una mano, que provenía del lado derecho del dibujo, sostenía una regadera. Caían gotas de agua sobre una hilera de margaritas. La imagen duró solo un segundo y desapareció. Poco después dejé de escribir.

Cuando abrí los ojos, sentí mi indiferencia habitual, pero con mayor intensidad. Miré la pantalla del ordenador y cuando leí lo escrito, me recorrió un escalofrío. Lo que estaba ahí no se parecía a ninguna cosa que hubiera escrito. *Además, no podía recordar haber escrito la mayor parte.* Sin embargo, la frase que me dejó de una pieza fue: «Haz llover en el día del creador con flores especiales en orden». Sabía, sin duda alguna, que esto se refería a mi imagen. Pero era una frase que no podía haber salido de mi mente bien organizada.

Miré la pantalla de mi ordenador sintiéndome turbado e incrédulo a la vez. Recuerdo haber pensado que de ninguna manera podría haber escrito las tonterías de la Nueva Era que estaban en la pantalla. Me estremecí sin querer. Era mi primer y más poderoso descubrimiento de que yo no era un ser unitario con una sola mente e identidad.

Trazando el mapa del paisaje mental

Experimentos personales posteriores me convencieron de que las personas tienen mucha más capacidad para modificar sus paisajes mentales de lo que generalmente creen. Como escritor, hace bastante tiempo descubrí que lo que escribía durante mis momentos más creativos, por lo general, no guardaba ninguna relación con lo que había pensado escribir. Era como si una musa escondida me hubiera proporcionado los pensamientos y la inspiración. En dichas ocasiones, he releído cierta parte de un buen escrito con la sensación de «¿cómo pude escribir esto?»

Es una suerte que sea un mecanógrafo relativamente competente y pueda traspasar mis pensamientos al ordenador casi tan rápido como aparecen en mi mente. Cuando estoy concentrado en mi trabajo, casi no pienso en qué voy a decir. Las ideas vienen a mí y las escribo. En esos momentos, no es difícil creer en la idea de mentes múltiples.

Sin embargo, en cierta ocasión, decidí plasmar esta idea en otro experimento. En primer lugar, entré en un estado de profunda concentración gracias a la música de Philip Glass. Como lo hice antes, dirigí toda mi atención a las zonas de luz que aparecieron en el campo visual oscurecido una vez que cerré los ojos. Para ese entonces, ya era bastante bueno para entrar en ese estado de tranquilidad. No obstante, ahora decidí prolongarlo. Para mi sorpresa, descubrí que si me detenía en el ejercicio el tiempo suficiente, alcanzaba no solo uno, sino varios puntos de «segundo aire». Cada vez que sentía la tentación de terminar el ejercicio, me presionaba a seguir un poco más. Finalmente, prolongué el ejercicio por horas, mientras permanecía en total inmovilidad y silencio.

Los resultados del ejercicio fueron, en todo sentido, tan radicales como los de cualquier droga psicoactiva. Después de varías horas de concentración total, mi sentido *propioceptivo* se vio considerablemente alterado. El más leve movimiento de la silla giratoria se sentía como agobiante y desorientador, como si bajara en picado en una montaña rusa. Perdí todo sentido de orientación, sin saber en qué parte de la habitación estaba. Cuando abrí los ojos, los colores y las formas de objetos normales parecían más vividos que de costumbre. Era como si las horas de menor ingreso sensorial hubieran recalibrado mis sentidos, lo que me hizo más sensible a los estímulos normales, de la misma manera en que alguien privado de alimentos durante mucho tiempo podría tener un intenso sentido del gusto.

En ese estado tan cambiado y de tan alta atención, pude apreciar cómo los artistas y poetas deben ver el mundo. Las horas de total oscuridad, casi por completo libre de pensamientos y movimientos, me hicieron sumamente sensible a la belleza de las cosas comunes de mi habitación: los matices de formas y tonos, la combinación de diseños en un tapiz, la riqueza de las sombras creadas por las luces. Me sentía como si pudiera pasar horas absorbiendo la belleza de todo. En el fondo de mi mente, también admitía que estaba reaccionando de una manera muy excepcional a objetos normales. El claro descubrimiento fue que mis horas normales de actividad estaban tan llenas de estímulos (conversaciones, el ruido de las calles, el bombardeo de la televisión) que pasaba gran parte de los días en un estado de sobrecarga sin saberlo. Era como un glotón en un restaurante, devorando tanto cada día que ya no apreciaba los sabores delicados y variados.

Mi hipótesis de trabajo, la que actualmente estoy probando con biorretroalimentación, es que existe una relación directa entre el tiempo dedicado a un ejercicio *experiencial*, la intensidad de la experiencia y la apertura al cambio que es posible en ese estado especial. En otras palabras, los trances más profundos y largos producen un grado mayor de recalibración cognitiva y sensorial, lo que permite que una persona cambie de manera más rápida su modo de vivir las experiencias. Después de una larga reducción sensorial, sentí que la simple fragancia de una flor sería suficiente para generar un estado de experiencia agudizada tan intenso como una intervención radical en una sesión de terapia.

Mis actividades recientes con la biorretroalimentación de la temperatura de la frente sugieren que se necesita un período prolongado de tranquilidad y concentración para alcanzar esa experiencia tan radicalmente distinta. De hecho, las lecturas de la biorretroalimentación comienzan a apartarse drásticamente de la base después de 15 a 30 minutos de estar inmóvil —y eso con algo de práctica—. Esto me sugiere que los estados normales de la mente de las personas son conservadores: se resisten en cierta medida a los cambios importantes a corto plazo. Eso tendría sentido ya que los cambios grandes y frecuentes sin duda interrumpirían la continuidad del pensamiento y comportamiento diarios. Para funcionar de manera eficiente en el mundo y mantener el control de sus acciones, los estados de la mente de las personas deben permanecer relativamente estables.

Al ejercer un esfuerzo significativo a través de la meditación, la biorretroalimentación y similares, las personas pueden anular las configuraciones naturales de la mente e inducir niveles de cambios que se aproximen a aquellos que se producen durante un trauma. Esto requiere tiempo y disciplina y, por consiguiente, no se experimenta en el curso normal de la vida diaria. No obstante, la obra de Csikszentmihalyi sugiere claramente que las personas en extremo creativas, sumidas en su trabajo, sí logran un grado de atención y concentración similar al alcanzado en mis ejercicios con Philip Glass. De ser así, han desarrollado medios naturales de expandir sus paisajes mentales y adoptar nuevos modos de percepción y comportamiento. De hecho, pueden haber expandido su capacidad de evolución al superar los típicos mecanismos conservadores de la conciencia.

Me pregunto si los *traders* pueden lograr lo mismo.

Experimentos con el *trading*

Una vez que hube mejorado mi capacidad para entrar en este estado especial, avancé a la siguiente fase de mi experimento, que era sumergirme en mi trabajo habitual en casa antes del *trading* de un día, revisando gráficos y datos de indicadores para formular hipótesis. Hice un esfuerzo consciente para observar todo pero sin sacar ninguna conclusión acerca de lo que estaba viendo (debo decir que esto último fue difícil; los patrones parecían venir hacia mí con inusual nitidez). Una vez que recogí la información y realicé algunas pruebas, decidí en forma espontánea escribir todo lo que se me viniera a la cabeza sobre el *trading* del día siguiente. Escribí rápidamente, sin descartar ninguna idea. Además, lo hice como si estuviera redactando un boletín informativo para el público, con consejos sobre qué hacer en diversas situaciones.

Al igual que con el experimento anterior, escribí sin dificultad. Vi que mis dedos volaban por el teclado. Era consciente de lo que estaba escribiendo, pero, al mismo tiempo, estaba alejado de todo. Era como mirar mi cuerpo mientras él escribía.

Antes de leer lo que había escrito, llevé el experimento un poco más allá. Cerré los ojos nuevamente y volví a entrar en el estado de concentración. Esta vez tenía los auriculares conectados al ordenador. Había destacado el texto que escribí y en cuanto estuve completamente concentrado, hice clic en el menú del programa *Naturally Speaking* de Dragon Systems, con el que el ordenador puede leer lo escrito con una voz sintetizada. La voz tenía una manera de hablar cortada con un leve acento británico. Leyó lo que había escrito y lo asimilé en mi estado de trance inducido.

Escuchar mis propias palabras en otra voz tuvo un efecto inusitado, como si estuviera absorbiendo los pensamientos de un asesor experto. Cruzó mi mente el inquietante e irracional pensamiento de que estaba escuchando la voz del Todopoderoso. Como fuera, tenía la sensación de que estaba oyendo la Verdad:

> «La compra amplia del viernes no podría superar el muro de resistencia del jueves, lo que crearía una línea con respecto a la cual realizar *trading*. Los repuntes que no pudieron romper la línea ofrecen oportunidades de hacer transacciones cortas, seleccionando los mínimos del viernes como objetivo mínimo. Debido a una caída por debajo de las bajadas del viernes, venderás en los repuntes. Gracias a un movimiento astuto sobre el muro en el TICK expandido, comprarás en las caídas leves y temporales. La incapacidad de repuntar por la mañana generará debilidad por la tarde. Cuidado con la disyunción de las financieras e industriales.»

A medida que escuchaba el texto que escribí, resultaba claro que el estilo era similar a la extraña y descriptiva prosa de mi experimento anterior. La frase «Cuidado con la disyunción» no era en absoluto algo que diría normalmente y tampoco era algo que por lo general destacaría en mi *trading*. En realidad, no era plenamente consciente de que hubiera una «disyunción» entre las acciones financieras y la lista más amplia de acciones que conforman el Promedio Industrial Dow Jones. Sin embargo, cuando revisé los gráficos estaba claro que las acciones financieras, especialmente las acciones bursátiles, estaban en una tendencia a la baja, aun cuando los promedios más amplios permanecían en una banda de fluctuación plana y reducida. Al parecer, mi texto me estaba avisando sobre el tema que se iba a desarrollar en el mercado, que mostraba a las acciones financieras como posibles precursoras del siguiente movimiento.

Para bien o para mal, sentía que contaba con una estrategia para el *trading* del día. También tenía una serena certeza que era poco habitual en mí durante el *trading*. La observación de la caída de las acciones financieras, que había escapado a mi atención normal hasta ese punto, me convenció de que este modo inducido de vivir las experiencias me había abierto a nuevas formas de procesar los datos del mercado.

Antes de que el mercado abriera, nuevamente invoqué el estado de relajación y quietud. Mi mente estaba tranquila cuando el *trading* comenzó. El volumen fue bastante bajo durante los primeros minutos, y el mercado estaba relativamente plano. Cerré los ojos y lo absorbí todo sin forzar ninguna conclusión.

Y fue entonces cuando sucedió.

Un pensamiento al azar apareció en mi cabeza. Pero no era un simple pensamiento; ni siquiera era *mi* pensamiento. Claramente oí la voz en mi cabeza, con su leve tono británico, que decía «Domina la disyunción». Eso fue todo. Era una simple frase, pero la escuché como *si* el programa *Naturally Speaking* la hubiera leído.

Volví a la pantalla y observé que el índice del sector para las acciones bursátiles ($XBD) había caído. El mercado general estaba debilitado, con el TICK decreciente, pero el Standard & Poor's (S&P) aún aparecía plano. Tranquilamente, coloqué mi transacción, como venta corta. Nunca antes estuve tan seguro de una ganancia, jamás había tenido tal certeza de mi objetivo y de mis puntos de *stop*.

Minutos después, cerré con ganancias.

En los mínimos del viernes.

No experimenté ninguna sensación de éxito o euforia. No hubo ni una pizca de amor propio en la transacción. De hecho, tuve la extraña sensación de que yo no había colocado la transacción en primer lugar. No había duda de que la orden la coloqué *yo*. Pero, puedo jurarlo, *yo* no efectué esa transacción.

Conclusión

Anteriormente, mencioné la idea de Ari Kiev de «Hacer *trading* en la zona»: lograr una completa inmersión en nuestro procesamiento de los datos del mercado y actuar de acuerdo a ello. Los estudios de casos de los neurólogos Oliver Sacks y V. S. Ramachandran, el gran volumen de investigación sobre el cerebro dividido, las experiencias comunes a místicos de diferentes eras y culturas; todo esto me ha convencido de que las personas sí poseen *muchas* zonas —más de las que comúnmente reconocen.

Seguramente ha escuchado algunas veces la afirmación (errónea) de que las personas solo usan una pequeña parte de su cerebro para pensar. La realidad es un tanto más compleja. Una persona media solo tiene acceso a una fracción de su conciencia potencial; dicho de otro modo, como lo señaló Gurdjieff, es como si alguien que viviera en una mansión ocupara un solo cuarto, sin poder ver sus múltiples y espléndidas habitaciones. La creatividad en cualquier campo del esfuerzo –sea *trading*, paternidad u orientación– proviene de la capacidad de ver el mundo de otra manera, desde la posición ventajosa de aquellos otros cuartos. Sé que parece irremediablemente místico y usted sabe que detesto el discurso de la Nueva Era. Pero no puedo negar la conclusión a la que llegó Norretranders: *existe más para mí que yo mismo.*

Creo que esta es la mayor frontera de la psicología del *trading*. Al aprender a ampliar su dial de la conciencia, logrará el potencial para procesar los datos del mercado de maneras novedosas y rentables. Como se aclarará en el siguiente capítulo, usted puede percibir y conocer cosas en un estado de la mente que se evitan por completo en otro. Es como si tuviera múltiples bases de datos internas, pero con acceso restringido. Al cultivar la capacidad de formar el paisaje mental mediante un trance inducido, aumentará su acceso y podrá realizar transacciones desde una base mayor de información.

Dentro del espíritu de la investigación de Andrew Lo y Dmitri Repin, creo que la biorretroalimentación tiene un potencial importante para el desarrollo de los *traders*. Aunque la psicología tradicional –incluida gran parte de este libro– puede formular hipótesis significativas sobre el éxito del *trading*, solo una investigación exhaustiva validará o desechará dichas hipótesis. La gran ventaja de la biorretroalimentación es que transforma variables subjetivas (emotividad, atención) en lecturas objetivas que se pueden someter a fórmulas estadísticas. La biorretroalimentación toma el ideal *galtoniano* del recuento y lo aplica a la experiencia personal.

¿Tendrán los programas de *trading* del futuro consolas integradas para medir el ritmo cardíaco, la conductancia de la piel, la tensión muscular y la temperatura del cuerpo? ¿Los *traders* practicarán su oficio con unidades en las muñecas para medir el pulso y la presión sanguínea, como lo hacen los atletas profesionales? En la medida que el *trading* sea un deporte de alto rendimiento, seguro que verá herramientas cada vez más sofisticadas para el *trader*, al igual que ahora puede apreciar elementos de software y hardware más avanzados para el *trading*. La búsqueda de las ganancias puede acelerar sus esfuerzos evolutivos más grandes, en formas que ni siquiera Ayn Rand podría haber previsto.

10. El abrigo en el armario

Los demonios que se alzan buscan ángeles caídos.

Aunque contamos con mucho más recursos de lo que generalmente suponemos, sería un error llegar a la conclusión de que la naturaleza humana se puede moldear de múltiples formas. Sinceramente, dudo que una persona pueda sentirse segura y exitosa si solo ha experimentado el fracaso. Una vida de abusos y falta de atención no hará surgir de pronto sentimientos de felicidad y realización; las nuevas experiencias no pueden surgir del aire. Fundamentalmente, en los ejercicios de desarrollo personal, estamos activando facetas de nuestra personalidad que estaban latentes y ocultas y, sin embargo, presentes de alguna manera. Para enmarcar el problema en los términos de nuestra metáfora anterior, el asesoramiento psicológico toma las señales débiles del dial de la conciencia y aumenta el volumen sistemáticamente. Quizás no se trata tanto de crear nuevas frecuencias, sino más bien de convertirnos en mejores receptores de las señales confusas que están allí, esperando que las escuchemos. En este capítulo analizaremos como los inversores pueden mejorar la recepción de los receptores de radio que hay en su mente, aumentando el volumen de las señales débiles pero importantes. En lugar de quedar atrapados en la tarea agobiante de programar una frecuencia determinada, podemos identificarla con la mano que controla el selector y cambia las emisoras.

Una vez que se encuentra una nueva frecuencia en el dial, es notable observar cuánto más podemos ver y experimentar. Lo que sabemos es, en realidad, una función del estado de ánimo y del cuerpo.

Detener el frenesí matutino

Nos estábamos retrasando. Todas las mañanas veo a mi esposa salir a su trabajo y preparo a mis hijos, Devon y Macrae, para la escuela. Y, por cierto, parece que todas las mañanas algo conspira para retrasarnos. Devon no puede encontrar su lazo para el cabello; Crae no puede encontrar su juguete favorito que quiere llevar a la escuela. Y todo ese tiempo, trato de engatusarlos, les imploro y me tiro de los pelos. No se cómo, pero de alguna forma, logramos salir a tiempo.

Sin embargo, hoy estamos *realmente* atrasados. Apuré a los niños recordándoles cada cierto tiempo que debían terminar su desayuno, peinarse, ponerse los zapatos y no olvidar llevar la tarea en la mochila. Después de alimentar a los gatos y preparar mi almuerzo, miré el reloj. Solo nos quedaban unos minutos. Alarmado, lancé el grito acostumbrado: «¡Hora de irse!» Devon y Crae bajaron corriendo la escalera y, obedientes, comenzaron a ponerse el abrigo y las botas, para protegerse de otra fría y nevada mañana en Syracuse. Yo hice lo mismo y me acerqué al armario para tomar mi impermeable.

No estaba.

Miré todos los abrigos que colgaban a la izquierda del armario. No estaba. Qué extraño, *siempre* lo dejo ahí. Abrí el lado derecho del armario. Tampoco estaba ahí. Ya no quedaba tiempo. Me empecé a poner frenético. Los niños debían ir a la escuela y yo tenía una importante reunión por la mañana. Lo peor era que las llaves del coche se encontraban en el bolsillo del impermeable. Sin él, no había coche.

Otra vez volví a mirar rápidamente en el lado izquierdo del armario y revisé chaquetas y abrigos. Prenda por prenda, mis ojos revisaron el contenido del armario. No estaba. Devon y Crae parecían percibir que cada vez me ponía más frenético. Estaban extrañamente tranquilos y no peleaban como solían hacerlo todas las mañanas.

Volví a mirar el reloj. Ya era tarde.

Por un momento, me dejé dominar por el caos. Podía sentir la tensión en los músculos de la frente, las ideas rápidas y el pánico creciente. Era casi como si una voz gritara en mi cabeza: esto *no puede* estar pasando. El abrigo *tiene* que estar aquí. Apenas podía darme cuenta de que mi reacción era exagerada. En cierto modo, sabía que el mundo no se acabaría si llegábamos unos minutos tarde. Pero no importaba: mi cuerpo había decidido que era una emergencia.

Entonces, *me detuve*.

Eso había ocurrido solo unas pocas veces antes: de pronto, casi siempre en medio de una emergencia, me calmo de forma misteriosa y poco natural. Fijo la vista, empiezo a respirar lentamente y, de pronto, las aguas agitadas se calman. No es para nada gradual; más bien es como cambiar el interruptor. Sucede automáticamente. Y es algo espectral. Cuando me *detengo*, me siento como otra persona.

No recuerdo haber experimentado esta sensación de *detenerme* cuando era niño o adulto joven. Solo ha sucedido desde que realicé mi experimento con la música de Philip Glass y los estados de alteración. Parece que se trata de una emisora relativamente nueva en mi dial.

Detención en el camino a Nueva York

Esta no era la primera vez que me sentía así. Varios meses antes, Margie y yo fuimos a Nueva York para tomarnos unas cortas vacaciones. Acabábamos de cruzar el límite de la ciudad de Syracuse, en dirección hacia el sur por la Interestatal 81, cuando noté que el automóvil que iba delante de nosotros se movía hacia la derecha. Era muy temprano y mi primera impresión fue que el conductor se había dormido sobre el volante.

Eso era justamente lo que había pasado. Cuando el automóvil tocó el borde áspero del camino, el conductor pareció despertarse y darse cuenta de lo que había ocurrido. Viró bruscamente el vehículo a la izquierda, tratando impulsivamente de evitar salirse del camino. Pero fue peor. El extremo trasero del automóvil se movió hacia fuera cuando derrapó. El conductor trató de compensarlo virando otra vez el volante a la derecha, pero ya era demasiado tarde. El automóvil giró salvajemente sobre sí mismo en medio de la autopista. No había ningún otro vehículo a la vista.

Era extraño observar cómo el automóvil iba de un lado a otro fuera de control. Era como estar viendo una película; yo estaba distanciado de los hechos que estaban ocurriendo. Tenía la escena en mi mente, algo muy poco habitual, porque rara vez me dejo llevar por la imaginación. No estaba preocupado. Simplemente pisé el freno y me mantuve lo bastante alejado del automóvil, para que no nos viéramos envueltos en el accidente inminente.

El automóvil siguió girando hacia la izquierda, se salió de la autopista y cayó en un terraplén con una suave pendiente que se encontraba junto a la franja central. Se inclinó y aterrizó suavemente sobre el costado.

Miré a Margie mientras salía del camino. Parecía preocupada, pero no dijo ni una palabra. Vagamente podía escuchar voces provenientes del automóvil volcado. Puse las manos sobre el volante y respiré profundamente. Me había *detenido.*

Con voz extrañamente calmada —una voz que ni siquiera sonaba como la mía—, le dije a Margie que se quedara en nuestro automóvil y que estuviera alerta para solicitar ayuda. Yo revisaría el automóvil accidentado.

No sentía nada: ni miedo, ni ansiedad, ni siquiera un golpe de adrenalina.

Nada.

Con calma, caminé hacia el automóvil. Había dos adultos en los asientos delanteros y dos niños atrás. Los niños estaban asustados, pero ninguno parecía estar herido. Con voz extrañamente suave, expliqué a la madre lo que había ocurrido. Tranquilamente observé que el vehículo tenía pocos daños, que los niños parecían estar bien y que no había señales de fuga de gasolina ni de otros peligros. Era como si estuviera dictando un informe a un dictáfono; incluso que yo mismo era el dictáfono. No sentía ninguna emoción: solo pensaba en lo que era necesario para el momento.

Cuando miré hacia mi propio automóvil, me di cuenta de que otro vehículo se había detenido. El conductor había visto a Margie y le estaba ofreciendo ayuda. Le estaba explicando que era paramédico y que había pedido ayuda por su teléfono móvil. La ayuda llegó en unos pocos minutos. Todos estaban a salvo.

Cuando volví al automóvil, le expliqué a Margie lo que había visto. Mientras hablaba, de pronto me di cuenta de que la familia podría haber muerto, que su automóvil podía haber estado lleno de sangre y que podría haber explotado. ¡Era un *accidente automovilístico*! Como si se hubiera roto una represa y liberado toda el agua acumulada, empecé a temblar. Tenía los nervios destrozados.

Otra vez era yo mismo: Brett.

Saber más de lo que se sabe que sabemos

A medida que buscaba en el armario de los abrigos, yo sabía que esta sensación de *detenerme* era exactamente igual a la que tuve en la autopista. Si creyera en espíritus, diría que estaba poseído. En ocasiones, algunos artículos en periódicos sensacionalistas describen a personas que dicen que fueron abducidas por seres extraterrestres. Algunas de ellas, con una enfermedad conocida como el síndrome de Asperger, realmente creen que *son* extraterrestres o que pueden comunicarse con ellos. Se dan cuenta de que son distintas a cualquier otra persona y no pueden explicar la diferencia de ninguna otra manera. Así es como se siente el estar *detenido:* como si un robot o un extraterrestre lo hubiese poseído. La percepción es inusualmente clara en esos momentos; no hay ninguna confusión en mis pensamientos provocada por la duda, la ansiedad o el miedo. Me siento como si fuera una eficiente y precisa máquina procesadora de información.

Me volví hacia los niños y, con mucha calma, les expliqué: «Solo voy a tardar un minuto. Debo encontrar mi abrigo». Mi voz me parecía plana, un poco más lenta que lo habitual y como si viniera de muy lejos. Ni Devon ni Macrae parecieron notar algo extraño. Siguieron esperando junto a sus mochilas y acariciando a sus felinos y multicolores amigos Ginger, Gina y Mali. A *ellos* no les preocupaba el que fueran a llegar tarde a la escuela.

Más lento de lo normal, me volví hacia el lado izquierdo del armario. Sin dudar, y sin pensarlo ni planearlo antes, busqué el impermeable *entre los demás abrigos*. En un momento la búsqueda había terminado. El abrigo había caído del gancho y había quedado atrapado entre dos abrigos de invierno en el armario lleno de ropa. Me puse el impermeable con mucha calma, saqué las llaves del bolsillo y llevé a los niños al automóvil.

Mientras conducía al trabajo, persistía ese estado de claridad y calma. Era una sensación agradable, calmada y tranquila, un poco alejada de la realidad. Me puse a meditar en la pregunta: *¿estaba realmente perdido el abrigo?*

Obviamente, en cierto modo lo estaba. Busqué por todas partes sin encontrarlo. Sin embargo, de otra forma, sabía exactamente dónde estaba. Una vez que *me detuve*, fui al abrigo sin dudarlo. El abrigo estaba perdido para Brett, pero no para el robot.

¿Qué mas sabré sin saberlo? ¿Qué otros patrones de mercado pasarán inadvertidos para mi mente consciente y frenética, porque están atrapados entre los indicadores habituales?

Joan y sus voces internas

Joan era una mujer inteligente y atractiva que estudiaba en un exigente programa de la escuela de medicina. Era la envidia de sus compañeras: con éxito, atractiva y popular. La escuela era estresante para la mayoría de sus compañeros. Pasaban muchas horas preocupándose del fracaso y memorizando la materia del siguiente examen. Pero no ella. Parecía como si pudiera leer la materia una sola vez, absorberla y aprobar con honores. A los ojos de los demás, ella lo tenía todo.

La realidad era totalmente diferente. Joan sentía que era un fracaso. Creía que era «asquerosa», «desagradable» y «gorda». Tenía un trastorno de la alimentación, una mezcla entre anorexia (dejar de comer) y bulimia (comer de forma compulsiva y provocarse vómitos).

En nuestra primera sesión, Joan dejó muy claro que no tenía por qué sentirse así.

Ella sabía que era popular, inteligente y triunfadora. En cierto modo, incluso sabía que no tenía sobrepeso. «Pero *me siento gorda*», insistía, verbalizando su multiplicidad. «Las personas me dicen lo maravillosa que soy, pero no les creo. Me siento como una impostora. Ellos no me conocen en realidad».

Durante la mayor parte de su jornada académica, Joan no tenía grandes problemas. Se concentraba en su trabajo y realmente disfrutaba aprendiendo medicina y cómo ayudar a los demás. Efectivamente, eso era un remanso de autoestima en medio de su negatividad: Joan se daba cuenta de que era una persona afectuosa y sabía que hacía un buen trabajo con los pacientes. Ella me contó aquella ocasión en que pasó una hora adicional con un inmigrante sin educación, que se quejaba a voz en grito de sus «problemas familiares». Lo habían hospitalizado por complicaciones relacionadas con una enfermedad cardíaca y con la hipertensión. Los médicos del servicio no habían prestado atención a sus quejas relativas a la familia o bien le indicaban que lo derivarían a terapia familiar después de que hubieran atendido sus problemas médicos. Solo después de escuchar atentamente al hombre, Joan se dio cuenta de que sus problemas familiares eran de tipo sexual. El hombre estaba padeciendo una disfunción eréctil provocada por el medicamento que tomaba para la hipertensión. El rostro de Joan se iluminó con orgullo cuando describió la alegría del hombre al saber que el problema se debía al medicamento y no a su virilidad.

No obstante, al terminar la jornada de trabajo y volver a casa, Joan nuevamente volvió a concentrarse en sí misma y se puso terriblemente autocrítica. Pasó horas pesándose, probándose ropa, midiendo sus porciones de comida y parada frente al espejo, con la desesperada esperanza de perder peso. En otros momentos, perdía totalmente el control y trataba de desquitarse con su propio cuerpo comiendo helado, galletas y bizcochos. Sus episodios compulsivos la dejaban todavía más desanimada por su incapacidad de perder peso y más disgustada con su cuerpo. Por lo tanto, las noches se convirtieron en un ciclo interminable de desprecio a sí misma, intentos por perder peso y esfuerzos para mimarse con comida. Se sentía totalmente fuera de control. Si el refuerzo positivo por sí solo realmente guiara el comportamiento, Joan debería haber sido un ejemplo de autoestima. No había sufrido de falta de éxito y tampoco de falta de aceptación y elogios. Según sus palabras, fue criada en una familia armoniosa que la apoyaba. Sus padres se orientaban a los logros y claramente alentaban a sus hijos para que lograran la excelencia; sin embargo, no había recriminaciones abusivas si las calificaciones, el rendimiento atlético o los recitales de piano no eran los mejores. En realidad, Joan recordaba principalmente haber recibido elogios de sus padres cuando llegaba a casa con buenas notas.

No obstante, aparentemente no había asumido en su interior todos esos aspectos positivos. Parecía que se aferraba a la imagen negativa que tenía de sí misma, sin importar lo que ocurriera en su vida y a pesar de lo que decían o hacían los demás. Naturalmente, esto provocaba una gran frustración a las pocas personas que conocían los problemas de Joan y querían ayudarla. Y, como percibía la frustración de ellos, Joan se esforzaba en mantener en secreto sus problemas de alimentación. En un desesperado esfuerzo para guardarse sus problemas para sí misma, Joan evitaba tener amigos cercanos y solo permitía que los demás vieran su exterior competente y seguro. Esto acentuaba aún más sus sentimientos de aislamiento, fracaso y falta de valoración de sí misma. Cuando llegó a la consulta, se encontraba en un estado depresivo grave.

Cuando llegó por primera vez a la consulta, su aspecto era macilento. Reconoció que no estaba durmiendo bien y que comía de forma compulsiva para provocarse vómitos después. Esto se convirtió en un círculo vicioso: si se sentía deprimida, comía para sentirse mejor, se sentía culpable por haber comido, se provocaba vómitos, y luego se sentía deprimida por su comportamiento incontrolado. Últimamente perdía demasiado tiempo de estudio debido a que se quedaba de pie ante el espejo evaluando su cuerpo.

«Entonces, cuéntame qué sucede cuando estás frente al espejo», le sugerí. ¿En qué piensas cuando estás ahí parada mirándote? ¿Qué sientes?»

«Siento que soy desagradable», me contestó. «No me gusta mi aspecto».

«¿Puedes recordar un momento específico, reciente, cuando estabas mirándote al espejo con esta sensación desagradable?», le pregunté. «¿En qué pensabas? ¿Qué sentías? Trata de hacerme sentir lo mismo que tú».

Posiblemente, esta es la pregunta que planteo en forma más habitual en la terapia: «¿Puedes darme un ejemplo?» El hecho de hablar sobre aspectos específicos permite que las personas se acerquen a sus propias experiencias, a fin de elevar el estado emocional y físico. Por el contrario, cuando las personas se sienten sobrecargadas por la emoción y se encuentran en una crisis seria, trato de mantenerme lo más alejado posible de los aspectos específicos y de ayudarles a entender sus sentimientos desde un punto de vista conceptual. Saber cuándo las personas llegan a la terapia con una mentalidad demasiado estructurada, ocultando sus experiencias, y cuándo vienen inundados de esas experiencias y necesitan una estructura, constituye un elemento fundamental de la ayuda. Se trata de volver a la idea de confortar al afligido y afligir al confortado.

Joan miró hacia otro lado.

«No sé», dijo. «Simplemente, siento como si fuera otra persona».

Este es otro ejemplo de la «resistencia» que señalaba Freud. Para Joan resulta demasiado doloroso revivir esos momentos en que se desprecia a sí misma, por eso evita mi pregunta. Al hablar en términos generales, en lugar de enfrentar los aspectos emocionales específicos de los momentos que pasa frente al espejo, se está protegiendo de la ansiedad. Como en el caso de Joan, la resistencia al cambio, como mencionaba anteriormente, parece ser una característica fundamental de la conciencia humana y no solo una respuesta a la ansiedad.

La conclusión es que la ansiedad es un fenómeno interesante. Por lo general, se piensa que la ansiedad es una emoción negativa; sin embargo, tiene algunas funciones útiles. La primera terapeuta que me atendió fue Elizabeth Hoffmeister, una *analista junguiana* de un pequeño pueblo en Kansas. Era una mujer sensible e intuitiva, que tenía un verdadero don para el trabajo con los sueños. Un día, después de que yo había estado divagando a mi manera tan ridículamente intelectualizada, Liz notó mi evasión y me sugirió que *aceptara* la ansiedad. Ella me dijo que tendemos a temer a lo desconocido, pero justo en eso se basa el crecimiento. *No podemos* crecer si nos quedamos con lo conocido, con la rutina, con lo que nos es familiar. De ella aprendí a reconocer que *el camino al crecimiento consiste en seguir la ansiedad, en aventurarnos a lo desconocido.*

Por ese motivo, resulta especialmente inútil perder numerosas horas en sesiones para interpretar y analizar las resistencias. Ese tipo de trabajo solo ayuda a distanciar aún más a las personas como Joan de sus experiencias emocionales. Muchas veces, con una suave presión, las resistencias se pueden enfrentar, abriendo la puerta al rico mundo emocional de la persona. De hecho, el solo acto de presionar una resistencia puede, por sí solo, alterar drásticamente el estado de una persona y permitir el acceso a recuerdos y percepciones que han estado ocultos por mucho tiempo.

«Joan, mírame», le pedí. Inmediatamente me devolvió la mirada y la sostuve por un segundo. «Ahora, cierra los ojos y usa tu imaginación. Acabas de llegar a casa después de un largo día en la escuela. No has comido en todo el día y te sirves una cena abundante. Te sientes satisfecha y eso te recuerda tu peso. Te subes a la báscula y te miras al espejo. Te quitas la ropa. Miras tu pecho, tu abdomen, tus caderas y tus muslos. ¿Qué ves?»

Claramente, Joan estaba incómoda con este ejercicio.

«¡Detesto mi apariencia!», me grita. «Me veo gorda y desagradable. *No puedo* salir así. No quiero que nadie me vea así. Ni siquiera me gusta cómo luce mi ropa. Me queda apretada después de comer. Solo quiero desaparecer. Me siento asquerosa.»

La angustia se reflejaba en el rostro de Joan. Sin duda, ella no se veía a sí misma de la misma forma que la veían los demás. Su cuerpo le producía repulsión y anhelaba bajar de peso. Sin embargo, ella misma saboteaba sus propios esfuerzos para controlar lo que comía en forma satisfactoria. Pero lo que más me llamó la atención fue que estaba tensando los músculos y apretando los dedos contra su piel mientras hablaba, como si quisiera dañarse a sí misma. Con palabras hablaba de «molestia» y «dolor»; sin embargo, su cuerpo me hablaba de «enfado».

El dolor que ella sentía me enternecía. Me sentía tentado a tratar de darle seguridad, a decirle que no era desagradable. Pero me daba cuenta de que ese sería el camino equivocado. Era lo que todos los demás le decían y, ciertamente, no había resultado hasta el momento.

Simplemente, ella habría llegado a la conclusión de que yo no podría entenderla y habría rechazado mi oferta de ayuda.

También estaba convencido de que hablar sobre la comida, las calorías y el peso no conduciría a nada. El hecho de controlar sus comidas y su peso, solo me pondría en un papel indeseado y controlador, lo que echaría a perder el trabajo. Lo que se necesitaba era una traslación, una vía para salir de este ciclo interminable de depresión, odio contra sí misma, restricción alimenticia, frustración, sobrealimentación y vómitos provocados y, otra vez, depresión, odio contra sí misma, etc.

A mí me parecía que el problema de Joan no era tanto el trastorno alimenticio, sino más bien una alteración de su propia imagen que se manifestaba a través de los alimentos y el peso. Sospechaba que la clave estaba en esos dedos apretados.

«Y, ¿cómo te va en las clases?» Le pregunté con tono animado.

Joan pareció desconcertada, un poco confundida por el repentino cambio de tema y de ánimo. «Bien, supongo», dijo.

«¿En qué programa de la rotación estás ahora?»

Al igual que Walt, todos los estudiantes de tercer año de medicina participan en programas de rotación clínica, en los cuales deben trabajar en diversas especialidades, como cirugía, medicina familiar y psiquiatría.

«En obstetricia», contestó. «Realmente me gusta».

«Fantástico», dije alegremente. «Dime algo. Si tuvieras una paciente de ginecoobstetricia que estuviera pasando exactamente por lo mismo que tú, que tuviera tu apariencia, se sintiera igual que tú y tuviera los mismos problemas con la comida, el peso y la autoestima... ¿Qué le dirías? ¿Cómo la tratarías?»

Joan respondió de inmediato, sonriendo al darse cuenta hacia dónde quería llegar. «Trataría de ayudarle a no ser tan dura consigo misma. Tomaría su mano y le diría que podría ser una maravillosa persona, sin importar su peso».

El tono y la voz de Joan se suavizaron. Sonaba compasiva.

«¿*Ah, sí*?», fingí sorprenderme. «¿Eso es lo que le dirías si se viera y sintiera igual que tú? ¿No le dirías que es desagradable, asquerosa y que no debe permitir que la vean así?»

Joan rió con fuerza.

«No, ¡nunca le diría eso!»

«¿Por qué no?» Le pregunté. «Si sería la verdad, ¿o no? ¿Por qué le mentirías a tu paciente? ¿Por qué le dirías que puede ser maravillosa, cuando no es cierto?»

«¡Sería una maldad!», exclamó, como si estuviera diciendo algo evidente, «Eso *no* se hace. Sería empeorar el problema. No sería correcto juzgarla solo por su apariencia. Sería algo superficial.»

«Y tú, ¿eres superficial?», le pregunté.

«No lo creo», dijo Joan con firmeza. «Creo que soy buena con mis pacientes .

«Tengo la impresión de que tienes razón», le contesté. «Creo que tratarías de ver a tu paciente como es, y no te basarías en su apariencia ni en su peso. Serías amable con ella, tomarías su mano y tratarías de hacerla sentir segura.

Joan asintió con la cabeza.

«Entonces, ¿por qué sería una maldad y poco profesional tratar a una paciente con crueldad, pero sí está bien hacerlo contigo misma? ¿Por qué, automáticamente, tú mereces menos que una paciente que cruza la puerta?»

Por un momento, Joan se puso pálida y sus ojos se llenaron de desconcierto. Una lágrima comenzó a formarse en su ojo. «No sé», dijo, con un hilo de voz.

Reparando la multiplicidad

Mi objetivo era llamar la atención de Joan hacia su propia multiplicidad o, en otras palabras, hacia las distintas y alocadas frecuencias que había en su propio dial. Por una parte, existe la Joan Profesional, una mujer sensible, compasiva, competente y comprensiva. Por otra, está la Joan Enfadada, la de las manos apretadas, la que se castiga por cualquier defecto que percibe. Al tratar a otras personas, Joan puede acceder a sus sentimientos de compasión: a la Joan Profesional le preocupa tanto ser una estudiante exitosa, que nunca diría algo que dañara a un paciente. Sin embargo, cuando se trata de ella misma, mirándose al espejo, la Joan Profesional se esconde. En su lugar, aparece la Joan Enfadada; esa persona vengativa y destructiva, atormentada por sus propios demonios internos.

Era fascinante ver esa transformación en mi oficina.

Al hablar de sí misma, Joan estaba angustiada, su voz y su rostro estaban tensos y su postura en la silla era rígida.

Aunque utilizaba palabras que hablaban de depresión, su rostro y su cuerpo expresaban furia y desprecio cuando hablaba de su apariencia, de su peso o de su ambivalencia con respecto a la comida. Sin embargo, al enfrentarla a su trabajo en la clínica, su voz inmediatamente se volvía más objetiva, directa y suave. Relajaba su postura y hablaba con seguridad. Al igual que en el caso de Mary y Walt, era como si hubiera entrado otra Joan a la sala. Sin embargo, parecía que ella no se daba cuenta. Las transiciones entre la Joan Enfadada y la Joan Profesional eran claras y evidentes.

Ante esta dualidad, pude darme cuenta claramente de que el problema de Joan no era la comida, ni siquiera el desprecio que sentía por sí misma. El problema era esta división vertical: la fragmentación de su ser, su incapacidad de acceder a esa parte de ella que era capaz de acercarse y tender una mano. Cuando estaba inmersa en su yo castigador, Joan no podía recuperar su capacidad de sentir compasión. Eso le impedía tratarse a sí misma como trataría a un paciente, a su mejor amigo o a un ser querido. Si ella pudiera acceder a su yo profesional y solidario cuando se enfrenta a la comida y a su imagen, podría contar con un contrapeso para su yo enfadado y frustrado. No necesitaría la comida para gratificarse si pudiera cultivar el tipo de relación que tenía con sus pacientes consigo misma.

Eso es lo mismo que ocurre con muchos *traders*. En otras facetas de sus vidas, ellos pueden procesar la información en forma rápida y eficaz, tomar decisiones constructivas y manejar el riesgo con éxito. Sin embargo, en el caso del *trading*, se descubren repitiendo patrones destructivos. Incluso cuando reconocen estos patrones, aparentemente no pueden controlarlos ni cambiarlos. Están bloqueados en el dial y no pueden encontrar el selector.

Desencadenantes

Antes de analizar cómo Joan podía crear un puente entre sus distintos «yoes», es necesario observar el papel de los desencadenantes en los cambios que ocurren entre estos «yoes». Parece que son precisamente los desencadenantes los grandes saboteadores en el *trading*.

Recuerde el capítulo ocho y lo que sufrió Alice cuando fue víctima de una agresión sexual. Bastaban unos cuantos desencadenantes, algunos de ellos bastante sutiles, para que reviviera las ideas, sentimientos e impulsos asociados con ese hecho traumático. En mi caso, cuando tuve el accidente automovilístico, varios desencadenantes provocaban la ansiedad que sufrí después: el hecho de ir en el asiento del pasajero, realizar un viraje a la derecha, ver cómo se acercan los vehículos por la izquierda, etc.

Aunque generalmente la conciencia es cautelosa y mantiene a las personas dentro de sus disposiciones mentales normales, los hechos que tienen fuerza emocional, asociados con claves particulares, pueden provocar cambios radicales. Estas claves se convierten en desencadenantes de modos de procesamiento que son bastante distintos de los modos normales. De hecho, muchos clientes que se encuentran en terapia —y muchos *traders*— reconocen que sus conductas no se ajustan a sus personalidades habituales, lo que les produce bastante incomodidad. Se dan cuenta de que han perdido parte del control sobre sus propias vidas.

Uno de los desencadenantes de Joan era simplemente la sensación de saciedad después de cenar. Durante el día estaba muy ocupada y no tenía tiempo para comer bien. En consecuencia, a la hora en que llegaba a su casa se encontraba hambrienta. Comía bien y, en algún momento, se sentía satisfecha. Esta sensación de saciedad la hacía consciente de su cuerpo y le hacía evocar los sentimientos que había experimentado después de los episodios en que se provocaba los vómitos. Peor aún, la saciedad estaba asociada a la sensación que había experimentado cuando había subido de peso. Justo después de estas asociaciones, Joan inmediatamente se volvía consciente de sí misma y se *sentía* gorda. El desencadenante llamado saciedad se convirtió en un interruptor que activaba la sensación negativa que tenía de sí misma.

Con frecuencia, los problemas en el *trading* se desencadenan en formas bastante similares. El *trader* que se encuentra colocando órdenes impulsivamente es como una persona traumatizada que reacciona a los estímulos en formas exageradas. Algunos de los desencadenantes más comunes para los cambios en el *trading* son aquellos asociados con estados emocionales claros. Considere las experiencias desastrosas de los siguientes *traders*:

- La *trader* A sufrió un terrible revés económico durante el desplome de la Bolsa en 1987, con lo que perdió una parte importante de su patrimonio. Ahora, cuando el mercado se mueve en su contra, ella se siente superada por la ansiedad, incapaz de soportar incluso un *drawdown* normal. Eso la lleva a vender sus posiciones en el momento menos oportuno y, al mismo tiempo, le genera una sensación de fracaso y vergüenza.

- El *trader* B no era popular cuando era niño, porque tenía sobrepeso y no era atlético. Ya mayor, tampoco era popular con los miembros del sexo opuesto. Gran parte de su adolescencia y edad adulta la pasó sintiéndose monótono y rechazado. Ahora, como *trader*, encuentra difícil tolerar los mercados monótonos y planos, donde existe poca volatilidad. Siempre compra o vende en exceso en estos mercados y sufre pérdidas una y otra vez por comprar a precios altos y vender a precios bajos hasta que renuncia y, en el proceso, pasa por alto el probable movimiento de tendencia.

- El *trader* C experimentó la emoción de un gran golpe en el mercado cuando comenzaba su carrera, consiguió grandes ganancias en una acción de gran dinamismo en ese momento al aumentar su posición. Ahora, cada vez que experimenta una ganancia saludable en una posición, revive esta emoción y la aumenta impulsivamente. Esto le hace vulnerable a los reveses inevitables en sus posiciones, lo que ocurre cuando está más apalancado.

- La *trader* D responde con ansiedad a una mayor volatilidad en el mercado, aunque el movimiento podría ir en la dirección que había previsto. Si no está a bordo del movimiento cuando este comienza, su ansiedad se convierte en reproches contra sí misma por haber «perdido la oportunidad». Esto la paraliza para abrir posiciones con un alto porcentaje en la nueva tendencia y la deja asumiendo internamente una situación potencialmente ganadora como un revés.

En estos y muchos otros casos, los vaivenes del mercado actúan como desencadenantes para los cambios de opinión en los *traders*. Esto se ajusta bastante bien a la investigación sobre biorretroalimentación de Lo y Repin, quienes descubrieron que incluso los *traders* experimentados presentan una gran excitación en respuesta a los cambios en las tendencias y la volatilidad en los mercados. Al igual que Joan, estos *traders* pueden pasar gran parte del día funcionando a un alto nivel, sintiéndose bien con su trabajo. Sin embargo, una vez que se activa el desencadenante, otro yo asume el control y les hace procesar la información sobre ellos mismos —y sobre los mercados— en una forma bastante diferente.

Gran parte del comportamiento aparentemente irracional en el *trading* es un intento subconsciente de evitar estos desencadenantes destructivos. Restringir las comidas era la forma de Joan para evitar la saciedad, que era su desencadenante. El tensar mis músculos hasta que dolieran cuando iba como pasajero en un automóvil, era mi propia forma de armarme de valor para un accidente anticipado. El hecho de vender valores ganadores demasiado temprano es una defensa contra la ansiedad de un *drawdown*; abrir posiciones impulsivamente protege contra las recriminaciones en caso de que se pierda una oportunidad. Tácitamente, las personas conocen sus propios desencadenantes y los temen. Al igual que Joan, los *traders* tomarán medidas extremas para evitar los desencadenantes, incluso medidas que perjudicarán sus niveles de pérdidas y ganancias. En el caso del *trader* monótono sentado en medio de un mercado plano, la agitación por la posibilidad de perder por comprar a precios altos y vender a precios bajos es preferible a la anestesiante sensación de impotencia de ser un tipo perdedor.

¿Cómo pueden los *traders* vencer estos desencadenantes y los patrones asociados a ellos? Posiblemente pueden reemplazarlos por otros desencadenantes que provoquen patrones de comportamiento positivos. ¿Qué ocurriría si pudieran crear desencadenantes para los patrones de solución, de manera que pudieran acceder a ellos cuando los necesitaran?

La terapia de canción de cuna para Joan

Esta fue la estrategia que utilicé en el caso de Joan.

«Quiero que tratemos de realizar un ejercicio», le expliqué. «Sonará algo alocado y es probable que te sientas extraña al hacerlo».

Joan me miró nerviosa.

«Quiero que comiences tu práctica de psiquiatría antes», afirmé. «Quiero que empieces a trabajar con tu propio paciente en psiquiatría. ¿Puedes hacerlo?»

Joan parecía completamente confundida, pero el asunto le estaba llamando la atención.

«Escucha atentamente. Quiero que te sientes bien en la silla y que cierres los ojos. Respira en forma muy profunda y lenta. Relájate. Ahora, imagina a tu nuevo paciente. Su nombre es Joan. Creció en una familia orientada a los logros, en la cual recibía elogios cuando le iba bien en la escuela y en los deportes. Cuando no le iba bien y no recibía los mismos elogios, se sentía dolida. Por eso, se convenció de que tenía que ser perfecta. Tenía que ser la perfecta estudiante; tenía que lucir perfecta; tenía que tener el cuerpo perfecto. Pero, obviamente, ella no es perfecta, por lo que esto es una trampa. Cada vez que no alcanza la perfección, se siente mal consigo misma. Se ha puesto muy estricta en sus sentimientos sobre sí misma. Si no es perfecta, no es buena. Trata de afinar la imagen de tu paciente, Joan. Se está dañando por dentro al esperar elogios y aceptación. Se está esforzando *mucho* por aparentar ser perfecta, por actuar del modo correcto para obtener esos elogios. ¿Puedes verla en tu mente?»

Claramente, Joan estaba incómoda. Parecía que se estaba esforzando por no llorar.

«Sí», dijo, y su voz se quebró un poco.

«¿Cómo se ve?»

«Es pequeña. Es una niña. Está en su cama».

«¿Qué está haciendo en la cama?»

Sonrió suavemente.

«Está haciendo lo que yo solía hacer. Está abrazando a un oso y escuchando una canción. Una canción de cuna. Es la que mi mamá solía cantar cuando yo estaba triste. Me abrazaba y me mecía, como si yo fuera un bebé.»

«Bien. Ahora, agreguemos algo a esa imagen. Trata de imaginar en tu mente a la Joan adulta, la estudiante de medicina, la que se convertirá en médico. Imagina cómo se ve con su bata blanca, con el estetoscopio colgando de su cuello. Está haciendo su ronda, va de un paciente a otro y se detiene a conversar con cada uno; les ayuda a sentirse mejor. ¿Puedes ver una pequeña película en tu mente, como si fuera un vídeo que reproduces en tu televisor, y verla trabajando en el hospital?»

«Sí, puedo». Su tono era un poco más alegre.

«Ahora, mantén los ojos cerrados. Vamos a apretar el botón de pausa en tu vídeo y vamos a mezclar las imágenes. Joan, la estudiante de medicina, la mujer que se convertirá en médico, va a entrar en la habitación de Joan la paciente, la pequeña con el oso que se esfuerza en ser perfecta. ¿Puedes verla en tu mente? ¿Puedes ver a Joan, la médico, acercándose a la cama de la Joan dolida? Atraviesa la puerta, mírala en la cama frente a ti, con su osito en la mano... ¿Qué está sucediendo?»

Joan parecía inmersa en la fantasía.

«Está en la cama, con su osito de peluche. Parece tan pequeña, tan vulnerable. Ella no sabe qué está ocurriendo. Mamá no está con ella.»

«¿Dónde te encuentras tú en la habitación?»

«Junto a la cama, arrodillada junto a ella. Me estoy acercando y le doy la mano.»

«¿Qué le dices a la pequeña Joan?»

«Ya pasará. Estoy aquí para ayudarte. Todo estará bien. Yo te voy a cuidar.»

«¿Le dices algo más?»

La voz de Joan se quebró y las lágrimas cayeron de sus ojos.

«Te quiero. *Te quiero. Te quiero.*»

Le di una tarea para que la pusiera en práctica esa noche. Antes de cenar, tenía que ponerse su bata blanca del hospital en casa y repetir las imágenes de la pequeña Joan en su mente. Le pedí que se sumergiera en la canción de cuna y que se balanceara al mismo tiempo que se concentraba en la pequeña Joan. Luego, cuando se preparara y comiera su cena, todo al son de la canción de cuna, quería que creara una imagen de estar alimentando a la pequeña Joan: sentada junto a la cama, sosteniendo su mano y ofreciéndole comida. Si a la pequeña Joan le preocupaba comer demasiado o engordar, ella tenía que imaginarse a sí misma ofreciéndole cariño y reafirmación, ayudando a su pequeña paciente.

Joan se comprometió con el ejercicio. Cuando llegaba a su casa a cenar, no solo se lavaba las manos. Se ponía su bata blanca y se enjabonaba bien, como si estuviera a punto de entrar en el hospital. Visualizaba vívidamente a la pequeña Joan como su paciente, e incluso se obligaba a «leer» el historial de su paciente, como si se encontrara en su turno. Ella aprendió a conocer la conexión entre la depresión y los trastornos alimenticios y en qué formas los problemas alimenticios pueden actuar como una necesidad frustrada de autoestima. Lo más importante es que mantuvo su actitud mental compasiva como una estudiante de medicina. A ella le habían enseñado la máxima «por encima de todo, no hacer daño», de modo que se negaba a regañar a su pequeña paciente.

Posiblemente, lo más interesante de todo era la forma en que Joan se convertía en la pequeña Joan cuando se concentraba en la canción de cuna y en el balanceo. Era como si hubiera aprendido a asociar esas sensaciones con una experiencia en particular: una experiencia de cariño y cuidados.

El resultado fue un ejercicio interesante en cuanto a la multiplicidad: el acceso al yo maduro y cariñoso al mismo tiempo que se producía la activación del yo niño, capaz de recibir alimentación. Al balancearse y tararear la canción mientras comía, Joan aprendió a asociar la comida con los cuidados de un médico, no muy distintos de los de una madre. Dejó de ser un episodio cotidiano de desprecio hacia si misma.

Sería una exageración sugerir que Joan superó su trastorno alimenticio con unos pocos ejercicios. La realidad es que fueron necesarias varias sesiones y repetir varias veces el ejercicio antes de que Joan saliera con sus amigos a una fiesta en la playa y usara un traje de baño nuevo y revelador. Sin embargo, hubo algo que nos impresionó a ambos después de esa dramática sesión: ella dejó de comer compulsivamente y de provocarse vómitos.

Joan no podía alimentarse correctamente, pero sí sabía cómo alimentar a su paciente. Con la ayuda de una bata blanca de laboratorio y una canción de cuna, logró fusionar sus «yoes» separados y creó un patrón nuevo y, finalmente, una nueva imagen.

Cuando fracasan todos los esfuerzos por cambiar

Un observador ajeno a la situación podría considerar que Joan había sufrido un cambio de personalidad. Una descripción más exacta podría ser que ella se convirtió más bien en la persona que ya era capaz de ser. La señal en el dial de Joan que correspondía al médico amoroso y compasivo aumentó de volumen, lo que le permitió acceder a ella cuando no estaba desempeñando su papel profesional. Si no hubiera tenido esta capacidad inicial para confortar, es muy poco probable que hubiera funcionado la terapia en su caso.

De hecho, muchos de mis peores fracasos de asesoramiento psicológico se debieron a que no pude encontrar una identidad saludable y madura como punto de apoyo para los cambios futuros. Esa parte de la salud emocional, independientemente de su tamaño aparentemente pequeño, es como una grieta en la superficie de una montaña escarpada.

Si es lo bastante ancha y profunda, puede proporcionar un punto de apoyo para seguir subiendo.

En ocasiones, sin embargo, no hay ninguna grieta en las rocas o, al menos, no puedo encontrarla. No sucede muy a menudo, pero cuando ocurre, es impactante. Posiblemente, los terapeutas que trabajan en el campo de las adicciones sean los más habituados a la situación: la familia o el sistema judicial envían a una persona a terapia debido a múltiples episodios con el alcohol. No obstante, la persona rechaza la ayuda, porque siente que no la necesita. No es necesario tratar con ejercicios ni examinar patrones especiales, dado que no existe un problema real.

Una vez llegó un paciente a la sesión con una sudadera con un lema que decía: «No tengo ningún problema con el alcohol. Bebo, me embriago y caigo. ¡Cuál es el problema!» La sudadera era divertida, porque captaba el pensamiento del alcohólico. Falta un elemento, la observación. Sin este elemento, hasta las mejores y las más sensibles intervenciones caen en oídos sordos. Es muy difícil y muy frustrante tratar de hacer que una persona vea lo que es evidente para todos los demás.

Probablemente, esa es la razón por la cual Alcohólicos Anónimos (AA) enfoca la recuperación en una forma totalmente distinta a la terapia tradicional. AA enseña que las personas deben «tocar fondo» antes de que puedan *hacerse cargo* de sus problemas. Necesitan experimentar bastante dolor y las consecuencias hasta que finalmente digan «No más». Las personas habituadas a AA saben que lo peor que se puede hacer por una persona que niega el problema es protegerla de las consecuencias. Los adictos *necesitan* atravesar una crisis y tocar fondo a fin de alcanzar el punto de retorno. De hecho, los veteranos experimentados en la recuperación emplearán un amor estricto para acelerar la crisis. Al hacerlo, reconocen que no se puede simplemente hablar a la persona hasta que entienda la situación. Un popular eslogan de AA es «Trae a tu cuerpo y le seguirá tu mente». El cambio se produce más bien por experiencias asumidas internamente en lugar de por visiones terapéuticas. Pero, incluso para traer el cuerpo para que se recupere debe haber una grieta suficiente en la superficie de la roca para que la persona reconozca que, posiblemente, sí tiene un problema.

Cuando las personas carecen de esta dualidad, es decir, de la capacidad de ser observadores de sus propios problemas y, al mismo tiempo, participantes activos, cada paso de la terapia pasa a ser tan peligroso como escalar una montaña escarpada.

Me tocó experimentar un incidente de ese tipo cuando el sistema judicial de Cortland, Nueva York, me envió a un hombre alcohólico. Yo era psicólogo en el centro de salud mental del condado y, como sucede en todas las comunidades rurales, se esperaba que manejara casi todos los problemas que cruzaban la puerta. Sin embargo, nada me podría haber preparado para *este* caso.

Lo habían enviado a terapia porque había violado a su hijo de cinco años.

Leí la información que había enviado el tribunal. El hombre tenía un historial de delitos relacionados con el alcohol, que incluía conducir en estado de ebriedad y varios arrestos por robo menor. El resumen del informe ilustraba gráficamente el daño físico que sufrió el niño; sin embargo, el daño emocional quedaba a la imaginación del lector. El informe indicaba que primero, el hombre había negado que hubiera cometido el hecho. Posteriormente, dijo que estaba ebrio y que no sabía que lo hacía. En todo momento minimizó el daño que había causado.

Una de las reglas fundamentales para los terapeutas es que debemos desarrollar una compenetración con los clientes. Como he demostrado, la alianza terapéutica es un nexo que se forma entre el terapeuta y la parte observadora del cliente. Las investigaciones han demostrado una y otra vez que la profundidad y la calidad de ese nexo es lo que mejor permite predecir el posible éxito de la asesoría. Obviamente, criticar duramente al paciente no es útil para formar esa alianza. Después de todo, si la persona que busca la ayuda siente que el terapeuta lo acusa y lo castiga, es poco probable que vuelva. A los terapeutas se nos enseña a demostrar un respeto básico por los clientes, incluso cuando actúan, sienten y tienen creencias totalmente diferentes de las de uno. Incluso cuando han violado a sus propios hijos.

Yo no pude.

El hombre entró a mi pequeña oficina con una actitud indiferente. Vestía camisa de franela a cuadros, pantalones gastados y botas de trabajo. Se sentó y me miró para que comenzara la entrevista. Examiné su rostro y su cuerpo para detectar señales de incomodidad. No pude encontrar ninguna. Casi involuntariamente dije: «Leí la información que me enviaron del tribunal. *¿Cómo pudo violar a su hijo?*»

Inmediatamente me arrepentí de mis palabras. La pregunta, sin embargo, no pareció molestarle para nada. El indicio de una media sonrisa apareció en su rostro y, con un leve encogimiento de hombros, respondió: «*Porque mi hija no estaba en casa*». No había dolor ni remordimiento... parecía estar diciendo: «hubiera violado a la niña pero, oye, tenía que tomar lo que tenía a mano».

Este, estaba seguro, era el rostro de la maldad, no solo un intento frío y calculado, sino la ausencia de cualquier capacidad de compasión.

Nuestra entrevista duró menos de 15 minutos. El hombre quería tomar las sesiones de terapia para cumplir con las exigencias del juez, pero no pudo especificar ningún cambio que quisiera o necesitara realizar. Todas las fibras de mi ser querían sacarlo... pero sacarlo de mi oficina. Volví a derivar el caso al juez con una mezcla de indignación e impotencia.

Sin el punto de apoyo, yo mismo hubiera rodado por la montaña. Mover el dial no sirve de nada si no hay señales que se puedan amplificar.

Conclusión

Es momento de volver al «inventario del *trading* sin temor» que realicé hace poco. Recuerde que descubrí que la ejecución de muchas de mis transacciones carecía de consistencia. Recuerde también que descubrí que, cuando hago mis tareas y me concentro en el mercado y no en mis pérdidas o ganancias, puedo realizar transacciones razonablemente buenas.

Si usted tiene una metodología de *trading* válida y probada (lo que viene a ser una *condición* bastante importante), y si está obteniendo resultados mediocres en relación al desempeño histórico de su método, existe la posibilidad real de que usted, al igual que Joan, esté enfrentando desencadenantes para sus cambios de estado que le están obstaculizando el camino.

Al igual que Joan (que tenía dos «yoes», uno destructivo y otro compasivo y seguro), muchos *traders* –incluido yo mismo– tienen al menos dos «yo *traders*». En ocasiones, estos «yoes» están sincronizados con el mercado y dejan que el trabajo duro hable por sí mismo. En otras, pasan de largo ante sus propias señales de *trading*, no hacen caso de sus *stops*, duplican sus posiciones perdedoras y pierden oportunidades de ganar. Si usted puede analizar las ocasiones en que ha realizado transacciones «en la zona» y ha obtenido buenos resultados, se dará cuenta de que, al igual que Joan, tiene diálogos internos distintos en esos momentos.

La activación de su Observador Interno y la observación de su «conversación consigo mismo» cuando está realizando el *trading*, le indicarán de forma precisa quién está actuando, es decir, cuál de sus «yoes» tiene el control. Muchas veces, usted no identifica los desencadenantes cuando ocurren, pero sí puede reconocer la conversación negativa consigo mismo que viene inmediatamente después. Esta «conversación consigo mismo» es una cualidad automática que sigue un guion y que es, en gran parte, independiente de las circunstancias objetivas del momento. En realidad da la impresión de que el desencadenante ha presionado el botón de reproducción, el «*play*» en su cabeza, activando una cinta bastante gastada. Identificar el contenido de esas cintas es un paso muy útil para poder interrumpirlas. Muchas veces, usted puede volverse sensible a frases comunes en su conversación negativa, palabras como «perdedor» o la terrible condicionante «qué pasaría si...», y utilizarlas para desencadenar un patrón de conducta nuevo y más constructivo.

Una forma de lograrlo es lo que yo llamo el ejercicio del «tutor de *trading*». Este es una variación del desafío que le planteé a Joan. Recuerde que le pregunté si diría a sus pacientes lo mismo que se decía a sí misma. El solo pensarlo la hizo reír, porque sabía muy bien que nunca se comportaría en esa forma tan destructiva en un contexto profesional.

En el caso del ejercicio del «tutor de *trading*» usted se enfrentará a las transacciones como si fuera el mentor de un *trader* que está comenzando. Su tarea consiste en enseñar a *este* alumno cómo convertirse en el *trader* más exitoso posible. Suponga que cualquier posición que está pensando abrir o cerrar es la posición de su alumno. ¿Qué le diría si la transacción se estuviera desempeñando bien? ¿Qué le diría si empezara a decaer? ¿*Y* si el alumno pensara en cerrarla o quisiera mantenerla? Su misión es convertirse en el mejor tutor posible. Luego, compare esa conversación con lo que se hubiera dicho a sí mismo antes, durante o después de colocar una posición.

La mayoría de las personas, al igual que Joan, tienen un lado compasivo y constructivo al que pueden acceder en sus relaciones personales y profesionales. Con demasiada frecuencia no pueden acceder a ese yo solidario cuando experimentan desencadenantes asociados con pérdidas, amenazas o fracasos pasados. Al utilizar sus propias conversaciones negativas para activar un ejercicio de *tutoría,* las personas, como Joan, pueden interrumpir los patrones dañinos y reemplazarlos por otros más positivos.

La clave para el éxito en los casos de Ken, Mary, Walt y Joan fue que lograron activar a sus Observadores Internos cuando se estaban enfrentando a patrones problemáticos e hicieron un esfuerzo consciente para llevar a cabo patrones positivos *a partir del repertorio con el que contaban.* La gran mayoría de los *traders* que he conocido no necesitan terapia. *Por el contrario, lo que necesitan es aprender a convertirse en sus propios terapeutas,* observando sus desencadenantes y cambiando a modos nuevos de pensar, sentir y comportarse una vez que comienzan a reproducirse sus cintas problemáticas.

Por lo general, las transacciones ganadoras son el resultado de una concentración en el proceso de *trading.* Las transacciones perdedoras, por el contrario, son el resultado de una concentración en los posibles resultados de la operación. El *trader* ganador está concentrado en el mercado, de la misma forma en que Joan estaba absorta en el cuidado de sus pacientes. El *trader* perdedor en realidad no se concentra en el mercado, sino que, más bien, piensa en sí mismo, en su estado de cuenta o en su reputación.

Un ejercicio provechoso que puede realizar es imitar la terapia de Joan con usted mismo, así como yo realicé el inventario. Identifique en qué contextos ya está asumiendo el papel del *trader* ganador. Revise sus transacciones y observe los patrones. Concentre su atención en lo que ha tenido buenos resultados en estas transacciones. Luego, siguiendo la mejor tradición orientada a las soluciones, haga una y otra vez eso mismo que funciona, *y descubra cuáles son los desencadenantes que le ayudan a asumir una actitud positiva.*

El objetivo es crear un modelo de «usted, el trader *ganador».* Si observa atentamente, descubrirá que este *trader* exitoso es un yo distinto, completo, con sus propios estados de ánimo, diálogos internos, posturas corporales y patrones de pensamiento. La idea es descubrir esa emisora de radio en el dial de su mente que corresponde al *trader* ganador y, luego, dejar esa frecuencia programada. *Usted querrá acceder a ese canal tantas veces que, con el tiempo, podrá convocarlo a voluntad.*

Todo lo que necesita para alcanzar sus metas en cuanto a rentabilidad es una ventaja replicable en los mercados, un patrón de transacciones que incline las probabilidades a su favor. Una vez que lo descubra, el resto es perseverancia, es decir, repetir una y otra vez aquello que funciona. Muchos *traders* con los que he conversado se desesperan por no haber descubierto más patrones que les den una ventaja. Compran libros y asisten a seminarios con la desesperada esperanza de acumular más fuentes de ventaja. No obstante, para escalar la montaña del *trading* se debe dar un paso a la vez, partiendo con un solo punto de apoyo. Es mucho mejor asumir internamente el éxito a partir de un solo patrón, que mezclar los resultados de diversos patrones.

Como ha recalcado Linda Raschke, si puede dominar aunque sea una sola táctica de *trading*, usted habrá puesto en marcha un modelo —una identidad— a la que podrá acceder muchas veces después y que también podrá expandir. Vince Lombardi una vez hizo notar que todos los juegos consisten en hacer una y otra vez aquello que se hace mejor. La clave consiste en descubrir qué es lo que hace mejor y, luego, crearse un molde o patrón a partir de ello para seguir desarrollándose. Joan cambió cuando llevó a la estudiante de medicina que había en ella a cenar a su casa. Los *traders* cambian cuando reclutan aquellos aspectos de sí mismos que son concentrados, disciplinados y flexibles y los incorporan a sus actividades de *trading*, incluso cuando solo hay una fuente de ventaja. Cuando falta consistencia, las ventajas no sirven de nada. Pero sin esa ventaja en el *trading* (es decir, el patrón y la consistencia que lo sigue), la montaña se ve peligrosamente empinada y escarpada.

11. Magia en el *pinball*

Tanto cuando las personas creen que pueden cambiar como cuando creen que no, pronostican sus resultados con precisión.

Aristóteles se refería a los seres humanos como «animales racionales». Nosotros, seres humanos, tratamos constantemente de explicar el mundo que nos rodea y ampliar nuestro conocimiento conceptual. Con ese fin, creamos mapas mentales de las personas y los hechos, de manera similar a como los primeros exploradores trazaron sus mapas del mundo. Algunas veces estos mapas están bastante distorsionados; otras, son guías precisas para realizar acciones. El campo de las finanzas conductuales ha documentado una serie de sesgos cognitivos y emocionales que distorsionan nuestro trazado y nos inducen a error en las decisiones de *trading* e inversión. Teniendo en cuenta que los catalizadores personales o demasiado humanos interfieren con nuestros esfuerzos para predecir y explicar hechos, como *traders* es improbable que conozcamos todo nuestro potencial aristotélico.

En este capítulo, analizaremos la importancia de la psicología cognitiva para el *trading*, con un énfasis especial en el modelado: la creación de mapas mentales. Veremos que adoptar otros mapas que reflejen la experiencia nueva es un elemento importante en la modificación de nuestras personalidades y nuestro *trading*. No obstante, para lograrlo debemos estar dispuestos a enfrentarnos a los errores y omisiones de nuestros mapas actuales. Debemos dejar de seguir automáticamente nuestros mapas y, en su lugar, convertirnos en cartógrafos.

Creando modelos del mundo

Un *modelo* es una representación de un objeto de interés. Existen modelos de casas, de coches y del mercado de valores. Un modelo eficaz capta la esencia de un objeto y descarta los aspectos que no son centrales para su identidad. El modelo de un cohete, por ejemplo, tiene la forma de un cohete verdadero y posee su propio medio de propulsión, pero no es del tamaño real y se fabrica con materiales diferentes.

Los científicos crean modelos como formas de ampliar su comprensión sobre los aspectos desconocidos de la naturaleza. En la creación de un modelo se refleja una teoría implícita, una explicación de los patrones que observamos en el mundo. Si mi teoría describe el pensamiento humano como una serie de transformaciones energéticas dentro de un sistema cerrado (como en uno de los primeros trabajos de Freud), mi modelo se diseña a partir de la física y las leyes de la conservación. Estoy tratando de explicar la cognición en términos *newtonianos y* reconocibles.

Al igual que con el ejemplo de la cognición y la física, en la ciencia los modelos generalmente hacen uso de analogías, con la representación de lo desconocido en términos que nos sean familiares. Por un lado, el conductismo recurre a modelos de comportamiento animal (los principios del reforzamiento y formación) para explicar cómo las personas adquieren nuevos patrones de conducta. Por otra parte, los métodos cognitivos de terapia deben sus modelos a los ordenadores: representan la mente como una unidad de procesamiento de información que transforma las entradas cognitivas en salidas emocionales.

Como John Flavell observa, el psicólogo del desarrollo e investigador Jean Piaget recalcaba que todas las personas diseñaban modelos del mundo para mejorar su conocimiento intelectual. Se refería a dichos modelos como esquemas y observó que funcionaban como mapas personales. Estos mapas ayudan a las personas a darle sentido a los hechos y organizar sus respuestas para el mundo. Cuando las personas se topan con hechos que no pueden explicar, intentan asimilarlos en sus esquemas, manteniendo su comprensión intacta. Sin embargo, si el ajuste es deficiente, las personas llegan a un punto de desequilibrio. Los mapas ya no representan de manera adecuada el territorio de su experiencia. Entonces, según Piaget, las personas adaptan y cambian sus esquemas para ajustar la nueva experiencia.

Esto corresponde a lo que las personas han aprendido acerca de los procesos de cambio en terapia. Por lo general, llegan a la terapia con mapas que han sido distorsionados por experiencias dolorosas. Se identifican con estos mapas y tratan de hacer su mejor esfuerzo para introducir nuevas experiencias en ellos. En muchas ocasiones, he tenido pacientes que responden ante alguna observación positiva que he hecho desestimándola, además de señalar que mi trabajo es apoyar a la gente. Es más fácil para ellos descalificar los comentarios que no concuerdan con sus esquemas negativos que reconocer que sus ideas sobre sí mismos y otros son incorrectas.

Una de las experiencias más poderosas que una persona puede generar para otra es llevarla más allá de los límites de lo que normalmente se espera. Por ejemplo, a cada estudiante con el que tengo orientación le doy el número telefónico de mi casa y la oportunidad de comunicarse conmigo por teléfono, correo electrónico o una visita entre las sesiones programadas regularmente. Algunas veces, esto ha significado encontrarme con alguien tarde en la noche o un fin de semana. Recuerdo con claridad una llamada por crisis que recibí de un estudiante angustiado mientras estaba de vacaciones con mi familia en Bermudas. No me compensan por estos contactos extraordinarios y en ninguna parte de la descripción de mi trabajo se menciona que deba llegar hasta tal punto. Un estudiante, sorprendido porque me reuniría con él a medianoche antes de un examen importante para atajar un problema de ansiedad en aumento, me preguntó por qué lo hacía. Mi respuesta fue simple: *porque lo vales.*

Muchas personas no cuentan con un esquema (no poseen un gabinete de archivo mental) para asimilar un concepto de esa clase. Sin la capacidad de hacer cuadrar mis acciones con sus esquemas, se ven forzados a acomodarse a la realidad alterando dichos esquemas. *La discrepancia —experiencia novedosa— genera un cambio debido a que obliga a las personas a volver a trazar sus mapas mentales.*

Este hecho de trazar un nuevo mapa cognitivo se puede observar entre aquellas personas que desarrollan sus habilidades de *trading*. En algún punto, después de observar que sus sistemas funcionan en el papel y en el *trading* real, el esquema de «no puedo hacerlo» es reemplazado por una sensación creciente de dominio y comprensión. Al principio, cuando usted se colocó por primera vez delante del volante de un coche, sin duda se sintió inseguro de sus habilidades de conducción. Sin embargo, al cabo de repetidas experiencias exitosas, reorganizó sus mapas. Emocionalmente esto se manifiesta como una confianza silenciosa. No piensa si conducirá bien o no; lo da por sentado. *Sabe* que puede hacerlo.

Durante años, me consideré a mí mismo como un orador nervioso y no particularmente talentoso. Entonces, me enteré de que mi beca de posgrado exigía que enseñara a una clase grande tres veces a la semana. Las dos primeras semanas fueron una tortura, pero luego la enseñanza se transformó en rutina. Poco a poco desarrollé la capacidad de leer el estado de los asistentes y aprendí a presentar el material de una manera atractiva. Al final del curso, podía pasearme enfrente de un auditorio lleno de estudiantes *y* dictar una excelente clase en forma rutinaria. Y lo que es más importante aún, *comencé a pensar en mí como un buen orador*. De manera bastante literal, la nueva experiencia cambió el modelo interno que tenía de mí mismo y creó una nueva identidad.

Recuerdo la conclusión de Michael Gazzaniga y colegas en su investigación con pacientes con cerebro dividido. Cuando pedían a los pacientes que explicaran las acciones de su mano izquierda (las que son procesadas por el hemisferio derecho relativamente no verbal del cerebro), de inmediato inventaron razones para su comportamiento. Este hecho llevó a los investigadores a concluir que una función importante del hemisferio izquierdo (la Mente 1 de John Cutting) es la de *intérprete*, que le da sentido a la experiencia. No es difícil reconocer que *este* intérprete es un importante generador de mapas mentales, que transforma la experiencia pura en un sentido interiorizado de sí mismo. Gazzaniga sostiene que las personas hacen esto mediante la elaboración de relatos.

Crean historias que expliquen su experiencia, del mismo modo que los científicos usan teorías para explicar sus observaciones.

El psicólogo cognitivo George Kelly usó de manera inteligente este intérprete de historias al estimular a sus pacientes a que crearan un yo ideal en la terapia. Durante las sesiones, los pacientes elaboraban su idea de la persona que les gustaría ser, hasta el modo de vestir, la manera de hablar y la postura corporal. Los *yoes* ideales incluso tenían nombres. Eran muy similares a la creación de un escritor, personificados con extremo detalle. Cuando los pacientes elaboraron su yo ideal, se les dijo que ingresaran a situaciones sociales desconocidas y que actuaran en el papel de su persona ideal. Por ejemplo, una persona tímida podría ir a un centro comercial y representar el papel de un comprador asertivo y sociable. Lo que Kelly descubrió fue que sus pacientes siempre recibieron comentarios positivos por las actuaciones en su nuevo papel, al igual que yo recibí elogios por mis clases durante los años de posgrado. Con el tiempo, los pacientes interiorizaron esta información y modificaron los conceptos que tenían sobre sí mismos en dirección a su ideal.

No resulta muy difícil suponer lo que Kelly logró con su reestructuración cognitiva. Al interpretar un nuevo papel, los pacientes debían ingresar a nuevos estados de conciencia. Tenían que adoptar patrones emocionales, estados físicos y maneras de pensar novedosos. Verdaderamente eran, según la frase de Nietzsche, actores de sus ideales. Mediante la repetición y los comentarios, programaron un nuevo estado en el paisaje mental, lo que amplió su identidad y repertorio conductual.

Esto me lleva de vuelta a un punto importante. *Su intérprete siempre está funcionando cuando usted hace trading.* Inevitablemente asimilará su experiencia de *trading* y lo hará más a fondo con aquellas experiencias que se produzcan cuando se encuentre en lugares poco comunes del dial de la conciencia. Si se siente extrañamente calmado y confiado, el intérprete lo notará. Si está temeroso y desconfía de sí, el intérprete lo sabrá también. Su identidad como *trader* es una síntesis de aquellas experiencias que más destacan en su conciencia. El intérprete no necesita darle sentido a las facetas rutinarias de la realidad; *solo las experiencias poco habituales desencadenarán sus esfuerzos para trazar nuevos mapas.*

Esta línea de razonamiento conduce a una importante conclusión psicológica. *Si va a tener éxito en el* trading*, debe aprender a ver las pérdidas* *como algo de rutina.* Sin duda esto suena bastante extraño y contraintuitivo. Pero piénselo: si trata cada transacción como una hipótesis relacionada con la dirección del mercado («en las condiciones X, Y y Z, predigo que el mercado hará A en un período B»), entonces a todas las transacciones se les debería efectuar un *stop* cuando no se confirma la hipótesis. Además, para evitar el riesgo de ruina (la pérdida de capital de *trading*, que ocurre como resultado de la cadena de hipótesis no confirmadas que se puede esperar en el tiempo con cualquier sistema de *trading* que opere dentro de una certidumbre menor a la perfección), querrá trabajar solo con una parte de su capital en cada transacción. Gracias a esta combinación de *stops* y gestión de dinero, las pérdidas pueden convertirse en algo ordinario y no particularmente fuera de lo común. Una pérdida limitada en una transacción de alto porcentaje no es un fracaso o una mala transacción. Si sus transacciones son ganadoras en un 50 por ciento y puede mantener el promedio de pérdidas en la mitad de lo que son las ganancias, tendrá un buen desempeño.

Vuelvo a decirlo, he notado este ajuste mental entre los *traders* exitosos: *consideran las transacciones perdedoras como el precio por hacer negocios,* Al igual que un jugador de béisbol que se da cuenta de que si batea un 60 por ciento de *outs* podrá ingresar al Salón de la Fama, los *traders* ganadores comprenden que una buena cantidad de sus transacciones no darán en el blanco. Su habilidad consiste en reconocer las transacciones adversas lo más pronto posible y cortarlas a tiempo. Psicológicamente, nunca asimilan experiencias perdedoras, aun cuando hayan sufrido muchas. *Sus intérpretes simplemente no actúan cuando ocurren hechos rutinarios.* A la inversa, imagine a un *trader* que gana 9 de cada 10 transacciones, pero pierde todo lo ganado en pérdidas traumáticas y sin control en otra ocasión. Es fácil imaginar la sensación de sí mismo que irá internalizando por efecto de un patrón tan fluctuante.

La terapia de roles de Kelly sería un método ideal de asesoramiento psicológico para *traders*. Más que centrarse en erradicar conflictos personales, el *trader* tendría que definir un yo ideal: el que siempre quiso ser. Dicha definición sería profusa y detallada, con los datos recopilados por el *trader* ideal, las formas en que se utilizarían los datos, las aperturas y cierres que se implementarán, la gestión de dinero empleada, el ajuste mental adoptado, etc.

Este *trader* ideal ficticio tendría su propio nombre y un programa de *trading* diseñado especialmente para él. Sus rutinas previas al *trading* estarían definidas, al igual que sus actividades al final del día.

Posteriormente, con todo el esfuerzo consciente posible, el *trader* implementaría este ideal sin excepción. Advertiría y tomaría en consideración cada señal, cumpliría cada *stop* y seguiría cada rutina. Si el *trader* utiliza de verdad métodos válidos y probados, con el tiempo esta representación produciría los mismos resultados que mi clase en la escuela de posgrado. El *trader* asimilaría la experiencia favorable y modificaría su imagen en dirección a su ideal.

Tiene que representar el éxito antes de interiorizarlo. Las correcciones a los mapas no se hacen con palabras. La experiencia potente y poco común es la fuente del cambio personal, no el «pensamiento positivo», por muy bien intencionado que sea.

Modelarse como *trader*

El análisis anterior aclara por qué los modelos del *trader* ideal deben provenir de la propia experiencia de *trading* y no de la fantasía. Al revisar mis resultados de *trading* descubrí que mis mejores transacciones eran a corto plazo, cuando tenía hipótesis claras que probar, puntos de acción definidos para aperturas y cierres y un horizonte de tiempo limitado, de tal modo que podía concentrarme plenamente en la transacción. Cuando mantenía las posiciones por más tiempo, de manera inevitable sufría mayores *drawdowns* cuando mis hipótesis no resultaban, lo que creaba circunstancias mucho más emocionales para gestionar las transacciones. A su vez, esto generaba escenarios en los que mantenía malas posiciones por mucho tiempo y duplicaba la apuesta en las transacciones perdedoras; dicho de otro modo, me disparaba en ambos pies. En estas condiciones emocionales, no podía asimilar un modelo positivo de mí mismo como *trader*.

Si alguien me pidiera que imaginara el *trader* ideal, podría pensar en un agente de alto nivel que moviera millones de dólares en cada transacción, como Warren Buffet o Peter Lynch. Sin embargo, aprendí que este no era el ideal que se ajustaba mejor a mi estructura cognitiva y emocional. Mi eficacia es mucho mayor cuando me concentro en un mercado a la vez, con parámetros claramente definidos para mis hipótesis y gestión del riesgo. Además, mi eficiencia es más elevada cuando abordo cada día como algo nuevo, realizando *trading* de posiciones mayores en movimientos intradía planeados por anticipado y gestionando estratégicamente la exposición nocturna. El significado de esto es que rara vez hago cuadrangulares. En términos de béisbol, es menos probable que sea un Roger Maris, Hank Aaron, Mark McGuire o Barry Bonds que un Tony Gwinn, Rickey Henderson o Lou Brock. Mi objetivo es no tener casi nunca *strike outs* que me eliminen y llegar a la base (y tal vez robar una) con la mayor frecuencia posible. Tiene menos *glamour* que una bola larga, pero plantea un desafío significativo. *Al definir mis ideales, primero debo aceptar quién soy y qué hago mejor.* Mi desempeño es razonablemente bueno como terapeuta y *trader* a corto plazo. La velocidad es parte de mi juego. Si me colocan en una institución de *trading* a largo plazo o me nombran gestor de fondos mutuos orientados al valor, estaré muy por debajo de mi potencial.

Los mejores modelos siempre vienen de adentro.

Jugar al *pinball* del mercado

Viví una experiencia fundamental en psicología de *trading* durante mis días de universidad, cuando pasaba el tiempo jugando en las máquinas de *pinball*. En general, era un jugador bastante mediocre. Podía mantener algunas bolas en juego durante mucho tiempo y perder otras en segundos. Mi control de los *flippers* mejoró con la experiencia, pero nunca fue tan preciso como para dar en el blanco a voluntad. Tampoco tuve el control corporal que los verdaderos magos del juego utilizaban para empujar la bola con suavidad hacia los lugares correctos.

No obstante, era insistente y, tras un tiempo, por lo general podía identificar una anomalía en la máquina en la que estaba jugando: una maniobra particular que podía acumular puntos. Entonces, me aprovechaba de dicha anomalía una y otra vez y lograba puntuaciones respetables. Por ejemplo, una de las máquinas tenía rampas a ambos lados y una serie de blancos en el centro. La estrategia tentativa era atrapar la bola en los *flippers* y luego lanzarla a los blancos del centro cuando se encendieran. Aunque esto se traducía en ocasionales puntuaciones altas cuando mi puntería era buena, también daba como resultado una desafortunada cantidad de bolas perdidas que caían por el centro, entre los *flippers*.

Un buen día en que estaba jugando en la máquina, la bola se dirigió por la rampa derecha a mi *flipper* izquierdo. Mi mano se había apartado del botón y en lugar de atrapar la bola con el *flipper* o de golpearla, ni siquiera pude moverlo. La bola rebotó del *flipper* izquierdo al derecho. Eso me pareció muy extraño; había pensado que si no usaba el *flipper* la bola simplemente caería por el centro. Sin embargo, tras varias pruebas, descubrí que, en esta máquina en particular, al dejar que la bola golpeara *A flipper* izquierdo cuando descendía por la rampa, invariablemente el jugador podía atrapar la bola con el derecho. Una vez hecho esto, podía enviar la bola por la rampa izquierda (anotando puntos) y luego bajaría por la rampa izquierda o derecha. De cualquier manera, podía atraparla de nuevo con el *flipper* derecho y enviarla de vuelta por la rampa. Con un poco de práctica, pude repetir este patrón docenas de veces en cada bola, acumulando puntos con cada repetición. La cantidad de puntos obtenidos era menor que si hubiera apuntado a los blancos del centro, pero rara vez perdía la bola. En consecuencia, literalmente podía jugar todo el día en esta máquina con la misma ficha.

Por cierto, esto no contribuyó a que el juego fuera en extremo emocionante. Eliminó la mayoría de las fuentes de incertidumbre al utilizar un patrón de alto porcentaje con mucha frecuencia. Pero la eliminación de la incertidumbre y la emoción también fue una razón importante para el éxito de la estrategia. El juego se volvió casi por completo mecánico y rutinario y eliminó así la interferencia emocional. Aunque nunca fui un gran jugador de *pinball*, modifiqué mi mapa mental lo suficiente para interiorizar el hecho de que podía tener éxito *en esa máquina en particular*. Finalmente, descubrí tantas anomalías en diversas máquinas que modifiqué mis mapas una vez más. Con el tiempo y la experiencia suficientes, confiaba en que podría localizar anomalías en gran parte de las máquinas.

Resulta interesante que dichas anomalías solo pudieran ser descubiertas al seguir estrategias extrañas y aparentemente irracionales. Jugar al *pinball* o con videojuegos de la manera en que los diseñadores querían que se hiciera invariablemente causaba pérdidas. Por ejemplo, años después, pude ganar en un videojuego de baloncesto al realizar solo una clase de tiro (un tiro con salto desde la esquina). El juego le asignó a este tiro un porcentaje bastante alto de canastas anotadas, así que la victoria estaba asegurada. Modificar los tiros o realizar lo que parecían ser tiros con mayor porcentaje era una forma segura de perder el partido.

Para ganar en los mercados, solo debe descubrir una anomalía así y jugar de acuerdo a ella. Como una persona que cuenta las cartas en el blackjack, aún se enfrentará a la incertidumbre y las pérdidas. Sin embargo, y más importante, las probabilidades estarán a su favor. Con bastantes repeticiones, los resultados se verán al final. Y el intérprete se apoderará de dichos resultados y modificará su identidad como *trader* de acuerdo a ellos. Existen muchos mercados diferentes (*commodities*, de capital) al igual que existen numerosas máquinas de *pinball* y videojuegos. La clave es descifrar el código, encontrar anomalías.

Además, al igual que con el *pinball*, estas anomalías aparecerán cuando investigue las estrategias contraintuitivas, como comprar cuando el mercado parece más débil y viceversa. *Es en los extremos emocionales cuando los mercados son imperfectamente eficientes; no puede ganar si juega en los mercados de la forma en que los diseñadores quieren que lo haga.*

Hace poco tomé lápiz y papel y examiné lo que sucede en el índice Compuesto de la Bolsa de Nueva York ($NYA), tras aquellas ocasiones en que el 5 por ciento o más de las emisiones cotizadas alcanzaron nuevos mínimos de 52 semanas en un día en particular. Mi investigación abarcó el período desde 1978 a 2001 e identificó ganancias en 150 días de *trading* (aproximadamente 7 meses) en el futuro.

Hubo 442 días en que el 5 por ciento o más de las acciones cotizadas ese día alcanzaron nuevos mínimos anuales. Esto tendía a ocurrir tarde en los mercados a la baja, cuando el pesimismo era alto y la venta era casi por completo indiscriminada. Es interesante que el mercado estuviera más alto a los 150 días posteriores aproximadamente un 88 por ciento del tiempo y por cerca del 13 por ciento. En la muestra total (siguiendo con las tendencias alcistas del período entre 1978 y 2001), los períodos de 150 días tendían al alza en el 73 por ciento de las ocasiones, pero solo por un 6,5 por ciento. Quienes compraron en momentos de ventas importantes obtuvieron ganancias por el doble de la norma. Habían descifrado la máquina de *pinball*.

Trading en contrario: jugar contra los mapas de los *traders*

Las transacciones contraintuitivas también funcionan por razones cognitivas. Su intérprete siempre está intentando darle sentido a los mercados, aun cuando constantemente reestructure su sensación de sí mismo. Gran parte de la literatura del análisis técnico, válida y no tan válida, es un conjunto de nociones heurísticas o normas que ayudan a su intérprete a hacer frente a la corriente actual de los datos del mercado.

Porque una imagen vale más que mil palabras y los gráficos del mercado ocultan una gran cantidad de información en un solo gráfico, la lectura de aquellos y la muestra gráfica de indicadores son un componente importante en el arsenal de la mayoría de los *traders*. De hecho, es poco común encontrar un paquete de software para *trading* que no contenga estos elementos.

No hay nada intrínsicamente erróneo en la lectura de patrones de gráficos o la interpretación de muestras de osciladores. Es solo que reflejan la manera en que los diseñadores de las máquinas de *pinball* quieren que usted juegue. Es poco probable que encuentre anomalías contraintuitivas al realizar *trading* con las penetraciones de media móvil, extremos de RSI u otras tácticas incorporadas en todos los programas importantes de gráficos.

Una estrategia más prometedora incluso puede ser realizar *trading* en contra de estos dogmas y tomar la misma ruta aparentemente irracional que seguí cuando elegí no mover el *flipper*. Realizar *trading* en contra de los patrones de gráficos populares es un método particularmente prometedor. Todo el mundo está familiarizado con las situaciones en que las personas pueden percibir patrones de gráficos significativos en series de números aleatorios. En cualquier serie bastante larga, las personas tienden a ver formaciones que parecen techos o suelos dobles, banderas y banderines, etc.

Si piensa en los patrones de gráficos como mensajes del mercado, puede ver que para comprender dichos mensajes se debe tomar en cuenta el contexto (los *metamensajes*). Desgraciadamente, gran parte de la lectura de gráficos no lo hace.

El *texto* de un mensaje es lo que se está diciendo. El *contexto* es el conjunto de circunstancias que rodean el mensaje. Usted interpreta la mayor parte de lo que escucha de una manera situacional, es decir, recurre al contexto de los mensajes para obtener su significado. Un simple «¿Cómo está?» significa algo diferente cuando lo dice un médico durante una visita a su consulta que cuando el mismo médico lo pregunta en una fiesta.

Los estudiantes que veo en terapia por lo general me señalan que una primera cita que tuvieron estuvo de maravilla porque pasaron horas hablando sobre detalles íntimos de su vida personal. Invariablemente estas situaciones de citas no funcionan. ¿Por qué? Compartir detalles de la vida personal no es apropiado en el contexto de una primera cita. Normalmente uno solo revelaría información de esa clase a un confidente. Si las personas hablan de sus vidas en forma indiscriminada, es una señal certera de necesidad: el impulso de acercarse rápidamente a causa de la soledad. No pasará mucho tiempo antes de que ambos se encuentren con problemas, evitando las posiciones vulnerables en las que ellos mismos se colocaron.

Del igual modo, ocurre a menudo que algunos *traders* hacen caso omiso del contexto. Los buenos *traders* abordan una nueva posición en el mercado de la misma forma en que una persona racional se enfrenta a una primera cita. Esperan que el mercado se pruebe a sí mismo antes de comprometer una inversión importante. Al arriesgar una cantidad limitada de capital al comienzo, no se ven involucrados emocionalmente de forma prematura. Si el movimiento previsto es en serio, habrá mucho tiempo para subir a bordo. Si no lo es, las pérdidas no serán devastadoras. Suelo denominar mis pequeñas posiciones iniciales en el mercado como «posiciones pioneras». Están diseñadas para reconocer el terreno y, más a menudo de lo que me gusta, son adecuadas para recibir flechas en la espalda. Sumergirse en un mercado, al igual que encapricharse en una relación, habla más de las necesidades de los participantes que de sus circunstancias objetivas.

Muchas señales técnicas del mercado, como patrones de gráficos y lecturas de osciladores, se interpretan mecánicamente. Son vistas como si poseyeran un significado fijo, independientes del contexto en el que se producen. Puedo prestar atención a una formación de doble techo o a una figura de hombro-cabeza-hombro si se produjo en el contexto de un mercado que había subido de forma importante y que ahora estaba perdiendo volatilidad y estaba afrontando un entorno de tasas de interés crecientes.

Si la misma formación se produce después de una declinación prolongada, brusca y volátil con tasas de interés decrecientes, puede tener implicaciones muy diferentes.

A pesar de sus deficiencias, la lectura de gráficos ha estado en uso desde el siglo XIX y es probable que mantenga su popularidad hasta bien entrado el siglo XXI. Una vez más, la lectura de gráficos satisface la necesidad tan humana de extraer significados de los hechos, un elemento que diferencia a los seres humanos de las otras especies. La capacidad humana para percibir significados en patrones de la naturaleza está detrás de cada logro científico. Desgraciadamente, también deja una puerta abierta a las supersticiones y la desilusión.

Tomemos el ejemplo del trastorno de pánico, un estado de ansiedad agotador. Muchas personas que sufren de este trastorno también sufren de agorafobia (miedo a los lugares públicos). El trastorno de pánico es una afección en la cual una persona puede sentirse presa —sin causa aparente— de sensaciones repentinas e intensas de temor y ansiedad. De hecho, una gran cantidad de personas que experimenta por primera vez dichos episodios de pánico realmente cree que se va a morir.

Lo que hace aún más intolerable esta sensación de pánico es que por lo general se produce cuando menos se espera, no durante períodos de estrés y amenaza agudos. Una persona puede ir tranquilamente en su coche, detenerse en un semáforo y repentinamente sentir una ansiedad abrumadora. Esto atenta con violencia contra la necesidad humana de comprender el mundo. La gente no tiene recursos preparados en su mente para explicar un temor infundado de tal magnitud.

Como resultado, las personas que sufren de pánico elaboran explicaciones ingeniosas —y totalmente supersticiosas— para su trastorno.

Sin un candidato evidente para una explicación causal del ataque, el intérprete de la persona trabaja a toda máquina para intentar darle sentido a lo que no lo tiene. Si el ataque ocurrió por primera vez en un coche, el paciente llega a la conclusión de que el coche era el problema. Si sucedió en un centro comercial o en una multitud, la persona evitará dichos lugares y situaciones. Una de mis pacientes tuvo su primer ataque de pánico mientras conducía en la rampa de salida de una autopista. A partir de entonces, evitó todos los caminos con rampas, incluso aquellos que no estaban relacionados, como los que sirven de entrada a estacionamientos. A medida que los ataques se multiplican, la lista de circunstancias prohibidas también aumenta, hasta que la persona se vuelve por completo agorafóbica, incapaz de salir de su casa.

Los *traders* de mercado, especialmente en la tensión de la agitación económica, también tienden a leer significados incluso en hechos al azar. Los patrones de gráficos, disponibles para cualquiera que tenga un ordenador, un periódico o un servicio de consultoría, son los principales candidatos para esa inevitable interpretación de significados. Así como es muy probable que las personas consulten adivinos cuando sus vidas no tienen un rumbo claro y definido, es bastante probable que los *traders* se vuelquen en los gráficos y osciladores cuando sus posiciones se vean muy inciertas. La necesidad de saber, de tener el control, es tan fuerte que por lo general prefieren respuestas dudosas antes que ninguna.

Desde esta perspectiva, los patrones de gráficos son más una herramienta psicológica que un verdadero mecanismo analítico. Siempre cuentan con explicaciones para los confundidos intérpretes de los *traders*. Sin embargo, esto da cierto valor a los patrones. Si usted sabe que los ansiosos *traders* tienden a aferrarse a los patrones de gráficos para justificar sus posiciones, puede tratar de obtener ganancias a partir de las ocasiones anómalas en que esos patrones fallan.

La mayoría de los patrones de gráficos implican consolidaciones, períodos en los que el mercado se mantiene dentro de un rango relativamente limitado en relación con una tendencia previa. Esto es cierto para las figuras de banderas, banderines, techos y suelos dobles, hombro-cabeza-hombro, sopera y similares. Por definición, toda consolidación implica un descenso en la volatilidad de los precios: los precios se mueven una menor distancia neta por unidad de tiempo durante el período de consolidación. Cuando el mercado vuelve a una volatilidad más normal y mayor, por lo general el resultado será una tendencia a salirse del rango de consolidación.

Aquí es cuando aparece el patrón de gráficos fallido. Suponga que una acción ha caído y ahora parece estar en una formación de sopera, que generalmente se interpreta como predecesora de un mínimo en el mercado. Los inversores emocionales, espoleados por el descenso previo, tienden a aferrarse a este patrón como una razón para abrir nuevas posiciones largas o para mantener las existentes. Cuentan con la esperanza de que el patrón los impulse a nuevas alturas, muy por encima del techo de la formación gráfica.

Sin embargo, si el patrón falla existe un grupo inherente de *traders* e inversores emocionales listos para quedar desilusionados. Su claudicación se sumará a la fuerza de la salida de la zona de consolidación, lo que creará una buena oportunidad en contrario. Además, gracias a la investigación heurística sobre disponibilidad de Daniel Kahnemann y Amos Tversky, se sabe que las personas serán relativamente lentas para modificar sus mapas mentales una vez que se han aferrado a un patrón de gráficos en particular. Por lo tanto, la prometedora transacción «*pinball*» es *identificar las etapas tempranas de un fallo en un patrón de gráficos como el punto de entrada para un movimiento en contrario.* Por ejemplo, suponga que el mercado se mueve al alza, pero la acción no rompe la sopera para reanudar su tendencia alcista. En la primera penetración a la baja de la base de la sopera, debería realizar ventas cortas, aprovechándose de los *traders* paralizados y aturdidos que solo saldrán de sus posiciones cuando sientan el dolor de precios mucho más bajos. Al jugar en la forma opuesta a como se diseñó el juego podrá encontrar nichos únicos de oportunidad.

Si puede identificar los contextos que no respaldan la validez de los populares patrones de gráficos e indicadores, podrá descubrir el comienzo de una exitosa transacción en contrario. Las rampas de las autopistas no tienen nada que ver con la salud mental, así como los gráficos no mueven mercados. No obstante, en un mundo de personas nerviosas, las rampas y los gráficos pueden ser el único modo de explicar lo inexplicable. Mientras más visible sea la acción, más popular es el patrón *y* en la medida en que los gurús del *trading* más hablen sobre el patrón, más probabilidades existen de que usted pueda obtener ganancias jugando de forma poco ortodoxa, contra los mapas de *trading* de la mayoría.

He dedicado considerable tiempo de investigación a analizar datos de un minuto sobre los mercados, entre ellos, el precio, el cambio de precio, volúmenes de venta y compra, estadísticas del TICK, volúmenes de E-Mini, avances y descensos intradía, nuevos máximos y nuevos mínimos intradía y la interacción de los índices del sector con el fin de crear por ingeniería inversa las estrategias de *trading* del *trader* medio. Mi objetivo ha sido determinar «cómo quieren los diseñadores que se juegue» para así poder elaborar mis propias estrategias anómalas. En resumen, con los mercados estoy siguiendo la estrategia universitaria que usaba en las máquinas de *pinball*.

Después de toda esta ingeniería inversa, lo que puedo decir con un razonable nivel de certeza es que el *trader* medio mira el precio y solamente el precio en dos contextos diferentes, aunque con elementos en común:

1. El *trader* medio al parecer es sensible a las rupturas de precios hacia nuevos máximos y nuevos mínimos y se subirá a dichas rupturas.
2. El *trader* medio al parecer es sensible a los niveles de soporte y resistencia percibidos en los gráficos y activará las estrategias de *trading* cuando se alcancen dichos niveles —y en especial cuando se rompan.

En la actualidad, estas dinámicas hacen que aprovechar estas rupturas falsas sea una estrategia prometedora. En la senda de una aguda columna del sitio MSN Money, Víctor Niederhoffer y Laurel Kenner caldearon un poco el ambiente al cuestionar el dogma «la tendencia es tu amiga». Sin embargo, mi investigación sugiere que tienen razón. Los marcadores que los *traders* tipo emplean para medir las tendencias se utilizan en exceso y son vulnerables a agudos reveses cuando dichos *traders* se dan cuenta de sus errores. La estrategia ganadora, al menos por el momento, parece ser identificar las señales de las rupturas fallidas y usarlas como marcadores para transacciones en contrario.

Manchas de tinta y mapas internos

Uno de los instrumentos más respetados para la realización de pruebas psicológicas es la prueba Rorscharch de manchas de tinta. Es una serie de 10 tarjetas que muestran complejas manchas de tinta. Algunas son en colores y otras en blanco y negro. Las únicas instrucciones para la prueba son que el observador debe indicar lo que ve en ellas. Tal vez parte de la tarjeta parezca algo; otras veces la tarjeta completa podría traer a la mente un objeto, una persona o un animal. Es un poco como mirar las nubes y ver qué se puede encontrar en sus formas. No hay respuestas buenas ni malas; el propósito es simplemente dejar que la gente eche a volar la imaginación.

La prueba de las manchas de tinta se conoce como una prueba proyectiva porque las personas tienden a proyectarse en sus percepciones. Lo que ven, especialmente en situaciones ambiguas, es un reflejo del contenido y la estructura de sus pensamientos. Las manchas de la prueba de Rorschach son ambiguas a propósito, con la intención de obligar a las personas a proyectar más de sí mismas en sus respuestas. La prueba es eficaz porque poca gente sabe lo que está buscando el psicólogo. Es difícil ocultar los verdaderos sentimientos y personalidad en una prueba así.

Un examinador experimentado puede derivar una buena cantidad de información a partir de las respuestas a las manchas. Primero, el psicólogo podría mirar el *contenido* de las respuestas: lo que la persona ve. ¿Hay principalmente personas en las percepciones o no las hay? Eso podría decir bastante sobre las inclinaciones sociales del sujeto. ¿Cuáles son los temas emocionales que hay presentes? ¿Hay imágenes de violencia y conflicto o reflejan las respuestas una mayor armonía? ¿Y cuántas respuestas hay? Las personas muy ansiosas a menudo ofrecerán una marea de respuestas, centrándose en descripciones detalladas y minuciosas. Y puede que las personas deprimidas, incapaces de responder al mundo exterior, vean muy pocas cosas.

Duele observar las respuestas de una persona que ha sufrido abusos emocionales, sexuales y físicos en su infancia. Los contenidos temáticos de las respuestas casi siempre se refieren a algún tipo de daño: objetos rotos, cuerpos heridos, y así sucesivamente. Las respuestas también reflejan una gran rabia, con imágenes como volcanes en erupción, cuchillos con sangre y miembros cercenados. En tales casos, lo que la persona ve es un reflejo de su experiencia vital traumática.

En segundo lugar, el psicólogo aprende mucho de la gente por las maneras en que ven las tarjetas. *Lo que* se ve se vuelve menos importante que la manera en la que se configura la percepción. Las personas con enfermedades mentales graves, que pueden perder contacto con la realidad por sus alucinaciones o falsas ilusiones, por lo general producirán respuestas a la prueba de Rorschach que son altamente idiosincrásicas y no bien fundadas en la mancha misma. El término que los psicólogos usan para esto es «nivel de forma». Un bajo nivel de forma indica que la respuesta no está justificada por los contornos de la mancha misma. Un ejemplo podría ser que la persona dijera que un área larga, delgada y roja de una mancha se parece a un sol de atardecer porque es roja. En tal caso, la persona es tan reactiva al color rojo que hace caso omiso de la diferencia de forma entre la mancha y el sol.

El color en la prueba de Rorschach indica emoción. Si un conjunto de respuestas hace mucho uso del color, esto sugiere una vida emocional activa. La ausencia de color en un grupo de respuestas podría indicar que la persona está reprimiendo su experiencia emocional. Cuando un profesional clínico experimentado administra la prueba de Rorschach, los indicadores como el color se pueden integrar con otros elementos de la prueba, como el nivel de forma, para obtener una visión sustancial de la persona. Por ejemplo, la persona que vio el área delgada y roja de la mancha como un sol al atardecer podría tener una alta respuesta al color (ser reactiva en lo emocional). Sin embargo, esto ocurre a costa del nivel de forma (precisión perceptual). Esa persona tendrá tendencia a percibir erróneamente situaciones en la vida real cuando se encuentra en un estado emocional... ¡una condición que no es desconocida para los *traders*!

De hecho, tengo mis firmes sospechas de que muchos *traders* podrían aprender bastante sobre sus mapas internos y la creación de los mismos si hicieran la prueba de las manchas de tinta. Considérense los siguientes patrones que he observado en personas que la han hecho:

- La persona percibe con precisión una parte de una mancha, pero intenta hacer que toda la mancha se ajuste a esa percepción, introduciendo una considerable imprecisión. Por ejemplo, parte de una mancha puede ser vista como una oreja. La persona dirá entonces que toda la mancha es una cabeza, apuntando a esa área específica como la oreja. Aunque el detalle de la oreja muestra un buen nivel de forma, puede que la mancha completa no parezca una cabeza. Esto se ve en *traders* que se centran en uno o dos datos del mercado y elaboran toda una predicción de mercado en base a ellos.

- Algunas personas responden a las manchas de manera muy calculada, examinando cuidadosamente cada detalle antes de dar su respuesta. A menudo volverán a examinar la mancha antes de dar la respuesta, modificándola una y otra vez. Pueden ser necesarios varios minutos antes de que puedan llegar a una sola respuesta que les satisfaga. Estas personas, a menudo altamente ansiosas, tendrían dificultades similares para tomar decisiones en el *trading*.
- Otras personas son altamente impulsivas en el estilo de sus respuestas. Tan pronto como se les muestra la tarjeta, dicen apresuradamente lo que ven, a menudo centrándose en el color del área, y frecuentemente con un nivel de forma mediocre. Se puede esperar que una impulsividad así produzca decisiones de *trading* mediocres y emocionales también.
- Las personas pueden dar respuestas precisas con contenidos temáticos positivos cuando el área de la mancha es vista como un objeto. Sin embargo, cuando es vista como una persona, disminuye la precisión y surgen muchos más temas problemáticos. Es posible observar situaciones similares entre *traders* que son muy exitosos en los mercados pero que tienen muy poca capacidad de relacionarse con otras personas. También hay objetos de la prueba de Rorschach, así como *traders*, que muestran el patrón inverso.
- Los individuos orientados a la acción tenderán a ver objetos, animales y personas desplazándose; sus respuestas describen un gran nivel de movimiento. Las personas más cerebrales darán respuestas con menos movimiento y una interrelación de detalles más compleja. Existen diferencias similares entre los estilos de *trading*, algunos *traders* se basan en la lectura de *tickers* de cotizaciones y la experiencia en la sala, mientras otros crean y prueban complejos sistemas.

Por supuesto, las pruebas de las manchas Rorschach no tienen nada de magia. Se podrían usar nubes del cielo o imágenes de una revista, y funcionarían igual de bien. De hecho, existe una prueba llamada Prueba de Apercepción Temática (TAT) que también actúa como instrumento proyectivo. Consiste en una serie de imágenes de personas en situaciones ambiguas. Se pide al sujeto que arme una historia sobre la situación mostrada en la imagen: una tarjeta muestra a un joven con expresión seria, mirando un violín que está bajo él. La primera vez que tomé la TAT, mi historia trataba de un chico que soñaba en convertirse en un famoso violinista de conciertos. Otras personas han producido historias diferentes, como la de un chico que está deprimido porque el violín está roto o enfadado porque no puede tocarlo. Las historias vitales que las personas tienden a proyectar en estas imágenes están marcadas por los temas del logro, la pérdida y el fracaso.

Es difícil imaginar un estimulo más ambiguo que el de los mercados. Cada gráfico de mercado es una prueba Rorschach que estimula a los observadores a proyectar sus esperanzas y temores y a leer tendencias, patrones y significados en los movimientos ascendentes y descendentes. Los mercados son especialmente interesantes para un psicólogo porque son la administración grupal de una prueba proyectiva: se pueden ver las maneras en que las distintas personas perciben patrones en un mismo estímulo. Como en el caso de las pruebas Rorschach o TAT, lo que la gente ve y cómo lo ve es tanto un reflejo del observador como del mercado mismo. Acercarse a los medios financieros con una ventaja así permite percibirlos de manera muy interesante. Los elementos sobre los que se centran los comentaristas y *traders* dependen de sus mapas mentales, lo cual nos da una perspectiva privilegiada sobre los consensos que se van dando en los mercados.

Por supuesto, es de utilidad saber sobre cuáles expertos centrarse al medir los mapas mentales del público del *trading*. Por lo general, dirijo mi mirada a comentaristas que dedican tanto tiempo a hacerse propaganda como a ofrecer información del mercado. De hecho, siempre que veo un boletín o una columna llenos de las palabras «yo» o «nosotros», sé que el autor ha invertido gran parte de su ego en las predicciones que ha hecho.

En general, es probable que estos pronósticos estén teñidos de las necesidades y la situación emocional del autor. De hecho, Laurel Kenner y Víctor Niederhoffer realizaron un estudio de expresiones reveladoras de *hibris* —o soberbia— en comunicaciones corporativas y descubrieron que el rendimiento de estas compañías dejaba bastante que desear. (La dramática bancarrota de Enron en 2002 es un ejemplo particularmente vívido). En términos de la prueba Rorschach, estos autores y compañías tenderán a percibir erróneamente sus mercados, viendo la realidad de modos llenos de colores y con falta de un buen nivel de forma. Esta *hibris* es un gran indicador en contrario, y a menudo es significativo el que exista un consenso entre tales autores o firmas (pensemos, por ejemplo, en el embriagador *boom* de las *puntocom*).

En esta línea, uno de mis indicadores proyectivos favoritos para el mercado es el grupo de autores que sienten la necesidad de recordar a los lectores las maravillosas sugerencias que han realizado últimamente, lo cual es particularmente significativo si estos autores también han tendido a caer en periodos de absoluto silencio tras recomendaciones no tan felices. Cuando más caen en la autocomplacencia y más sienten la necesidad de ponerse en el pedestal es el momento en que es más probable que cometan errores de juicio. Se asemejan a un paciente maníaco: grandioso en su pensar, dando respuestas impulsivas a las tarjetas Rorschach y pasando por alto detalles esenciales.

En general, he encontrado el éxito siguiendo caminos que se alejan de estos *gurús* emocionales. Sus mapas del mercado están distorsionados por su necesidad de reconocimiento, y la emocionalidad de sus comunicaciones es una medida del grado de distorsión probable. Recuerdo un gurú que se mantuvo firme en su apoyo a las acciones de crecimiento del Nasdaq durante el fuerte declive de los primeros años del nuevo milenio. Tras los repuntes del mercado, sus opiniones se publicaron de un modo particularmente estridente, casi como si tratara de convencer al mercado a que se subiera al vagón, o convencer a otros (o a mí) de que él estaba en lo correcto. Esta forma de comunicación estridente invariablemente ocurría a unos cuantos días del último y final máximo del mercado, produciendo considerables dividendos para cualquiera que hiciese «*trading* desde el diván».

Sin embargo, si se trata de medir el valor de las pruebas proyectivas, ningún fenómeno del mercado se compara con los foros *online*, donde las personas comparten y comunican sus perspectivas sobre el mercado. Aquí quienes publican sus puntos de vistas no están limitados por la necesidad de mantener una imagen de profesionalismo. A menudo surgen crudas respuestas a la ambigüedad del mercado, en que la gente proyecta sus sentimientos de temor, euforia, arrepentimiento y esperanza más básicos. A veces busco comentarios publicados en el boletín a horas inusuales, como muy tarde por la noche o muy temprano por la mañana. Si una persona ofrece perspectivas emocionales a las 3 *a.m.*, está claro que se encuentra en una situación desesperada, y la presencia de muchas personas en esas condiciones es un buen indicador de extremos emocionales en el mercado. A principios de 2001 —en medio de su declive histórico— una serie de comentarios enviados a altas horas de la noche acerca de las acciones tecnológicas me pareció particularmente carente de nivel de forma. Fue algo que me indicó que el declive iba a durar un buen tiempo más.

Ocasionalmente publico un análisis de mercado en un foro *online* popular simplemente para medir la respuesta de los lectores. Por lo general coloco mi interpretación del mercado, las condiciones en las cuales vendería o compraría, y mi inclinación actual basada en mis observaciones. A veces recibo respuestas positivas en las que los lectores comparten sus propios análisis, y a veces no recibo respuesta alguna. Sin embargo, en ocasiones mis comentarios tocan un punto sensible y recibo respuestas cáusticas y ataques personales. En una ocasión, cuando indiqué una preferencia a vender acciones cuyo repunte estaba perdiendo fuerza, varios *traders* me respondieron con comentarios insultantes. ¡Uno hasta me acusó de socavar la economía por defender el lado vendedor! Si hubiera sido una reacción aislada de un solo chiflado, no habría prestado atención. El hecho de que varias personas, de manera independiente unas de las otras, se sintieran lo suficientemente amenazadas por mi análisis y me atacaran en lo personal me proporcionó información útil. *Necesitaban* que el mercado subiera. Si se hubieran sentido seguros con su postura, no habrían tenido necesidad de atacar.

Dos días más tarde, el mercado de hecho subió. Luego revirtió fuertemente y cayó a nuevos mínimos, culminando en un pánico vendedor. Creo que, en algún nivel, quienes me atacaron en el foro sabían que el mercado estaba en una situación vulnerable. Sin embargo, esto estaba en conflicto con sus posiciones, creando una disonancia psicológica. Sus intentos de desacreditar mi estrategia de *trading* eran un esfuerzo por reducir esta disonancia. Sus mapas no correspondían a las realidades del mercado –y su forma emocional de comunicarse fue la mejor evidencia de ello.

En los momentos que escribo esto, el mapa mental más fuerte que veo entre los participantes de largo plazo del mercado es la insistencia en que sus valores de crecimiento de capitalización alta (*largecap*), muchos de los cuales han caído significativamente con respecto a sus máximos previos, recobrarán la gloria perdida y blindarán sus planes de jubilación. Toda sugerencia de que estas acciones ya dejaron atrás sus mejores días y que el rendimiento ha pasado a otros segmentos y temas del mercado encuentra un violento desacuerdo. Llegué a pensar que un hombre de edad madura iba a atacarme físicamente cuando hice la sencilla pregunta de cómo los inversores más jóvenes mantendrían el valor de mercado de estas acciones por encima de las normas históricas mientras los «niños de la posguerra» (o *baby boomers*), que son más numerosos, cobraban sus pensiones de jubilación.

Su respuesta no era diferente a lo que he visto en sesiones de terapia en las que doy con un punto delicado y digo algo que al paciente le resulta amenazador. No es el desacuerdo, sino *la necesidad de rechazar la evidencia antes de evaluarla* lo que resulta decidor. Los mejores pronósticos del mercado son aquellos que, en algún nivel, la gente sabe que son ciertos pero no puede conciliar con sus intérpretes. Si la cartera de valores de un *trader* está a punto de pasar a mejor vida, primero sentirá negación y rabia, y solo posteriormente temor y claudicación. De las fases de negación y rabia pueden surgir muy buenas transacciones a partir de las posiciones de los *traders* inseguros.

Los mapas y el lenguaje de los *traders*

Imagine que dos *traders*, Juan y Sonia, vienen a mi oficina en busca de asesoramiento psicológico. Ambos tienen la misma preocupación actual: toman beneficios demasiado rápido y son demasiado lentos para paliar las pérdidas.

Juan presenta su problema de la siguiente manera: «Doctor, no sé qué anda mal en mí. Quizá tengo alguna necesidad oculta de perder dinero. ¿Puede ayudarme? Cuando coloco una buena posición, me entusiasmo demasiado y tomo los beneficios antes de que el movimiento haya llegado siquiera a la mitad. Pero cuando el mercado va en mi contra, me quedo paralizado mientras se va para abajo. Parece que ando buscando que me castiguen. Hice lo mismo en mi matrimonio... seguí esa horrible relación año tras año. ¿Cuál es mi problema?»

Sonia tiene una presentación diferente: «Doctor, quizás pueda ayudarme. Trabajo duro como *trader*, pero mis resultados no son los que quisiera. Termino racionalizando motivos para seguir en las transacciones malas y me he vuelto demasiado temerosa de ver evaporarse mis beneficios. Necesito una manera de mantenerme firme y pensar con claridad cuando el mercado se mueve rápido. ¿Puede ayudarme?»

Tenemos aquí dos personas con la misma preocupación básica, *pero dos problemas muy diferentes.*

La clave para comprender a estos *traders* está en el lenguaje que usan. *Las palabras que usa la gente son algunas de las mejores ventanas a sus mapas mentales.* Juan ha definido el problema como él mismo. Se ve como alguien a quien le gusta que le castiguen, como alguien que se boicotea a sí mismo. Su mapa mental está sesgado: no es una persona con un problema, es una persona problemática.

Por el contrario, Sonia no personaliza el problema. Ve una debilidad en la ejecución de su *trading*, no un defecto fundamental de su carácter. Quiere dar solución a un problema, mientras que Juan quiere cambiarse a sí mismo.

Los psicólogos prestan atención a estas sutilezas lingüísticas, porque revelan mucho sobre la percepción que alguien tiene de sí mismo. También dicen bastante sobre cómo la gente ve los mercados.

Uno de los placeres de escribir columnas para sitios web financieros es la oportunidad de recibir comentarios de los lectores. Sus mensajes de correo electrónico permiten tener una valiosa perspectiva de las mentes de los *traders* cuando hay turbulencia en los mercados.

Tras la publicación de una de mis columnas en febrero de 2001 en el sitio MSN Money, varios lectores respondieron manifestando su preocupación sobre la caída de las acciones tecnológicas. ¡A veces estas cartas me piden que trate de adivinar el futuro con una bola de cristal! «¿Hacia dónde piensa que se dirige el mercado?» «¿Debería mantener o vender?»

Sin embargo, estas preguntas eran diferentes si se considera que se hacían en momentos de un histórico declive en el Nasdaq, desde más de 5.000 a menos de 2.000. La pregunta de fondo era «¿Qué está haciendo el mercado?» La gente ni siquiera estaba pensando en el mercado del mañana. Simplemente quería llegar a entender lo que estaba pasando en el presente.

El temor y la codicia por lo general son los temas principales en los escritos de psicología de los mercados, pero hay mucho que decir sobre el trauma y la desorientación. La manera en que los lectores respondían a mi columna me decía que no necesariamente eran partidarios fogosos de una u otra opción, de vender o comprar. *Estaban paralizados.* De hecho, los resultados de una encuesta informal que hice a los lectores que me escribieron mostró que ninguno de ellos había reducido sus posiciones durante la terrible caída del mercado, a pesar de los informes de prensa sobre una supuesta «capitulación». Ese fue un importante factor en mi análisis de que el mercado a la baja todavía no había llegado a su fin en esa coyuntura.

La terapia cognitiva se basa en la noción de que la respuesta de las personas al mundo se encuentra intermediada en parte por sus maneras de pensar. El lenguaje que usan es una ventana que revela cómo piensan. El significado que atribuyen al mundo se refleja en las palabras que escogen y la manera de organizarlas.

Pensemos, por ejemplo, en alguien que aspire al cargo de Director Ejecutivo (CEO) de una compañía. La firma busca una persona que pueda ser un líder fuerte y eficaz. El candidato tiene un positivo historial en una compañía más pequeña y obtiene una entrevista. Se le pregunta sobre su experiencia en ella y responde:

«He visto altibajos en la compañía XYZ, pero afortunadamente los aspectos positivos han superado a los negativos. Durante mi desempeño como presidente, varios fabricantes nos comenzaron a utilizar como proveedores, y esas cuentas dieron un impulso importante a nuestra producción y participación en el mercado. El salto resultante en el precio de nuestras acciones ayudó a retener a los gerentes clave, debido a un generoso plan de opciones sobre acciones. Hay más retos en el horizonte, incluida una desaceleración general de la economía y aumentos en los costes laborales, particularmente en el ámbito de la salud. El último trimestre estos factores afectaron algo nuestro margen. Sin embargo, nos hemos mantenido como una compañía rentable, y creo que la caída en la economía nos dejará más sólidos que nunca.»

En base a esta respuesta, ¿qué se podría decir sobre la idoneidad del candidato para el puesto? La persona media podría mirar el contenido de las palabras y llegar a la conclusión de que es un líder exitoso y de pensamiento positivo. Sin embargo, un psicólogo podría tener sus reservas sobre él.

Aunque las palabras son positivas, son reveladoras las maneras de estructurarlas. Nótese que el candidato nunca habla de sí mismo en el modo gramatical activo. Las cosas le han ocurrido, y no ha descrito en realidad cómo ha ejercido su liderazgo. Esto se refleja en el hecho de que sus palabras no le ponen en un papel activo. La manera en que construye sus oraciones dice más que las oraciones mismas.

En el idioma español hay pocas formas verbales más potentes que la primera persona del singular. Siempre que en la oración hay un «yo» expreso o implícito en la forma verbal, se está usando el lenguaje para reflejar importantes realidades psicológicas. En las oraciones en primera persona del singular a menudo se manifiesta la manera en la que una persona experimenta e estructura su mundo. ¿Sus oraciones en primera persona del singular contienen más palabras con connotaciones positivas, o son más bien negativas? ¿Usa más verbos en voz activa y adverbios, o más adjetivos y verbos en voz pasiva? Tengo la fuerte sospecha de que la proporción de verbos en primera persona del singular con respecto a construcciones pasivas o impersonales es un buen «indicador técnico» del grado en que la persona se ve como un agente activo de su vida. «Yo» puedo hacer cosas, pero las cosas solo me pueden pasar «a mí».

La comprensión del mercado se refleja de manera similar en nuestro lenguaje, como se ve en el ejemplo de los lectores de mis columnas. También se revela en los foros y chats *online* dedicados al mercado. No es particularmente importante su contenido: unas personas podrían recomendar un grupo de acciones, mientras que otras pueden abominar de ellas. Sin embargo, a menudo se puede aprender mucho del lenguaje usado en los foros. Un indicador simple es la frecuencia de aparición de palabras emocionales. Algunos foros o comentarios se centran relativamente en hechos y en noticias, ganancias, desarrollo de productos, patrones de gráficos, etc. Otros son altamente emocionales y atacan o alaban a compañías, sectores de la industria, políticas económicas, etc. Como psicólogo, no me importa si quienes escriben están a favor o en contra; lo que es relevante es su carácter emocional. Por lo general, en los puntos de inflexión importantes del mercado, cuando las tendencias a vender o comprar están en sus extremos, es posible ver un aumento del procesamiento emocional de la información. Es un indicador valioso para el «*trader* desde el diván».

Durante el mencionado declive de las acciones tecnológicas, apareció un frenesí de comentarios que calumniaban al presidente de la Reserva Federal (Fed), Alan Greenspan. Era difícil encontrar un foro que no estuviera lleno de diatribas culpando a la política de la Fed por las pérdidas personales de sus autores. Esto sugería que una cantidad significativa de *traders* procesaba la información de modo emocional, contribuyendo a aumentar la volatilidad del mercado. Eso hizo posible una cantidad de transacciones rentables de corto plazo, basadas en los retrocesos (temporales) en los niveles de volatilidad.

El lenguaje del mercado también puede proporcionar pistas útiles acerca de la emocionalidad. Cada cinco minutos del día bursátil *monitorizo* los volúmenes de opciones de compra y opciones de venta, para detectar expansiones importantes. En lugar de calcular la proporción de compra/venta tradicional, sencillamente examino el grado en que el volumen total de opciones para cada periodo de cinco minutos se compara con sus lecturas normales relativas (el volumen promedio de opciones para el mismo periodo de cinco minutos en los últimos 100 días) y con el conjunto más reciente de periodos de cinco minutos. La actividad total de las opciones da una medida general de la emocionalidad. A menudo, hay altos niveles de reacciones emocionales cuando los *traders* juegan el juego como se supone que se tiene que jugar. Esto puede servir de indicador para una prometedora transacción en contrario, ya que revela los modelos bajo los cuales están operando los *traders* en ese momento.

Conclusión

Una vez que se desarrolla una cierta sensibilidad a la estructura del lenguaje, leer columnas de sitios web financieros, ver programas de noticias financieras o participar en conversaciones *online* adquiere una nueva dimensión. Su lenguaje refleja su visión de mundo; cada vez que habla, se revela ante los demás. Rara vez las personas expresarán sus verdaderos sentimientos en lo que dicen, pero no pueden ocultarlos en cómo lo dicen. Los buenos jugadores de póquer, los psicólogos y los *traders* saben el valor de estos «indicios». Sus palabras, sentimientos y acciones reflejan los modelos que emplea para encontrar sentido al mundo.

Más de una vez he escuchado a *traders* ganadores decir que pueden saber qué hacer en los mercados al determinar qué podría frustrar o dañar a la mayoría de los *traders*. Al principio esto puede sonar paranoico –y, créame, varias veces he pensado que el mercado se cobraba una venganza personal conmigo–, pero de hecho puede reflejar una profunda comprensión de cómo uno crea sus modelos.

Una y otra vez he visto situaciones en que los partidarios de la venta y los de la compra se enfrentan en los chats *online*, solo para terminar encontrando que el mercado está atascado en un rango de consolidación constante. De manera similar, en los periodos más sombríos del mercado, como los días posteriores al ataque al World Trade Center el 11 de septiembre de 2001, este ha sido capaz de tener repuntes significativos.

La función de los mercados es asignar y distribuir el capital de manera eficaz dentro de una economía. Para lograr esta función, con el tiempo deben recompensar la toma de riesgos. Si sistemáticamente tomar riesgos produjera resultados inferiores –si las acciones siempre rindieran menos que las cuentas de ahorro– la formación y expansión de empresas terminaría llegando a un punto muerto. Los modelos mentales de los mercados, formados por la mayoría de los *traders*, definen el que perciben como el camino seguro y cierto. Aunque estos modelos pueden producir ganancias aceptables en ocasiones específicas, en términos generales *deben* ser castigados para que el riesgo pueda ser estimulado y recompensado por los mercados. Cuando vi los radicales flujos de entrada de capitales a fondos de bonos y mercados de dinero tras el desastre del 11 de septiembre, supe que era el momento de abrir cortos en las carteras de bonos y tomar beneficios en el extremo largo de la curva. El pánico de la respuesta del mercado —ya sea al alza o a la baja— rara vez se ve recompensado. En lugar de ello, el mercado premia a quienes crean mapas anómalos, encontrando las maneras no obvias en que ha sido diseñado el juego del *trading*.

12. Una sesión a punta de pistola

En las tensiones encontramos intenciones.

El papel que tienen los estados mentales extraordinarios para acelerar un cambio ayuda a explicar por qué las crisis son momentos de gran confusión y agitación y, también, una gran oportunidad. Aquellos momentos en que nuestros mapas mentales se encuentran más a prueba es cuando tenemos mayor tendencia a sentirnos desorientados y amenazados. Sin embargo, también son ocasiones para que dejemos de asimilar acontecimientos en nuestros mapas y, en lugar de ello, los ajustemos a nuestra realidad discrepante. Para cambiar es necesario que provoquemos crisis que supongan un reto para uno mismo y los mercados, reorganizando lo que damos por sentado de manera que podamos enfocar la vida y el *trading* con una nueva mirada.

En este capítulo exploraremos el papel que tienen las crisis en el cambio y las formas en las cuales podemos remover nuestra comodidad a través de la búsqueda estratégica de acontecimientos incómodos. Si aprendemos a aceptar la crisis, habremos dado un gran paso para transformarnos en nuestros propios agentes de cambio —en todas las facetas de la vida.

Jack, hombre en crisis

Hay una ley no escrita en el asesoramiento psicológico: la probabilidad de que ocurra una crisis es directamente proporcional a la proximidad del terapeuta al viernes después del mediodía. Toda la semana puede ser lenta; no importa. A las 17.00 horas del viernes alguien va a llamar y estará sufriendo. Y cada parte de nosotros desea preguntar: «¿podrá esperar hasta el lunes?». Pero uno no pregunta. Alegremente fija la cita para las 18.00 horas y ensaya una nueva excusa por llegar tarde a casa.

Hay veces, como ahora en que estoy instalado en mi asiento del café del supermercado, mi ordenador portátil ligeramente fuera de lugar en medio de los compradores matutinos del fin de semana, en que me encanta lo que hago. Acabo de atravesar un importante obstáculo con un estudiante que ha pasado por el infierno y pienso que nuestro trabajo hará que salga todo bien. También he revisado tres años de datos del primas para futuros TICK ($TIKI) del Dow y las de Standard & Poor's (S&P), y creo que he pulido un patrón aprovechable de corto plazo que puedo probar. Tantas ideas... tan poco tiempo.

Entonces hay *veces* como los viernes por la tarde, cuando deseo tener las horas de trabajo de un empleado bancario. Después de reuniones consecutivas con personas con diversos estados de angustia, la línea de meta se ve muy lejos, allá a las 18.00 horas.

Así es como me sentía cuando Jack entró a mi oficina. Durante la hora anterior a la llegada de él, trataba de transmitir un mensaje a un cliente poniendo en cuestión su *persona,* su cómoda percepción de sí mismo. Pero ocurrió un malentendido, y no estaba seguro de que volvería al asesoramiento psicológico. Sosteniéndome la cabeza y lamentando la brusca manera con la cual había entregado mi mensaje, yo era, en palabras de Borges, un caso de estudio de contrición y cansancio.

Jack era un hombre grande en todo sentido de la palabra: alto, de hombros anchos y robusto. Se veía demacrado y sin emoción. Usaba una sudadera y vaqueros, y ambas realmente necesitaban ir a la lavandería. Todo en él gritaba *depresión.*

En 30 segundos mi energía volvió. Jack declaró su intención de suicidarse. No con temor, no con angustia, solo en forma muy directa.

Chocaría su automóvil contra un árbol a 100 km por hora. Era bastante posible calificarlo de accidente, explicó, y así sus hijos heredarían el dinero del seguro. Una breve sensación de vacío en el fondo de mi estómago me dijo que esta no era la usual «petición de ayuda». Estaba frente a alguien que hablaba muy en serio.

«Estoy aquí porque la gente sigue diciéndome que hable con alguien», explicó Jack, «pero ya he tomado mi decisión. No quiero vivir. No viviré de esta manera».

Al decir eso, se cubrió la cara y rompió en un llanto silencioso.

Se requiere ser cierto tipo de persona para disfrutar la intervención en crisis. Todo lo que ocurre en una terapia de largo plazo se condensa en una sola sesión en la intervención en crisis: conocerse, aprender de la persona, cambiar de marchas, desarrollar e implementar un plan de cambio. Esa velocidad no es para todos; después de todo, son más las personas que conducen un Toyota Camry que el BMW M3. La intervención en crisis es la Fórmula 1 del asesoramiento psicológico. No hay un cómodo sofá de análisis ni cuidadosas interpretaciones al estilo Freud, solo hay una cabina de piloto de fibra de carbono, una imagen precipitada y borrosa de cosas que pasan... y reflejos rápidos.

Resulta extraño, pero los buenos terapeutas de crisis no piensan en la velocidad una vez que la sesión ha comenzado. No piensan en la línea de meta o el hecho de que las personas podrían morir. Como ocurre con el *trading*, quedan completamente absortos en el minuto a minuto.

Solo la ausencia de ansiedad hace posible esa concentración. Para mí, la tranquilidad que puedo tener durante una sesión de asesoramiento psicológico de vida o muerte surge de saber que la suerte está a favor de la vida. Si alguien realmente quiere suicidarse, ciertamente no necesita consultar un terapeuta. El asesoramiento psicológico no tiene valor para él. El hecho de que busquen mi ayuda dice que una importante parte de ellos quiere vivir y desea una salida. Pocas personas *realmente* desean morir. En pocas palabras, quieren una salida a una situación insoportable. La parte de ellos que busca asesoramiento psicológico quiere una ruta alternativa de escape, y eso da una importante ventaja.

La compresión del tiempo en situaciones de crisis significa que los participantes están corriendo, no paseando, por el laberinto del destino.

Una sola sesión puede determinar un punto de inflexión para el futuro, en que las opciones son la vida o la muerte. Todo se ve intensificado en esas circunstancias; cada intervención adquiere una significación especial. Un pequeño giro del volante a 240 km por hora afecta mucho más al vehículo que a 25 km por hora.

Yo no necesitaba un título avanzado de salud mental para ver que Jack estaba en una situación insoportable. Incluso a través de sus facciones demacradas y sus lágrimas silenciosas, podía ver que era un hombre orgulloso, no alguien que normalmente busca la ayuda de un profesional. Su patente angustia significaba que no había considerado por completo su plan suicida. No estaba del todo resignado a morir en la carretera. Sus lágrimas, pensé, eran mis mayores recursos.

«He perdido a mi esposa», dijo. «He perdido a mis hijos. ¡Míreme!, exclamó, apuntando a su ropa desaliñada. «Solía ser una persona feliz. Tenía mi propio negocio; tenía una familia. Ahora no tengo ni una mierda. Soy solo como cualquier otro imbécil que pulula por ahí».

A medida que hablaba, se iba enfadando y agitando cada vez más. Yo casi esperaba que saltara de su asiento y que empezara a destrozar mis muebles.

Sin embargo, en realidad su rabia me daba un tremendo alivio. La depresión y la rabia son caras opuestas de una moneda que trata de buscar las causas de acontecimientos problemáticos. En una cara de la moneda, la depresión atribuye esos acontecimientos a uno mismo, mirando en el interior para hallar las fuentes del problema y culparlas de la situación. En la otra cara, la rabia da una mirada hacia fuera, buscando culpar las acciones de agentes externos. A veces las personas oscilan tremendamente entre la rabia y la depresión, en un loco baile por dar sentido a una dolorosa realidad. Los terapeutas con experiencia no ven simplemente una cara de la moneda y luego el reverso. En vez de ello, desarrollan esa visión esférica similar a la del dios Jano bifronte, que les permite ver ambos lados en forma simultánea. La rabia revela daño y pérdida; la depresión evidencia resentimiento y frustración.

Los clientes, naturalmente, entran en las terapias sin esa perspectiva. Cuando tienen rabia, simplemente ven a los otros como los malos y a ellos mismos como víctimas inocentes. Cuando están deprimidos, ocurre lo contrario. Esto, afortunadamente, se puede aprovechar: de media, las personas con una rabia abierta están menos inclinadas a hacerse daño que los depresivos.

Descubrí que Jack siempre había estado al borde de la crisis. De niño, había sido un extrovertido alborotador, la oveja negra de una familia griega grande. Después de varios líos con la ley, sus padres lo echaron de la casa. Aprendió a arreglárselas durante esos últimos años de la adolescencia, recurriendo a una combinación de trabajo duro y sagacidad. Con el deseo de probar a sus padres que no era un fracaso, fijó sus expectativas en hacerse rico. Alrededor de los veinte años y con ayuda de un amigo, comenzó a hacer *trading*. Su incursión inicial tuvo éxito, ya que llegó en el momento óptimo en un formidable mercado alcista. Entusiasmado, amplió su participación en el *trading* aceptando invertir el dinero de otras personas. Demasiado tarde descubrió que el mercado alcista había sido la mejor parte de su éxito. A la primera corrección importante del mercado, sufrió pérdidas insostenibles. Se vio forzado a liquidar sus cuentas y devolver solo parte del dinero a quienes habían confiado en él.

La pérdida lo devastó, provocando su arranque de depresión. El hecho de que se hubieran hecho añicos sus sueños parecía confirmar sus peores temores: que realmente no era bueno para nada. Su mundo se desintegró completamente cuando su esposa, cansada de la agitación y las largas horas de trabajo, se llevó a los niños y se mudó a un edificio de apartamentos propiedad de un amigo de la familia. Con una mezcla de conmoción, asombro y rabia, Jack relató como este amigo le facturó un arriendo sobrevalorado por el apartamento, imaginando que Jack tendría que pagar la suma como parte de la «manutención de los niños». Sospechando que su esposa era parte de este plan, Jack decidió hacer una visita al hombre. Al contarme eso, hizo un gesto apuntando un bulto en su cintura y, con sonrisa enigmática, explicó que había llevado con él a dos buenos amigos: Smith y Wesson. El «amigo» reajustó a la baja el alquiler, pero no antes de que la relación de Jack con su esposa resultara empañada irremediablemente.

Jack me lanzó una dura mirada después de relatar la historia. Estaba escudriñando mi reacción. Era mi primera prueba. ¿Cómo respondería a esta historia de violencia? *¿Cómo aconsejaría a alguien que estaba sentado frente a mí con una pistola en su cintura, a centímetros de su mano?*

De alguna manera, logré esbozar una sonrisa y aparentar un tono alegre. «Bueno, gracias por contarme la historia sobre el casero», me aventuré a decir. «Supongo que esto significa que no quieres oír nada de mi nuevo programa de honorarios».

Repentinamente, Jack el depresivo se transformó en el Jack el brillante *trader*. El cordial hombre explotó en risa, proyectando una sonrisa ganadora que hizo sentir que uno era el centro del mundo. Si a mí no me molestaban sus dos amigos, dijo, a él no le molestaba hablar conmigo.

Esas pruebas son usuales. En realidad, dos investigadores psicoanalíticos, Joseph Weiss y Harold Sampson, han afirmado que las pruebas son el centro mismo de la terapia. La transferencia, según sugirieron, es realmente una gran prueba: un esfuerzo por parte de los pacientes por volver a representar sus pasados, sirviéndose de sus terapeutas. La alianza terapéutica es la forma que tienen los pacientes de tratar de ayudar a que el que los ayuda se transforme en el padre que nunca tuvieron. Freud había proyectado la transferencia como un fenómeno patológico, la repetición mecánica de conflictos tempranos en relaciones posteriores. Sin embargo, para Weiss y Sampson, la transferencia es un fenómeno altamente constructivo. Las personas someten a pruebas a sus terapeutas por la misma razón que los *traders* prueban su *trading*: *están en busca de experiencias necesarias de desarrollo.*

Jack me estaba dejando claro que era un chico malo. No ocultaba el bulto en su pretina que sin duda pertenecía a sus amigos Smith y Wesson. El contenido de estos mensajes revelaba dolor, pérdida y depresión. No obstante, el proceso era muy diferente. Jack estaba desafiándome a que lo rechazara, como sus padres le habían rechazado. O, para mantener más la idea de Weiss y Sampson, me estaba desafiando a que lo aceptara como sus padres nunca lo hicieron.

Debido a que apenas nos conocíamos, era demasiado temprano para cambiar el foco de contenido a un proceso de manera explícita y mostrar a Jack lo que estaba haciendo. Eso solamente le habría hecho sentirse incómodo en un momento en que estaba estableciendo contacto. Con humor, traté de responder a su proceso con el mío. El *metamensaje* de mi chiste es: no te tengo miedo y no estoy avergonzado de ti; puedo aceptarte como chico malo.

El resto de la historia de Jack se desarrolló rápidamente. Pasaba largas horas gestionando el *trading*, pero comenzó a participar en borracheras y a involucrarse con las mujeres que suelen acompañar el éxito fácil. Obnubilado por un excelente comienzo y un sentido de invulnerabilidad, dejó de tratar su *trading* como negocio y puso en manos de otros una parte de detalles cada vez mayor. Sospechaba, pero nunca pudo probarlo, que un socio sacaba fondos operativos. Durante un tiempo después de la caída inicial del mercado, Jack se las arregló desde el punto de vista financiero, ayudado por el dinero que aportaron dos inversores.

Sin embargo, cuando su rentabilidad se desaceleró, el flujo de dinero nuevo cesó y sus amigos se pusieron cada vez más impacientes. Jack se vio forzado a salir del mercado, solo que ahora tenía que enfrentarse a su esposa e hijos abandonados.

Hubo una larga pausa, y la risa ahora era un eco distante en la habitación. «No voy a seguir con esto», dijo con una extraña calma. «Prefiero estar muerto».

Enfrentándose a los desafíos de la vida

Entonces, ¿qué decirle a alguien que anda con un revólver y tiene un plan para suicidarse? Aquí es donde se colapsan las habilidades tradicionales que se aprenden en la universidad. Jack no necesita un análisis psicológico ni ninguna de esas técnicas prefabricadas: preguntas de interpretación abierta, reflexiones o resúmenes. *Necesita una razón para vivir.* Lamentablemente, eso no está en el programa de estudios de la mayoría de los cursos en la carrera de psicología.

Lo que un terapeuta de crisis nunca jamás debe hacer en esas situaciones es mostrar duda, confusión o temor. La otra persona está buscando una respuesta y necesita que usted tenga una. Si aprieta el botón de pánico y muestra falta de confianza, su credibilidad se hace polvo. No hay estados de ánimo, no hay mensajes y no hay resolución. Está bien sentir incertidumbre. Pero *no* está bien mostrarla –aun cuando haya un arma a no más de un metro de su sien.

¿Es la confianza lo que permite al terapeuta sentarse ahí tranquilamente en medio de una tormenta? ¿O es el temor de no sentirse confiado? ¿Y la confianza ayuda a las personas a capear las crisis o primero pasan por las tormentas y luego desarrollan la confianza?

Me senté tranquilamente con Jack por la misma razón que me siento calmadamente con una gran posición que cuelga de un punto de alta incertidumbre. Sé que asumiré internamente lo que sea que responda y lo que sea que haga. *Primero, compórtese de acuerdo con sus ideales; los sentimientos vienen después.* Actuar fuera de control solo refuerza la pérdida de control.

Entonces estoy en suspenso ahí con Jack, como con una gran posición en peligro. Y observo los marcadores, incluso si tengo un nudo en el estómago.

Cuando el juego está en peligro

Era el torneo de baloncesto de 1992 de la Asociación Nacional Atlética Universitaria (NCAA, por sus siglas en inglés). El equipo de la Universidad de Duke, a cargo del entrenador Mike Krzyzewski, estaba en medio de un torneo épico con la Universidad de Kentucky en un partido por la semifinal nacional. El partido tuvo cinco cambios de lado solo en los 30 segundos finales. Cada vez que un equipo lograba hacer un buen juego, el otro respondía del mismo modo. Parecía como si el equipo que tuviera el balón al final ganaría el partido. Cada ejecución era perfecta.

A Kentucky le tocaba el último intento para conseguir la victoria. Shawn Woods llegó a la línea y lanzó el balón. Anotó, dejando 1,4 segundos en el reloj.

El entrenador Krzyzewski explicaría después su enfoque al grupo durante un descanso. «Lo primero que creo que hay que decirles es "Vamos a ganar", lo creas o no». En ese momento los jugadores están en un punto frágil. Su temporada está en peligro y las probabilidades parecen estar en su contra. El único aliado del entrenador es el deseo de creer de los jugadores y su capacidad de absorber la fe de su mentor.

El estado anímico, luego el mensaje. Temor y crisis, palabras de confianza.

Grant Hill hizo un lanzamiento con el balón que cruzó la cancha. Christian Laettner la agarró en la zona de tiros libre, se volvió al cesto y soltó su tiro, aparentemente en un solo movimiento.

No tocó nada, salvo la red.

Los jugadores saltaban de alegría. Thomas Hill se agarró la cabeza y se puso a llorar, en un eterno momento de alivio e incredulidad. En un lapso de menos de dos segundos, su equipo había pasado de la derrota a la victoria.

Los mejores atletas crean sus propios estados de ánimo y mensajes. Esa es una gran parte de lo que les hace especiales. Pocas personas creían que Mohamed Ali tenía posibilidades de ganar frente al invicto George Foreman en Zaire, África. En 1974, Foreman había derrotado a todos sus adversarios en la división de pesos pesados, incluyendo múltiples *knockdown* y una rápida eliminación del consumado boxeador Joe Frazier. Ali, incluso después de haber estado en prisión por no participar en la guerra de Vietnam, todavía tenía velocidad, pero Foreman tenía un poder indiscutible. La única esperanza para «*Greatest*», al que ya le pesaban los años, era mantenerse alejado de los despiadados ganchos de Foreman, en gran parte como se había mantenido alejado del igualmente temible Sonny Listón.

Al ser entrevistado antes de la pelea, Ali explicó el origen de su fortaleza. Si solo pensaba en él mismo y en el gran George Foreman, se asustaba. Pero si creía que Dios estaba con él, Foreman no parecía grande en lo absoluto. Era pequeño y conquistable. Durante semanas antes de la pelea, Ali se burló de Foreman llamándolo «momia», haciendo hincapié en la lentitud de su adversario y la incapacidad de mantenerse al nivel de alguien que podía «flotar como una mariposa y picar como una abeja». Claramente, Ali estaba convenciéndose —y convenciendo al público— de que se trataba de una pelea real, una que él podía ganar. Fue en realidad una página que sacó del libro de Listón, donde Ali había ridiculizado al «oso feo» y, en un arranque de genialidad, fingió locura para desconcertar a su temible oponente.

Sin embargo, George Foreman no se sentía intimidado.

Reforzado con la fe, Ali salió al primer asalto e hizo lo que nadie esperaba. No se mantuvo alejado de su adversario. Entró al cuadrilátero balanceándose, golpeando a Foreman con un derechazo después de otro. El enfurecido Foreman se acercó a Ali como un toro, golpeándole el cuerpo y buscando dar un derechazo a la cabeza en cada oportunidad. Hacia el final del primer asalto, estaba claro que Ali no podía mantener alejado a Foreman. No podía seguir bailando durante una pelea completa con los más de 27 grados y la humedad de Zaire. Algunos comentaron que, en el descanso entre el primer y el segundo asalto, fue la primera vez que habían visto temor real en los ojos de Ali.

Ahí estaba, sentado entre asaltos, mirando fijamente al espacio. Era su momento para el autoasesoramiento psicológico: asesoramiento de crisis. Repentinamente, parándose antes del inicio del segundo asalto, animó a la multitud a gritar: «¡*Ali bomaye*!» (¡Ali, mátalo!) La multitud respondió y Ali alimentó su energía. Avanzó los siguientes seis asaltos e hizo lo que ningún hombre había hecho jamás, lo que nadie predijo que haría, o podría hacer. Permitió que Foreman le golpeara. Y le golpeó. Y le golpeó. Era el lanzamiento desde las cuerdas para dejarse golpear (el «*rope-a-dope*»); Ali lo inventó en ese momento para desmoralizar a su oponente. Con cada golpe en el cuerpo, Ali se mofaba del grandullón Foreman: «¿Esto es lo mejor que puedes hacer? ¡Golpeas como una niñita!»

Incluso más enfurecido que antes, Foreman se balanceó frenéticamente frente a su torturador, perdiendo numerosos golpes a la cabeza que habrían derribado a cualquier oponente. Hacia el séptimo asalto, ya era claro que Foreman estaba desgastado. Al comenzar el octavo asalto, Ali sabía que su adversario era incapaz de mantener su poder. «Ahora es mi turno», anunció Ali en el *campanazo*. Y lo era. Un derechazo mandó al hombre grande a la lona y convirtió a Ali, nuevamente, en el campeón mundial de los pesos pesados. Ali había transformado su temor en una fanfarronada invencible, y el entusiasmo de los fanáticos alimentaba la imagen que él mismo había creado. (Años después, el amargado Foreman haría su propia transformación personal y volvería a ganar estatura en el boxeo, esta vez como una atractiva figura mediática.)

Quizás los mayores logros de Ali esa noche en Kinshasa no fueron su derechazo ni incluso su capacidad de recibir golpes. Ali se había transformado en su propio terapeuta, cambiando marchas, convirtiendo la crisis y la adversidad en inspiración y oportunidad. Pasando a través de su temor, se mantuvo flexible mentalmente y pudo elaborar una nueva estrategia en el lugar y el momento mismos de la crisis.

Creo que Ali habría sido un *trader* fenomenal.

La ventaja en el asesoramiento psicológico de crisis

Una de las ventajas de haber hecho terapia durante un largo tiempo es que llegas a un punto donde has visto prácticamente de todo. Cuando las cosas se ponen difíciles, me tranquilizo recordando las escapadas milagrosas de mis primeros días como profesional. El peor incidente de este tipo fue ir a la casa de una dienta después de recibir una llamada de crisis a mitad de la noche. Fue una medida temeraria: lo correcto era llamar a la policía y al hospital. Sin embargo, siempre ansioso por ayudar y dar ayuda profesional, entré en la casa y la encontré sosteniendo un cuchillo contra su cuello. Durante dos angustiantes horas, conversé con ella hasta que acordó bajar el cuchillo y fijar reuniones de terapia. En un determinado momento, amenazó con clavarme el cuchillo a mí.

Una vez que uno ha estado en el infierno y ha vuelto, una vez que se ha estado muy cerca de recibir una estocada, la idea del suicidio se vuelve menos amenazante. Eso es lo que trato de comunicar a la persona en crisis. He trabajado con gente que ha perdido sus carreras, a sus seres queridos y sus posesiones. He trabajado con alcohólicos que han tocado fondo, con no mucho más que un permiso de conducir a su nombre, atormentados por el abuso que han provocado a otros. Ellos pudieron volver. *Se puede.* Incluso cuando todo lo demás parece perdido. Incluso cuando quedan 1,4 segundos en el reloj...

Mi optimismo proviene de otra ventaja más que tienen los terapeutas en situaciones de crisis. Los clientes que consideran el suicidio ya entran en terapia en un estado de ánimo alterado. Son casi solo terminaciones nerviosas emocionales, abrumados por la ansiedad, la depresión y la rabia. El mensaje que necesitan oír es de esperanza: *hay* una salida, incluso si no se ve clara en estos momentos. Y yo estaré ahí para ayudarte a encontrar esa salida, como lo he hecho con otros.

Como terapeuta, puede que estés temblando por dentro, dudando si todo el asunto tendrá un final feliz. No importa: mira a esa persona a los ojos, ponte de pie y pon en acción a la multitud: ¡*Bomaye*! Hay una salida.

Lo que se ve en esas situaciones es bastante extraordinario. Casi por ósmosis, su confianza se transforma en la confianza de ellos. En el estado intensificado de crisis, el mensaje fluye libremente del terapeuta al cliente. La persona que había estado abatida por una tormenta interior repentinamente se coloca de pie, lo mira a uno a los ojos y reúne energías para expresar algo de optimismo. Un observador menos orientado a la ciencia podría concluir que ha ocurrido alguna forma de posesión, como si el espíritu del que ayuda de alguna manera entrara en el cuerpo de la persona que está recibiendo la ayuda. Es posible que no haya dicho nada diferente de lo que los otros le habían estado diciendo al cliente durante semanas, pero usted tuvo credibilidad y esos otros no. El estado de ánimo estaba maduro para que usted, y no ellos, catalizara el cambio.

En esta ocasión, con Jack y ese sospechoso bulto en su cintura, se necesitaba una fuerte dosis de esperanza y optimismo. Sin embargo, esta vez no pude.

Porque estaba muy ocupado teniendo mi propia retrospección.

La crisis de *trading* del doctor Brett

Corría 1982. El mercado de capitales había estado débil durante gran parte del año anterior. Cada repunte de los puntos bajos parecía débil, lo que me sugería que iban a haber más bajas en el futuro. En realidad, la línea de avance-descenso, una medida de la fortaleza del mercado, estaba cayendo a niveles que no se habían registrado en muchos años. Tomé una posición corta en el verano, previendo un último desplome que llevaría al Dow a sus mínimos de 1974.

La oportunidad no podría haber sido peor. Poco después de eso, mi posición corta se vio frente al alza más notable en años. Con considerable ansiedad, aguanté el alza de agosto, esperando que el mercado repuntara y me sacara del apuro. Retrocedió levemente, solo para dar origen a una igualmente poderosa amenaza alcista en el otoño. Aturdido, cubrí la posición. Había perdido los beneficios de los últimos cinco años por malinterpretar completamente el mercado.

Totalmente.

Es imposible describir la sensación de la verdadera depresión. Es más que desaliento y derrota. Se siente como si a uno le hubieran arrancado el alma. Sorprendentemente, rendí en el trabajo, pero por dentro me sentía vacío. Me sentía como un zombi, andando sin rumbo de actividad en actividad. No había alegría, nada que esperar en el futuro. Cada día vivía con la idea de suicidarme. Pero hasta eso carecía de sentido. Por lo que me pareció una verdadera eternidad, pasé por el ritual de levantarme, ir a trabajar y ayudar a otras personas. Sin embargo, no había nadie en casa, nadie dentro. Más adelante, un amigo me dijo que me veía espantoso durante ese tiempo: zapatos sucios, pelo desaliñado y sin peinar, ojos apagados.

Igual que Jack. Cuando lo vi, era como si me estuviera viendo al Brett de esos años. Era un yo que había barrido bajo la alfombra de mi mente, pero que reconocía demasiado bien. Nietzsche tenía razón: cuando uno mira fijamente al abismo, el abismo también lo mira a uno.

Lentamente y con recelo, le conté mi historia a Jack. No estoy seguro de lo que esperaba ese tipo grande y vociferante cuando vino al terapeuta, pero estoy bastante seguro de que no esperaba que su terapeuta le contara una historia de depresión suicida.

Le conté a Jack cómo el mercado iba a ser mi forma de hacerla en grande y probarme a mí mismo. Necesitaba hacerlo ante mis padres, que tenían éxito, ante las personas que no habían creído en mí y ante mí mismo. Hacerla en grande iba a rescatarme de la rutina de la vida diaria. *Lo iba a lograr.* Como había logrado obtener dinero durante los primeros años de *trading*, las ganancias eran buenas, pero modestas. No trajeron redención. Así es que aumenté el tamaño de mi apuesta, usando un margen para colocar más dinero en peligro del que realmente tenía en mi cuenta. El desplome de 1982 iba a liberarme, a cimentar mi carrera como *trader*. En vez de ello, me sumí en la depresión.

Expliqué a Jack que mi depresión vino seguida de un tormentoso período de borrachera y citas, un esfuerzo desesperado por escapar del hoyo negro. Llegué al fondo del pozo en un bar de Homer, Nueva York, después de varias rondas de whisky y un porro particularmente potente (y probablemente adulterado). Había una banda tocando esa noche, pero no podía entender las palabras ni las melodías. Los sonidos parecían salir de dentro, casi como un remolino líquido dentro de mi cabeza. Estaba inmovilizado, reconociendo que estaba en muy, pero muy malas condiciones. No me atreví a dejar mi asiento; sabía que no podría mantenerme en posición vertical. Después de un tiempo indeterminado (y con la misma melodía arremolinándose en mi cabeza todo el tiempo), auné esfuerzos y me las arreglé como pude para llegar al coche. Para entonces estaba lo bastante sobrio como para conducir con extrema precaución y las calles estaban lo bastante vacías como para reducir el riesgo de accidentes. Después de una noche de vómitos, desperté con el sentimiento de culpa ante la idea de que habría podido matar a alguien en esas calles. Mis pensamientos estaban claros, aunque la cabeza me palpitaba, y mis palabras hicieron eco con las de Jack: *no puedo seguir viviendo de esta manera.*

Había algo potente en esa comprensión. Solo un par de semanas después, me embriagué por última vez en mi vida, en la fiesta de Año Nuevo donde conocí a Margie, la mujer que se convirtió en mi esposa y el gran amor de mi vida. Siete meses después, estábamos comprometidos; al año siguiente acepté una considerable reducción en el sueldo para hacer lo que realmente quería hacer: asesoramiento psicológico a estudiantes. Desde el fondo de una dolorosa desesperación, mi vida había dado un giro de 180 grados.

Jack escuchaba con mucha atención. Una vez desplomado, ahora fijaba su mirada en mí. Me contó sus historias de salidas a fiestas e infidelidad. Habló de su depresión, causada por la inevitable sensación de ser responsable de su propia caída y de que nunca llegaría a valer nada. Por unos minutos, los límites desaparecieron y la conversación era tan fluida como la música de hace años. No había terapeuta ni cliente. Solo dos personas que habían experimentado agonías similares, deleitándose con historias de batallas y heridas de guerra.

Yo rompí el encantamiento.

«Demonios, Jack», dije. «A ti no te preocupa el dinero ni el *trading*. No es por eso por lo que está deprimido. Si fuera así, tomarías el arma, le apuntarías a algunas personas y te llevarías lo que necesitaras. Pero eso no probaría nada. Querías demostrarle a tus padres que estaban equivocados, querías hacer algo de ti mismo. Eso es lo que perdiste, no solo tu parte en el *trading*».

Jack parecía absorto. Mi voz bajó solo un poco mientras sugería: «Apuesto a que puedes oír las voces de los demás en tu cabeza, diciendo que nunca vas a llegar a nada», Jack asintió. «Y eso te deprime, la idea de que ellos podrían haber tenido razón».

Los ojos de Jack se abrieron con sorpresa mientras preguntaba:

«¿Cómo lo sabes»

Le ofrecí mi mejor sonrisa.

«Eso me deprimía a mí también».

Creando cambios mediante la creación de nuevos papeles

Hablar a los clientes de las tribulaciones propias no es exactamente una terapia que aparezca en los libros. Tampoco es algo que se me ocurriría hacer en la mayoría de las situaciones profesionales. Sin embargo, bajar del pedestal introduce un elemento muy inesperado en el proceso. Las personas a menudo se ponen maravillosamente a la altura del desafío.

Durante varios años, participé como líder de una terapia de grupo en una unidad de pacientes psiquiátricos adultos internos. Este tipo de unidades cumple principalmente una función: mantener a las personas a salvo. En esta era de conciencia del coste o gasto, a las personas se las hospitaliza cuando son un peligro para ellas mismas o para los demás, o cuando están tan fuera de contacto con la realidad que no pueden preocuparse de forma adecuada de ellos mismos.

Los clientes de la unidad estaban derrotados. Varios habían experimentado abusos físicos, sexuales y emocionales durante largo tiempo. Otros tenían problemas de larga duración de depresión, esquizofrenia y desorden bipolar. A veces era difícil separar lo que era «enfermedad mental» y lo que eran los efectos de largo plazo de una gran cantidad de tranquilizantes. Miradas ausentes, un caminar arrastrando los pies y tonos guturales de desesperación eran señales típicas del efecto de dificultades emocionales de toda la vida y tratamientos químicos.

En las sesiones de grupo, mantener una conversación era una empresa titánica. Temerosos al ridículo y con la certeza de que sus problemas no podían interesar a los demás, los participantes se sentaban con la mirada fija en el suelo y apenas respondían a las preguntas directas. No obstante, una hora después, sentados en la sala de recreo, estos mismos pacientes participarían en animadas conversaciones, a menudo compartiendo difíciles e importantes historias personales. Era especialmente revelador ver la forma en que abordaban las crisis. Cuando alguien perdía las fuerzas y pensaba en el suicidio, incluso los menos comunicativos se apresuraban a brindar su apoyo, ofreciendo amistad y guía. En esos momentos, a menudo era difícil ver que se trataba de pacientes psiquiátricos crónicos.

Se me ocurrió, después de una complicada sesión de terapia de grupo, que el problema era que *yo* era el terapeuta. Si yo soy el que ayuda, ¿qué papel le queda a los demás? Solo pueden ser los que reciben ayuda. Sin embargo, cuando los clientes estaban en la sala de recreo, no había pacientes y terapeutas. Todos ayudaban a todos. Y todos servían para algo. El papel del paciente significaba no ser necesitado ni ser útil para alguien más —excepto, naturalmente, cuando se trataba de ayudar a otros pacientes.

En la siguiente sesión, intenté un experimento. Con voz baja y sombría, expliqué al grupo que no iba a poder hablar mucho durante esa reunión. Dije que había un importante problema de salud en mi familia y que temía por el bienestar de nuestra hija.

La sala de terapia se mantuvo en completo silencio. Nunca antes había ocurrido algo así.

«¿Qué le pasa a su hija?», preguntó tiernamente una paciente. Era una joven que había sufrido abusos en su niñez, uno de los pacientes que rara vez hablaba.

«Le diagnosticaron un tumor cerca del cerebro», expliqué. «Va a necesitar cirugía mayor. Solo estoy un poco ansioso, eso es todo. Dicen que el porcentaje de éxito para la cirugía es alto».

«Nunca creí que ustedes se sintieran ansiosos», comentó con asombro un joven de pelo largo. Se notaba que ese «ustedes» aludía a todos los terapeutas en su conjunto.

«Sería bueno si eso fuera cierto», sonreí. «Ojalá nunca me sintiera ansioso ni tuviera sentimientos suicidas o de depresión».

Se pudo oír un leve jadeo de asombro. «¿*Usted* ha tenido sentimientos suicidas?», preguntó una de los miembros con estupor. Era como si ella hubiera dicho, «¿*Usted* ha estado en Marte?»

«Por supuesto», contesté, con un leve tono de molestia en mi tono. «¿Qué creen, que soy un robot?»

«Es que ninguno de ustedes habla de eso», explicó la primera mujer. «Terminan conociendo cosas de nosotros, y nosotros no sabemos nada de ustedes...»

«Sí», intervino un enfadado joven. «Es como si se sentaran ahí mirándonos y juzgándonos».

«Está bien, me parece justo», dije. «¿Qué quieren saber de mí?»

«¿Ha perdido alguna vez a alguien cercano?», preguntó el joven.

Hice una pausa de un segundo.

«Dos veces», dije. «Mi abuelo murió y fui el primero en descubrir su cuerpo en el apartamento. Sabía que estaba enfermo, fui a visitarlo por la tarde, pero había muerto. Durante mucho tiempo me sentí culpable, deseando haber pasado a visitarlo por la mañana. Al menos no hubiera muerto solo.»

Volví a hacer una pausa y me lancé de lleno.

«Mi esposa y yo también perdimos un hijo durante un embarazo. Fue muy difícil. Tengo mucho miedo de perder otro hijo.»

Una mujer mayor, que había estado deprimida y silenciosa en todas nuestras sesiones, despertó repentinamente.

«Lo siento», dijo. Comenzó a hablar más, luego vaciló, recomenzó y volvió a hacer una pausa. «Mi marido falleció justo antes de que yo llegara aquí al hospital. Se suicidó». Rompió en llanto. «Habíamos estado discutiendo. Siempre estábamos discutiendo. Pero nunca pensé que se suicidaría. Siento que lo maté.»

La joven que había sufrido abusos se levantó de su asiento y abrazó a la mujer. El hombre enfadado estaba visiblemente emocionado. «Mi padre nos abandonó cuando yo tenía cinco años», expresó.

Ya no había más silencio en la sala y nunca volvió durante el resto de mi trabajo como líder grupal. Si un observador hubiera entrado a la sala en ese momento, habría sido difícil, o quizás imposible, deducir quién era el doctor o quiénes los pacientes. En unos pocos minutos, habíamos creado nuevas identidades.

Saltos y tempos

Entonces, ¿qué ocurre en la terapia con Jack y el grupo del hospital? La respuesta se puede encontrar en la música.

En su *The Listening Book* ('El libro para escuchar') W. A. Mathieu se refiere a los *saltos,* en los cuales el músico hace un repentino movimiento de un tono de escala a otro. Explica que los saltos suelen ser rellenados con la melodía subsiguiente, como en el desarrollo después de las dos primeras notas en *Somewhere Over the Rainbou.* Los analistas técnicos recurren al mismo fenómeno cuando un movimiento de precios crea una brecha, un movimiento repentino *y* discontinuo desde un nivel de precios a otro. Las tendencias a buscar el equilibrio que tienen las personas las llevan a encontrar un área media entre los extremos de un salto o una brecha.

El salto en la terapia va de una estructuración de la relación a otra. Cuando la sesión comienza, yo estoy metido en el papel del terapeuta. Jack y las personas de la unidad hospitalaria son los pacientes. Yo hago las preguntas, ellos responden. Ellos me dicen lo mal que se sienten, yo trato de encontrar la solución. La propia estructura de la situación mantiene a los participantes encerrados en papeles limitados.

No se necesita cambiar mucho la estructura de una pieza musical para alterar su tono emocional. La música de Philip Glass logra mucho de su poder a partir de la exploración de los matices del cambio: la capacidad del oyente de adaptarse a la repetición y de percibir muy pequeños cambios en la estructura. Cuando se acaba una pieza de Glass en el CD y pasa a la siguiente pista, el oyente absorto experimenta un salto, una transición repentina y discontinua. El efecto es vibrante.

Precisamente un salto así es el que ocurre en terapia cuando un terapeuta se sale de su papel. Al no dar la respuesta esperada, hace que sea imposible para los clientes responder con sus patrones normales. Esto crea fluidez y abre las puertas a que se cierre la brecha con nuevos patrones de acción. La «música» de la terapia se modifica radicalmente si revelo mis propios problemas o parezco más vulnerable que las personas a las que estoy ayudando. Con frecuencia, el que necesita ayuda responde al salto y responde con una especie de trance inducido, saliendo del círculo vicioso de sus propios problemas y haciéndose ver como «el que puede ayudar».

Los participantes de la terapia, como los de cualquier relación significativa, crean una partitura musical con sus interacciones. Esa partitura tiene temas y tempo, un timbre y textura característicos que reflejan los estados de los «intérpretes musicales». Cuando una parte cambia un parámetro de la partitura, al reestructurar la relación o simplemente cambiar su tono de voz o el volumen, la creación musical cambia, con lo que se abren las puertas a nuevas variaciones, nuevos temas y nuevos tempos.

Esto tiene profundas implicaciones para la modificación de los patrones de conducta de los *traders*. Si desean acelerar sus cambios, tienen que actuar no solo de forma diferente, sino *radicalmente diferente* respecto de sus normas para poder crear un salto.

Si bien podría necesitarse un cambio gradual en el caso de la persona que ha sufrido un trauma y que, por lo tanto, necesita una sensación de seguridad, dar pasos pequeños puede no ser la mejor solución para la mayoría de la gente.

Consideremos un ejemplo de *trading* práctico. Recientemente llegué a un punto en que mi investigación y *trading* se habían desarrollado lo suficientemente bien como para pensar en aumentar mi tamaño. Sin embargo, me encontré a mí mismo obstaculizando la jugada. Sin duda, estaba siendo cauteloso en exceso, temiendo que la confianza que me había costado tanto ganar se pudiera convertir en exceso de confianza.

No obstante, nadie ha superado un temor evitándolo. En vez de aumentar mi tamaño en forma gradual, lo que habría sido una concesión a mi temor, decidí duplicar inmediatamente mis posiciones para mis transacciones normales. Hacer este salto fue mi forma de usar mis acciones para reforzar la confianza, de manera muy similar a como lo había hecho como terapeuta con Jack. Es posible que no me haya sentido totalmente confiado, pero iba a actuar sobre la premisa de la confianza y, de ese modo, la reforzaría.

Más aún, me di cuenta de que estaba creando un nuevo papel de mí mismo. Siempre había pensado en mí como un «*trader* pequeño». Sabía que nunca cambiaría esta identidad haciendo crecer un poquito mi tamaño, transformándome en un «*trader* menos pequeño». Si mi objetivo era hacer transacciones de mayor tamaño, necesitaba familiarizarme conmigo mismo como «*trader* grande».

No voy a fingir que este fue un período fácil de mi *trading*. Al duplicar el tamaño se duplican los *drawdowns* en dinero real y se duplica con creces la susceptibilidad de uno a los golpes emocionales. Sentado frente a la pantalla, diciéndome continuamente que estas eran las mismas transacciones que había estado haciendo con éxito y permitiendo que los mercados me abofetearan con sus movimientos azarosos, no era una escena muy diferente a lo que vivió Ali en Kinshasa. Todo lo que podía hacer era soportar los golpes, mantener la psiquis tranquila y esperar el momento en que pudiera decir: «¡Ahora es mi turno!»

Mi turno llegó cuando decidí crear uno de mis modelos del «vecino más cercano» del indicador TICK de la Bolsa de Valores de Nueva York (NYSE). El modelo identificaba todos los días de los últimos tres años que fueran parecidos al día más reciente con respecto al comportamiento del TICK, lo que me permitía ver la forma en que se desarrolló el mercado después de cada una de esas ocasiones pasadas.

El TICK había estado extremadamente sólido durante un tiempo, de manera que pedí a la base de datos que me diera todos los períodos históricos en que el TICK había estado sólido pero el precio no había logrado un nuevo máximo. Los resultados me sorprendieron. Siempre que el TICK había estado sólido y el precio no lo había seguido, la debilidad del mercado no terminaba sino hasta que el TICK —y el precio— caían a trompicones.

Armado con lo que parecía una investigación sólida, dupliqué mi tamaño normal e hice una venta corta en el mercado, a pesar del hecho de que ya había estado bajo por un tiempo. Di el salto y me mantuve nerviosamente atento a la pantalla, pero me mantuve siempre «con un cable a tierra» en la investigación. No cerraría la posición a menos que el mercado lograra una nueva alza o a menos que el TICK vendiera.

A medida que la transacción se hacía rentable, volvían a la normalidad mi confianza y mi calma. Pude apreciar que esta realmente no era muy diferente a mis otras transacciones, a pesar del tamaño. Tomé mis beneficios, pero no me sentí regocijado. Por el contrario, parecía rutina. Me estaba ajustando al salto y me estaba sintiendo más normal. *Se estaba convirtiendo en parte de mí.*

Si los *traders* tienen la valentía de mantenerse fieles a sus saltos, tienen el potencial de asumir internamente un nuevo conjunto de experiencias y elaborar un mapa radicalmente diferente de sí mismos. Un *trader* que conocí, Dwayne, me dijo que tenía un problema con el *trading* impulsivo. Se veía envuelto en la actividad de los mercados, especialmente en tiempos de volatilidad, y terminaba haciendo transacciones no muy bien meditadas.

Incentivé a Dwayne a que diera un salto importante. Durante un tiempo, no iba a hacer más de una transacción al día y no iba a hacer la transacción a menos que sus dos sistemas de *trading* apuntaran en la misma dirección. Al principio, puso obstáculos:

«¡Pero puede que pase un día completo sin hacer ninguna transacción!», se quejó.

«Ese es el punto», expliqué. «Si desea tener el control, no puede hacerlo siendo *menos impulsivo.* Haga unas pocas transacciones en que tenga todo el control, y veamos cómo se siente».

Dwayne lo hizo al pie de la letra y colocó una buena cantidad de transacciones ganadoras las siguientes semanas. Al no poder obtener estímulo y excitación con el exceso de transacciones, volcó su energía en la investigación y el planeamiento, descubriendo nuevas direcciones para su *trading*. Para cuando terminamos nuestro pequeño experimento, parecía menos interesado en volver al *trading* frecuente. Sin embargo, se daba cuenta de que ahora podía cerrar la brecha, haciendo transacciones más a menudo y, a la vez, manteniendo el control. Al haber experimentado el control durante un tiempo, sintió que se estaba volviendo parte de él y que no lo dejaría –incluso si aumentaba la frecuencia de su *trading*.

Si desea lograr un ideal, cambie sus acciones radicalmente en la dirección de su ideal y pase suficiente tiempo en ese modo para asumir internamente los resultados. Si ha definido en forma razonable el fin deseado y lo sigue con el tesón inicial, habrá creado un nuevo papel para sí mismo, de manera muy similar a como lo hicieron los pacientes en la unidad hospitalaria.

Tengo la fuerte sospecha de que la duración y grado del salto se correlaciona directamente con sus resultados. Esto puede explicar gran parte del éxito de la terapia experiencial y de dinámicas breves, que sumerge a los clientes en experiencias que han estado rechazando, creando cambios enormes con respecto a los modos acostumbrados. La terapia de Habib Davanloo es bastante inusual, en el sentido de que emplea una vigorosa confrontación de cada resistencia del cliente. Durante el transcurso de una sesión larga, los clientes se agitan y frustran cada vez más con las maniobras de Davanloo. Finalmente, esto se manifiesta como una expresión directa de rabia y resentimiento, los mismos sentimientos que a menudo han estado ocultando. El salto a un nuevo estado de rabia, pero ahora con ninguna de las consecuencias temidas, es una poderosa experiencia emocional correctiva. Al igual que Walt, los clientes de Davanloo descubren que pueden mostrar enfado y molestia sin ser destructivos.

La mayoría de los problemas de *trading* parecen implicar una regulación defectuosa del control personal. Algunos *traders* se sienten demasiado inhibidos en los mercados, incapaces de apretar el gatillo y llevar a cabo sus planes. Otros son impulsivos y no pueden seguir rutinas ni ser disciplinados, y continuamente hacen *trading* fuera de su plan. Los saltos emocionales más útiles para el *trader inhibido* son los que implican cambios a estados altamente enérgicos y orientados a la acción: los puñetazos en el colchón recomendados por Alexander Lowen, el sumergimiento en la experiencia por Alvin Mahrer. Los saltos más productivos para el *trader impulsivo* consiguen lo contrario: disminuyen la reactividad a través de un aumento en el enfoque, la relajación y la quietud física. Con práctica suficiente, estos saltos abren nuevas frecuencias en el dial, reforzando las capacidades de los *traders* para programarse a sí mismos.

Creo que eso es lo que explica los efectos evidentemente potentes que he experimentado con los prolongados períodos de inmersión en la tranquilidad física y cognitiva, acompañado de la música de Philip Glass. Al igual que ocurre con los tanques de aislamiento sensorial de John Lilly, los ejercicios de biorretroalimentación y música crean un salto tan radical que es prácticamente imposible volver a patrones de conducta antiguos. Además, he descubierto que, si practican con suficiente frecuencia, estos estados tan diferentes se vuelven más familiares y se puede acceder a ellos de forma más fácil. Donde alguna vez se necesitaron largas horas para lograr el salto a un estado altamente enfocado, ahora solo son necesarios algunos minutos. Además, me he dado cuenta de que hay períodos de concentración intensa que aparecen de modo espontáneo durante el día con cada vez mayor frecuencia. Las desviaciones radicales de las normas, ya sea inducidas socialmente o cultivadas a través de técnicas dirigidas, parecen acelerar el cambio, lo que rompe los antiguos patrones y consolida los nuevos.

Conclusión

«Realmente quiero lograrlo, como tú lo lograste», me explicó Jack. «¿Crees que pueda hacerlo?»

Jack no se estaba refiriendo a mis ganancias, que eran vergonzosamente modestas comparadas con sus anteriores niveles de *trading*. Quería saber si podía ganarse la vida siendo una buena persona: un *trader*, marido y padre con éxito. Resulta interesante el hecho de que Jack se sentía peor por sus fallos como hombre de familia que por sus pérdidas en el *trading*.

«Así tendría algo. Quiero algo que sea realmente mío.»

«¿Tu éxito no parecía real?», pregunté.

«No», admitió. «Siempre sentí como que lo estaba estropeando, dándole a mi familia la peor parte. Y no podía mirar de frente a las personas que me dieron su dinero para invertirlo. Uno de ellos era un tipo malo. Pensé que iba a venir a buscarme.»

Ahora me di cuenta del motivo por el cual Jack llevaba el arma y desde el fondo de mi retrospección, entendí por qué sus negocios fracasaron.

«Lo que descubrí, Jack, fue que siempre que esas voces negativas estuvieran en mi cabeza, ninguna ganancia en el mercado era suficiente. Siempre tendría que ir por más, asumir más riesgo, hasta que todo se derrumbara. Una vez que saqué las voces de mi cabeza, pude recoger algo de dinero de la mesa. No me ha hecho rico, pero tengo un buen pasar y puedo sentirme bien con eso.»

Esta es la traducción: *el problema no es la pérdida de tu negocio; es el guión interno que te mantiene en el papel de perdedor.*

«¿Quieres decir que si puedo olvidar mi pasado, puedo tener éxito?»

Su tono de voz mejoró levemente.

«¡No!», recalqué. «Quiero decir que si puedes superar tu pasado *tendrás* éxito, no importa cuánto dinero estés ganando en ese momento.»

Pude ver los engranajes moviéndose en la mente de Jack. Su mirada era intensa. Sus hombros, que alguna vez estuvieron caídos, ahora estaban derechos. Era otra de esas transformaciones por trance inducido que hacen que este trabajo sea tan especial.

Una sonrisa apareció en la cara de Jack y creí detectar que había entrecerrado levemente los ojos y había aparecido una sospechosa mirada de reojo.

«Entonces, ¿qué piensa de este mercado?», preguntó.

Bueno, bueno, parece que no era una transformación *completa.*

Sin embargo, en unos pocos meses ya había conseguido un buen empleo y estaba comenzando de cero con sus hijos y buscando una nueva relación. Jack era otro superviviente del borde del precipicio. La crisis

—esa dolorosa sensación de tocar fondo que lo consume entero a uno— le dio el estado de ánimo, abriéndolo a una nueva serie de mensajes emocionales: está bien así como eres. Esos mensajes no podrían penetrar cuando era su yo antiguo, viviendo la vida en su forma usual. No obstante, en condiciones de crisis, las mismas ideas podían dar un giro a su vida.

En un estado, Jack, al igual que yo mismo, estaba bloqueado en un patrón. En un estado diferente, emocionalmente sintonizado con la destructividad de sus acciones, podía reorganizar su vida. La crisis fue el catalizador, el suelo mismo desde el cual brotaron nuevas direcciones de vida. Jack, al igual que yo, al igual que Mohamed Ali, había descubierto una forma para bajar una marcha en medio de la crisis y tomar otra dirección: *ya no necesitaba el éxito en los mercados para tener éxito en la vida.*

13. Una dosis de irreverencia

Nos tomamos nuestra verdad como el café: con o sin azúcar.

¿Qué permite a los *traders* rechazar tan completamente sus antiguos caminos que pueden saltar a nuevas alternativas? No deja de ser interesante que la respuesta sea la rabia. De todas las emociones, la rabia quizás recibe la menor atención entre los psicólogos, mucho menos que la ansiedad y la depresión. Sin embargo, es precisamente debido a que muchas personas no pueden tolerar su propia rabia que se encuentran ansiosos o deprimidos frente a impulsos agresivos. Canalizada en forma adecuada, la rabia puede ser una de nuestras emociones más constructivas, generando energía que puede catalizar muchos cambios. En este capítulo veremos las formas en que podríamos aprovechar los sentimientos de frustración y rabia que se encuentran en el camino del *trading* y usarlos para impulsarnos a dar saltos de cambio.

Entendiendo su relación con usted mismo

Para empezar la exploración de la rabia, dé una mirada a la relación que tiene consigo mismo. Una vez que usted entienda la forma en la que la reestructuración de una relación de asesoramiento psicológico abre las posibilidades para el cambio, permitiendo que un individuo asuma internamente nuevos papeles, queda solo un pequeño paso para reconocer cómo usted puede guiar su propio cambio *modificando su relación consigo mismo.* Muchos de los cambios que he ayudado a hacer a las personas han implicado el aprendizaje de formas de conversar más constructivamente con ellas mismas. Eso fue particularmente evidente con Joan, que transformó las hirientes conversaciones consigo misma en un diálogo vigorizante.

Uno de los ejercicios más útiles que pueden hacer los *traders* es llevar un diario de sus diálogos internos. La conversación interna es la que se da entre el «yo» y el «mí». Es un indicador directo de su relación consigo mismo. Y, en realidad, ¿qué es la autoestima sino *la calidad de la relación que tiene consigo mismo?*

Cuando las personas mantienen un diario de su flujo de pensamientos, sus conversaciones con ellos mismos se tornan visibles. Se hace posible volver a la conversación, analizarla y evaluarla. Ganan la capacidad de observación que les permite preguntarse: ¿cómo estoy hablando conmigo mismo?, ¿así es como converso con otras personas?, ¿así es como quiero que otros me hablen?

Resulta revelador analizar un diario escrito y ver cuánto de su tiempo lo pasa entablando comunicaciones dañinas consigo mismo. Lo peor de todo es que estas conversaciones suelen *ser* mucho más venenosas cuando usted está emocionalmente agitado y, por lo tanto, es más probable que meta en su interior su negatividad. La manera en que conversa consigo mismo después de una pérdida difícil en el mercado tendrá una papel desproporcionadamente grande para definir sus posteriores reacciones emocionales: su confianza para hacer futuras transacciones, su sensación de dominio y control, su motivación. Lamentablemente, muchas personas mantienen relaciones consigo mismas que se identificarían como emocionalmente abusivas si ocurrieran entre dos personas distintas. Al igual que Jack, las personas esconden profundas inseguridades que se impregnan más profundamente con cada acto de culpa, duda y recriminaciones hacia uno mismo.

Una de las formas en que esto se manifiesta en el *trading* es la incapacidad de revertir transacciones fallidas. Supongamos que identifica una transacción con altas probabilidades, basándose en una proyección de que una acción en particular aumentará en las próximas dos semanas. En lugar de ello, la acción se mantiene en un margen estrecho en las próximas 10 jornadas de *trading*, incluso con el mercado al alza. Usted se da cuenta de que la transacción no resultó y asume una pequeña pérdida. La pregunta ahora es: ¿cuál es su diálogo interno en el momento en que asume la pérdida? Demasiado a menudo, la conversación consiste en palabras de frustración, desaliento y sentimientos negativos. Usted se dice a sí mismo que la transacción fue un *fracaso* y, todavía peor, podría procesar la transacción como si *usted* fuera un fracaso.

Este procesamiento negativo afecta a su capacidad de aprender de la actividad de los mercados. Atrapado en la autoflagelación, usted pierde el enfoque y la motivación para hacer la transacción inversa cuando las condiciones lo merezcan. Muchas veces, una transacción de alta probabilidad que resulta fallida le dará valiosa información del mercado. Si una acción que se esperaba subiera no se eleva en un repunte del mercado, podría ser particularmente vulnerable durante la próxima corrección. No obstante, resulta difícil revertir su pensamiento acerca de la transacción si usted está demasiado absorto en sí mismo. Un análisis del *trading* podría revelar una capacidad de respetar los *stops* y asumir pequeñas pérdidas, pero también mostrar que no se sacó provecho en forma positiva de esta información. El *trader* inflexible puede cortar las pérdidas en la posición larga, pero no revertiría y hacer una venta corta cuando las condiciones lo precisen. El diálogo interno es un posible culpable.

Este diálogo se puede cambiar, como ha observado en el asesoramiento psicológico con Sue, Mary, Walt y Jack. Para lograrlo, debe adoptar nuevos papeles en su relación consigo mismo, ensayando consigo mismo la misma conversación constructiva que desea oír de los demás. Lamentablemente, es improbable que un simple pensamiento positivo elimine los diálogos negativos. Lo que se necesita son experiencias emocionales, como las que se crean en terapia. ¿Cómo puede crear estas experiencias para usted mismo? Aquí es donde la rabia se convierte en un valioso aliado.

Dave, el narcisista

Dave me irritó desde el momento en que entró a mi oficina. Era un estudiante de medicina bajo y de apariencia nerviosa que llegó varios días antes de los exámenes que tenía que rendir ante el consejo médico. Gran parte de la irritación se debía al carácter de último minuto de su petición. Dave estaba teniendo problemas para estudiar y quería ayuda de inmediato. No pronto, sino *de inmediato.*

La forma en que las personas piden ayuda a menudo sugiere patrones más generales de personalidad. Algunos piden tu tiempo casi como si fuera una imposición, interrumpiendo su petición con disculpas por distraerte con sus insignificantes problemas. Otros son prácticos, como si programaran una cita con su contable. Hay otros que expresan su petición con complejos y elaborados flujos emocionales, hablando continuamente de sus problemas antes de que incluso pueda fijarse una reunión.

Mis personas menos favoritas son las que llegan directo a mi oficina, saltándose a la secretaria. Inmediatamente se vuelcan en una presentación de sus problemas, sin considerar la posibilidad de que pudiera estarse llevando a cabo una sesión de terapia. O piden una cita para dentro de los próximos minutos u horas por una preocupación en apariencia rutinaria, algo que nunca harían con su médico o su abogado. «Lo quiero, y lo quiero ahora» parece ser la actitud mental que opera en ellos.

Los psicólogos se refieren a esto como regresión. Bajo estrés, las personas vuelven a modos para afrontar situaciones que utilizaban durante los períodos formativos de su desarrollo, en gran medida como mi atrincheramiento en el baño cuando me mudé a casa con mi esposa y los niños. El término para este tipo de regresión particular es *narcisismo.* Bajo la tensión de los conflictos actuales, la persona vuelve al egocentrismo de la niñez. Al igual que un niño podría presionar para que se cumplan sus exigencias, pasando por alto las limitaciones de la realidad y las necesidades de los demás, los clientes pueden hacer exigencias a los terapeutas que resultan increíbles por su egoísmo y falta de consideración.

Así pasaba con Dave. Golpeó mi puerta durante una reunión con un cliente y pidió que lo vieran *de inmediato*. «¿Qué ocurre?», pregunté, haciendo todo lo posible por colocar mi cuerpo entre él y la persona que estaba en mi oficina, tratando de contener mi disgusto por el hecho de que hubiera interrumpido la sesión.

«Estoy tratando de estudiar para los exámenes»; respondió Dave. «Voy a arruinarlo completamente. No he dormido en dos días, estoy atrasado con toda la materia y no hay forma de que pueda aprobarlo todo. Quiero entrar a neurocirugía. Si no me va bien con los exámenes, se arruinará todo.»

«Estoy en una sesión ahora», dije. «¿Podrías esperar unos minutos en la sala de espera ahí a la vuelta? Con gusto hablaré contigo una vez que esté listo.»

Me di cuenta de que a continuación tenía anotada en mi agenda una reunión de comité. Sin embargo, tendría que postergarse, dada la ansiedad del rostro de Dave.

«Es que *no puedo* esperar. Tengo que estudiar»; se quejó Dave, prácticamente haciendo pucheros.

Lo miré incrédulamente, ahora sintiéndome presionado por el tiempo que estaba quitando a la sesión de mi otro estudiante.

«¿Qué quieres que haga?», le pregunté. Estuve a punto de agregar: «¿Sacar de una patada al estudiante de mi oficina para que tú puedas entrar?», pero lo pensé mejor, en parte debido a que podría distanciarlo... y en parte porque podría haber aceptado la oferta.

«Iré a la sala de espera», me respondió, con tono desanimado.

Volví a la sesión en curso, armándome de valor para una sesión que sabía de antemano que no me iba a gustar.

Regresión y multiplicidad

¿Qué significa que una persona regrese a un nivel diferente de funcionamiento? Como se vio con anterioridad, la idea de la regresión presupone un viaje hacia atrás en el tiempo, una reversión a modos de percepción y respuesta más apropiados para un punto anterior en el desarrollo que para el contexto actual de uno. Pero también presupone que la persona es capaz de ocupar múltiples espacios de la mente.

A veces estos espacios de la mente colisionan en un momento particular de observación, como cuando Walt reconoció «estoy actuando como un niño, no como el adulto que soy en verdad». El yo como niño, el yo como adulto y el yo como observador repentinamente se fusionan en una clara muestra de lo compleja que es la personalidad.

Los niveles de desarrollo a menudo se reflejan en esta multiplicidad: este fue un reconocimiento seminal de Jean Piaget. Recuerdo vívidamente la primera vez que mi hija, Devon, se vio en un vídeo. La grabación se había hecho hacía solo pocos minutos antes y ahora aparecía en nuestro televisor. Abrió mucho los ojos cuando se vio en la pantalla; y, con su más entusiasta voz de niña de tres años, exclamó, «¡DOS DEVONS!» Era un clásico momento *piagetiano*. Incapaz de comprender que ella era tanto la que miraba como que estaba siendo mirada, concluyó que debía haber dos «ellas».

Si Devon hubiera llegado a esa conclusión como mujer adulta, su creencia de que hay dos Devon podría haber reflejado un proceso psicótico. La psicosis en sí es una regresión, un retorno a comprensiones e identificaciones más literales. Si el hombre Woolworth hubiera dicho que *se sentía* como una tienda vacía, no se le habría visto como a alguien mentalmente enfermo. Fue su insistencia en que él *era* una tienda lo que provocó su diagnóstico.

Entonces, ¿qué haremos con los resultados de la prueba de manchas de Rorschach en los cuales una sola persona genera múltiples niveles de desarrollo de respuesta? Un ejemplo clásico: el sujeto ve la primera tarjeta como un murciélago o una mariposa, definiendo las marcas: alas, cabeza, etc. Se trata de una respuesta común y no viola los límites de la realidad en modo alguno. Sin embargo, la siguiente tarjeta, con sus marcas rojas, puede provocar una respuesta muy diferente en su estructura y contenido. El cliente puede ver los detalles rojos de arriba como caballitos de mar y el área gris de abajo como un paisaje. La respuesta completa que da es «caballos de mar manchados de sangre que salen de paseo por las montañas».

No está muy distante de la reacción de la pequeña Devon. Incapaz de aunar las diferentes percepciones —rojo como sangre, forma de caballo de mar y área gris como montañas— el cliente los fusiona en un todo que viola la realidad. El hecho de ofrecer una respuesta de caballos manchados de sangre que caminan y no mostrar signos de lo incongruente que es la respuesta —incluso después de una pregunta directa— es un importante indicio de que ha ocurrido una regresión.

La prueba de manchas es una vitrina que pone al descubierto la multiplicidad. Muestra las entradas y salidas de estados mentales en respuesta a estímulos ambiguos. De hecho, los experimentos con escritura automática y los ejercicios de completar oraciones de Branden son pruebas proyectivas parecidas: se da a una persona un estímulo y luego se les pide que respondan automáticamente, sin censurar nada. El flujo espontáneo de habla, escritura y percepción revela cambios en el procesamiento de la información que solo tienen sentido si se supone que las mentes son capaces de moverse hacia adelante y hacia atrás en el tiempo.

Si el simple color de una tarjeta de Rorschach es suficiente para provocar una respuesta regresiva, ¿cuánto más probable es que los *traders* retrocedan en el tiempo en reacción a una ruptura en un gráfico? He visto situaciones en las que un *trader* ha mostrado patrones emocionales y de comportamiento extremos en respuesta a una sola barra de gran amplitud en un gráfico en tiempo real: rabia, depresión, recriminaciones a sí mismo y ansiedad. Lo que llama más la atención es que estas reacciones no estuvieron presentes en ningún tipo, manera o forma durante las horas que precedieron el acontecimiento del mercado. Un *trader* me contaba que había comenzado el día de *trading* calmado y confiado, y que luego tuvo un episodio regresivo ansioso cuando las reacciones del mercado a un dato macroeconómico pusieron en problemas su plan de *trading* previo. Tuvo la oportunidad de abordar la tendencia del mercado en desarrollo, pero observó el movimiento completo desde fuera, incapaz de colocar una transacción. Más tarde, describió el sentimiento como la misma impotencia que había sentido de niño cuando sus compañeros de escuela más grandes le molestaban.

Ese *trader* quería ayuda para sus problemas de ansiedad. No se daba cuenta de que la ansiedad era solo la punta del iceberg. El problema más fundamental era que no tenía la mano en el dial de su conciencia. El mercado estaba controlando su estado mental, en vez de que su estado mental le diera a él el control de su *trading*. El mayor desafío del *trading* es la falta de control de uno sobre su propia mente, no los problemas específicos relacionados con una disposición mental en particular.

Narcisismo y regresión

Una característica fundamental de esa forma de regresión conocida como narcisismo es que la persona está tan envuelta en su propia experiencia que no puede responder adecuadamente a los contextos sociales, especialmente a las necesidades de los demás. Cuando Dave aparentemente esperaba que yo truncara mi sesión en curso para atender su crisis, se parecía en gran medida al cliente que distorsiona una tarjeta de Rorschach. Bajo presión emocional, no podía evaluar con precisión y responder a la situación social que tenía enfrente.

Su narcisismo se extendió hasta bien entrada nuestra sesión. Una vez que se sentó, lanzó un relato imparable sobre su ansiedad crónica, sus muchos esfuerzos sin éxito por resolverla y sus temores de reprobar el examen debido a su nivel de estrés. Parecía estar vagamente consciente de que estaba metido en un desagradable círculo que se retroalimentaba, donde la ansiedad impulsaba el temor a reprobar, lo que provocaba más ansiedad; pero parecía completamente incapaz de ir más despacio. Nunca preguntó sobre mí, sobre el asesoramiento psicológico o sobre cuánto tiempo teníamos disponible. Estaba completamente absorto en sus propios temores y necesidades. Daba la sensación de que para él yo era un fulano cualquiera.

Durante un rato, dejé que Dave hablara y hablara con la esperanza de que se cansara y me permitiera decir algunas palabras.

No hubo suerte.

Siguió con un monólogo nervioso y rápido, pasando frenéticamente de un tema («Siempre he sido ansioso, siempre pierdo el control con los exámenes») a otro («No hay nada más que quiera hacer; si no entro a neurocirugía, no sé qué haré»). De vez en cuando, me decía,

«Tiene que ayudarme», pero tan pronto como empezaba a hacer una pregunta u ofrecer un comentario, interrumpía y seguía con su monólogo sobre su nerviosismo.

De pronto sonó el teléfono. El flujo incesante de conversación ansiosa de Dave se detuvo. Al menos, pensé sombríamente, no trató de hablar mientras estuve al teléfono. A pesar de la regresión, ¡eso le colocaba algo más arriba que mis hijos pequeños en la escalera del desarrollo!

Bueno, no del todo.

Apenas colgué el teléfono –no más de un minuto después de que sonara– lanzó un sermón. «¿Las personas no tienen ningún respeto por su privacidad? ¿Siempre lo interrumpen así?» Quedaba claro que no quería que nada importunara su sesión, *aun cuando él había interrumpido la de un cliente anterior.*

Narcisismo. En ese estado emocional, las personas pueden ver defectos en otros que son completamente incapaces de ver en ellos mismos. Como el abrigo oculto en el armario: en un estado, las personas son ciegas; en otro, pueden ver claramente. ¿Cómo pueden ser capaces de esos extremos de ignorancia y agudeza, madurez e inmadurez? *¿Quiénes son estas personas, a fin de cuentas?*

Los estados de experiencia cotidiana

La observación crucial de Colin Wilson es que las personas pasan sus vidas en relativamente pocos estados distintivos de conciencia. El psicólogo austriaco Hermann Brandstatter y el estadounidense Ed Diener pidieron a personas comunes que mantuvieran diarios en los cuales describieran periódicamente sus estados de conciencia. Este muestreo de experiencia en el tiempo es mucho más confiable que los recuentos retrospectivos basados en clasificaciones personales. En realidad, no es del todo inusual que los terapeutas hagan que esos diarios sean una parte activa del asesoramiento psicológico. Hacer que los clientes o *traders* mantengan un diario de los sucesos significativos de la semana es una forma útil para que el terapeuta tenga acceso a sus mundos.

Aparece una imagen interesante a partir de ese trabajo diario. Ocho estados emocionales básicos definen la mayor parte de la experiencia humana: (1) alegría, (2) relajación, (3) activación, (4) fatiga, (5) tristeza, (6) temor, (7) satisfacción y (8) rabia. Si uno imagina una cuadrícula en la cual el eje X esté marcado por la *excitación* a la izquierda y la *inhibición* a la derecha, y el eje Y esté marcado por lo *positivo* en la parte superior y lo *negativo* en la parte inferior, se puede obtener una vista simple de estos estados comunes. Los estados de las personas se experimentan como algo agradable o digno de aversión, o bien como algo que activa o que tranquiliza. El temor que experimentaba Dave es negativo y activador; su opuesto es un estado que es positivo y que limita, como la relajación o la satisfacción.

Brandstätter dio a conocer un interesante hallazgo. Es más probable que los estados de baja agitación emocional ocurran en entornos físicos y sociales altamente familiares. La mayor agitación emocional ocurre en presencia de personas y lugares que no son familiares. El grado de emoción está intimamente vinculado a los contextos: si desea sentirse tranquilo y relajado, debe sumergirse en situaciones rutinarias comunes. Al contrario, si está buscando un estímulo emocional, podría encontrarlos en situaciones con un alto grado: novedad.

Esto tiene sentido cuando se piensa en las opciones que enfrentan las personas en su vida diaria. Alguien que se está sintiendo *sobreexigido* por su trabajo podría desear unas vacaciones tranquilas y relajadas en casa. Una persona diferente, menos estimulada en el trabajo, podría optar por viajes al extranjero a destinos nuevos. Los investigadores Robert McCrae y Paul Costa descubrieron que el deseo de buscar cosas nuevas es una dimensión similar a un rasgo de personalidad. Algunas personas están muy abiertas a las nuevas experiencias y suelen estar buscando estímulos. Otras se sienten más atraídas por la segundad y la estabilidad y evitan los cambios. Usted puede realizar una interesante prueba de personalidad simplemente preguntándole a las personas a qué restaurantes van comúnmente. El que busca estímulos es raro que vaya al mismo restaurante dos veces; el que busca estabilidad frecuenta unos pocos lugares favoritos.

Esto permite llegar a una importante conclusión. *Al ejercer control sobre sus propios contextos físicos y sociales, usted dosifica su experiencia conscien-*

te y, con ello, regula su apertura al cambio. Durante la mayor parte de su vida, usted sigue rutinas bastante determinadas: se despierta a cierta hora; sigue los rituales de la mañana de ducharse, lavarse los dientes y comer; viaja al trabajo por una ruta en particular; mantiene horas de trabajo establecidas y vuelve a casa para la cena; además, pasa tiempo en una forma acostumbrada con la familia, la televisión y las labores domésticas. Estas rutinas limitan los estados emocionales, cognitivos y físicos que posiblemente experimente durante un día determinado. De hecho, el trabajo de Brandstätter sugería que las rutinas amortiguan la experiencia diaria, alejando a las personas de los estados de alta agitación emocional. Esto tiene el potencial tanto de anestesiar la experiencia diaria como mantener la maquinaria social bien lubricada. Después de todo, ¡resulta exigente tratar con personas con alta agitación emocional como Dave!

Como reveló la música de Philip Glass, los estímulos repetitivos, como los ciclos musicales, pueden ser suficientes para inducir un estado de trance. De hecho, un género completo de música de baile electrónica se basa en esto. Dada la investigación de Brandstätter, sus rutinas diarias podrían considerarse como bucles o ciclos de larga duración, y *gran parte de su experiencia diaria puede conceptualizarse como una forma de trance.* Esto se encuentra muy ligado a los análisis de George Ivanovitch Gurdjieff, que consideraba los estados ordinarios de conciencia como formas de sueño. En verdad es sorprendente pensar en toda la información que uno descarta cuando se está en la disposición mental usual. Cuando conduce su coche, raramente nota lo irrepetiblemente bello que es el paisaje; cuando camina de un lugar a otro, no observa sus alrededores. La mayor parte de sus acciones se hacen de forma automática, sin conciencia de sí. Este piloto automático es eficiente, pero también no está muy lejos de las limitaciones de conciencia que experimenta durante una inducción hipnótica.

Esto contradice la comprensión común de los estados mentales. La hipnosis normalmente se considera como una transición de un estado a otro: desde una conciencia normal y despierta al trance. Sin embargo, quizás la hipnosis es simplemente un estrechamiento del bucle de la rutina diaria, reduciendo su duración y la intensificación de la focalización que lo acompaña. La transición de un estado normal a uno hipnótico puede ser una intensificación del trance, no una verdadera inducción.

Charles Tart, uno de los pioneros de los estudios de la conciencia en psicología, describió la conciencia como un «estimulador del mundo». La función de la experiencia consciente, según propuso en su texto «*Waking up*» ('El despertar del *self*'), es estimular al mundo y permitir que uno navegue dentro de él. Las estimulaciones de acciones que las personas experimentan en los juegos para ordenador son más o menos realistas, dependiendo de la memoria asignada a los programas. Si todo se mantiene igual, una máquina de juego de 128 bits dará gráficos con mayores detalles y más realistas que una de 16 bits. En un sentido, los estados de conciencia de las personas determinan los bits que serán asignados a sus simulaciones del mundo. Durante gran parte de la experiencia rutinaria, las personas funcionan como máquinas de 16 bits, generando representaciones altamente parciales del mundo. Al acceder a valores y panoramas más amplios, es como si el estimulador de uno recibiera una tarjeta de expansión, pasando al nivel de los megabits para lograr una experiencia más vivida y realista.

Colin Wilson observó que cuando los niveles de energía de la mente caen, su capacidad para extraer significado de los acontecimientos baja en forma precipitada. En un estado de la mente, las personas, como Proust, pueden percibir panoramas de significado en un solo acontecimiento. No obstante, la mayor parte del tiempo, las personas vagan sin rumbo por los rituales de la vida, como si anduvieran con los ojos vendados. Como el analista Thomas French escribiera alguna vez sobre la enfermedad psicosomática, el problema no es tanto la presencia de conflictos emocionales como el agotamiento de los recursos psicológicos, es decir, la incapacidad de acceder a la «tarjeta de expansión». William James tenía razón cuando afirmó que la condición humana es como si uno hubiera desarrollado el hábito de mover solo un dedo pequeño, sin considerar la totalidad del organismo físico.

Esfuerzo y conciencia parcial

Si usted desea llegar a dominar los retos emocionales de los mercados, la siguiente observación es crucial: el problema de Dave –y el problema de la mayoría de los *traders*– no es la ansiedad o la duda en sí mismo.

Encerrado en un solo estado mental, operando en un modo de conciencia de 16 bits, Dave no puede procesar la información que necesita para aprobar el examen. De manera similar, los *traders* atrapados en estados de aburrimiento, temor y euforia están cerrados a mayores panoramas de significado, incapaces de procesar la significación de los patrones del mercado que hay frente de ellos. El hecho de adquirir nuevos datos, o nuevas formas de aprovechar datos antiguos, no les ayudará si no pueden recurrir a sus recursos de procesamiento de datos. La mayor parte de los *traders* no necesita un psiquiatra; necesitan ayuda para expandir el control de su conciencia.

Varios enfoques del desarrollo personal toman muy literalmente la observación de James. Hacen hincapié en un aumento de la conciencia de la postura y el movimiento físico como medio para cultivar mayores estados de conciencia. Revisando modalidades como la técnica Alexander, el entrenamiento autógeno, la biorretroalimentación, la relajación progresiva, el método Feldenkreis y la terapia *reichiana,* Michael Murphy explica en *The Future of the Body* ('El futuro del cuerpo') que alterar los patrones motrices ayuda a ampliar los repertorios de comportamiento. Como las personas están limitadas a un estrecho repertorio de patrones de pensamiento y emoción, suelen congelarse en un conjunto rígidamente restringido de posturas y movimientos. De hecho, las limitaciones cognitivas, emocionales y físicas de las personas son de una sola categoría, lo que refleja la pobreza de sus estados habituales de conciencia. Las terapias enriquecen los estados de la gente a través de medios diferentes, algunas mediante el cambio de los patrones de pensamiento, otras mediante la promoción de nuevas experiencias emocionales y otras a través de la introducción de posturas y movimientos desacostumbrados. Las puertas para el cambio son múltiples.

Si usted realiza una actividad durante un período suficiente, concentrando todo su esfuerzo en ella, su mente se adaptará a la situación con un nuevo punto en el dial. Y resulta muy probable que los problemas que parecían tan insuperables en su estado mental inicial se experimenten en una forma muy diferente en este nuevo estado. Considere los siguientes ejemplos:

- Completamente absorto en la escritura, el escritor pierde toda conciencia de sí mismo y se sorprende al ver lo rápido que ha pasado el tiempo. En este estado de flujo, las preocupaciones previas sencillamente no entraron en su conciencia.

- La corredora comienza a fatigarse, sintiéndose desanimada con su rendimiento. Sin embargo, se presiona y logra un «segundo aire». De ahí en adelante, experimenta un estado de estímulo y se siente completamente energizada y fresca. Su desánimo anterior se desvanece.

- El ejecutivo estresado entra en un tanque de aislamiento sensorial, que permite a las personas flotar en agua con sal en un ambiente completamente oscuro y a prueba de ruido. Confirmando las observaciones de John Lilly, el ejecutivo comienza a sentirse aburrido y poco estimulado y luego se adapta a su entorno. Sale en un estado tranquilo y su estrés se ha desvanecido por completo.

- Un *trader* está luchando contra una tendencia al *trading* impulsivo, especialmente en la apertura del mercado, al tiempo que teme perder un importante movimiento. Comienza una prueba en una máquina de biorretroalimentación conectada a un VCR. En esta prueba, tiene que mantener una elevada temperatura en la frente para ver una película. Tan pronto como su temperatura baja de un umbral, la película se coloca en pausa. Después de 40 minutos, aprende que puede hacer que la película siga andando al mantener el cuerpo totalmente inmóvil y sacando de su mente todo diálogo y frustración internos. Al final de la sesión, se siente extrañamente libre de las emociones del mercado y coloca sus órdenes matutinas sin presión alguna.

- Una *trader* que ha sido demasiado cautelosa para aprovechar oportunidades usa su rutina de levantamiento de pesas de la mañana para lograr la actitud mental adecuada para la apertura del mercado. Usando la rutina de alta intensidad desarrollada por el último Mike Mentzer, concentra su esfuerzo en un período relativamente corto de levantamiento, generando un tremendo esfuerzo durante sus repeticiones finales. Sale del entrenamiento sintiendo los músculos inundados de sangre gracias al mejor flujo, lo que se convierte en su marca de un estado mental alerta. Su anterior indecisión ha quedado y se dispone a buscar su ventaja con una actitud positiva y dinámica.

El esfuerzo es la clave para la aceleración del cambio. Puede eliminar patrones problemáticos que han existido durante años sencillamente colocándose en un espacio mental/corporal que sea radicalmente diferente al normal, y luego programando ese espacio con sus patrones deseados. Su renuencia a hacer esos esfuerzos —la comodidad con su estado mental/corporal actual— es su mayor obstáculo para el cambio. No es casual que las Fuerzas Armadas hagan pasar a los reclutas por un riguroso ejercicio y entrenamiento cuando desean inculcar a los soldados los patrones mentales y de comportamiento deseados. *El cambio no puede lograrse con comodidad, nunca.*

Los *traders* del futuro pueden buscar el desarrollo personal a través de medios que parecen muy distintos a las sesiones semanales de conversación. Las bóvedas de realidad virtual y los tanques de aislamiento sensorial pueden volverse tan comunes como los sistemas de cine en casa, poniendo tecnologías de desarrollo de la conciencia en manos de los consumidores tipo. Estos serán los gimnasios caseros de la mente, dedicados a expandir la conciencia y la identidad en vez de erradicar los problemas. Es completamente innecesario que individuos básicamente sanos analicen conflictos y problemas por meses y años de psicoterapia si pueden adquirir la capacidad de navegar por el paisaje de la mente. La horrible música que uno oye en la radio de la mente es solo un problema si uno no puede cambiar de emisora.

El logro de una nueva disposición mental

La relación entre la novedad y los estados de conciencia arroja una importante luz sobre los enfoques que la mayoría de los psicólogos adoptarían para la situación con Dave. Aunque es un estudiante experimentado, aborda cada examen como una nueva situación. Se sumerge en la amenaza del fracaso, elevando al cielo su nivel de agitación física en una clásica respuesta de lucha o abandono ante la emergencia. Para Dave y para los *traders*, la clave para superar la ansiedad del rendimiento es eliminar el sentido de emergencia. Al introducir en la ecuación elementos de familiaridad y repetición, Dave puede cambiar a estados con menos agitación mental y puede experimentar menos interferencia con su estudio.

Una forma común de hacerlo es a través de un método conocido como la «desensibilización sistemática». A los individuos ansiosos se les muestra la forma de concentrarse y calmarse, usando técnicas como la respiración profunda y la relajación muscular progresiva. Una vez que se han vuelto relativamente hábiles en el dominio de estos métodos, el estado de relajación se empareja con situaciones de estrés en forma gradual. Comúnmente, esto se logra a través del uso de una jerarquía. A las personas se les pide que creen una escala de acontecimientos estresantes que van, por ejemplo, de 0 a 100. En el extremo del 0 de la lista se encuentran situaciones que implican un mínimo grado de estrés; hacia el medio hay circunstancias que son en parte estresantes; y en el extremo del 100 de la jerarquía están los factores de estrés más graves. Luego se les pide que imaginen diversos escenarios, comenzando en la parte inferior de la jerarquía y luego subiendo, todo mientras se lleva a cabo la técnica de relajación.

La idea es que mediante la repetición las personas aprendan a asociar la calma y la relajación con situaciones que anteriormente producían ansiedad. Dave, por ejemplo, podría comenzar emparejando la relajación con la lectura de sus libros de estudio, luego leer su libro, luego rendir cuentas en exámenes de ensayo y, entonces, enfrentarse al examen real. No pasaría al nivel siguiente de la jerarquía hasta que hubiera logrado completamente la relajación en el nivel actual. Este trabajo se puede facilitar en gran medida con el uso de la imaginación. Por ejemplo, un *trader* podría emparejar la relajación con escenarios imaginados de enfrentamiento a bajadas antes de abordar verdaderas situaciones de *trading*. El uso de la imaginación crea situaciones prácticas que serían difíciles o imposibles de construir en la vida diaria.

Faltando solo días para el examen, naturalmente recurrí a esas técnicas para tratar a Dave. Los métodos cognitivoconductuales son ideales para asignaciones de tarea entre sesiones y con ello se aprovecha al máximo el tiempo. Viendo que nuestro tiempo pasaba rápidamente, interrumpí el flujo de la ansiosa conversación de Dave, y lenta y calmadamente le expliqué que había técnicas disponibles para ayudar a las personas a reducir su nivel de agitación emocional. «Son técnicas que aprovechan la capacidad que posee nuestro cuerpo para calmarse cambiando la velocidad de nuestra respiración», expliqué.

Dave parecía tener un poco de incertidumbre, así es que recalqué. «Tenemos tiempo suficiente para poner esto en práctica». Lo miré directamente a los ojos. «Si es necesario, me reuniré contigo todos los días entre hoy y el examen para hace que estas técnicas funcionen».

¡Bomaye!

Dave parpadeó y, como saliendo de un sueño, se sentó derecho y comenzó a farfullar. «No, he intentado eso y no funciona. No puede entender por lo que estoy pasando. Trato de abrir el libro y empiezo a perder el control. No dejo de pensar en que hay demasiado material, estoy demasiado atrasado y que nunca aprobaré. Voy a tener que decidir mi especialidad el próximo año ¿y qué pasa si no puedo entrar a neurocirugía? Eso es todo lo que quiero hacer. ¿Cómo voy a explicar a mis padres que no puedo ser médico residente? Necesito estar estudiando, pero no puedo.»

Mi vista estaba fija en Dave mientras hablaba. Mi conciencia se sentía inusualmente aguda y clara. Era absolutamente evidente que no había oído una sola palabra de lo que yo había dicho. Había descartado la idea de la desensibilización sin siquiera escuchar de qué se trataba. Luego, como un bucle que gira sobre sí mismo, se volcó de nuevo en su letanía. Durante este modo de preocupación, su discurso no paraba; nunca me miró esperando una respuesta. Tenía la clara sensación distinta de que me hablaba como si yo estuviera pintado en el muro. Mientras veía y oía su letanía de preocupaciones, supe que él no tenía el control en un sentido muy fundamental *Algo se había apoderado de él.*

Dándome cuenta de que mi intento por hablar lenta y calmadamente no había provocado ningún impacto en el estado de agitación emocional de Dave, adopté un enfoque diferente. De todas las escuelas de cambio personal, el método conocido como PNL –programación neurolinguística– es quizás el que está más en línea con la importancia de los estados de conciencia para el cambio. Inspirado por el trabajo de hipnosis de Milton Erickson, la PNL se basa en los cambios en el ritmo y el enmarcado de las comunicaciones con los pacientes para inducir estados de «trance». John Grinder y Richard Bandler, en su libro *Trance-Formations* («Formaciones por trance»), hacen hincapié en la necesidad de establecer una compenetración con los pacientes antes de intentar cambios. La compenetración se puede cultivar atendiendo al tono, la velocidad y el contenido de las comunicaciones del paciente y cambiando el ritmo de las comunicaciones de uno mismo para ponerse al nivel de las del paciente.

Entonces, en vez de invocar lenta y calmadamente una esperanza, reflejé el estado de Dave. Me senté derecho y conversé con él en el mismo tono que él había usado conmigo. Casi con una sola bocanada de aire, dije con énfasis:

«Te estás diciendo que hay demasiado trabajo, que nunca lo aprobarás todo, que fallarás en el examen, que tu vida será un fracaso y eso te está alterando y mientras más alterado te pones más tienes esos pensamientos, y menos puedes estudiar, así es que te preocupas más y te retrasas más y sientes que incluso hay más trabajo y que nunca lo aprobarás todo...»

Dave no sonrió con mi interpretación ansiosa de sus problemas. Pero sí aminoró un poco la velocidad.

«Tiene que ayudarme», suplicó. «El examen es en unos pocos días».

«Entonces vamos a tener que romper ese círculo vicioso», dije también bajando ligeramente el ritmo.

«*No puedo*», exclamó Dave, con un tono que sonaba más a un «¡*No lo haré*!»

«Usted no lo entiende. Mi ansiedad no es como la que atraviesan otras personas. Tomo el libro y empiezo a perder el control. Sigo pensando "esto es demasiado. Nunca lo aprobaré todo"...»

Nuevamente, Dave volvía a la carrera. Era una sensación rarísima: no me estaba mirando a mí, sino *a través de mí*. Sin embargo, esta vez lo interrumpí de inmediato. «Dave», dije amablemente, «ya me contaste eso. Me estás diciendo las cosas una y otra vez. Ya sé que eso es lo que pasa cuando estudias: siguen surgiendo los mismos pensamientos y sensaciones. Necesitamos decidir qué vamos a hacer para romper ese patrón».

«Ya lo he intentado», gritó. «*No puedo* romper el patrón. Necesito algo diferente».

Podía sentir mi rabia empezando a surgir. Dave y yo estábamos en un bucle. Cada vez que yo sugería una estrategia, él respondía con un

«Sí, pero ...». Mientras más transmitía yo que podía superar su ansiedad, más parecía sumergirse en ese estado. Podía entrever que Dave *necesitaba* estar ansioso. Emocionalmente, parecía convencido de que estar con estrés le mantendría «enérgico», le ayudaría a leer el material, a pesar de que reconocía que estaba destruyendo su trabajo. Cambiar a un estado sin agitación emocional era demasiado amenazante. Había equiparado la falta de agitación emocional con la falta de motivación: una ausencia de enfoque. *Nunca se permitiría desacelerar.*

No podía sacarme la rabia de encima; había estado ahí desde el comienzo mismo. El narcisismo; la mirada pasando a través de mí; la calidad extraña y casi grabada en cinta de sus pensamientos ansiosos; el modo de respuesta «sí pero»: todo eso me daba rabia. Podía sentir la lucha de mi rabia, esperando atacar, para «interpretar» su resistencia y terminar este ridículo baile. Sin embargo, sabía que eso sería ineficaz. Gradualmente, me sentí sufriendo una agitación mental similar a la de Dave. Mi corazón palpitaba rápido. Me moví en mi asiento; me sentía listo para abalanzarme. ¿Pero abalanzarme cómo?, ¿abalanzarme sobre qué?

No sabía qué hacer. Cada fibra de mi cuerpo se sentía preparada para atacar. Nuevamente, cambié mi posición tratando de sentirme cómodo en la gran silla reclinable de mi oficina. Me las arreglé para no atacar a Dave, aunque me sentía tremendamente frustrado. Pero no podría quedarme ahí sentado, agitándome más cada minuto que pasaba. El pensamiento me golpeó: *esto era por lo que Dave estaba pasando*, alerta por completo y sin ningún lugar donde ir. Había absorbido el estado de Dave. *Me había vuelto Dave.*

Sin pensarlo un segundo, me levanté de mi asiento y me senté con las piernas cruzadas en el suelo bajo Dave, con los brazos sueltos a los lados. «Déjame pensar un momento», dije a Dave en voz baja. Cerré los ojos e inmediatamente me sentí calmado, pero muy alerta. Era como si el hecho de sentarme en el suelo me hubiera quitado la agitación. Extrañamente, Dave permanecía callado también. La visión de su terapeuta sentado en una posición inusual sin duda había despertado su curiosidad, quizás restando atención a sus preocupaciones internas.

«De verdad me gustaría ayudarte», dije a Dave, alzando la vista desde mi asiento en el suelo «Pero no puedo. Tienes toda la razón. Tu ansiedad es diferente. Otros estudiantes están preocupados por el fracaso y se estresan; pero lo que tú estás pasando es mucho más grande que eso. Por eso nada funciona contigo. No es un problema de ansiedad. Es un problema de rabia. Tienes rabia; en realidad, te odias. Mira lo que te dices todos los días: nunca aprobaré la materia, voy a fallar, nunca tendré una carrera en cirugía. ¡Mensajes de odio! Si esto fuera un simple problema de ansiedad, podría ayudarte en unos pocos días. Pero cambiar los sentimientos básicos que tiene alguien sobre sí mismo es un trabajo mucho más complicado de asesoramiento psicológico, y no hay tiempo».

Dave miraba aturdido, y sus ojos comenzaron a empañarse. No decía una palabra.

«Ojalá pudiera ayudarte», dije suavemente.

Brotaban lágrimas de su rostro. Ya no se veía ansioso. Su cara se retorció con el esfuerzo de contener un sollozo, me miraba hacia abajo.

«¿Por qué me odio?», preguntó, obviamente atormentado por el pensamiento.

No respondí. Por mi mente cruzó el pensamiento aparentemente absurdo de que estaba sentado en la postura «de lucha» descrita por Carlos Castañeda en sus aventuras con el brujo Don Juan. Sin embargo, en verdad no podía recordar los detalles específicos de esa postura.

«*Tiene* que ayudarme», imploró Dave.

Mi corazón hizo un esfuerzo por él. Esta última petición no era narcisismo e incluso no era sobre el examen. Era desesperación genuina. No estaba pidiendo ayuda académica. Quería ayuda para cuidarse a sí mismo.

«Quizás podamos intentar algo», comencé en forma vacilante. «Es una posibilidad remota y es muy diferente. Pero si estás dispuesto a intentarlo, yo también».

Los ojos de Dave se abrían a medida que asentía vigorosamente con la cabeza. Su cuerpo me estaba diciendo «¡Sí!» No «sí, pero». Solo «Sí».

Era un comienzo.

Cambiando la postura de la mente

No era la primera vez que había advertido que un cambio en la postura afectaba mi estado mental. Uno de mis ejercicios personales favoritos, que practicaba cuando me sentía desanimado o deprimido con el *trading*, es colocar música que sube el ánimo a un volumen mayor del normal. Sirve de ayuda si uso audífonos, para sumergirme en el sonido, y si estoy de pie y moviéndome. Cualquier posición que implique estar sentado en forma normal o reclinado mantendrá el flujo interno de pensamientos y el estado negativo. Entonces me muevo con la música, a veces trotando con los audífonos puestos. Es difícil mantener un estado desanimado mientras se apela simultáneamente a la agitación emocional y física. Es la postura y el movimiento físicos, junto con los elementos musicales, lo que evoca la nueva perspectiva.

Parece funcionar un principio similar cuando uno adopta una postura de meditación asociada con la oración. Habiendo meditado un rato, a menudo descubro que mi estado modificado comienza poco después de que adopto la posición de sentarme con las piernas cruzadas, callado y con las manos en las rodillas. La mayoría de los estados emocionales menos deseados —rabia y depresión— se asocian con posturas típicas. Uno puede observarlas en medida como se infiere el estado de un gato por sus posturas físicas: la espalda arqueada, el pelo erizado, entre otras. Su cuerpo se comunica cuando usted no lo hace, captando en gestos y posturas un conjunto de experiencias privadas. No es coincidencia, según lo advirtió Lowen, que las personas depresivas tengan la experiencia de ser «nadies-incorpóreos», en tanto que los individuos con una autoestima auténtica se proyectan como «alguien-corpóreo». La depresión es un desequilibrio del cuerpo y de su vitalidad.

Mi nueva posición en el suelo es un mensaje para Dave que no es verbal ni consciente. La ansiedad de Dave —su tensión física y su conversación acelerada y sin parar— también es un conjunto de significados transmitidos. Los patrones problemáticos de las personas son comunicaciones —a menudo preverbales— a sí mismas y al mundo. Desde la insistencia del hombre Woolworth en que él es una tienda («Estoy vacío») y los esfuerzos de Mary para apartar a los demás («Tengo miedo de acercarme demasiado») hasta las travesuras de chico malo de Jack («Voy a hacer que usted se las vea conmigo») y la decisión de Sue de abandonar la escuela («No seré como mi madre»), *los síntomas tienen significado.* Los síntomas son comunicaciones hacia una parte de la mente desde otra.

Dave está atrapado en un bucle de ansiedad. La presión interna para tener éxito genera temor, que desencadena impotencia, que acelera el temor y una mayor presión. De forma transitoria, es capaz de experimentar otros estados, pero el bucle sigue arrastrándolo. Está atascado en el dial de la conciencia. En un sentido importante, *no está consciente.* Está perdido en su temor, incapaz de colocarse sobre él y seleccionar un estado alternativo. De hecho, cree que es *necesario y* equipara una reducción en la agitación mental con una pérdida de motivación. Lo que es significativo con la presentación de Dave no es su ansiedad, sino su inmersión en ella y el grado con el cual se aferra a su angustia. La comunicación, que no pude descifrar sino hasta bastante avanzada la sesión, era concluyente: «¡*Necesito* seguir alerta!»

¿Cuántos *traders* exteriorizan el mismo patrón de Dave, convencidos de que la misma rabia y estrés a que se enfrentan les darán la ventaja en los mercados? ¿Hay que extrañarse por el hecho de que se resistan al cambio si piensan que al disminuir su intensidad emocional también disminuirá su impulso para el éxito? Solo cuando se enfrentan con la posibilidad real de *nunca* cambiar podrán, al igual que Dave, considerar la idea de intentar algo diferente.

Debo decir que me sentí extrañamente energizado con mi postura, sentado en el suelo a los pies de Dave. La perspectiva era diferente y la sensación del suelo debajo de mí era única, lo que realzaba mi estado de alerta. La postura de «forma de lucha» de Castañeda era de vigilancia, sentado en círculo, protegiéndome de los atacantes. Una vez que me levanté de la silla y me senté en el suelo, mi propia sensación de querer abalanzarme se transformó en solo un sentido de vigilancia y de mayor conciencia. Ya no quería arremeter contra Dave. La energía se transformó, manifestándose como un estado de profunda preparación para la acción, no diferente a la tensión acumulada de un corredor listo en la línea de partida.

Había sentido antes esta potencial energía al borde de transformarse en energía cinética. A menudo, antes de exámenes decisivos, presentaciones públicas o acontecimientos importantes, experimento un estado de intensa tensión física que solo puedo descargar paseándome de un lado a otro. Así es como me sentía con Dave, no enfadado, sino que listo para la acción.

«Está bien, Dave», dije mientras me levantaba. «Necesitaré que te pongas de pie frente a mí».

Dave accedió de inmediato. Se plantó en el centro de mi oficina, mirándome.

«Lo que vamos a hacer es muy simple», dije. «En vez de que *tú* te digas ciertas cosas del examen *yo* te las diré a ti».

Dave me miraba un poco perplejo.

«Solo voy a decir las cosas que has estado diciéndote a ti mismo, ¿está bien? Y me gustaría que me digas cómo te sientes».

Dave parecía listo para intentar cualquier cosa.

Lentamente, me moví en círculo alrededor de Dave, manteniendo la mirada en él todo el tiempo. Por momentos me movía cerca, demasiado cerca de él, violando su espacio físico. Mi ritmo nunca se detenía a medida que me movía a su alrededor, repitiendo sus propias frases en un crescendo gradual.

«Mira cuánto material hay para los exámenes. Nunca lograrás abarcarlo todo. Estás tan atrasado, nunca te pondrás al día. Vas a fallar este importante examen y, ¿qué vas a hacer? No hay forma de que alguna vez entres a un programa de cursos de cirugía y no hay nada más que quieras hacer. ¿Te puedes imaginar lo que le vas a decir a tus padres? ¿Y estás haciendo algo sobre eso? ¡No! Solo sigues perdiendo el control y atrasándote más...»

Mi tono había subido hasta casi gritar. El ritmo, el contacto a los ojos y el tono alto y acusatorio trajeron a la mente a un sargento instructor, quebrando la resistencia de sus reclutas para poder formarlos. A medida que continuaba mi letanía, podía ver el color púrpura cada vez más presente en el rostro de Dave. No se veía muy complacido al encontrarse en el papel de un recluta militar. No decía una palabra, pero sus músculos se estaban tensando. Su rostro se iba poniendo rígido.

Aceleré el ritmo y lancé el golpe.

«Nadie más está pasando por esto», exclamé. «Están ocupados estudiando y tú solo estás perdiendo el control. Ni siquiera puedes posponer el examen porque tendrás más tiempo para pensar en ello y te volverás totalmente ansioso. Incluso *si* realmente comenzaras a estudiar, no importaría. Estás muy atrasado, nunca te pondrás al día. Hay demasiada materia. Nunca lo aprobarás todo...»

Dave parecía a punto de explotar. Me miraba enfurecido, con la cara roja y apretando los puños. Parecía que ya no podría contenerse.

«¿Y QUÉ TIENES QUE DECIR SOBRE ESO?» Grité.

«¡VAYASE A LA MIERDA!» Chilló, con las manos sobre la cabeza y el cuerpo temblando. Parecía listo para golpearme en cualquier momento, completamente sumergido en la rabia hacia el que lo atormentaba.

¡A eso llamo compenetración en la primera sesión!

Tomé a Dave por los hombros. La sala se sentía llena de energía, con nosotros dos vitalizados gracias a la descarga física. «Bien por ti», dije, mirándolo profundamente a los ojos. «Bien por ti. *Sí* te gustas después de todo. Pudiste tener rabia. Pudiste decir "¡Váyanse a la mierda!" a todos esos pensamientos negativos».

Dave se dio cuenta de inmediato. Asintió en reconocimiento a su inesperado desarrollo.

«¿Crees que puedas decir "¡Váyanse a la mierda!" a tus pensamientos negativos en casa, de la misma forma que lo hiciste aquí? Todo lo que tienes que hacer —sugerí— es imaginar que estoy vigilándote y diciéndote esas cosas con rabia. Cierra los ojos y ten una imagen de mí dando vueltas a tu alrededor y diciéndote lo atrasado que estás. Y entonces realmente saca la rabia. No me importa si despiertas a todo el vecindario. Dile a esa voz en tu cabeza *¡Vete a la mierda! No voy a dejar que hagas que me odie a mí mismo!*».

De esta manera nacía una innovación en el asesoramiento psicológico: la terapia «*Vete a la mierda*». Quizás no tan solemne como el psicoanálisis o la terapia familiar estructural, pero funcionaba. Dave no podía relajarse, pero sí que *podía* enfadarse. Y cuando estaba enfadado se defendía a sí mismo en vez de atacarse. Se sentía con poder, no paralizado. La rabia lo mantenía con agitación mental y motivado, pero no lo hacía vulnerable. Para él, las posturas físicas y las expresiones de rabia eran mucho más potentes que la mediación. La rabia le permitía estar alerta, y necesitaba estar alerta para este examen.

Después de varios días de descargar su rabia, Dave pudo presentarse con éxito a su examen. Actualmente está trabajando en el campo de su elección, como neurocirujano.

Sin embargo, no fue una transformación por trance realmente notable. Después de todo, Dave había estado aprobando exámenes durante todos sus estudios. Me sentía confiado en que podría aprobar este. Al final de nuestra sesión, una vez que hubo procesado el irreverente arranque, Dave espontáneamente se volvió hacia mí y puso fin a nuestra sesión. «Bueno, estoy ocupando mucho de su tiempo», dijo pidiendo disculpas, advirtiendo que el reloj había avanzado bastante más que la hora terapéutica tradicional.

Me di la vuelta para mirarle a la cara. Parecía genuinamente arrepentido por haberse excedido de su tiempo asignado. «Además», sonrió, «tengo que empezar a estudiar».

No había ni una pizca de narcisismo. La transformación por trance estaba completa: desde el «Véame *ahora*» hasta el «Lamento ocupar su tiempo», Dave se veía en ese momento tan sensible y comprensivo como cualquier estudiante de medicina. ¡Incluso sonrió cuando mencionó la palabra «estudiar»! Estados múltiples. Personalidades múltiples. Flujos de procesamiento de información múltiples. Mentes múltiples. Mediante una pequeña irreverencia y un cambio en la postura, Dave había descubierto un nuevo punto en el dial.

Conclusión

Pregunte al *trader* medio sobre la psicología del *trading* y probablemente oiga alguna variación sobre el tema de «hay que eliminar la emoción del *trading*». Como revela el caso de Dave, y como he mostrado en estas páginas, se trata de una formulación muy limitada. La eliminación de los bucles de ansiedad y pensamientos negativos de Dave fue algo fundamental, pero ello no podía lograrse simplemente deshaciéndose de su emoción. En vez de eso, el apelar a patrones emocionales diferentes y más potentes le permitió cambiar aquellos que estaban más enraizados. Además, la postura y el movimiento físicos fueron componentes importantes de ese cambio.

Los *traders* operan con una desventaja psicológica clara: su trabajo naturalmente les ofrece una actividad física limitada. El hecho de sentarse frente a una pantalla, vigilando cotizaciones mientras se mantienen relativamente quietos, invoca una gama muy limitada de estados físicos y cognitivos. Esto es muy propicio para que se perpetúen las rutinas, incluidas las contraproducentes. Aunque puede sonar raro, uno de los primeros consejos que daría a un *trader* con una mala racha es que procese la información del mercado de una forma radicalmente distinta. En vez de pensar en el mercado, hable de las transacciones en voz alta. En vez de sentarse mirando la pantalla, paséese por la oficina. En lugar de seguir continuamente el mercado, aléjese de la pantalla y haga algún ejercicio vigoroso. Cada cambio puede ser suficiente para ayudar al *trader* a procesar de una nueva forma el movimiento de los mercados y actuar de manera distinta. Si a la primera no logra tener éxito, como destacó alguna vez el terapeuta Jay Haley, inténtelo de nuevo, luego haga algo diferente.

He encontrado muchos Dave en los foros financieros y chats *online*. Están tan absortos en sus ansiedades que no pueden evaluar adecuadamente sus inversiones. Cada paso que contemplan parece estar cargado de riesgo: si compran o se mantienen, podrían perder dinero; si no compran o se mantienen podrían perder una oportunidad. Ruegan un consejo, pero no pueden seguir ninguno que se les dé, porque cualquier acción promete un fracaso. Su respuesta al mundo es «Sí, pero...» y su parálisis resultante produce una cosecha de culpa y reproches hacia sí mismos.

Dave pudo tener un examen con éxito debido a dos cambios importantes. Primero, fue capaz de entender que lo que había estado experimentando como ansiedad en realidad era rabia dirigida hacia sí mismo. Los pensamientos «hay demasiada materia; no puedo aprobarlo todo» y «nunca podré lograr ser médico residente si no apruebo el examen» representaban acusaciones contra sí mismo. Una vez que las formulé como declaraciones en una conversación interpersonal, pudo apreciar que eran hostiles y dañinas. Cuando le dije sus pensamientos, haciendo que su rabia fuera un componente más obvio, su respuesta natural fue defenderse. El arranque de «Váyase a la mierda», junto con su cambio de postura y expresión facial, me dijeron que había movilizado su autoestima y había pasado más allá de la ansiedad.

En segundo lugar, Dave fue capaz de cambiar su rabia desde mí hasta su patrón problemático. Inicialmente, este arranque iba dirigido hacia mí; yo era el que le atormentaba. Sin embargo, rápidamente elogié su irreverencia y, mientras estaba en su estado de agitación emocional, con su estima movilizada, propuse que podía enfadarse con sus pensamientos negativos. *Los arranques de «Vayase a la mierda» eran ahora una herramienta terapéutica que podía usar para hacer frente a su ansiedad.* Si podía permanecer enfadado con los pensamientos negativos, mantendría un modo incompatible con el enfado consigo mismo. Se había estado diciendo que necesitaba estar con agitación mental y alerta a fin de aprobar el examen. Esto impedía que aceptara cualquier técnica de relajación. Al darle una forma de permanecer alerta y a la vez defenderse, pude ayudarle en una forma constructiva durante su estudio y el examen.

Muchos *traders* sienten una necesidad parecida de vigilancia. Los *traders* intradía y los *traders* de corto plazo de instrumentos apalancados, como futuros y opciones, en particular, a veces albergan una creencia tácita de que necesitan estar *al borde* para tener una ventaja. Muchos incluso recurrirán a las drogas con la creencia equivocada de que esto agudizará su ventaja. Lamentablemente, el aumento de su agitación emocional hace que el *trading* sea una montaña rusa en la cual su experiencia predominante es la pérdida del control. Recientemente conversé con un *trader* intradía que recordaba la cantidad de monitores de ordenador hechos pedazos en su firma. Bajo la tensión del *trading* entre sus compañeros estaba la misma rabia experimentada por Dave. El hecho de descargarla con ellos mismos o exteriorizarla en contra de sus ordenadores simplemente reforzaba su nivel de frustración.

El asesoramiento psicológico de Dave sugiere una alternativa con implicaciones poderosas para los *traders*: *en vez de dirigir la rabia hacia uno mismo o su entorno, es posible enfadarse con los patrones problemáticos propios de uno.* En realidad, enfadarse con estos patrones es un paso potente para que uno se separe de ellos y mantenga la postura de observador.

Muchas veces, es posible identificar y desafiar con rabia los diálogos internos que surgen con los problemas del *trading*. Anteriormente, mencioné el ejemplo de un *trader* que se enfada cuando pierde el precio alto en una venta corta o el precio bajo en una compra. Espera y espera que sus acciones vuelvan a estos niveles, de manera que pueda dejar de recriminarse por la oportunidad perdida. En lugar de ello, termina perdiendo movimientos que abarcarían una tendencia completa y ¡recriminándose todavía mas!

Al concentrar su atención en su perfeccionismo y descargar su frustración sobre sus «cintas internas» perfeccionistas, puede distanciarse de su patrón destructivo y abrir posiciones una vez que los movimientos de tendencia estén efectuándose. Cada vez que se siente tentado a recoger mínimos o máximos, tiene que imaginar vívidamente las consecuencias de sus peores transacciones y dirigir su rabia a ese perfeccionismo. En algunos momentos, esto podría significar que grite en voz alta su reacción de rabia, enfrentando los pensamientos perfeccionistas como a un enemigo. Al asociar su antiguo patrón con el sufrimiento y el dolor en lugar de la seguridad, podrá aceptar tomar trozos de los movimientos del mercado, quizás considerando la parte «perdida» como una póliza de seguro que ayudó a garantizar que las probabilidades se inclinen a su favor.

Al igual que Dave, este *trader* aprendió que resulta muy difícil identificarse con un patrón que odia. La rabia a veces se interpreta como una emoción negativa. De hecho, es una potente herramienta en el arsenal de aquellos que harían «*trading* desde el diván». Si usted puede identificar un patrón repetitivo que interfiere con el logro de sus objetivos y puede lograr que este patrón se convierta en su enemigo, expresando toda su frustración y protestando furiosamente contra él, habrá cambiado su relación consigo mismo. En vez de identificarse con el problema, se convierte en alguien que lucha contra él, reforzando su voluntad —y su control—. Sin embargo, note que no fue solo la rabia lo que cambió a Dave, sino la experiencia de una cólera total. Nuevamente, la extensión del salto generó la rapidez del cambio.

14. *Trading* desde el diván

Los mayores cambios que puede hacer ya están ocurriendo.

En estas páginas he intentado abrir la puerta de la sala del terapeuta. Hemos conocido lo que ocurre en la cabezas de gente como Ken, Sue, Phil, Mary, Jack, Dave, Walt y Joan. También hemos echado una mirada a la cabeza del terapeuta, explorando hasta qué punto los procesos de cambio en los seres humanos exigen mucho más que simples conversaciones. Quizá podamos ahora reunir algunas de las lecciones de estos ejemplos casuísticos y resumir cómo pueden ayudarle a convertirse en un *trader* más eficaz.

Propuestas para una psicología del *trading*

Una y otra vez, ha visto que las maneras en que las personas están condicionadas para procesar la información entran en conflicto con los modos en que necesitan prepararse para hacer transacciones eficaces en los mercados. Por esta razón, muy a menudo el convertirse en un *trader* exitoso conlleva volverse un tipo de persona diferente. El éxito en los mercados es menos un asunto de aprender esta o aquella técnica psicológica que desarrollar sistemáticamente las capacidades propias de sostener una iniciativa y su objetivo. Los paralelismos con el levantamiento de pesas me parecen particularmente oportunos: los esfuerzos progresivos, sostenidos y con un objetivo producen un desarrollo extraordinario.

¿Cómo pueden los *traders* comenzar a desarrollar gimnasios para la mente y el espíritu? Los siguientes son 11 de los principales temas explorados en este libro. En su conjunto, forman un marco para comprender la psicología del *trading* y los pasos a emprender en el desarrollo personal.

1. *La conducta se basa en patrones.* Usted observa patrones en los mercados. Los aprecia en la música y la literatura. La conducta humana se organiza de manera similar. Rara vez tiene usted 12 problemas diferentes. Lo más probable es que experimente un solo patrón general de problemas que se manifiestan de doce maneras. No puede lograr un cambio si se centra en cada manifestación concreta: la clave está en cambiar el patrón subyacente.

2. *Sus patrones de* trading *reflejan sus patrones emocionales.* Los patrones que interfieren con su *trading* son por lo general extrapolaciones de patrones presentes en otras áreas de su vida. El campo de las finanzas conductuales ha identificado sesgos en el procesamiento de la información que afectan sistemáticamente la toma de decisiones, especialmente en contextos de riesgo e incertidumbre. Entre ellos se encuentran el exceso de confianza, los efectos de titularidad, y los sesgos generados por marcos mentales. Otras influencias de este tipo que afectan el *trading* son extensiones de patrones de adaptación deficiente en su historia personal. Si usted tiende a quedar excesivamente entrampado en sus relaciones personales, es probable que en su *trading* se aprecie un patrón similar. A la inversa, si tiene dificultades para comprometerse en sus relaciones, puede que tenga ese problema también en el *trading*. Así, gran parte de los problemas en el *trading* es una generalización de sesgos cognitivos e influencias emocionales que ya están presentes en su vida diaria.

3. *El cambio comienza con la autoobservación.* Es imposible romper un patrón, a menos que pueda ver cómo ocurre en la vida real. La

mayoría de ellos son automáticos; usted no los reconoce cuando se expresan. Antes de pensar qué debería hacer de positivo, es importante dejar de hacer lo que no está funcionando. Por lo general, eso significa interrumpir los patrones problemáticos cuando aparecen por primera vez y distanciarse de ellos. Puesto que normalmente aparecen en distintas y numerosas facetas de la vida —no solo en el *trading*—, gran parte de su experiencia cotidiana puede impulsar su desarrollo personal como *trader*. Interceptar y redirigir la rabia y la frustración que termina recibiendo un cónyuge, por ejemplo, dará un potente impulso para dominar las mismas emociones durante sus actividades en el *trading*. Usted comenzará el proceso de cambio cuando corte su identificación con sus patrones problemáticos, y lo continuará cuando inicie identificaciones con patrones positivos.

4. *Los patrones problemáticos tienden a estar vinculados a estados específicos.* Si ha habido un tema que ha sido importante en este libro, es que las personas poseen múltiples flujos de procesamiento de la información, debido a la división del trabajo del cerebro. Algunos de ellos son verbales y explícitos, mientras otros son no verbales y tácitos. Las formas en que combina usted estos modos crea estados característicos, cada uno con su propia experiencia del yo y el mundo. Cuando entra en un estado en particular a través de la actividad emocional, física o cognitiva, tiende a activar los patrones conductuales asociados con él. Como resultado, entra y sale de patrones de problemas y soluciones varias veces al día, a medida que su estado mental cambia en respuesta a los acontecimientos externos. Esta vulnerabilidad a los cambios de estado socava su capacidad de sostener un propósito, dificultándole seguir actividades que exigen disciplina, como las dietas y los programas de ejercicio físico. Si no puede dar continuidad a sus intenciones, es difícil que pueda beneficiarse de manera consistente de incluso planes de *trading* mejor fundamentados y detallados.

5. *Nuestros estados mentales normales, que determinan la mayor parte de nuestra experiencia cotidiana, pertenecen a una limitada gama de posibilidades a nuestro alcance.* Su inmersión en la rutina diaria le mantiene encerrado en estados mentales rutinarios, y le atrapa en pa-

trones problemáticos que han quedado fijados a ellos. La esencia del asesoramiento psicológico es la introducción de patrones nuevos y constructivos en esos momentos cuando la persona opera fuera de sus estados emocionales, físicos y cognitivos normales. Es difícil tener éxito con técnicas de cambio distintas —como la imaginación positiva o hablarse a uno mismo— si se aplican durante periodos de funcionamiento normal y rutinario. Las más potentes técnicas psicológicas para acelerar el cambio crean traumas positivos, brindando nuevas experiencias durante estados extraordinarios de procesamiento cognitivo y emocional. El enemigo de un *trading* rentable es la consciencia humana ordinaria, no necesariamente un conjunto de anormalidades relacionadas con desórdenes mentales.

6. *La mayor parte del* trading *ocurre en una gama limitada de estados, atrapando a los* traders *en patrones problemáticos.* Los *traders* tienden a poner mayor énfasis en la información que procesan, en lugar de hacerlo en las maneras en que la procesan. Lo que usted es capaz de ver está determinado, en parte, por el estado mental en el que esté. Cuando procesa la importancia que tiene la información, tiende a no incluir su procesamiento de los patrones dentro de esa información, lo que crea distorsiones en el modo en que realiza sus actividades de *trader*, ya que toma decisiones más por razones psicológicas que lógicas. Ha visto que, a menudo, los *traders* se encuentran en estados diferentes cuando hacen sus transacciones a cuando investigaron y planearon sus movimientos. Los mercados tienen la extraña habilidad de activar patrones asociados con la agitación emocional y el sesgo cognitivo. Como resultado, a los *traders* les resulta particularmente difícil seguir sus estrategias de *trading*, incluso si han sido bien formuladas.

7. *La gente en general, y los* traders *en particular, aplican tanto soluciones como patrones problemáticos.* Si una persona fuera completamente disfuncional, no podría sobrevivir. La mayoría de la gente tiene patrones disfuncionales, vinculados a estados específicos, y excepciones a dichos patrones, vinculadas a estados diferentes. Por tanto, el desafío es hacer el cambio desde un conjunto de estados a otro. Identificar patrones constructivos que ya existen y aprender a acceder a ellos de manera intencional es uno de los medios

más rápidos de cambio psicológico. Para ello se requiere una autoobservación con un enfoque distinto. La idea es identificar ocasiones en que tuvo éxito al formular y seguir planes de *trading*. El objetivo es volverse altamente consciente de las situaciones —dentro y fuera del *trading*— en las que usted sí funciona como un ser humano altamente intencional. Una vez que capte y comprenda la esencia de lo que hace cuando está en sus momentos de mayor intencionalidad, estará mejor equipado para aplicar esas capacidades en el *trading*.

8. *Aunque los estados mentales emocionales se vinculan con distorsiones en el procesamiento de la información de mercado, eliminar la emoción no es necesariamente el secreto para mejorar el* trading. Por sí mismo, eliminar algo negativo no crea algo positivo. Los *traders* pueden utilizar experiencias emocionales positivas para identificar patrones de soluciones constructivos y crear un firme vínculo con patrones nuevos y positivos. Los *traders* exitosos parecen cultivar nuevos métodos de *trading*, basándose en una cuidadosa observación e investigación, y «fijar» esos métodos a modos cognitivos, físicos y emocionales bien definidos. Al hacerlo, logran sintonizar muy bien con los patrones del mercado. Además, se vuelven sensibles a los indicadores de cambio en dichos patrones, de modo muy similar a como los terapeutas tienen una percepción más afinada de sus clientes. En consecuencia, los *traders* eficaces sí experimentan un nivel importante de emociones, pero no quedan atrapados en ellas. Se han afinado tan bien a sí mismos que pueden utilizar sus emociones como datos del mercado que contribuyen a sus estrategias de investigación.

9. *A menudo, el éxito en los mercados se logra haciendo lo que no nos resulta natural*. Un importante estudio realizado por Charles Lee y Bhaskaran Swaminathan en la Universidad de Cornell descubrió que los valores en alza de gran volumen tienden a tener un rendimiento superior a la media del mercado por varios meses, pero luego pasan a tener uno inferior a la media a lo largo de un periodo de años. (Las acciones tecnológicas del Nasdaq desde fines de los años noventa a los primeros años del siglo XXI son un ejemplo prominente). Lee y Swaminathan llaman a este fenómeno un *ciclo de vida del impulso*. Mi propia investigación sugiere que estos

ciclos vitales ocurren en marcos temporales incluso más cortos, especialmente en los ruidosos mercados de futuros. Si un mercado sube con un alto volumen y un alto TICK, tiende a continuar al alza en el corto plazo y luego a corregir su dirección. A la inversa, cuando una gran variedad de acciones están llegando a nuevos mínimos, se ven algunas de las mejores perspectivas de ganancias en el largo plazo. Es natural que las personas tiendan a extrapolar tendencias hacia el futuro y suban a bordo de los mercados que muestran un gran dinamismo e impulso y aparentes rupturas. También es parte de la naturaleza humana aferrarse esas posiciones, incluso cuando hay evidencias de que no están funcionando. Las reacciones emocionales de los *traders* a los mercados sirven de indicios de cómo pueden estar respondiendo otros *traders*, lo cual, irónicamente, puede ser la peor manera de formar parte de los inevitables cambios de rumbo de los ciclos de vida de los mercados. Muy a menudo, los «tirones» emocionales para entrar a un mercado en pleno auge o abandonar uno que se desploma señalan el camino para realizar beneficiosas transacciones en contrario.

10. *La intensidad y la repetición de los esfuerzos de cambio tienen una relación directa con su éxito final.* Los patrones nuevos y constructivos que mayores posibilidades tienen de permanecer serán los que se hayan podido asociar con estados mentales muy característicos y distinguibles, y que hayan sido reforzados después de aprendidos. Si se asocian los nuevos patrones a un estado mental característico, es más fácil traerlos al primer plano cuando se vuelve a entrar en dicho estado. Esta conexión se asume internamente con mayor rapidez si se ensaya intensamente. Es raro que la comprensión por sí misma genere cambios; con mayor frecuencia, *hacer cosas* de manera diferente nos permite cambiar parte de nuestros patrones actuales. El mayor reto para cambiarse a sí mismo como *trader* es también el mayor reto para cambiar en terapia: es relativamente fácil iniciar un cambio, pero es mucho más dificultoso darle continuidad. Sin una consolidación, es probable que las personas vuelvan a caer en sus patrones habituales. Un ingrediente esencial del cambio es repetir un patrón deseado una y otra vez de la misma manera, en los mismos mo-

mentos y en las mismas situaciones en cada ocasión que se presente. Al principio, poner en práctica nuevas conductas exigirá un esfuerzo consciente. Sin embargo, si se repite una y otra vez, la conducta se vuelve automática y se integra internamente en el yo.

11. *Uno de los factores para tener éxito en el* trading *es tener una ventaja estadística en los mercados y ser capaz de aprovecharla con regularidad.* Es más probable que se fracase en el *trading* cuando se utilizan métodos subjetivos y no probados que no tienen una ventaja comparativa válida o cuando se es incapaz de aplicar regularmente métodos disponibles que brinden esta ventaja. En sí mismo, mejorar su psicología como *trader* no le dará una ventaja objetiva, así como desarrollar o adquirir un sistema de *trading* válido no le convertirá a usted en un gran *trader*. Ambas cosas (el desarrollo de sistemas de *trading* y el desarrollo personal de usted como *trader*) deben marchar en conjunto y de manera concertada. *Su calidad y éxito como* trader *dependen de los métodos que aplique y de su capacidad para aplicarlos.* Estoy convencido de que el proceso de descubrir patrones en el mercado y de formular planes para hacer *trading* con ellos ayuda a cultivar las mismas capacidades de dar continuidad a un esfuerzo y sostener un propósito que, a su vez, potencian el *trading*. La inmersión en los mercados como un observador analítico y neutro permite que el *trader* se mantenga neutro y analítico en los periodos de turbulencias e incertidumbre.

Para cambiar como *trader*, es necesario que reconozca que usted está tan lleno de patrones como los mercados en los que participa. El cambio comienza con una autoobservación repetitiva e intensa. Lleve un diario o cuaderno de todas sus transacciones, las razones que le motivaron a hacerlas, los estados anímicos en los que se encontraba al colocar las posiciones y los resultados de las mismas. Con el tiempo, aisle las transacciones que no funcionaron bien y los patrones que tienen en común. Luego haga lo mismo con las ganadoras y los elementos que se repiten en ellas. Imagine que dentro de usted hay un *trader* autodestructivo a punto de caer en la bancarrota y un *trader* experto que está al borde de lograr el éxito. ¿Cómo toma sus decisiones el primero? ¿Cómo opera el experto? Cuando pueda responder esas preguntas, estará mejor preparado para hacer menos de lo que no funciona y más de lo que le acercará a sus objetivos.

Tengo la fuerte sospecha de que hasta los *traders* mejores tienen un lado constructivo y un lado destructivo: un yo que es capaz de dominar los mercados y uno capaz de acabar consigo mismo. En último término, los *traders* que alcanzan el éxito son aquellos que han encontrado maneras de acceder a la pericia y dominio que hay en su interior. Los que fracasan pueden tener muchos más conocimientos y experiencia, pero siguen atrapados en estados que socavan sus metas. Superar los patrones problemáticos es solo la mitad del juego. Un reto equivalente es cultivar patrones exitosos que puedan invocar voluntad. Eso solo es posible para quienes han desarrollado un alto grado de intencionalidad, es decir, la capacidad de dar continuidad a un esfuerzo y un propósito importantes.

Cambiando su mente: aplicación de los principios

No es poco común que en el asesoramiento psicológico las personas se lamenten: «Sé cuáles son mis problemas, pero ¿qué puedo hacer para superarlos?» Intuitivamente, reconocen que es necesario darse cuenta de ellos, pero que eso no es suficiente para generar un cambio y darle continuidad en el tiempo. Una vez que usted *sabe,* es tiempo de *hacer.* ¿Qué puede hacer para realizar un cambio *ahora* en sus patrones de *trading*?

Al igual que los problemas, el cambio sigue patrones particulares, muchos de los cuales están ilustrados en los casos de asesoramiento psicológico de los capítulos precedentes. Sin embargo, si uno analiza estos patrones puede ver que hay tres estrategias de cambio de la mayor relevancia para los *traders*:

1. *Manejo de los patrones emocionales que interfieren con su actividad.* No es inusual encontrar reacciones emocionales específicas que interfieren con el procesamiento de la información de mercado a medida que esta va llegando. Esta es la razón que hace creer a tantos *traders* que el fin último de la psicología del *trading* es eliminar completamente las influencias emocionales. Cuando se observa un patrón de ansiedad, euforia, desazón o culpa que interfiere con su *trading*, el primer paso es identificar las situaciones específicas que

dan pie a dicha reacción emocional. Por ejemplo, un *trader* puede sobrerreacionar a la pérdida de oportunidades, mientras que otro puede experimentar sus acciones más intensas al negociar posiciones de mayor tamaño.

Saber qué es lo que «aprieta el gatillo» es la mitad de la batalla. Es necesario que cultive su Observador Interno, su capacidad de tomar distancia de su situación inmediata y percibir el patrón que está poniendo en práctica. Mantener un diario es un método útil para desarrollar el hábito de la autoobservación, al igual que la meditación. Por lo general, he visto que aminorar el ritmo de la mente y el cuerpo y distanciarme temporalmente de las situaciones son pasos que facilitan la activación de mi Observador.

Una vez que haya identificado los elementos que activan estas reacciones emocionales destructivas, es posible irlas desalentando si una y otra vez se expone a dichos elementos activadores, pero en condiciones controladas. Por ejemplo, si ante un mercado a la baja usted se descubre reaccionando con ansiedad y dudas sobre sí mismo –incluso si no tiene una posición abierta– pude ser muy útil exponerse repetidamente a mercados en descenso, tanto sobre el papel como en tiempo real. *La clave para controlar la ansiedad es realizar una actividad altamente no emocional durante la exposición a estas situaciones.* Por ejemplo, puede hacer ejercicios de relajación en condiciones de intensa concentración cognitiva durante la exposición a los mercados en baja. Literalmente, se estará entrenando para responder de manera menos emocional a las caídas. No es necesario esperar a que el mercado realmente baje para realizar este ejercicio; también es útil invocar una tranquilidad meditativa mientras se imagina vívidamente que caen los mercados. Como mencioné anteriormente, realizar esta ejercitación con intensidad y frecuencia cimentará el nuevo patrón, permitiéndole responder a las verdaderas caídas del mercado con mayor calma y concentración.

Una variante de este ejercicio, derivada de la terapia de desensibilización y reprocesamiento mediante movimientos oculares (EMDR), consiste en realizar un patrón de actividad aburrido y rutinario mientras se expone a una situación del mercado altamente emocional. Un patrón que utilizo es golpear de manera repetida con los dedos en mis rodillas, alternando uno y dos golpes en las rodillas izquierda y derecha. El aburrimiento del patrón rutinario va a la par con la situación emocional (por ejemplo, cuando se está alcanzando un *stop*), extinguiendo las reacciones emocionales y haciendo posible un procesamiento más neutro de la acción del mercado. El trabajo de John Cutting demostró que existe una división del trabajo al interior del cerebro, entre centros que procesan información emocional importante para el yo y aquellos que procesan el mundo que lo rodea. Cuando se activa un hemisferio, el otro tiende a estar menos activo. Esto puede hacer que usted quede atrapado en estados muy emocionales, en los que es difícil identificar los patrones del mercado y actuar en consecuencia. Al sumergirse en un procesamiento no emocional, como la meditación, la autohipnosis o el golpeteo repetitivo, reduce y desestimula su procesamiento emocional, que a su vez va creando una sensación de control y refuerza a su Observador. Con suficiente repetición, es posible pasar a estados altamente enfocados y no agitados en cuestión de segundos, reduciendo los sentimientos de ansiedad, dudas y exceso de entusiasmo.

2. *Salir de los viejos patrones mediante saltos radicales.* Un segundo grupo de métodos para modificar patrones de agitación indeseables consiste en hacer cambios radicales en sus patrones conductuales. Estos «cambios» o «palancas de velocidades», como los he llamado, le empujan más allá de sus zonas de comodidad normales, hacia estados mentales, emocionales y físicos alternativos. Una vez en ellos, es posible procesar la información sobre usted mismo —y el mercado— de maneras nuevas y potencialmente más constructivas. Por ejemplo, si me siento descorazonado y agotado, puedo realizar un ejercicio físico particularmente agotador y prolongado para «bombear» mi mente y cuerpo. A la inversa, en un estado de ansiedad, me alejaré de la pantalla y realizaré una larga sesión de biorretroalimentación en la cual permaneceré completamente quieto y llevaré mi actividad física a niveles inusualmente bajos.

Estos cambios permiten a las personas acceder a modos de pensar, sentir y actuar que antes les estaban ocultos. Muchas veces he observado a atletas de alto rendimiento provocar peleas en el campo, elevando en el proceso su propia tonicidad. De manera similar, los entrenadores incitarán a sus jugadores con confrontaciones y provocaciones verbales. Le mostré cómo Dave pudo expresar rabia hacia sus patrones de pensamiento negativo, dando nuevos bríos asus esfuerzos por pasar el examen. Cuando se salta a un nuevo estado mental, no solo abandona los patrones asociados con el viejo estado, sino que activa nuevos potenciales.

El acto de cambiar radicalmente a otro modo puede ser más significativo que el modo específico en que hace el cambio. El extraordinario acto de esfuerzo necesario para lograr una ruptura de la gravedad de sus estados habituales le confiere su propio impulso. En este contexto, cobran sentido los actos ascéticos presentes en muchas de las religiones del mundo. Cuando las personas renuncian a los placeres mundanos, hacen un esfuerzo supremo que les permite acceder a nuevos estados mentales y espirituales. No es coincidencia que los monjes busquen al Todopoderoso en medio de un voto de silencio, que las religiosas realicen un compromiso con Cristo al renunciar a las relaciones conyugales, que los judíos ayunen para lograr un estado de expiación, o que Buda haya encontrado la iluminación tras días de soledad bajo un árbol. Son necesarios esfuerzos extraordinarios para sostener alejamientos extraordinarios del funcionamiento normal.

Aunque algunos saltos radicales conllevan cambios a extremos de la experiencia, como sumergirse en una bañera de agua gélida cuando uno se siente aburrido o letárgico, otros saltos se logran haciendo estallar reacciones emocionales ya presentes. En un sentido, esta variante de la estrategia de la palanca de cambios es el opuesto del primer método de apaciguamiento y reducción de la intensidad. Para una persona que siente ansiedad o incertidumbre, por ejemplo, la meta es acentuar esta experiencia experimentándola más intensamente. Esto se puede lograr mediante la visualización de imágenes, juegos de roles, revivir sueños, etc. Terapeutas como Alexander Lowen y Alvin Mahrer han descubierto que, una vez que viven estas experiencias de tipo superior, las personas experimentan una transformación a un nuevo estado y nivel de comprensión. Por ejemplo, la ansiedad acerca de un mercado volátil puede dar paso a expresiones de rabia, ya que se recuerdan y vuelven a sentir pérdidas sufridas en el pasado. Al expresar esta rabia y encontrarle sentido, el *trader* reduce gran parte del temor previo.

Desde esta perspectiva, bloquear sus respuestas emocionales puede ser el mayor obstáculo para un *trading* eficaz, más incluso que las respuestas mismas. Muchas veces estos bloqueos se expresan físicamente, como tensiones crónicas de los músculos e inhibiciones físicas. Por eso algunas de las estrategias más eficaces para profundizar su experiencia implican alcanzar nuevas conductas y estados físicos. Al liberar su cuerpo y permitirse experimentar en su plenitud el temor, la frustración, la codicia y el exceso de confianza, puede pasar al lado opuesto, donde estos sentimientos ya no tengan control sobre usted. No es raro que la gente tenga miedo de hacer el esfuerzo necesario para experimentarse a sí misma por completo, ya que implícitamente cree que quedará abrumada por la experiencia. En realidad, llevar a su extremo un estado emocional negativo brinda una potente afirmación de las capacidades de una persona de lograr transformaciones por trance.

Estos estallidos de esfuerzo, a estados nuevos o a través de estados actuales, pueden no solucionar los problemas específicos que crean el estado mental de una persona, por ejemplo, si las responsabilidades del *trading* y el hogar la tienen extenuada. Sin embargo, los cambios pueden romper círculos viciosos y autodestructivos, de manera lo suficientemente oportuna como para salvar una transacción. Más aún, puede resultarle una agradable sorpresa el descubrir que es más fácil enfrentar esos otros problemas personales pendientes una vez que ha cambiado de marchas mentales y emocionales. En general, los patrones conductuales no deseados que afectan a los *traders* son o inhibitorios (problemas para «apretar el gatillo») o excitativos (problemas con un *trading* impulsivo). Al hacer fuertes esfuerzos físicos y emocionales durante periodos de inhibición e intensos esfuerzos de autocontrol en momentos de excitación, es posible salir rápidamente de estos modos antes de que interfieran con el *trading*.

3. *Cultivar nuevos patrones conductuales.* Este grupo de estrategias busca desarrollar patrones de acción positivos, en lugar de reducir los

antiguos y mal adaptados, o salir de ellos. Se basa en el reconocimiento de que, por lo general, hay excepciones a los patrones problemáticos en los cuales uno actúa de maneras altamente constructivas. Estos patrones de solución pueden formar las bases de los esfuerzos de cambio, ya que usted es capaz de poner en práctica más de lo que ya le está funcionando.

El primer paso para aplicar esta estrategia basada en soluciones es una manera diferente de autoobservación. Es necesario observar lo que ya está haciendo bien: lo que está funcionando. Aquí es donde nuevamente puede ser útil una evaluación de su *trading*, centrándose en las transacciones que han sido bien ejecutadas. (Note una vez más que las transacciones bien ejecutadas no son necesariamente las más rentables. Puede ser muy útil revisar las transacciones en que ha cortado a tiempo las pérdidas, por ejemplo.) La mejor manera de hacerlo es con un diario o cuaderno de *trading* en donde haya anotado cuidadosamente las razones para realizar cada transacción, sus pensamientos y sentimientos en el momento de hacerlas, y su resultado. Muy a menudo, este diario revelará patrones comunes a las transacciones positivas que, de otro modo, escaparían a su atención.

Por ejemplo, puede descubrir que las transacciones basadas en configuraciones de mercado específicas son particularmente rentables. Así fue cuando revisé la actividad minuto a minuto de varios índices sectoriales en el momento en que coloqué transacciones de venta corta. Un patrón que resultó evidente fue que las transacciones cortas colocadas en momentos de muchas divergencias entre los índices (algunos alcanzando máximos diarios, mientras que a otros les faltaba un x por ciento de sus máximos diarios) tendían a ser más favorables que las transacciones colocadas cuando una mayor proporción de índices estaban en sus máximos o cerca de ellos. En consecuencia, este patrón de *trading* se convirtió en uno que quise internalizar como parte de mi repertorio estratégico.

Vincular firmemente un patrón de solución como ese a un estado característico –un modo cognitivo, físico y emocional único– puede ayudar mucho a su asunción interna. Las personas logran la mayor parte de estos estados ya sea reduciendo o aumentando su nivel normal de agitación. La meditación es una estrategia de reducción de la agitación; el ejercicio físico puede usarse para acrecentarla. He descubierto que caminar dando vueltas alrededor de mi casa mientras ensayo verbalmente mis nuevas estrategias y escenarios de *trading* me es bastante útil para ir creando patrones de acción positivos. Otras personas con las que he trabajado se han beneficiado ensayando mentalmente sus estrategias en estados de autohipnosis o en los estados altamente agitados que se logran durante las rutinas de ejercicios físicos.

En gran medida, descubrir los recursos que funcionan mejor para un *trader* en particular es cuestión del método de prueba y error. Es particularmente importante que el *trading* que haga posteriormente sea en el mismo estado que ha ensayado al invocar los patrones de solución. No quiero hacer mis transacciones sentado en silencio en mi puesto de trabajo durante horas si he estado ensayando soluciones caminando y hablando en voz alta. Es mucho más probable que identifique con éxito las soluciones y las lleve a la práctica si proceso el mercado mientras camino y digo en voz alta lo que voy viendo. De hecho, a menudo he descubierto que puedo ver lo que está haciendo el mercado solo después de haber hablado en voz alta durante el flujo de procesamiento de la conciencia que ocurre mientras camino a zancadas. Mirar los gráficos y datos da la materia prima para el procesamiento, pero integrar la información en patrones significativos suele ocurrir únicamente después de haber pasado a otro modo.

El patrón de solución que ensaye puede ser un patrón en los datos del marcado, como en mi ejemplo del párrafo anterior, o puede ser uno de sus propios patrones conductuales, como en el caso de ensayar la habilidad de detener una transacción perdedora o dejar que prosiga una ganadora. Este «anclaje» funciona por simple condicionamiento clásico. Al vincular una y otra vez un patrón deseado con un estado físico o mental característico, usted queda mejor preparado para identificar ese patrón y activarlo siempre que invoque dicho estado. Lo que ve y cómo interpreta la información depende del estado en el que esté. Mediante la práctica de patrones conductuales constructivos en un estado característico y único, logrará control sobre la posterior aplicación de tales patrones.

Algunas veces los *traders* no son capaces de identificar sus propios patrones de solución. En esos casos, no todo está perdido. Una potente estrategia que se basa en la misma lógica es recibir dichos patrones de solución de un mentor y luego «anclarlos» sistemáticamente a un estado distintivo y convertirse en el actor que ensaya, representa y pone en práctica esos ideales. Si aprendo un patrón de *trading* de un tutor, por ejemplo, podría ensayarlo repetidas veces colocándome en un estado de intensa concentración y enfoque, y revisando luego sus manifestaciones en mis datos históricos. Activaré este mismo estado enfocado y ensayaré el patrón en transacciones en papel en tiempo real, antes de llevar a cabo pequeñas transacciones utilizando la estrategia. A través de esta repetición y fijación, el método de *trading* ensayado en el juego de roles comienza a sentirse más natural y termina siendo asumido internamente como parte de mi repertorio. El simple acto de enfocarse puede entonces ayudar a aplicar el método de *trading*.

La mayor parte de las iniciativas de cambio que intente en los mercados corresponderá finalmente a una de estas tres estrategias. Tratará de reducir las reacciones no deseadas, pasar a estados y patrones notablemente distintos, o cultivar estados y patrones nuevos y positivos. Hay muchas, muchas variantes de estas estrategias, y una cantidad infinita de formas creativas de ponerlas en práctica. Sin embargo, en último término su éxito depende de la calidad que desde el inicio tenga su autoobservación –seleccionando y especificando los cambios a realizar– y el grado de repetición y ensayo que realice una vez que los esfuerzos de cambio hayan comenzado. Con mucha frecuencia, las personas tienen éxito en comenzar el cambio, pero no en darle continuidad. Realizar ejercicios varias veces y todos los días, del mismo modo cada vez, es algo que facilita la consolidación.

Y esto nos conduce a la más potente de todas las estrategias de psicología del *trading*: tener amigos y familiares que apoyen sus esfuerzos de desarrollo personal. Al intentar alcanzar objetivos con un esfuerzo extraordinario, usted no lleva una vida normal, y eso hace necesario una notable comprensión de quienes le rodean. La gente normal no se queda horas y horas de la noche escribiendo pensamientos automáticos en el teclado. No permanece conectada a máquinas de biorretroalimentación y luz y sonido mientras hace transacciones o procesa datos del mercado. Es poco común y muy especial que los demás no solo toleren, sino que también valoren este relativo alejamiento de lo normal. Toda observación, comprensión y experiencia que pueda haber logrado reflejar en este libro jamás habría sido posible sin una familia, unos mentores y unos colegas que me apoyaron y estimularon.

Hacer corresponder su *trading* con su personalidad

Una de las expresiones más profundas de sabiduría sobre el mercado que he encontrado nunca apareció en un artículo escrito por Linda Bradford Raschke. Aconsejaba a los *traders* principiantes que se centraran en uno o dos patrones de mercado probados y simplemente hicieran transacciones aplicándolos. Si ha hecho bien sus tareas, estos patrones por sí mismos deberían darle un sustento decente. Los patrones que utilice usted dependerán de su manera de aproximarse a los mercados, lo que —en parte— estará determinado por su personalidad y sus metas financieras.

Después de haber encuestado junto con Linda a una cantidad de *traders* frecuentes, saqué dos conclusiones sobre el *trading* y la personalidad:

1. *Muchos* traders *que dicen tener problemas emocionales en el mercado experimentan dificultades debido a que su* trading *no está lo suficientemente estructurado.* Con esto quiero decir que no han definido cuidadosamente los patrones que activan sus entradas y salidas, y a menudo carecen de mecanismos explícitos para la gestión del dinero. No creo en lo más mínimo que todos los *traders* necesiten sistemas mecánicos para hacer sus transacciones, pero diría que la mayoría de los *traders* con problemas que he encontrado se beneficiaría de *regirse más por reglas.* Los mejores servicios educativos que he visto para *traders*, incluido el de Linda, se limitan a un núcleo de patrones aprovechables que han sido probados. Luego, esos servicios se mantienen fieles a sus métodos. Cuando los *traders* carecen de esta estructura y disciplina, es muy difícil que tengan internamente confianza. Sus transacciones son particularmente vulnerables a interferencias emocionales y ocasionales pérdidas que les afectan mucho. Las reglas ayudan mucho a mantener a los *traders* con un pie en la realidad.

2. *Muchos de los* traders *que dicen tener problemas emocionales en el mercado tienen sus dificultades porque no han encontrado un buen ajuste entre sus estilos de* trading *y sus personalidades.* En parte, la tolerancia al riesgo es una variable de personalidad. Cuando los *traders* con bajas tolerancias al riesgo amplían sus periodos de retención, van a ser particularmente vulnerables a los mayores *drawdowns* que implica esa ampliación del territorio. De manera similar, a un *trader* con estilo de aprendizaje visual puede resultarle difícil seguir un sistema de *trading* mecánico. Muchos *traders* que he encuestado o entrevistado tienen métodos o sistemas que desean afinar y aplicar, pero no han hecho las preguntas fundamentales en cuanto a si estos métodos o sistemas son ideales para ellos. Como terapeuta, estoy acostumbrado a procesar sutiles indicadores en mis interacciones con la gente. No es una sorpresa que mis mejores estrategias de *trading* hagan uso de esta habilidad. Cuando he intentado hacer transacciones con otros estilos –en especial con métodos mecánicos– los resultados han sido malos. Simplemente, no puedo hacer *trading* con algo que no siento ni percibo directamente. A la inversa, mi buen amigo y exitoso *trader* Henry Carstens es una maravilla para desarrollar sistemas de *trading* y tengo la fuerte sospecha de que le resultaría difícil hacer transacciones de manera discrecional. El problema no es tanto cuál es el mejor método para hacer *trading.* En lugar de eso, es importante *encontrar el ajuste y correspondencia correctos entre el* trader *y el* trading.

Tengo mis sospechas de que algunas personas tienen personalidades que simplemente no son adecuadas para el *trading.* No todos poseen la combinación necesaria de flexibilidad y habilidades analíticas de toma de decisiones. De manera similar, no todos tienen la madurez emocional y la autodisciplina necesarias para convertirse en *traders* ganadores, al igual que no todos están dotados de las habilidades para ser un jugador o cirujano de primer nivel. De los limitados datos que Linda y yo reunimos, diría que el *trading* será una batalla cuesta arriba si tiene usted tendencia a altos grados de malestar emocional (ansiedad, depresión, rabia) y si tiende a ser impulsivo, poco disciplinado y no particularmente consciente de sí mismo en su vida cotidiana.

Es verdad que bien puede haber *traders* indisciplinados y volátiles en lo emocional que estén haciendo una fortuna en los mercados.

Sin embargo, debo decir que los que he observado no conservan sus fortunas. Todos los *traders* ganadores que he observado han sido personas metódicas y que se rigen por reglas. Creo que una lectura atenta de los libros *Market Wizardf* de Jack Schwager apoya esta conclusión. Los métodos y las reglas difieren en los distintos *traders*: algunos son *scalpers*, otros son *swing-traders*, y otros son más discrecionales. Otros son más mecánicos. Sin embargo, todos ellos parecen tener planes y técnicas que han observado e investigado exhaustivamente, afinado con cuidado e implementado al pie de la letra. Estos planes y técnicas son expresión de sus personalidades y manifiestan las maneras características en que procesan la información y manejan el riesgo y la incertidumbre.

La gran frontera: desarrollar pericia en el *trading*

Una mirada a las últimas investigaciones me ha convencido de que los mayores adelantos en la psicología del *trading* provendrán no de la psicoterapia, sino del campo de la pedagogía. Los últimos avances de la neurociencia cognitiva sugieren que el aprendizaje –al igual que el cambio emocional– se puede acelerar si se dan las condiciones adecuadas. Esto tiene profundas implicaciones para la formación y el desarrollo de los *traders*.

Los estudios sobre aprendizaje implícito llevados a cabo por Arthur Reber y Axel Cleeremans indican que las personas adquieren complejas habilidades como el lenguaje hablado mucho antes de poder verbalizar sus reglas. Su conocimiento es tácito o implícito, y se mantiene a un nivel que está por debajo de la verbalización explícita. Una serie de ingeniosos experimentos que utilizaban gramáticas artificiales –cadenas de letras que se combinan según grupos de reglas– indica que este aprendizaje implícito no es nada de inusual.

Supongamos que he inventado una gramática artificial que sigue el patrón UFMAG. Encenderé estas cinco letras, una por una, frente a los participantes del experimento. Cada vez que ilumine la letra «U», irá seguida de una «E». Cada vez que muestre la letra «A» la siguiente será una «G», y así sucesivamente. Es relativamente simple crear gramáticas de distintos niveles de complejidad, cambiando la cantidad de letras de la gramática y las reglas que regulan la aparición de las letras.

La clave del experimento es que no se diga a los sujetos cuáles son las reglas subyacentes de la gramática. Primero se les muestran cadenas de letras formadas de manera gramatical y agramatical (es decir, siguen o no siguen las reglas) en una fase de adquisición. Luego, en una fase de prueba, se les pide que digan si las cadenas de letras que se les muestra están bien formadas desde el punto de vista gramatical. Se les corrige cuando se equivocan, pero no se les dice por qué se equivocaron. Luego pasan rápidamente al siguiente elemento, y esta secuencia ocurre a lo largo de una gran cantidad de ensayos.

Con el tiempo, los participantes se vuelven bastante aptos para determinar si las cadenas de letras son gramaticales. Parecen entender el patrón que subyace a la gramática. Sin embargo, si se les pide que digan las razones que les llevan a determinar la gramaticalidad de las cadenas, no pueden verbalizar las reglas. De hecho, a menudo insisten en que los patrones eran al azar y que simplemente habían acertado las cadenas correctas. Su aprendizaje parece ser implícito, en el sentido de que saben algo, pero no necesariamente saben que lo saben.

En su libro *Implictt Learningand Tacit Knowledge* («Aprendizaje implícito y conocimiento tácito»), Arthur Reber señaló que los sujetos son capaces de aprender incluso gramáticas altamente complejas en condiciones de mucho ruido e interferencia. Por ejemplo, en un grupo de estudio se pidió a los participantes que predijeran la aparición de un fenómeno, una luz parpadeante. Sin embargo, la aparición del fenómeno en cualquier prueba N, dependía de lo que había ocurrido en la prueba N-j, en que *j* variaba entre uno y siete a lo largo de las pruebas. Sorprendentemente, con el tiempo los participantes fueron capaces de predecir la aparición de un fenómeno en base a lo que había ocurrido muchos ensayos atrás, y nuevamente sin ser capaces de verbalizar los fundamentos de sus predicciones. Más aún, cuando se agregaba un elemento de ruido o interferencia a la fase de adquisición, en que un porcentaje variable de elementos presentados a los participantes se derivaba al azar, incluso así ocurría el aprendizaje implícito.

Lo que parece claro es que los participantes de los estudios de aprendizaje implícito aprenden patrones complejos: demasiado complejos, observó Reber, como para ser aprendidos durante una sola tarde. En un estudio, los participantes aprendieron a predecir el nivel de producción de una planta azucarera, dada la regla subyacente de Producción = $2t - (p + n)$, donde t era la cantidad de trabajadores en la planta, p era el resultado de la prueba previa y n era un factor de ruido o interferencia. Reber planteó que el conocimiento adquirido implícitamente subyace al desempeño explicable por un conocimiento consciente.

¿Cuál es la naturaleza de este conocimiento tácito? La evidencia sugiere que los participantes de los estudios de aprendizaje implícito adquieren conocimiento de las regularidades estadísticas de los datos. Reber observó que, si los fenómenos E1 y E2 ocurren con probabilidades de 0,80 y 0,20, respectivamente, con el tiempo las predicciones de los participantes se acercarán al 0,80 y 0,20. No necesariamente llegan a adquirir las verdaderas reglas de la gramática o de la tarea de producción de azúcar; más bien parecen construir representaciones implícitas de la probabilidad de que ocurran los fenómenos determinados por dichas reglas.

La clave del aprendizaje implícito parece ser la gran cantidad de ensayos (generalmente mil o más), la retroalimentación en forma de comentarios oportunos y precisos, y el alto grado de enfoque y concentración de los participantes. Si, por ejemplo, los participantes se distraen con otras tareas durante los ensayos de aprendizaje implícito, la calidad y cantidad del aprendizaje disminuirá significativamente.

Cleeremans propuso que los seres humanos procesan la información durante estos estudios de un modo muy similar a como las redes neuronales procesan datos. Establecen conexiones entre los fenómenos basándose en regularidades estadísticas. Cuando estas conexiones son lo suficientemente sólidas, alcanzan un umbral de consciencia y se vuelven explícitas. En consecuencia, lo que los seres humanos sabemos existe en un *continuum* desde lo *tácito* a lo *plenamente explícito,* con muchas escalas entre estos dos extremos. Esto es fuente de potenciales conflictos entre lo que sabemos —nuestro entendimiento verbal y explícito— y lo que sentimos. De hecho, eso es lo que Reber encontró en su revisión de los estudios. Cuando a los participantes se les dicen las reglas subyacentes a las pruebas de aprendizaje, o cuando se les pide que busquen reglas y estas son relativamente sencillas, el pensamiento explícito parece ayudar al desempeño en los experimentos de aprendizaje implícito. Pero cuando las reglas son tan complejas que los participantes no pueden deducirlas por sí mismos, el esfuerzo por encontrar reglas explícitas en realidad obstaculiza el desempeño. Parece que la codificación tácita de la información en estos estudios es relativamente independiente de los procesos de aprendizaje explícitos usuales.

Resumiendo estos estudios en *Implicit Learning and Tacit Knowledge*, Reber concluyó que los participantes pueden aprender a utilizar relaciones estructurales completas en los datos presentados, de un modo completamente no reflexivo. Mi conjetura es que los *traders* adquieren destreza en los mercados de un modo muy similar. Se sumergen en estilos complejos y llenos de interferencias (los datos del mercado) y gradualmente van adquiriendo información sobre las regularidades existentes entre ellos. Cuando han logrado un amplio grado de inmersión —mucho antes de que puedan verbalizar lo que saben sobre los mercados— los *traders* logran una sensación interna de cuándo es probable que los mercados suban o bajen. Solo después de que los patrones han sido reforzados se pueden verbalizar y expresar en reglas explícitas y sistemas de *trading*.

Si este es el caso, entonces una clave para desarrollar pericia en el *trading* puede ser el grado de inmersión con el que uno aborda los mercados. Al seguir los mercados día tras día a lo largo una cantidad de años y llevar un cuidadoso registro de las transacciones realizadas, los *traders* pueden asumir internamente las reglas del mercado, de manera muy similar a como los niños asumen las reglas del lenguaje hablado. Si los *traders* hacen su actividad a tiempo parcial o sin la suficiente inmersión en los patrones de tiempo real de los mercados es posible que su aprendizaje sea deficiente.

Esta falta de inmersión también puede ayudar a aprender por qué tanta gente emprende actividades de *trading* o por qué tan poca realmente logra ingresos satisfactorios con ellas. En pocas palabras, no pueden remontar sus curvas de aprendizaje. Si el aprendizaje implícito de los mercados requiere miles de ensayos —al igual que en el caso de los participantes de los estudios de Reber y Cleeremans— habría que ser un estudiante disciplinado (y quizás también con una abultada cuenta bancaria) para pasar con éxito la inevitable frustración del periodo de aprendizaje. Además también está el factor de que puede que los *traders* no hagan transacciones con la suficiente frecuencia como para lograr la exposición necesaria para asumir en su interior los patrones del mercado. Si un *trader* coloca solo dos órdenes al día, serían necesarios más de dos años de *trading* para alcanzar la cantidad de ensayos de un estudio de aprendizaje implícito. Sin embargo, incluso esto podría no ser suficiente para activar el aprendizaje implícito, ya que los ensayos de dichos estudios se realizan con muy poca separación de tiempo unos de los otros, para prevenir interferencias de pensamientos y emociones explícitos. Para el *trader* que hace sus transacciones solo dos veces al día, hay muchas oportunidades de que ocurran interferencias de ese tipo. Sería sorprendente que unos ensayos de aprendizaje tan distanciados temporalmente unos de otros pudieran generar el aprendizaje necesario para lograr una pericia interior sobre el mercado. Puede que la mayoría de los *traders* fracasen en sus intentos de aprender los patrones del mercado no debido a sus dificultades emocionales ni a tendencias a boicotear sus proyectos, sino simplemente por falta de exposición suficiente a los mercados.

Implicaciones de la investigación sobre aprendizaje implícito

Esta línea de razonamiento se puede llevar hasta sus posibles conclusiones. Si el aprendizaje implícito explica la pericia en el *trading*, se podría esperar ver la mejor evidencia de conocimiento tácito entre *traders* que hayan estado inmersos en el *trading*, con frecuentes «ensayos» de aprendizaje. Tendríamos que dirigirnos entonces a los *traders* de piso, a los *scalpers* y otros *traders* de muy alta frecuencia. Al seguir los mercados minuto a minuto, día tras día, y colocar y seguir decenas, si no cientos, de transacciones cada día, el *trader* de piso es un estudio de campo natural en lo referente a aprendizaje implícito.

Es interesante que entre los *traders* encuestados por Linda Raschke y yo, varios tenían experiencia de piso o eran *traders* fuera de piso, pero de muy alta frecuencia. Nos resultaba evidente que estos *traders* utilizaban métodos diferentes a los de los demás. Era menos probable que se basaran en una investigación detallada en su toma de decisiones y tendían mucho más a citar el «instinto» como motivo para abrir y cerrar transacciones. Los *traders* exitosos de este grupo sí operaban de un modo regido por reglas, pero estas eran una heurística relativamente simple que ayudaba a limitar pérdidas y regía la actividad general. Por ejemplo, uno de los *traders* cerraba automáticamente una posición después de que se había movido en su contra solo por unos cuantos *ticks*. Esta estrategia le hacía entrar y salir de los mercados con bastante frecuencia, aumentando la frecuencia de sus «ensayos de aprendizaje».

Esta regla le ayudaba a reducir sus pérdidas cuando se equivocaba en su apreciación del mercado, pero, desde su cuenta, no sometía sus entradas a reglas similares. Había desarrollado una capacidad de percibir el ritmo del mercado, la actividad de los actores fuertes y la de los débiles, y los patrones de oferta y demanda. Su conocimiento era implícito, en el sentido de que sabía lo suficiente como para tener éxito en el piso, pero no podía verbalizarlo de modo que quienes lo escucharan pudieran imitar su rendimiento.

Pasando de estos *scalpers* a *traders* frecuentes pero menos frenéticos, como Linda, se puede ver que una proporción creciente de conocimiento del mercado —y toma de decisiones sobre el mismo— es explícita. Linda sí puede verbalizar muchas de sus reglas para el *trading*, y las ilustra con ejemplos todos los días para los miembros de su chat *online*. Sin embargo, no está claro que todo lo que sepa esté contenido en sus reglas. Ella no hace una transacción cada vez que ocurre uno de sus patrones verbalizados; en lugar de eso, parece tener un sentido implícito de cuándo esos patrones pueden funcionar y cuándo no. Su *trading* tiene un alto nivel de sometimiento a reglas, pero no es mecánico. El conocimiento implícito juega un papel importante en ayudarle a aplicar sus reglas de *trading*. No es probable que una persona que simplemente leyera las reglas de Linda y las aplicara de manera mecánica pudiera obtener sus mismos resultados. No hay duda de que esto se debe a que ella ha dedicado muchos años, día tras día, a sumergirse en los mercados en un *trading* frecuente.

Desplazándonos un poco más por la línea temporal hacia los *swing-traders* y los *traders* de plazo intermedio que podrían hacer *trading* solo una o dos veces por semana o mes, queda cada vez más en evidencia que los ensayos de aprendizaje ocurren con demasiado poca frecuencia y demasiada separación como para hacer posible un aprendizaje implícito. A menos que el *trader* haya encontrado otros medios de generar los ensayos de aprendizaje implícito –por ejemplo, revisando de manera detallada e intensiva gráficos, datos históricos del mercado, etc.– es poco el conocimiento tácito que se puede esperar encontrar en él. En consecuencia, se podría esperar que los *traders* exitosos de más largo plazo se basen mucho más en reglas y sistemas explícitos para sus entradas y salidas. En el *Stock traders Almanac* de Yale Hirsch y en *Online Investing* de Jon Markman hay buenos ejemplos de un *trading* así, basado en reglas y de más largo plazo. Yale se centra en patrones estacionales para el mercado general, como la tendencia de los mercados a desempeñarse mucho mejor durante los últimos y primeros meses del año, en comparación con los del medio. Jon identifica carteras modelo, basándose en criterios como el dinamismo y el crecimiento. Otras carteras de Markman se inspiran en patrones de estacionalidad entre acciones individuales y sectores bursátiles. Al utilizar las reglas resultantes de esta investigación como ayudas para la toma de decisiones, los *traders* de más largo plazo que no tienen internamente una «sensación» implícita sobre los mercados pueden, aún así, lograr tener una ventaja a su disposición. Después de todo, si las corazonadas de un *trader* no contienen información (tácita), tiene mucho sentido eliminarlas de los procesos de toma de decisiones.

Si estoy en lo correcto al suponer que en el *trading* el marco temporal del *trader* juega un papel importante en la determinación de la importancia relativa del conocimiento implícito e intuitivo, en comparación con el conocimiento explícito, las técnicas psicológicas comentadas en los capítulos anteriores adquieren una luz diferente. Las técnicas para aumentar al máximo la concentración, reducir las reacciones emocionales y cognitivas indeseables y volverse más sensibles a los indicadores personales y del mercado serían especialmente útiles para el *scalper*. Esto es así porque todo lo que el *scalper* necesita saber para hacer una transacción favorable ya está presente en su experiencia. Las intervenciones psicológicas mejores serán aquellas que eliminen las interferencias de este conocimiento tácito.

Los *traders* de más largo plazo tienen mucho más tiempo que los *scalpers* para pensar sobre sus posiciones y expresar patrones personales procedentes de otras facetas de sus vidas. Es más probable que se beneficien de las técnicas para debilitar patrones problemáticos mediante el paso a nuevos estados y la fijación de patrones de solución a modos de experiencia distintivos. Este tipo de *trader*, que se basa más en reglas explícitas que en el conocimiento tácito, también aprovechará de mejor manera la inmersión en una investigación formal y una mejor formulación y fijación de reglas de *trading*.

Se puede esperar que haya un mayor nivel de fracasos entre los *traders* de más largo plazo que intenten hacer *trading* de manera intuitiva y entre los *scalpers* que intenten analizar en exceso su *trading*. El *trader* de más largo plazo carece del conocimiento tácito necesario para hacer *trading* de manera intuitiva, debido a que no ha pasado por una cantidad suficiente de ensayos de aprendizaje. Como resultado, tenderá a no poder separar la señal del ruido. A la inversa, el *scalper* necesita un acceso inmediato a su conocimiento implícito y no se puede permitir el lujo de elucubrar sobre lo que ya sabe. Para el *scalper*, analizar en exceso sería análogo a un lanzador que se volviera demasiado consciente de su tiro, intentando dirigir y apuntar la pelota en lugar de hacer la jugada con fluidez. La interferencia del procesamiento explícito tenderá a afectar el desempeño natural y tácito.

¿Hay gente con más talento para el aprendizaje implícito que explícito? Los mercados altamente complejos y ruidosos, ¿se prestan mejor al aprendizaje implícito que a los esfuerzos de formulación explícita? Estos estudios generan muchas preguntas sin respuesta. Es bastante posible que diferentes personas tengan distintos tipos de fortalezas y debilidades de procesamiento de la información, y que los mercados posean grados variables de señal y ruido. *Encontrar la combinación adecuada entre estilo cognitivo, estilo de* trading *e instrumentos de* trading *puede jugar un papel crucial en la determinación del éxito o el fracaso en el* trading.

La grandeza y la adquisición de pericia

Los estudios realizados a personas destacadas en áreas creativas y científicas sugieren que antes de la internalización de habilidades del más alto nivel hay muchos años de práctica, estudio y aprendizaje. Hablando sobre la investigación del genio, R. S. Albert señaló que la clave para un nivel de logros extraordinario es la *productividad*, la capacidad de generar grandes volúmenes de contribuciones variadas. Dean Keith Simonton, en su texto *Greatness: Who Makes History and Why* («La grandeza: quién hace historia y por qué») hace notar de manera similar que los personajes famosos son impulsados por fuerzas motivacionales inusualmente poderosas. De hecho, una de las conclusiones más provocadoras de Simonton es que estos individuos eminentes producen la misma proporción de obras exitosas con respecto a las que no lo son que las personas de menor peso en sus respectivos ámbitos. Su preeminencia se debe al hecho de que producen tantas más obras o trabajos que sus semejantes, que aumentan mucho las probabilidades de hacer una contribución duradera. Sin embargo, sostener una productividad así por un largo tiempo exige una dedicación poco usual.

La dedicación se manifiesta primero por la voluntad de pasar un largo periodo de aprendizaje y práctica. K. Anders Ericsson, en su volumen *The Road to Excellence* («El camino a la excelencia») observó la «regla de los 10 años», según la cual se necesita esa cantidad de tiempo para cultivar la pericia en el ajedrez y otras disciplinas. Ericsson y sus colegas estudiaron la adquisición de pericia, reuniendo diarios de músicos expertos y aficionados. Encontraron una correlación directa entre la cantidad de horas dedicadas a una práctica intencional y el grado de pericia del músico. Para cuando cumplían los 20 años, el grupo superior de violinistas, por ejemplo, había dedicado 10.000 horas a practicar intencionalmente su arte. Además, la reseña de Ericsson sugiere que la concentración es un ingrediente esencial de este tipo de práctica. Los músicos de mejor desempeño practican con la mayor intensidad, pero también toman frecuentes siestas y descansos para combatir la fatiga. No solo practican más horas, sino que también obtienen más de cada sesión de práctica debido a la intensidad de su concentración.

Francis Galton estaba en lo correcto cuando dijo que los grandes individuos parecían estar impulsados por estímulos inherentes hacia el logro de la excelencia. Esto solo ocurre entre personas que sienten placer y satisfacción por la búsqueda intencional y esforzada de metas, y nos lleva de vuelta a la noción de *flujo* de Mihalyi Csikszentmihalyi: el estado intrínsecamente gratificante que los individuos creativos experimentan cuando están inmersos en su trabajo. El trabajo mismo genera un cambio de estado para el creador y está fijado a un lugar positivo en el dial de la conciencia del creador. Es difícil imaginarse que alguien pueda sostener un desarrollo de habilidades y una práctica de alta calidad durante 10 años o más sin sentir estímulos inherentes de ese tipo.

Y, no obstante, hay algo más allá del placer intrínseco del esfuerzo *per se* que parece impulsar a estos hacedores de alto calibre. Sin confianza, un profundo convencimiento en su éxito, nadie podría perseverar por años y años en la búsqueda esforzada e intencional del logro de las metas de la vida. En su aguda y profunda autobiografía *The Education of a Speculator* ('La educación de un especulador'), Víctor Niederhoffer narra la historia de cuando conoció al entrenador de tenis y squash de Harvard, Jack Barnaby. Incluso antes de comenzar a jugar, Niederhoffer le anunció a Jack que se convertiría en el mejor jugador de la historia. Tras 14 meses de arduo trabajo, Niederhoffer era Campeón Nacional Júnior. La constante creencia en uno mismo, junto a un amor por el trabajo y el esfuerzo y la capacidad de lograr un buen nivel de concentración, parece ser una potente combinación para generar éxito en la vida... y en los mercados.

El instructor del juego de damas de Niederhoffer, Tom Wiswell, dejó tras de sí un legado de proverbios sobre cómo ganar, que el entonces estudiante comparte con los lectores de su libro. «El éxito no ocurre de la noche a la mañana», decía Wiswell. «Hasta para los maestros llega en etapas separadas por años» (página 168). Pero, decía, «solo quienes tienen pasión pueden llegar a ser maestros» (página 168). La capacidad de sentir pasión de manera perdurable hace posible el éxito en los mercados, así como en los matrimonios.

¿Puede ser también que la grandeza en el *trading* siga los mismos patrones observados entre los artistas, los científicos y los jugadores de squash? Si es así, se podría esperar que el *trader* experto haya dedicado un largo y continuo periodo de tiempo inmerso en los mercados, siguiendo la acción del mercado, practicando el *trading* y manteniendo un alto nivel de enfoque y concentración. *Estas son precisamente las mismas condiciones que generan un aprendizaje implícito óptimo.* Parece ser que la pericia se puede ir adquiriendo mediante una alta cantidad de ensayos y la intensificación de la concentración durante su realización para extraer el máximo aprendizaje posible. Cuando esto se lleva a cabo a lo largo de un prolongado periodo de tiempo, el resultado es un conjunto internalizado de habilidades que, como la destreza del violinista, no se puede aprehender fácilmente en forma verbal.

Esculpir el cerebro

Una implicación importante de la investigación sobre aprendizaje implícito es que toda técnica que pueda acelerar la exposición al mercado sería de inmenso beneficio para el desarrollo de los *traders*. Estas tecnologías podrían ser, primero, las que estimulan o reproducen para los *traders* la actividad del mercado, de modo que puedan imbuirse de los patrones del mercado, incluso fuera de las horas de *trading* normales. En este sentido cobra especial sentido mi hábito de crear tarjetas para memorizar los datos pasados del mercado. Al imprimir las mejores transacciones de cada día y el comportamiento del mercado antes de ellas, creo un conjunto de ejercicios de aprendizaje que se pueden ensayar a voluntad. Es similar al ejercicio de Linda Raschke de presentar gráficos a quienes asisten a sus seminarios y pedirles que predigan la acción de mercado subsiguiente. Al mostrar un gráfico tras otro y ofrecer comentarios precisos y oportunos, en esencia está acelerando el aprendizaje al llevar a cabo ensayo tras ensayo de aprendizaje implícito.

Creo que se puede llegar a mucho con este tipo de educación basado en ejemplos. Cuando los *traders* experimentan una gran cantidad de ejemplos de patrones de *trading* en relativamente poco tiempo, pueden ir desarrollando la capacidad de abstraer implícitamente las características esenciales de los mercados que tendrán que enfrentar. La clave de esta experiencia es generar suficientes ejemplos y presentarlos con poca separación temporal entre sí. Como mencioné antes, en mi reciente conversación con Cari Swenlin, que ha desarrollado el sitio web (www.decisionpoint.com), parecía estar preocupado de las necesidades de aprendizaje de los *traders*. Señaló que, al organizar los gráficos tanto por indicador (la posibilidad de examinar un indicador dado a través de múltiples mercados) como por mercado (examinar una variedad de indicadores para un mismo mercado), el sitio ofrece «una manera fácil y rápida de ver desde diferentes perspectivas». Uno de mis ejercicios favoritos en el sitio es rápidamente ir pulsando gráfico tras gráfico de diferentes índices e indicadores del mercado, manteniendo mi mente tan relajada y abierta como sea posible. Muy a menudo, surgirá la sensación de un panorama general que puede convertirse en la base de una serie de pruebas más estructuradas.

Hace poco comencé a experimentar con un programa de ordenador (Hi-jaack Pro) que toma instantáneas gráficas de mis pantallas de *trading* para utilizarlas como tarjetas para memorizar. Una función adicional une las imágenes, convirtiéndolas en «películas» que se pueden ver una y otra vez. Esta tecnología tiene el potencial de ampliar enormemente la cantidad de ensayos de aprendizaje implícito, ya que cada día de *trading* se puede memorizar en la forma de varias minipelículas. La ventaja de dar un formato móvil a los datos es que tiene el potencial de aumentar la sensibilidad del estudiante para desplegar los patrones y secuencias de comportamiento del mercado que marcan las condiciones previas para una potencial transacción ganadora. Uno puede esperar que ensayar con los mismos datos y formas de visualización que vería en el *trading* mejore la transferencia de aprendizaje implícito al *trading* en tiempo real.

Otro conjunto de técnicas con el potencial de acelerar el desarrollo de la pericia en el *trading* es la biorretroalimentación. Si es cierto que se logra más en sus ensayos de aprendizaje implícito cuando se mantiene un alto nivel de enfoque y concentración, entonces cualquier técnica que los mejore podría aumentar de manera importante la eficiencia del aprendizaje. Actualmente estoy experimentando con indicadores de la temperatura de la frente, como medida indirecta del flujo sanguíneo hacia la corteza prefrontal del cerebro. Como recalca el científico cognitivo Elkhonon Goldberg en su obra *The Executive Brain* ('El cerebro ejecutivo'), en esta región se desarrollan los principales procesos relacionados con la concentración, la toma de decisiones y otras funciones ejecutivas. Si se puede llegar a aumentar la activación de los lóbulos frontales, hay un potencial de ampliación del control ejecutivo sobre la conducta y la capacidad de procesar información nueva.

Goldberg cita varias evidencias que sugieren que el ejercicio de las regiones del cerebro contribuye a su desarrollo, por ejemplo, a través de ejercicios cognitivos que mejoran el funcionamiento de los lóbulos frontales y previenen el deterioro causado por el envejecimiento. Plantea que en el futuro habrá gimnasios de la mente que promoverán el bienestar cognitivo y también que, en lugar de intentar cultivar procesos mentales específicos, se podría intentar «rediseñar» el cerebro. El uso intensivo de la biorretroalimentación para ejercitar las regiones cerebrales responsables de la concentración puede ser una de las maneras más prometedoras en que los *traders* puedan mejorar su aprendizaje y desarrollar pericia en su actividad. Tal vez sea posible acelerar este desarrollo hasta el punto de que los 10 años que normalmente se necesitan para lograr pericia en un ámbito se puedan reducir de manera importante.

¿Es posible que las técnicas de *trading*, si se ejecutan con regularidad y de buena forma, puedan llegar a remodelar el cerebro? Pienso que sí. En un libro notablemente exhaustivo, *Zen and the Brain* («El Zen y el cerebro»), el neurólogo James Austin describe los cambios bioquímicos y estructurales que ocurren en el cerebro como consecuencia de la meditación Zen. Su completo estudio señala que el glutamato (un neurotransmisor y aminoácido excitatorio) y el GABA (un transmisor inhibitorio) son actores fundamentales del proceso de remodelado. Es interesante el hecho de que el GABA se cree a partir del glutamato con la ayuda de una enzima, la GAD (decarboxilasa del ácido glutámico). Los estudios sugieren que cerca del 40% de las células nerviosas producen GABA, y otro 30% produce glutamato. Austin se refirió a estos transmisores como el yin y el yang de la neurología, en el sentido de que son los grandes responsables de la inhibición y la excitación en los patrones de respuestas. Por ejemplo, si se inyecta GABA en animales, se inhibirán las respuestas agresivas e hiperactivas; reducir el GABA crea un exceso de excitabilidad. En los humanos, las benzodiazepinas (tranquilizantes de baja potencia, como el Xanax y el Valium) mejoran la transmisión de GABA, reduciendo la citación.

Austin observó que si un exceso de glutamato proveniente de las células nerviosas sobreactiva los receptores de la siguiente célula (postsináptica), esta célula muere. Algunos de los puntos más afectados por esta producción de glutamato son los responsables de la creación de péptidos activados por el estrés que sirven de mensajeros al hipotálamo y la amígdala. Austin planteó la hipótesis de que «estados de conciencia extraordinarios, reiterados y profundos» pueden «grabar» el cerebro, al destruir selectivamente células nerviosas como las que tienen relación con «conductas disfuncionales y sobreemocionales» (página 656). Más aún, los receptores de glutamato en las células nerviosas parecen modificar la excitabilidad de las células siguientes, mejorando en animales la memoria y la ejecución de tareas.

Goldberg citó estudios realizados en Rusia que descubrieron que el ácido L-glutámico, del cual el glutamato es la sal sódica, mejora las funciones asociadas con los lóbulos frontales del cerebro, incluidas la comprensión y la secuenciación temporal. En consecuencia, quienes practican la meditación Zen crean cambios en sus rasgos de personalidad al ir borrando patrones de respuestas emocionales negativas y mejorar de manera selectiva sus capacidades cognitivas.

Además de la meditación, existe una variedad de técnicas, como la hipnosis, que también puede ampliar el enfoque y la concentración, y de este modo ayudar al aprendizaje implícito de patrones de mercado. Basado en mis experimentos personales con la música de Philip Glass, la máquina de luz y sonido y la biorretroalimentación, tengo el convencimiento de que algunos de los mejores ejercicios de gimnasia mental consisten en el cultivo y práctica continua de estados mentales «extraordinarios». La aceleración del aprendizaje puede muy bien depender tanto del estado del que aprende como de la organización del material que se le presenta. En la actualidad, experimento con biorretroalimentación no solo para «mantenerme en la zona», sino también para explorar zonas de distinta profundidad e intensidad. Mi objetivo es determinar si permanecer en estas zonas durante el *trading* puede, en último término, mejorar el aprendizaje y el rendimiento.

Mi hipótesis de trabajo es que la realización reiterada e intensiva de ejercicios mentales modifica el equilibrio del procesamiento de la información entre los hemisferios del cerebro. Cutting vincula una variedad de psicopatologías con la sobreactivación relativa de un hemisferio y la supresión del otro. La ansiedad y la depresión se relacionan más claramente con la activación hemisférica izquierda; la esquizofrenia y otros desórdenes del pensamiento parece estar lateralizada hacia el hemisferio izquierdo. Cada hemisferio juega un papel único y crucial en la cognición. Como observaran V. S. Ramachandran y Sandra Blakeslee, la función del hemisferio derecho es crear modelos o sistemas de creencias e integrar a ellos las nuevas experiencias. Ese es el «intérprete» descubierto por Michael Gazzaniga y Joseph LeDoux. El hemisferio derecho es sensible a las anormalidades de la experiencia que entran en conflicto con los modelos existentes. Por eso, Ramachandran y Blakeslee lo llaman el «abogado del diablo».

Sin duda, los *traders* precisan de la capacidad de formar modelos mentales del mercado (hemisferio izquierdo) y revisar rápidamente cuándo ocurren estas anormalidades (hemisferio derecho). Esto requiere un conjunto de dotes cognitivas: la capacidad de mantenerse en sintonía con la experiencia, poder armar sólidos mapas mentales (planes de *trading*) y modificar con flexibilidad dichos mapas en base a la experiencia. Estas son algunas de las mismas habilidades que distinguen a los expertos de otros campos, desde el ajedrez a los pilotos de aviones de combate, pasando por los psicoterapeutas y otros profesionales. No me sorprendería si un estudio detallado en estos ámbitos llegara a hallazgos adicionales que se pudieran relacionar con las características y el desarrollo de los *traders* excepcionales.

A la inversa, se puede aprender mucho sobre los problemas en el *trading*, mediante el estudio de las personas que carecen de estas capacidades. Permítame proponer un «Síndrome del *trader* A», que tipifica a los *traders* que parecen tener dificultades para crear y modificar planes. Este síndrome se caracteriza por:

- *Falta de atención*: el *trader* tiene dificultades para mantener la atención, se distrae con facilidad y tiene poca capacidad de vigilar las tareas.
- *Desinhibición conductual*: el *trader* tiende a ser impulsivo, respondiendo de manera rápida e inexacta a las tareas.
- *Bajo nivel de seguimiento de reglas*: el *trader* muestra dificultades para cumplir las reglas y exigencias de las tareas.

Ahora veamos lo opuesto, el «Síndrome del *trader* B», que se caracteriza por:

- *Hipervigilancia*: el *trader* se circunscribe rígidamente a un conjunto limitado de estímulos, en que «los árboles no dejan ver el bosque».
- *Inhibición conductual*: el *trader* tiende a ser excesivamente analítico y experimenta una sensación de parálisis cuando llega el momento de actuar;

- *Inflexibilidad*: el *trader* se centra en exceso en las reglas y exigencias de las tareas, perdiendo flexibilidad en sus respuestas.

El Síndrome de *trader* A se ha inspirado en los criterios de diagnóstico de Russell Barkley para el desorden de trastorno hiperactivo de déficit de atención. El Síndrome B es una descripción adecuada de un trastorno de ansiedad. Los extremos de estos «síndromes» abarcan la mayoría de los problemas que afrontan los *traders*. Al realizar ejercicios de gimnasia mental que fortalecen el funcionamiento de los centros ejecutivos, los lóbulos frontales, las personas pueden cultivar un camino entre estos extremos. Este camino podría describirse como *concentración flexible*. Se trata de un estado conocido por quienes han hecho meditación o disciplinas de biorretroalimentación.

Goldberg cita una variedad de evidencias para cuestionar la noción de que el cerebro adulto pierde su plasticidad. Observó que las ratas adultas que son colocadas en un entorno estimulante con ruedas y juguetes desarrollan un 15% más de células neuronales que los ratones que no recibieron estímulos. ¿Qué pasaría si los *traders* pudieran crear sus propias estimulaciones, acelerando cambios de desarrollo que, de otra forma, podrían demorarse más de 10 años en su formación? Sin duda, esta es una de la fronteras más interesantes de la psicología del *trading*.

La búsqueda de maestría en el mercado

Cuando Jack Schwager preguntó al «mago del mercado» Ed Seykota qué consejo podía dar al *trader* medio, la respuesta de Seykota fue aleccionadora. «Dele su dinero a un *trader* superior», aconsejó, «y encuentre algo en lo que realmente sea bueno». Cuando Schwager le preguntó cómo el *trader* medio podía transformarse a sí mismo, Seykota respondió que los *traders* no se transforman a sí mismos: solo los *traders* superiores lo hacen.

En mis muchos años de leer sobre *trading* y los mercados, he encontrado pocas perlas de sabiduría mejores que esta. Encuentre su pasión: el trabajo que le estimule, le fascine y le desafíe sin fin, identifique qué es significativo y gratificante para usted, y entonces vuélquese de lleno a hacerlo. Si ocurre que su pasión son los mercados, encontrará la fuerza para superar su curva de aprendizaje y desarrollar la destreza que necesita para convertirse en un profesional. Si los mercados no son su pasión, entonces invierta sus fondos con alguien que posea un historial objetivo y cuyas metas de inversión coincidan con las suyas. Luego, siga su camino y dedíquese de lleno a esas facetas de la vida que le hagan saltar de la cama cada mañana, ávido de enfrentarse a un nuevo día.

Es mucho mejor luchar por nuestros sueños que encontrar un éxito rápido en un trabajo sin significación para nosotros. George Bernard Shaw escribió una vez que la mayor alegría de la vida es servir de instrumento para un propósito que uno reconoce como supremo. Los mejores campos de acción —los que son una vocación y no un mero trabajo— nos dan espacio para perfeccionarnos y desarrollarnos. Hay solo una razón válida para hacer *trading* en los mercados, del mismo modo en que solo hay una razón válida para ser psicólogo, bailarín o arquitecto: *porque es su vocación,* el ámbito donde mejor se expresan nuestros talentos y pasión por el desarrollo personal.

Es en este contexto en el que el *trading* y las inversiones pueden ser actividades verdaderamente heroicas. El antropólogo Joseph Campbell estudió los mitos heroicos de varias culturas, descubriendo un tema subyacente en común. El héroe es quien afronta un reto difícil e intimidador, pero que es digno del esfuerzo. Incapaz de vencer a su enemigo, debe descender al submundo para recibir una dádiva que le permitirá lograr sus fines. Este descenso es aterrador y lleno de peligros, pero templa al héroe para su conquista final.

Para que los *traders* logren el éxito, deben luchar contra probabilidades esquivas y superar a muchos competidores. No *están* automáticamente equipados para el reto. Su descenso al submundo exige que se enfrenten a sus demonios personales, combatiendo las tendencias cognitivas y emocionales que pueden afectar negativamente sus esfuerzos por identificar y comprender los patrones del mercado, y hacer transacciones en base a ellos. Para tener éxito deben convertirse en más de lo que son; deben ejercer un control y dominio muy superior al que exige la vida cotidiana. Como el mítico héroe griego Hércules, los *traders* exitosos descubrirán que sus mazas son insuficientes para matar a Hidra, el monstruo de siete cabezas; como Ulises, el mítico Rey de Itaca, serán tentados por las sirenas mientras evitan los peligros de los monstruos marinos Escila y Caribdis. Y también como con Hércules, su éxito surgirá de su habilidad de aceptar ayuda y emplear nuevas armas. Como Ulises, evitarán las canciones de las Sirenas y navegarán por la estrecha ruta gracias a una férrea autodisciplina.

Este desafío también brinda el gozo de los juegos y deportes de competencia: en cada juego los combatientes vuelven a representar una lucha heroica, enfrentándose a nuevos enemigos, conociéndose mejor a sí mismos a medida que descienden a sus propios submundos de riesgo, recompensa, dolor y éxtasis. Los espectadores de los juegos comparten las aventuras de los atletas, imaginando estar en su lugar, y de este modo absorben algo de su heroísmo. Al aplaudir las hazañas de un equipo olímpico de fútbol o hockey, los fanáticos se ponen en los zapatos espirituales de sus héroes, ennobleciéndose en el proceso.

En la vida quedan pocos ámbitos donde el individuo independiente pueda representar el combate heroico. La Fiebre del Oro de finales del siglo XIX fascinó al público porque encarnaba plenamente el mito heroico de Campbell. Una persona podía cruzar el desierto y afrontar gran número de peligros para lograr un golpe de suerte y hacerse rica. Más de un siglo después, el nacimiento de Internet prometió una oportunidad similar, en la que personas emprendedoras podían convertirse en pioneras de un medio mundial y cosechar magníficas recompensas.

Sin embargo, estas excitantes épicas son excepciones a la regla. Lo más común es que la gente viva y trabaje en grandes unidades sociales, cumpliendo funciones altamente circunscritas en que sus contribuciones individuales son difíciles de evaluar y distinguir. Las personas disfrutan de una seguridad en el hogar y el trabajo que eran desconocidas para Hércules o Ulises, pero también tienen pocas vías de expresión de sus impulsos heroicos. En pequeños modos, pueden enfrentar y superar desafíos en el campo de golfo logrando la próxima ronda de objetivos de ventas, pero les faltan las magnas dimensiones del heroísmo. No puede haber grandeza sin peligro, no hay conquistas gloriosas sin un descenso al submundo.

Creo que esa es la eterna seducción de los mercados. Con un capital razonable y una cuenta en línea, cada persona puede emprender su propia fiebre del oro y ser protagonista de una cruzada empresarial. Como el salmón que nada río arriba contra la corriente, el espermatozoide que va a la búsqueda del óvulo o los exploradores que cavan con la esperanza de encontrar el preciado metal, muchos sentirán la llamada y pocos resultarán escogidos. No importa. Lo que importa es la dignidad y la dimensión espiritual que nos da seguir nuestros más nobles impulsos. No es deseable reinar en el infierno o servir en el cielo; parafraseando a Ayn Rand, es mucho más preferible luchar por el Valhala del mañana para recorrer hoy sus pasillos.

Si este libro le ha brindado algunas señales que guíen su camino, entonces habrá logrado su objetivo. Muchas personas magnánimas han recorrido este camino antes que usted y yo. Aprenda de sus ejemplos y, sobre todo, de la grandeza que hay en su propio interior. En su vida cotidiana hay veces en que usted, aunque sea en cosas pequeñas, logra la gloria de los dioses. Absorba las lecciones que esas ocasiones le ofrecen. Y cuando todas sus estrategias, conocimientos y herramientas le fallen, busque al benefactor que le dé la antorcha para quemar la Hidra y el escudo reluciente que le permita ver y matar a la horrible Medusa.

Si puede mantenerse puro y firme en su empresa, afrontará una buena cantidad de riesgos e incertidumbres, pérdidas y oportunidades perdidas. Sin embargo, al final de camino, tengo la certeza de que usted y yo nos sentaremos en una gran mesa para disfrutar de la eternidad reservada a los héroes caídos que se reúnen en el Valhala.

Bibliografía

Albert, R. S. (1992). «A Developmental Theory of Eminence». En: R. S. Albert (ed.).*Genius and Eminence* (2ª ed., p. 3-18). Oxford: Pergamon.

Alexander, F. y French, T. M. (1946). *Psychoanalytic Therapy: Principies and Applications.* Lincoln: University of Nebraska Press.

Austin, J. H. (1999). *Zen and the brain: Toward an Understanding of Meditation and Consciousness.* Cambridge, MA: MIT Press.

Barkley, R. A. (1990). *Attention Déficit Hyperactivity Disorder: A Handbook for Diagnosis and Treatment.* New York: Guilford.

Borges, J. L. (2001). *Obras completas.* Buenos Aires: Emecé Editores.

Branden, N. (1998). *El arte de vivir conscientemente, Vida cotidiana y auto-conciencia. (The Art of Living Consciously: The Power of Awareness to Transform Everyday).* Paidós.

Brandstatter, H. (1991). Emotions in Everyday Life Situations: Time Sampling of Subjective Experience. En: E. Strack, M. Argyle and N. Schwartz (ed.), *Subjective Well-being: An Interdisciplinary Perspective* (p. 173-192). Oxford: Pergamon Press.

Campbell, J. (1998). *El héroe de las mil caras.* (*The Hero with a Thousand Faces*). México: Fondo de Cultura Económica.

Castaneda, C. (2001). *Viaje a Ixtldn: las enseñanzas de Don Juan.* México: Fondo de Cultura Económica.

Cleeremans, A. (1993). *Mechanisms of Implicit Learning: Connecticut Models of Sequence Processing.* Cambridge, MA: MIT Press.

Cleeremans, A., Destrebecqz A. y Boyer, M. (1998). «Implicit Learning: News from the Front». *Trends in Cognitive Science,* 2(10), 406-416.

Cook, M. D. (2001). *Staying Alive: Trading Defensively for Máximum Profit.* www.traderslibrary.com: Trade Secrets Video Series.

Csikszentmihalyi, M. (1998). *Creatividad. El fluir y la psicología del descubrimiento y la invención. (Creativity: Flow and the Psychology of Discovery and Invention).* Barcelona: Paidós Transiciones.

Cutting, J. (1997). *Principies of Psychopathology: Two Worlds, Two Minds, Two Hemispheres.* Oxford: Oxford Medical Publications.

Davanloo, H. (1990). *Unlockingthe Unconscious.* Chichester, Inglaterra: Wiley.

Diener, E., Sandvik, E., y Pavot, W. (1991). Happiness is the Frequency, not the Intensity, of Positive Versus Negative Affect. En: E. Strack, M. Argyle and N. Schwartz (ed.), *Subjective Well-being: An Interdisciplinary Perspective* (p. 119-139). Oxford: Pergamon.

Elder, A. (1993). *Vivir del* trading *(Trading for a Living).* Vigo: Ideas Propias.

Elkin, I., Shea, M. X, Watkins, J. T., Imber, S. D., Sotsky, S. M., Collins, J. F., Glass, D. R., Pikonis, P. A., Leber, W. R., Docherty, J. P., Hester, S. J. y Parloff, M. B. (1989). «National Institute of Mental Health Treatment of Depression Collaborative Program: General effectiveness of treatments». *Archives of General Psychiatry, 46,* 971-982.

Ericsson, K. A. (1996). «The Acquisition of Expert Performance: An Introduction to Some of the Issues». En: K. A. Ericsson (Ed.), *The roadto excellence: The acquisition of expert performance in the arts and sciences, sports and games* (p. 1-50). Mahwah, NJ: Erlbaum.

Fenton-O'Creevy, M., Soane, E. y Willman, R. (agosto de 1999). *Trading on Illusions: Unrealistic Perceptions of Control and Trading Performance.* Academy of Management Conference, Chicago, IL.

Flavell, J. H. (1968). *La psicología evolutiva dejean Piaget* (*The Developmental Psychology of Jean Piaget*). Buenos Aires: Paidós.

Galton, F. (1869). *El genio hereditario: investigación de sus leyes y consecuencias* (Hereditary Genius: An Inquiry into its Laws and Consequences). London: Macmillan.

Gazzaniga, M. S. (1999). *El pasado de la mente* (*The Minds Past*). Barcelona: Andrés Bello.

Goldberg, A. (1999). *Being of Two Minds: The Vertical Split in Psychoanalysis and Psychotherapy.* Hillsdale, NJ: Analytic Press.

Goldberg, E. (2001). *El cerebro ejecutivo: Lóbulos frontales y mente civilizada.* (*The Executive Brain: Frontal Lobes and the Civilized Mind*). Barcelona: Crítica.

Grinder, G. y Bandler, R. (1993). *Trance-Fórmate: Curso práctico de hipnosis con P.N.L.* (*Trance-formations: Neuro-linguistic Programming and the Structure of Hypnosis*). Madrid: Editorial Gaia.

GurdjiefF, G. I. (1997). *Perspectivas desde el mundo real* (*Views from the Real World: Early Talks of G. I. Gurdjieff*). Caracas: Ganesha.

Haley, J. (2002). *Terapia no convencional. Las técnicas psiquiátricas de Milton Erickson (Uncommon Therapy: The Psychiatric Techniques of Milton H. Erickson, M.D.)* Buenos Aires: Amorrortu.

Hastie, R, y Park, B. (1997). «The Relationship Between Memory and Judgment Depends on Whether the Judgment Task is Memory-based or On-Line». En: W. Goldstein y R. M. Hogarth (ed.), *Research on Judgment and Decisión Making: Currents, Connections, and Controversies* (p. 431-453). Cambridge: Cambridge University Press.

Hirsch, Y. y Hirsch, J. A. (2002). *Stock Traders Almanac 2002.* Oíd Tappan, NJ: Hirsch Organization.

Isen, A. M. (1997). «Positive Affect and Decision Making». En: W. M. Goldstein y R. M. Hogarth (ed.), *Research on Judgment and Decision Making: Currents, Connections, and Controversies* (p. 509-536). Cambridge: Cambridge University Press.

Kelly, G. (1966). *Teoría de la personalidad: La psicología de los constructos personales* (Theory of Personality: The Psychology of Personal Constructs). Buenos Aires: Troquel.

Kiev, A. (2001). *Tradingin Thezone.* New York: Wiley.

Lazarus, R. S. y Folkman, S. (1984). *Stress, Appraisal, and Coping.* New York: Springer.

LeDoux, J. (1999). *El cerebro emocional* (The Emotional Brain: The Mysterious Underpinnings of Emotional Ufe). Barcelona: Ariel-Planeta.

Lee, C. M. y Swaminathan, B. (2000). Price Momentum and *Trading Volume. Journal of Finance,* 55, 2017-2069.

Libet, B. (1985). «Unconscious Cerebral Initiative and the Role of Unconscious Will in Voluntary Action». *The Brain and Behavioral Sciences,* 8, 529-566.

Lo, A. W. y Repin, D. V. (2001). The Psychophysiology of Real-Time Financial Risk Processing. Working paper, Massachusetts Institute of Technology Sloan School of Management.

Lombardi, V. Jr. (2001). *What it Takes to Be #1: Vince Lombardi on Leadership*. New York: McGraw-Hill.

Lowen, A. (1995). *Joy: The Surrender to the Body and to Ufe.* New York: Arkana.

Mahrer, A. R. (1989). *Dreamwork in Psychotherapy and Selfchange.* New York: Norton.

Markman, J. (2001). *Online Investing: How to Find the Right Stocks at the Right Time.* Redmond, WA: Microsoft Press.

Maslow, A. (1993). *El hombre autorrealizado: Hacia una psicología del ser. (Toward a Psychology of Being).* Barcelona: Kairos Editorial.

Mathieu, W. A. (1991). *The Listening Book: Discoveringyour Own Music.* Boston: Shambhala.

McCrae, R. R. y Costa, P. T. (1996). Toward a New Generation of Personality Theories: Theoretical Contexts for the Five-Factor Model. En J. S. Wiggins (Ed.), *The Five-Factor Model of Personality: Theoretical Perspectives* (p. 51-87). New York: Guilford.

Meichenbaum, D. (1977). *Cognitive-Behavior Modification.* Nueva York: Plenum.

Mentzer, M. (1997). *Mike Mentzers High Intensity Training Program.* Nueva York: Advanced Research Press.

Murphy, M. (1992). *The Future of the Body: Explorations into the Further Evolution of Human Nature.* Los Angeles: Tarcher.

Niederhoffer, V. (1997). *The Education of a Speculator.* New York: Wiley.

Norretranders, T. (1998). *The User Illusion: Cutting Consciousness Down to Size.* New York: Penguin.

Odean, T. (1999). «Do Investors Trade Too Much?». *American Economic Review,* 89,1279-1298.

Ornstein, R. (1997). *The Right Mind.* San Diego: Harcourt Brace.

Ouspensky, P. D. (1993). *El cuarto camino.* Buenos Aires: Kier.

Pennebaker, J. W. (1993). «Social Mechanisms of constraint». En: D. M. Wegner y J. W. Pennebaker (ed.), *Handbook of mental control* (p. 200-219). Englewood Cliffs, NJ: Prentice-Hall.

Pirsig, R. M. (1999). *Zen y el arte del mantenimiento de la motocicleta (Zen and the art of motorcycle maintenance).* Mondadori.

Pious, S. (1993). *The Psychology of Judgment and Decision Making.* Nueva York: McGraw-Hill.

Polanyi, M. (1967). *The Tacit Dimension.* Garden City, NY: Anchor.

Ramachandran, V. S. y Blakeslee, S. (1998). *Phantoms in the Brain: Probing the Mysteries of the Human Mind.* Nueva York: Morrow.

Raschke, L. (2001). *Trading my Way: Professional Trading Techniques.* Wellington, FL: LBRGroup.

Reber, A. S. (1993). *Implicit Learning and Tacit Knowledge: An Essay on the Cognitive Unconscious.* Nueva York: Oxford University Press.

Sacks, O. (1996). *An Anthropologist on Mars.* Nueva York: Vintage Books.

Schiffer, F. (1998). *Of two Minds: The Revolutionary Science of Dual-Brain Psychology.* Nueva York: Free Press.

Schwager, J. D. (1989). *Market Wizards: Interviews with Top Traders.* Nueva York: Harner & Row.

Schwager, J. D. (1992). *The New Market Wizards: Conversations with Americas Top Traders.* New York: Harper Business.

Shapiro, E. y Forrest, M. S. (1997). *EMDR: Eye movement desensitization and reprocessing.* Nueva York: Basic.

Shefrin, H. (2002). *Más allá de la codicia y el miedo. Cómo entender el comportamiento financiero y la psicología del inversionista (Beyond Fear and Greed: Understanding Behavioral Finance and the Psychology of Investing).* México: Oxford.

Sherry, C. J. (1992). *The Mathematics of Technical Analysis: Applying Statistics to Trading Stocks, Options and Futures.* Chicago: Probus.

Simonton, D. K. (1994). *Greatness: Who Makes History and Why.* Nueva York: Guilford.

Sperry, R. W. (1969). «A Modified Concept of Consciousness». *Psychological Review, 76,* 532-536.

Steenbarger, B. N. (1992). «Toward Science-Practice Integration in Brief Counseling and Therapy». *Counseling Psychologist,* 20, 403-450.

Steenbarger, B. N. (1994). «Duration and Outcome in Psychotherapy: An Integrative Review». *Professional Psychology: Research and Practice,* 25, 111-119.

Steenbarger, B. N. (2002). «Brief Therapy». En: M. Hersen y W. H. Sledge (ed.), *The Encyclopedia of Psychotherapy.* San Diego, CA: Academic.

Steenbarger, B. N. (2002). «Single Session Therapy». En: M. Hersen y W. H. Sledge (ed.), *The Encyclopedia of Psychotherapy* (p. 669-672). San Diego, CA: Academic.

Steenbarger, B. N. y Budman, S. H. (1998). «Principies of Brief and Time-Effective Therapies». En: G. P. Koocher, J. C. Norcross y S. S. Hill (ed.), *Psychologist/ desk refiéreme* (p. 283-287). Nueva York: Oxford University Press.

Talmon, M. (1990). *Single-Session Therapy: Maximizing the Effect of the First (Andofien Only) Therapeutic Encounter.* New York: Jossey-Bass.

Tart, C. T. (1987). *Waking up: Waking up: Overcoming the Obstacles to Human Potential.* Boston: Shambhala.

Tversky, A. y Kahneman, D. (1982). Causal Schemas in Judgments Under Uncertainty. En: D. Kahneman, P. Slovic y A. Tversky (ed.), *Judgment Under Uncertainty: Heuristics and Biases* (pp. 117-128). New York: Cambridge University Press.

Weiss, J. y Sampson, H. (1993). *How Psychotherapy Works.* New York: Guil-ford.

Wilson, C (1972). *New Pathways in Psychology: Maslow and the post-Freudian Revolution.* Nueva York: Taplinger.